本书出版承蒙浙江大学董氏文史哲研究奖励基金资助

守望者
The Catcher

现代性与主体的命运

杨大春 著

中国人民大学出版社
·北京·

目　录

导论　主体的命运：哲学之为人学

一、引言

　　传统哲学满怀君临一切科学之巅峰的奢望，旧式哲学家则抱有成为理想王国之主宰的雄心。且不管哲学的当前处境怎样，其未来命运如何，哲学家确实曾经在"观念"（idea）世界或"精神"（spirit）王国中扮演过胡塞尔（Husserl E，1859—1938）所说的"执政官"的角色。存在着五花八门的哲学，也有着不同类别的哲学家。大浪淘沙，浮尘尽去，真金终现。某些哲思永垂汗青，其代言者在先贤祠中获得"永生"。哲学和哲学家尽展其不朽魅力，一直引领世人的"精神"生活。"唯心"（idealism）也好"唯物"（materialism）也罢，"观念"也好"物质"（matter）也罢，"先验"（transcendental）也好"经验"（experience）也罢，"主观"（subjective）也好"客观"（objective）也罢，"心""思"也好"体""验"也罢，任何哲学最终都是"人学"（science of man）。"我"作为哲学家喋喋不休地讲述自己的故事："我"是谁？"我"从哪里来？"我"要到哪里去？失去天堂乐园或脱离自然母胎的"我"，一直在找一些让自己信服的说辞。从"我是一个心灵、我有一个身体"（I am a soul and I have a body）到"我是我的身体"（I am my body），"我"往往呈现不同的"面孔"，常常带有不同的"腔调"。"我"有诞生、成长和逝去的历程，哲学无非是这一历程的"自觉"：以前瞻（筹划、谋划）或回顾（后思、反思）的方式实现这一"精神"之旅。有些哲学看似应时新潮，实则是老调重弹；有些哲学看似过时陈腐，却永远让人迷恋。一般而言，数、理、化强调普遍或统一，文、史、哲偏重特殊或差异。哲与文、史又有诸多不同，它或许能够体现后两者之间"主观"与"客观"的统一。

许多人都熟知"斯芬克斯之谜"。斯芬克斯是古希腊神话中一个长着狮子躯干、女人头面的有翼怪兽。它坐在忒拜城附近的悬崖上，向过路人出了这样一个谜语："什么东西早晨用四条腿走路，中午用两条腿走路，晚上用三条腿走路？"路人如果猜不中，就会被它吃掉。整个城池都承受着灭绝的命运。俄狄浦斯猜中其谜底是"人"，结果斯芬克斯跳崖而死，城池得救。然而，聪明人俄狄浦斯的命运又如何呢？整个文学史都把《俄狄浦斯》视为人类悲剧的典范，心理学和精神分析学提出了所谓的"俄狄浦斯情结"，作为人学的哲学尤其体现了对俄狄浦斯不确定的命运的不断反思。当然，许多哲学著作都不直接说"人"（human being, human, man），"主体"（subject）和"自我"（I, ego）往往是替代它的两个最重要的概念。不同时期的不同哲学家对主体或自我有不同的界定或说法，因为每个哲学家都以不同的方式、站在不同的角度讲述包括自己在内的"人"的故事。在故事的展开中，第一人称叙事（narrative）和第三人称叙事的区分是没有意义的，至于自然（nature）和文化（culture），以及它们包含的万事万物不过是道具和配角而已。

有些人抱怨哲学把简单的东西弄得太过复杂，又有些人说它其实把复杂的东西弄得过于简单。复杂在于它使用了无数抽象的概念（concept），形成了无限空泛的判断（judgement），进行了无穷烦琐的推理（reasoning）。概而言之，其复杂在于抽象和思辨。但这同时也是一种简单化，因为它以概念、判断和推理的方式处理一切，最终打算把宇宙万物纳入一个"坚果壳"里面，根本无视它们的丰富多样性。其实一切纯粹理论性的学科都有其类似之处，如数字符号和数学公式既是对这个世界的简单化，又把一切复杂化了。每门学科都有其门槛，我们得按照它的规则来思维。一旦掌握其规则，所谓的简单与复杂就有了不同的意义。

二、哲学作为人学的历程

在定义什么是哲学之前，我们不妨先勾勒一下哲学作为人学的历程。

　　17 世纪法国哲学家笛卡尔（Descartes R，1596—1650）是现代哲学（modern philosophy）之父。我们可以把笛卡尔之前的西方哲学称为古代西方哲学（ancient western philosophy）或前现代西方哲学（pre-modern western philosophy），把从笛卡尔时代到黑格尔（Hegel G. F. W，1770—1831）时代的哲学称为早期现代西方哲学（early modern western philosophy），把黑格尔之后直至 20 世纪 60 年代初的西方哲学称为后期现代西方哲学（late modern western philosophy），而把 20 世纪 60 年代以来的西方哲学称为当代西方哲学（contemporary western philosophy）或后现代西方哲学（post-modern western philosophy）。这种划分不仅考虑了时间上的分期，还充分顾及了精神或时代精神的变迁。

　　古代西方哲学代表了人类精神的外在化，早期现代西方哲学和后期现代西方哲学不同程度地体现了人类精神的内在化，当代西方哲学则意味着人类精神的平面化。古代西方哲学肯定过去或传统，追求永恒，充分揭示了人类精神的回溯性或者说"我"对自身存在的外在根据的思乡般求助；现代西方哲学向往未来或创新，认可时间，完全展现了人类精神的前瞻性或者说"我"对自身存在的内在标准的自恋式确信；当代西方哲学沉溺于现在（当下）或平庸，融入瞬间，认可了"我"在物质洪流中的沉沦或消逝。人被认为一半是野兽，一半是天使，这其实意味着人不同程度地体现了"神性"（divinity）、"人性"（humanity，human nature）和"物性"（thingness，materiality）。古代西方哲学的前现代性（pre-modernity）迷恋让"我"分有的是神性，现代西方哲学的现代性（modernity）追求充分揭示了"我"的人性（早期现代西方哲学追求理想化的普遍人性，后期现代西方哲学回到处境化的特殊人性），当代西方哲学的后现代性（post-modernity）偏好则充分展现了"我"的物性之维。

　　国内教科书通常把西方哲学的发展区分为三个大的阶段：古代本体论哲学（philosophy of ontology）、近代认识论哲学（philosophy of epistemology）和现代语言哲学（philosophy of language）。对应我们前面的划分则是古代本体论哲学、早期现代认识论哲学、后期现代语言哲学和当代语言哲学。

古代西方哲学主要指古希腊哲学（ancient Greek philosophy）①、希腊化罗马哲学（Hellenistic-Roman philosophy）和中世纪哲学（medieval philosophy）。从总体上看，古希腊罗马哲学探讨世界（world）的"本原"（principle）或"始基"（beginning），也即世界或万物包括人从哪里来的问题。这个本原可能是物质的东西，也可能是观念的东西，诸如"水"（water）、"气"（air）、"火"（fire）、"土"（earth）、"元素"（elements）、"原子"（atoms）、"数"（numbers）、"存在"（being）、"理念"（idea）都是这种本原。亚里士多德总结性地用"实体"（substance）这个概念来说明各种各样的本原，出现了第一实体、第二实体乃至最高实体"神"（God，上帝）的区分。中世纪基督教哲学则明确地把神作为最后的本原。这些本原的东西被称为存在，而在海德格尔（Heidegger M，1889—1976）看来，它们实为存在者（beings）。

早期现代西方哲学主要围绕认识论展开，包括大陆唯理论哲学（philosophy of rationalism）或理智论哲学（philosophy of intellectualism）、英国经验论哲学（philosophy of empiricism）、法国启蒙哲学（philosophy of enlightment）和德国古典观念论哲学（philosophy of German idealism）。经验的归纳逻辑（inductive logic）与理性的演绎逻辑（deductive logic）分别是经验论和唯理论的工具，先验逻辑（transcendental logic）和辩证逻辑（dialectic logic）则是德国古典哲学的重要法宝。经验论和唯理论探讨认识尤其是认识主体的性质，关注认识从后天（a posterior）经验开始还是从先天（a priori）观念开始。法国启蒙哲学是这两种哲学的初步总结，同时将认识扩展到社会领域。德国古典哲学在认识论领域对经验论和唯理论进行总结，同时在社会领域进一步反思法国的启蒙理想。从总体上看，德国古典哲学是对早期现代哲学以至整个传统哲学的总结。

在德国古典哲学之后，主要是黑格尔哲学之后，哲学进入了其后期现代时期，出现了类似经验论与唯理论的分化。后期现代哲学大体上被区分为英美科学哲学（philosophy of science）和大陆人文哲学（humanistic phi-

———————

① 古希腊哲学在宇宙论时期（cosmological period）、人类学时期（anthropological period）和体系化时期（systematic period）有不同的表现形式。

losophy），而在这两种哲学中都出现了所谓的语言学转向（linguistic turn）。在当代哲学中，这种语言学转向得以延续，同时出现了更为复杂多样的情形。

从总体上看，本体论、认识论和语言哲学三阶段的区分是有道理的，然而，这一区分同样也是模糊不清的。我们在本书中倾向于用实存论（existentialism）来代指后期现代哲学和当代哲学。这是因为，在这两个重要阶段不仅出现了语言学转向，自然、身体、他人等问题也上升为重大的哲学主题，涉及实存（existence）问题，即语言的实存、自然的实存、身体的实存和他人的实存。从总体上说，这一时期的哲学不仅不再关注神性，而且也不再关注抽象的人性，而是要求回归具体的人性甚至人的物性唯度，从而体现了人的实存（生存）的真正处境。据此，西方哲学经历了本体论意义上的外在形而上学（metaphysics of externality）、认识论意义上的内在形而上学（metaphysics of internality or immanence）和实存论意义上的此在形而上学（metaphysics of Dasein）三大阶段①。

哲学始终围绕人或主体的命运而展开，它探讨人与外部世界、内心世界以及文化世界的关系，不同时代的哲学就此体现出不同的形而上学指向。最简单地说，古代西方哲学重点关注存在还是非存在问题，早期现代西方哲学重点关注可知还是不可知问题，而后期现代哲学和当代西方哲学重点关注的是可说还是不可说问题。古希腊智者派哲学家高尔吉亚（Gorgias，约前483—前375）的思想可以概括为：无物存在；如果有某物存在，人也无法认识它；即便可以认识它，也无法把它告诉别人②。这三个命题被认为大体上已经预示了西方哲学的全部历程。

外在形而上学关注的是人的超越性（transcendence），围绕对象意识

---

① 关于西方哲学的分期及其与时代精神的关系，作者在多篇文章和多部著作中进行过大体相同但并不完全一致的描述，可以参看拙著《语言 身体 他者：当代法国哲学的三大主题》（北京：三联书店，2007）、《身体的神秘》（北京：人民出版社，2013）和《20世纪法国哲学的现象学之旅》（北京：社会科学文献出版社，2014）。

② 北京大学哲学系外国哲学史教研室. 西方哲学原著选读：上卷. 北京：商务印书馆，1981：56-57.

（consciousness of object）来探讨外在于人的物质对象或精神对象，其目标是为人及其实存找寻外在的根据。这种超越性具有相对超越性和绝对超越性两种形式。

在古希腊哲学中，不管是朴素的物质本原（如水与火），还是精致的精神本原（如数与理念），均为相对的超越对象，它们分别表现为人的身体和灵魂的某种延伸，也可以说它们分别体现为人的身体和精神的外在根据。人是小宇宙，其命运与更为广袤的或物质或精神的宇宙相关联。与此同时，无论就柏拉图（Plato，前427—前347）还是亚里士多德（Aristotle，前384—前322）来说，其哲学最终都与神学（theology）密不可分，他们所关注的"理念的理念"（idea of ideas）或"形式的形式"（form of forms），其实就是绝对的超越者，也就是"神"①。

在中世纪基督教哲学中，神毫无疑义地属于外在的领域，具有绝对超越的性质。然而，神的超越性并非与人毫无关联，如同德国古典哲学家费尔巴哈（Feuerbach L, 1804—1872）所说的，神是人的本性的异化，也因此可以说是人的本性的绝对化。而按照丹麦哲学家克尔凯郭尔（Kierkegaard S, 1813—1855）的说法，人虽然不是绝对，但必须与绝对处于一种绝对关系之中，也因此必须在绝对中找寻自己的最后根据。

在各种以相对超越性或绝对超越性为中心的哲学体系中，人似乎受到了掩饰或遮蔽，人性明显屈从于神性。换言之，在这些古老的哲学体系中不存在主体的自觉，也因此还没有形成关于主体的形而上学之思。其实，它们只不过是在以另外的形式来关注人的命运。比如古希腊哲学有所谓的人类学时期，其代表人物苏格拉底（Socrates，前469—前399）、柏拉图和亚里士多德已经奠定了西方哲学的全部基础；希腊化罗马时期的伊壁鸠鲁（Epicurus，前341—前270）学派、斯多亚派（stoic）、怀疑论派（sceptics）、新柏拉图主义（neo-platonism）尤其关注人的命运；中世纪的基督教哲学，比如唯名论（nominalism）和唯实论（realism）哲学则更紧密地把人与神关联在一起。古代西方哲学归根结底探讨的是作为本体（noumena）的三种实体：世界、灵魂和神。

---

① Bergson. L'Evolution Creatrice, dans Œuvre. Paris：PUF, 1984：790.

内在形而上学关注的是人的内在性，围绕自我意识（consciousness of ego，self-consciousness）内向地追问人自身的本性和秘密，其目标是为人及其实存确定内在的根据。自我意识有经验的自我意识（主要指内感）、先验的自我意识与绝对的自我意识三种形式，它们分别在英国经验论、大陆唯理论和德国古典哲学中获得了集中体现。它们涉及的都是意识主体（conscious subject）：经验论主要关注经验的意识主体，而大陆哲学主要关注的是先验的意识主体。

早期现代西方哲学表现为各种以人为中心的学说，是完全意义上的主体形而上学（metaphysics of subject）形式。它们虽然名为认识论，但明显较少关注对象的性质，甚至很少关心认识者与认识对象的关系，而是更多地围绕着认识者的性质来展开的。在这一时期，所谓的人就是法国哲学家福柯（Foucault M，1926—1984）提到的"被认识的认识者"或"被注视的观看者"，即主客统一体。哲学家们因此提出了"我能够知道什么""我应该做什么""我可以期望什么"的问题，简而言之即"人是什么"的人学问题，形成了"人类知性研究""人类知性新论""人性论""伦理学""精神现象学"这样一些"人学"，并且最终得出了"人是目的"这样的答案。虽然存在着经验和理性、经验主体和先验主体之分别，但理性和先验主体明显占据着主导地位，最终要求以内在的理性法庭裁定一切。早期现代哲学最终说来都停留在观念的次序和联系中，事物的次序和联系必须服从观念的次序和联系。

这种主体形而上学也因此是一种意识哲学（philosophy of consciousness）、观念论，具有明显的理想主义（idealism）色彩。笛卡尔的"心灵"（soul）概念在一定程度上延续了古代的"灵魂"（soul）概念，但偏重认识功能，从而已经有了很大的区别。在后来的哲学家那里，越来越强调纯粹思维或纯粹意识（pure consciousness），并因此逐步抛弃了作为主体的实体性的"我"。也就是说，"我"不再是一个心灵实体（soul as substance），而是一种功能主体（subject as function）。不管是心灵还是世界都只是认识活动中的构成物，至于神则是最后的假定或界限。总之，古代哲学强调作为本体的世界、灵魂和神三个实体，而早期现代哲学把它们逐步弱化为三个功能性的概念。

　　此在形而上学关注的是人的实存性（existentiality），围绕时间意识来描述人在周围世界、生活世界、文化世界中的处境，其目标是显示人及其实存的当下根据。

　　此在形而上学在后期现代哲学和当代哲学中有不同的表现形式。在后期现代哲学范畴中，海德格尔的"此在"、萨特（Sartre J-P，1905—1980）的"人的实在"（human's reality）、梅洛-庞蒂（Merleau-Ponty M，1908—1961）的"肉身化主体"（embodied subject）、逻辑经验主义者的"经验"都可以归结在"此在"范畴之中，它们实现了世界、灵魂/心灵和神三个形而上学概念的融通与变形。它们体现了外在和内在的统一、客体和主体的统一、理想和现实的统一，最终意味着"道"成"肉身"：它们把人锁定在周围世界、生活世界或文化世界之中。于是早期现代的内在形而上学让位于后期现代的此在形而上学。在这一时期，此在意味着精神的外在化，虽然表现出否定观念论的倾向，但依然保留了精神因素的核心地位。也就是说，后期现代西方哲学不再关心纯粹意识主体或先验意识主体，而是关注处境意识或处境中的主体，一种身体主体（subject of body）。这意味着身心统一或者说观念性（ideality）与物质性（materiality）的统一。

　　当代西方哲学进一步瓦解了意识主体，甚至否定了身体主体；虽然身体成了普遍关注的对象，但其物质性维度才是问题的核心。换言之，当代西方哲学在意识处境化的基础上把一切具有精神性（spirituality）的东西都彻底物化（物质化）了，这是一种重新解释早期现代主体之命运的努力。人不是一种创造性的、支配性的力量，相反他受制于诸多因素：他服从有关生命、生产和语言的规律，只有通过他的词、他的机体、他制造的产品才能够理解他①。这样，主体终结论或反人道主义对人进行了各种方式的限定，甚至超越人的处境意识，更加远离了以超然的主体为核心的形而上学。

　　本书所说的现代西方哲学包括早期现代西方哲学和后期现代西方哲学两大部分。我们在相关内容的评述中不可避免地要追溯古代西方哲学，

---

　　①　Foucault. Les Mots et les Choses. Paris：Éditions Gallimard，1997：324.

同时也会前瞻当代西方哲学。现代西方哲学始终围绕现代性问题展开。现代人不断突破前现代性，但始终无法摆脱梦里家园，比如灵魂和神虽然被弱化了前现代性的含义，但还有其明显的影响。现代西方哲学在其早期现代阶段和后期现代阶段对现代性有不同的理解，内在确定性的追求逐步要求获得外在体现。当代哲学展开现代性反思，它有某种或明确或不明确的当代性（contemporality）指向，与前现代性也有说不尽的关联。现代性的核心价值通过"自由""平等""博爱""解放""知识就是力量""精神辩证法""劳动创造财富"等启蒙理想体现出来。古代西方哲学以外在的或超越的权威为价值准绳，不可能承认上述启蒙理想；当代西方哲学则对现代性的普遍化、同一化进行批判反思，要求关注特殊，注重多元。当代性抛弃了前现代性的超越意识、早期现代性的宏大理想、后期现代性的介入情怀，不可避免地甘于平庸化，失于平面化。

哲学的当下处境最好地印证了当代性。哲学不可能是热门学科，从前如此，现在依旧，将来亦然。这与其说出自哲学家的满腹牢骚，不如说源于他们对自家领地的清醒认识。在当代性氛围中，哲学甚至被"终结"或"死亡"的阴影笼罩着。现代性或启蒙理想的批判者尼采（Nietzsche，1844—1900）让一个疯子间接地宣布"神死了！"，而某些理智非常健全的哲学家直接喊出了"哲学死了！"的口号。虽然说哲学不可能无限荣光地活着，但宣判其死刑也还为时过早。哲学代表了时代精神的精华（虽然当代性正在消灭"精神神话"，或者说当代精神的实质是"精神的丧失"），除非人从宇宙中消失了，否则，作为人学的哲学就始终会占据一席之地。正因为如此，现代哲学的回顾与反思是至为重要的，因为这是人性游离于神性和物性之间，并且拥有其自身维度的最佳时期。

三、世界观、人生观与方法论

哲学已经有两千多年的历史了，但"什么是哲学"却是一个常新的问题。哲学既不同于经验之谈，也有别于比如美国各类学校都会在其主页上提到的所谓的"教育哲学"（教育理念，philosophy of education）。一个比较简单明了的说法是：哲学是关于世界观、人生观和方法论的学说。所谓的"世界观"是"看世界"，所谓的"人生观"是"看人生"，而所谓的"方法论"则告诉我们如何"看"。哲学归根到底意味着如何看世界，如何看社会，如何看人生。

既然人生活在世上离不开外部自然，生活在人间不可能离群索居，世界观和人生观就是总体一致的。这种"看"不是盲目地"看"，总是摸着石头过河恐怕是行不通的，哲学也因此意味着方法论指引，以体系或系统的方式引导人们看世界、看社会、看人生。西方哲学被认为坚持一种视觉中心论，"看"的地位显而易见。这种"看"主要是"心看"而不是"眼看"，强调理智直观（intuition）或精神审视（inspection），哲学也因此被说成是一种"哲理视觉主义"（理论视觉主义，théorétisme）。柏拉图哲学的核心概念是"理念"（eidos，英译为 idea 或 form，中译还有"理型""相"等等），来自动词"看"（ide 或 eido），指的是看见的东西。通过所谓的"灵魂的转向"，日常的"眼睛看"在他那里被转换成了"理智直观"或"精神审视"，眼睛之所看则被转换成了纯而又纯的理念，看所凭借的阳光也因此转换成了"理智之光"或笛卡尔所谓的"自然之光"（理性）。

哲学往往被区分为不同的部门。在中国高等教育的学科建制中，哲学属于一级学科，它包含八个二级学科：马克思主义哲学（marxist philosophy）、中国哲学（Chinese philosophy）、外国哲学（foreign philosophy）、科学技术哲学（philosophy of science and technology）、伦理学（ethics）、美学（aesthetics）、逻辑学（logic）、宗教哲学（philosophy of religion）。近年来，又出现了诸如经济哲学（economic philosophy）、政治哲学（political philosophy）等自主设立的二级学科。划分的标准显然有些混乱，包含了区域（中国哲学、外国哲学）、思潮（马克思主义哲学）和部门（科学技术哲学、伦理学、美学、逻辑学、宗教哲学）等多重划分标准。西方人有强烈的西方中心论、逻各斯中心论（logocentrism）和理性中心论倾向，他们根本否定非西方哲学的存在，正因为如此，他们关于哲学的分类标准就要简单得多，完全从部门的角度进行分类，主要区分为：形而上学、认识论、伦理学、政治哲学、美学、逻辑学、心智哲学（philosophy of mind）、语言哲学、宗教哲学等等。

当然，所谓的部门哲学也是很复杂的。这是因为，现存的任何学科都可以有相应的哲学，比如数学哲学（philosophy of mathematics）、法哲学（philosophy of law）、历史哲学（philosophy of history）等。此外，许多学科从历史上看属于哲学的范畴，比如物理学（physics）、人类学（anthropology）、心理学（psychology）等，而且，即使是在现在，它们探讨的许多问题依然是纯粹理论的，因此是哲学的。

哲学最主要的部门是形而上学。"形而上"是一种从抽象到具体的、以思辨方式为主的研究思路；与之相反的则是"形而下"，是一种从具体到抽象的、以实证分析为主的研究思路。在西方学院文化传统中，形而上学是最为核心和基础的部门，是一门严格而枯燥的学问。古希腊哲学家、百科全书式的人物亚里士多德生前在吕克昂学院讲课，去世后留下了众多的旧稿和讲义。该学院第 11 代继承人安德罗尼柯（Andronicus Rhodius，约前 1 世纪）整理它们，编纂了当时所能收集到的全部遗稿。他把研究有形物体的著作编在一起，取名《物理学》（希腊语作 physika，拉丁语作 physica，英语作 physics）；他进而把论述超感觉的或超经验的对象的文章编在《物理学》之后，取名《物理学以后（诸篇）》（希腊语作 tametataphysika，拉丁语作 metaphysica，英语作 metaphysics）。

Meta 本义是"后"或"后设"，演绎为"元"或"原"。这意味着，形而上学是物理学之"本"与"原"，或者说是一切知识或学问之"本原"。《周易·系辞》有言："形而上者谓之道，形而下者谓之器。"据此，严复（1854—1921）把《物理学以后（诸篇）》译为《形而上学》。另外，该书也曾被译作《玄学》，意在表明书的内容和中国的魏晋玄学有相似之处——都以超感性的、非经验的东西为研究对象。在 20 世纪初由陈独秀和胡适等人发起的新文化运动中，曾经有一场影响深远的争论，那就是所谓的"科玄大论战"。如果我们查一查有关汉语词典，可知"玄"有如下意思：（1）深奥不容易理解的：~学，~秘，~妙，~奥，~理；（2）虚伪，不真实，不可靠：~想，~虚；（3）黑色。无论如何，形而上学是一门非常深奥的学问，也可能是一种不真实、不可靠的学问，想"红"却被"黑"也就不足为怪了！

四、哲学、神学与科学

不同的哲学家会对哲学的前述定义进行不同程度的修正，因为他们可能会特别突出该定义中的某些方面，而把另一些方面放在较次要的位置。逻辑原子主义哲学（philosophy of logic atomism）的代表人物罗素（Russell B，1872—1970）表示，"我们所说的'哲学的'人生观与世界观乃是两种因素的产物：一种是传统的宗教与伦理观念，另一种是可以称为'科学的'那种研究"，并因此"介于神学和科学之间"①。新康德主义（neo-kantianism）的代表人物文德尔班（Windelband，1848—1915）则告诉我们："所谓哲学，按照现在习惯的理解，是对宇宙观和人生观一般问题的科学论述。"② 两个人显然都把哲学看作关于人生观和世界观的学说。罗素提到了神学、哲学和科学的关系，而文德尔班主要提及了哲学与科学的关系。罗素的定义考虑了古代哲学、早期现代哲学和后期现代哲学的发展历程，而文德尔班突出了哲学的现代形态。从总体上看，要理解什么是哲学，就必须完整地思考哲学与神学、哲学与科学的关系。哲学上承神学，下启科学，三者之间始终有解不开的密切关系。

这就涉及了人的人性、神性和物性之间的复杂关系及其历史演变。解开"斯芬克斯之谜"，意味着人从其神性向人性过渡。然而，神性维度并没有立刻被否定。在古代，哲学与神学不分，哲学被认为是普遍科学，是百科全书，但百科都围绕神，或者说围绕人的神性维度而展开。尽管从泰勒斯（Thales，约前624—约前546）到巴门尼德（Parmenides，约前515—约前445）的前苏格拉底自然哲学（natural philosophy）开启了西方后来的数学和科学，尽管从苏格拉底到亚里士多德的人本学以及晚期古希腊罗马的伦理学突出了人性的意义，但古希腊罗马哲学从总体上看有着非常浓厚的神学色彩。在古希腊时期，被视为科学之科学的哲学其实是神学，或者说哲学与神学是相混的。亚里士多德在其《形而上学》中表示：

----

① 罗素. 西方哲学史：上卷. 北京：商务印书馆，1982：11.
② 文德尔班. 哲学史教程. 北京：商务印书馆，1997：7.

"因为神最适合拥有的一门科学在众科学中是神圣的，而且，一门科学，如果其对象是神圣的，它同样是神圣的。我们的科学现在恰恰有这两个方面：一方面，神被认为是万物的理由之一且在某种意义上是一个始基；另一方面，这种类型的科学是神拥有的唯一类型或最适合拥有的类型。"① 这意味着，第一哲学或形而上学其实是神学。

亚里士多德认为哲学研究"实体"，实体包含形式与质料（matter）两个方面，而形式最为重要。他的"四因说"（doctrine of four principles）主张存在着形式、质料、动力和目的四种本原或根据，但最终关注的是形式因和质料因。他区分第一实体和第二实体，而最高实体是神，神是"形式的形式"。亚里士多德在这方面其实延续了其师柏拉图的思想。柏拉图区分可感世界和可知世界，突出的是理念，而"理念的理念"或最高的理念是"善"（Good），也就是神。亚里士多德的"形式的形式"其实就是柏拉图的"理念的理念"。

在早期现代哲学的创始人之一、经验论者培根（Bacon，1561—1626）那里，哲学旨在解释自然，而要解释自然就要认识人的本性，即解决人的感性（sensibility，感受性）与人的知性（understanding，理解力）的关系。尽管他没有完全否定神学，并且提出了双重真理学说，但他基本上维护的是人的人性而不是神性，也因此要从受制于神学的哲学走向独立的哲学。我们通常把柏拉图及其老师苏格拉底视为西方理性主义（rationalism）的奠基人，他们师徒二人又受到毕达哥拉斯（Pythagoras，前580至前570之间—约前500）的深刻影响。培根却认为他们典型地代表了"迷信以及神学之糅入哲学"，并就此写道："关于这类哲学，在希腊人当中有两个例子：毕达哥拉斯的例子，他是把他的哲学和一种较粗糙的、较笨重的迷信联结在一起；另一个是柏拉图及其学派，则是更为危险和较为隐微的。"② 他进而表示，在其他哲学中，同样也表现出这种情形，比如人们引进了抽象的"形式"，引进了"目的性原因和第一性原因"，在最多数情节中删除了"中间性原因"③。这显然同时批判了亚里士多德。

① Aristotle. Metaphysics. New York：Columbia University Press，1952：983a.
② 培根. 新工具. 北京：商务印书馆，1986：38-39.
③ 同②39.

　　在早期现代阶段，哲学更加突出了普遍科学理想，被认为可以为一切科学奠基。这是大理性主义（great rationalism）的时代，哲学包含了科学理性和人文理性，神学甚至也是理性的，因为理性神学（theologia rationalis）是形而上学的三大分支之一。这是人的神性逐步让位于人性的时期。在笛卡尔那里，人性与神性还处在一种张力关系中，通过"我思故我在"（Cogito, ergo sum）这一推理，笛卡尔确立了"思维"是人的本性，把身体完全归属于物质之列，提出了著名的心身二元论（dualism）。我是我的心灵，而心灵的本质功能是思维。但是，他并没有否定人的神性，因为人的最后根据是神。荷兰哲学家斯宾诺莎（Spinoza B. de，1632—1677）和法国哲学家马勒伯朗士（Malebranche N. de，1638—1715）是两个著名的笛卡尔主义者，他们以不同方式延续了人性与神性的张力。马勒伯朗士主张心身二分，心向上接近神，身则下行接近物质，人只能通过神看世界。斯宾诺莎把心身视为唯一实体的两种属性，所谓的唯一实体则是自然或神。通过在"原生自然"（natura naturans）和"顺生自然"（natura naturata）之间做出区分，他解决了神性和人性之间的张力关系。莱布尼茨（Leibniz G. W，1646—1716）与这三位哲学家同属唯理论阵营，他同样注意到的是人从神性向人性的过渡。依据其单子论（monadology），整个世界都是由一些没有窗户的精神实体即单子（monade）构成的，包括从具有微知觉的东西到绝对的神。人和万物都处在由神规定的前定和谐之中，人性无疑优于非人性的东西，但最终还是依赖于神性。世界一方面服从机械的必然性秩序，但另一方面也受制于目的论（teleology, finalism）秩序。无论如何，人和自然都受制于决定论（determinism）。机械论（mechanism）属于原因决定论，目的论则是结果决定论。

　　康德（Kant，1724—1804）的哲学集早期现代哲学之大成，它依然体现了哲学、神学和科学的复杂关系。后期现代哲学家柏格森（Bergson，1859—1941）表示："康德哲学本身确实也沉浸在对一种单一而全面的、包含了实在之整体的科学的信念中。甚至，从某个方面来考虑，它只不过是现代人的形而上学的延伸，古代形而上学的一种转换。"① 康德哲学无

---

① Bergson. L'Evolution Creatrice：dans Œuvres. Paris：PUF，1984：795-796.

疑改变了形而上学的形态，最为重要的是把关涉自然的一切都建立在人性的基础之上，不再为神性留下任何空间。依据柏格森的解读，"神在亚里士多德那里是全部概念的综合，理念的理念。但现代科学以规律，即以关系为主题。关系是由一个精神在两个或多个关系项之间建立的联系，但联系在进行联系的智力之外什么都不是"；这里的智力指"人类智力"，而这"恰恰是康德的解决方案"①。笛卡尔、斯宾诺莎、马勒伯朗士和莱布尼茨的哲学，就像古代哲学一样需要求助于神，而在康德那里，神的全能让位于人的智力。自然的统一来自进行统一的人类知性，这就是所谓的"人为自然立法"或"知性为自然立法"。唯理论者认为自然就是我们的理智认识到的那个世界，不存在现象世界与本体世界的区分，不存在"在己之物"（thing-in-itself 或者 things-in-themselves，或译"物自身""自在之物"）。但在康德那里，我们认识到的只是作为现象的自然，在它后面还有不可知的在己之物。

法国后期现代哲学的代表，实证主义（positivism）的创始人孔德（Comte A，1798—1857）告诉我们，人类精神依其本性在每一探究中相继利用了三种哲学研究的方法，它们的特征具有实质性的不同，甚至根本对立：第一种是神学的方法，第二种是形而上学的方法，第三种是科学的方法②。他认为第一种方法是人类理智必要的起点，第三种方法是其固定的和确定的状态，而第二种方法注定具有过渡的意义。换言之，人类思想，无论是个人的思想还是群体的思想，都不可避免地要先后经历三个不同的理论阶段，通常称为神学阶段、形而上学阶段和实证阶段③。孔德的这一思想非常接近康德在《纯粹理性批判》最后一章中就纯粹理性进行的历史总结。康德表示，"人类哲学的童年"开始于探讨"关于神的知识"，也就是说，抽象的理性探索开始于神学；这一探索"后来才以形而上学而闻名于世"；在更后来则出现了"那些遵循科学性方法的人"：沃尔夫（Wolff C，1679—1754）等人"独断论的操作"，休谟（Hume D，1711—

---

① Bergson. L'Evolution Creatrice：dans Œuvres. Paris：PUF，1984：796.

② Comte. Cours de Philosophie Positive：Tome Premier. Paris：J. B. Bailliére et Fils，1869：9.

③ 孔德. 论实证精神. 北京：商务印书馆，1999：1.

1776）等人"怀疑论的操作"，而他本人带领大家要走的是还没有人走过的科学性方法的"批判的路子"①。康德哲学是一种理想化的主体形而上学，集中代表了人类中心论的时代。"我"或者说"我们"既摆脱了神的支配，也不受制于身体或者物质的羁绊。人类中心论因此既是针对神而言的也是针对自然而言的。人是纯粹意识主体，心身二分且心尊身卑导致的是理想主义或观念主义。

以康德为代表的德国古典哲学从总体上说是观念论的，但在黑格尔之后，出现了后期现代哲学的革命，体现了一种肉身化的要求。这时的主体不再是意识主体，而是身体主体，是在世界之中存在或实存的主体。在后期现代时期，由于自然科学的迅猛发展，哲学逐步采取守势。哲学要么与人文结盟，通过反对科学霸权而维护所谓的人文价值，由此走向非理性主义（irrationalism）；要么突出科学理性并让自己成为科学的工具，担负科学命题的逻辑分析或语言分析之职责，由此走向小理性主义（small ratio-nalism）。然而，哲学毕竟与各门自然科学或工程技术学科有很大的不同，后者在进步论的引导下指向某些明确的目标，而哲学始终不懈地追问什么是哲学，却从来没有提供一个能够被普遍认同的答案。社会科学在很大程度上借鉴的是自然科学，同样与哲学相隔甚远。与哲学相近的是人文科学。在中国文化传统中，人们常说文、史、哲不分家，其实是文、史不分家，因为我们的文化传统中没有作为学科的哲学存在。但在西方哲学传统中，文学和史学一向被视为哲学的工具。在后期现代西方哲学中，尤其是在当代西方哲学中，哲学与文学和史学则似乎没有了界限。尽管如此，哲学通过其哲学史回溯，依然有其传统价值。它始终在探讨一些永远无法解决的问题，而如此的探索恰恰是哲学的生命之所在。其实，哲学问题往往是永恒的，而提问的方式和给出的答案却始终在推陈出新。

后期现代西方哲学强调的是个体，人类中心论已经被个体中心论所取代，特殊与普遍、个体与群体的对立出现了，人与神、人与自然的关系也因此产生了剧烈的变化。后期现代哲学真正宣告了神的死亡，神性完全让位于人性。但这时的人性不再是普遍的，它尤其与人的个体差异联系在一

---

① 康德. 纯粹理性批判. 北京：人民出版社，2004：642-644.

起。更为重要的是，哲学家们在对待科学的立场上出现了分化。英美科学哲学传统坚持某种科学主义姿态（scientism），让实证科学取代了哲学的地位，或者让哲学仅仅具有某种语言分析或逻辑分析的地位；大陆人文哲学则具有不同程度的反科学主义倾向，其强烈抵制科学霸权对人文领地的不断蚕食和普遍渗透。当代西方哲学意味着多元综合，既可以说是对现代西方哲学立场的推进，也可以说是对现代西方哲学的超越。神学、哲学和科学之间的关系在不同的哲学家那里有不同的体现方式。从总体上看，它既不像古代西方哲学那样围绕神而展开，也不再像现代西方哲学那样围绕人而展开，因为它在神死亡的基础上宣告了人的死亡，不管是神性还是人性都成了"故"事，而一切都在非人的语境中展开，唯一存在或发生的是物（事件）。海德格尔所说的"天""地""神""人"四方游戏或许最好地表达了物性的时代。

五、哲学、智慧、知识

在西方文化传统中，尽管哲学有不同的定义，但它在西方人的整个理智生活或精神生活中始终保持着相对稳定的含义，各种定义都不过是对古希腊意义上的"爱智慧"稍有不同的表达而已。日本启蒙学者西周（1829—1897）于 1874 年在其《百一新论》中首先用"哲学"一词来翻译"philosophy"，康有为（1858—1927）在 1896 年前后借用"哲学"一词来指这门爱智慧的学问。用"哲学"来翻译Φιλοσοφία（philosophia，philosophie，philosophy）应该说是比较靠谱的，但并不完全确切。我们知道，在汉语中，"哲"主要有两个意思：一是有智慧，比如"哲人""哲理"之"哲"；二是有智慧的人，比如"先哲"之"哲"。中国人所说的智慧往往特别注意经验或行动，而在西方人的哲学传统中，理论思维始终具有优先的意义。尽管实践哲学在亚里士多德那里已经被谈到，在康德那里已经获得了充分论述，但实践哲学始终是第二位的，只是从 19 世纪中后期开始，才可以说出现了所谓的实践哲学转向。从总体上看，西方人更看重追求智慧而不是号称拥有智慧，西方哲人把哲学与学问或真理探索联系在一起，而这一探索往往不带功利目的；中国式智慧则往往有静态化倾向，同时追求"内圣外王"或"齐""治""平"之类的功利目标。

在亚里士多德看来，哲学就其本性而言是为了求知，人们天然地有一种追求智慧的冲动。他表示，"正是人们的好奇最初让人们，如今仍然导致人们从事哲学"，而且，"就人们是为了摆脱无知而从事哲学而言，他们显然是为了追求知识而不是有用才学习的"①。到以笛卡尔为起点的早期现代哲学阶段，哲学尤其围绕一种普遍科学的理想而展开，它体现为一种树状思维模式："因此哲学好像一棵树，树根是形而上学，树干是物理学，从树干上生出的树枝是其他一切学问，归结起来主要有三种，即医学、机械学和道德学，道德学我认为是最高的、最完全的学问，它以其他学问的全部知识为前提，是最高的智慧。"② 这是一种普遍数理（mathesis universalis, universal mathematics）倾向。笛卡尔关心逻辑、几何和代数，并且创立了统一后两者的解析几何学。作为形而上学的哲学或者说所谓的第一哲学具有纯粹理论的兴趣，完全没有功利目标，尽管理论最终会有其实践的效用，以至实践哲学的主要形式——道德学被称为最高的智慧。

哲学追求智慧，探寻知识，代表了某种科学理想。马克思主义哲学原理告诉我们，哲学是一切科学的概括和总结。当然，哲学与其他学科的关系也是非常复杂的：它既为科学奠基，又受益于科学。哲学这样一门古老的学科显然没有把知识积累或文化遗产问题撇在一边，但它又确实不像具体科学那样具有累积的、线性的发展特性。在传统的西方知识结构中，哲学的确扮演了某种基础性的角色，任何知识门类似乎都可以被纳入哲学之中，而形而上学在其中占据第一哲学的位置。第一哲学规定了西方文化的理论化倾向，其他学科只能被列入第二哲学以及更实用的具体科学之中，作为基础理论的印证和运用。在历史上的许多时期，哲学以百科全书的面目出现，几乎一切非实用的学科都可以被归入哲学之列。作为智慧化身的哲学是至高无上的国王，其他学科都应当对其俯身称臣。许多著名的哲学家同时也是著名的科学家，而科学史的核心范式都与哲学联系在一起。在古希腊哲学中，自然哲学家为后来的自然科学指引了最初的观察或实验导

---

① Aristotle. Metaphysics. New York：Columbia University Press，1952：982b.

② 笛卡尔. 谈谈方法. 北京：商务印书馆，2000：70.

向，提供了最基本的逻辑、数学和概念分析工具。泰勒斯称得上是第一个物理学家，古代的原子论是现代原子论的最初灵感；毕达哥拉斯和柏拉图对几何学的重视为后来的普遍数理倾向所延续；亚里士多德对第一哲学以及诸多知识门类的关注为哲学与科学的关系提供了最好的说明。在早期现代哲学中，笛卡尔、莱布尼茨和斯宾诺莎等人对代数、几何学、光学的重视，由伽利略（Galilei G，1564—1642）和笛卡尔奠基的普遍数理倾向都表明了哲学不是在科学之上，而是身处其中。反过来说，许多著名的科学家其实也是哲学家，伽利略、哥白尼（Copernicus，1473—1543）和牛顿（Newton，1643—1727）是其中的典型，他们的工作大多是以自然哲学的名义发表的。

　　自19世纪中后期以来，伴随知识分化和学科分类体系的确立，哲学已经偏安一隅：要么与科学（技术）结盟，旨在对科学命题进行语言逻辑分析；要么与人文（艺术）相伴，共同维护有限的价值领域不被科学帝国主义完全蚕食。无论如何，机械测度或量化要求在自然科学的严格性中获得了巨大成功，但对于哲学以及人文学科而言则是灭顶之灾。其实，康德早就感叹过，哲学已经变成了门前冷落的老妇。当然，他把原因归结为怀疑论（scepticism）和独断论（dogmatism）之争，认为真正科学的立场可以改变这种情形。其实，他本人尤为关注的是科学所代表的批判精神，正因为如此，对于这位伟大的哲学家来说，哲学的使命或许不是求知，甚至不是追求智慧，而是一种批判意识。他要求有理性的人限制自己无限的求知愿望：既然我们是有限的，就不可能像笛卡尔所期望的那样没有限度地利用我们的理智，以便为自然颁布规律，以便建构社会理想。"限制知识，为信仰留下地盘"于是成了非常典型的姿态。我们只能够认识现象世界，这是科学所指向的东西；关于人生价值、世界本原和神圣本性之类的东西，是科学思维永远无法搞明白的。康德式的理性批判导致了两种不同的走向：一是科学主义所主张的语言批判或逻辑分析姿态，二是反科学主义对科学理性尤其是技术理性所持的批判姿态。前者认为传统哲学包括逻辑学、形而上学和心理学三大部门，心理学已经被归入实验科学，形而上学只不过是文学，为哲学留下的唯一领域是逻辑分析；后者的核心观点则是：科学从哲学中脱胎而来，却在不断壮大的过程中挤压后者的地盘，形成了绝对的霸权，因此应该尽力为人文、艺术和哲学争取生存权和发展权。

六、哲学、批判与文明

哲学有什么用？要么是仰望星空者，要么是俯视大地者，这大体上是哲学家的经典形象。但哲学家现在还是如此这般吗？是不是已经有了某种改变？这种变化是好还是坏？现在还有人有时间仰望星空吗？现在还有人有资格俯视大地吗？哲学家确实曾经向往天空或把自己高悬于天空，应该说他们现在已经把自己降到了地上，或者说他们开始愿意立足于大地了。因为他们知道，人不可能抓住自己的头发把自己拔起来，他们是有根的，他们是此时此地的一种存在。然而，他们不可能不思考，不可能不有所超越。哲学追寻意义，哲学追求精神生活。神话中的西西弗斯把一块巨石推上山顶，可巨石很快又滚下山去，于是一切又从头做起，周而复始，但他永不言弃。哲学家曾经是知识的代言人，是进步的首倡者，以前的大哲学家同时也是大科学家，这一切在现在似乎都是不可能的了。现在的哲学家往往跟在科学后面，试图拖住历史的车轮，不让它跑得太快。他们要进行反思并对科学发展中可能存在的问题做出预判，比如说现代科学面临的伦理难题、生态环境问题，如此等等。

第一位哲学家泰勒斯本来是一位商人却不好好做生意，知道星辰如何运转却不知道脚下会发生什么事情。于是，"仰望星空"就永恒地定格了哲学和哲学家的形象。常人把这一形象视为带有反讽意味的漫画，而哲学家们却欣然接受了这一形象。康德说："有两样东西，人们越是经常持久地对之凝神思索，它们就越是使内心充满常新而日增的惊奇和敬畏：我头上的星空和我心中的道德律。"[1] 理性主义之父苏格拉底要求从天上回到人间，他把"认识你自己"和"未经反思的生活是不值得过的"作为准则，然而这个本应是脚踏实地的哲学家却被视为一个俯视大地者，一个"鸟人"：这个整天在市场中游来荡去的青年导师被喜剧大师阿里斯托芬（Aristophanes，约前446—前385）描述为高处云端的人。的确，他与希腊城邦是

---

[1] 康德. 实践理性批判. 北京：人民出版社，2003：220.

格格不入的，最终被判极刑并饮鸩而死。其实，仰望也好，俯视亦罢，哲学家并不缺乏现实关怀，虽然他们一向以批判而不是辩护的面目出现。

现实批判在不同时代有不同的表现形式：泰勒斯非功利地仰望星空，苏格拉底游手好闲地"毒害青年"，现代哲学之父笛卡尔以及他的那些作为启蒙思想家的同胞把一切放在理性的法庭中进行评判，康德小心谨慎地提出了许多"应当"，黑格尔则提出了现实性与合理性的辩证法，尼采对传统道德和信仰进行了清算，旁观意识和介入意识在萨特那里产生了张力，梅洛-庞蒂要求对现实保持适度距离……凡此种种，都表达了哲学家针对现实采取的姿态，都展示了哲学在现实批判中的力量。现代性意义上的哲学家大都是自由知识分子，号称自己是社会的良知和良心，毕生致力于启蒙民众心智。当然，随着学院制度的发展，哲学与其他学科一样走向了规范化，思想的色彩在淡化，学术和知识的成分在增加，但哲学家的本分依然是批判精神。只是，哲学家不再是普遍的知识分子，不再充当普遍精神的代言人，不再是理想蓝图的描绘者。他们往往着眼于具体领域并从身边的事情着手。福柯对现代性的反思、对非理性的他者的关怀就体现了作为具体知识分子的哲学家的新形象。

哲学代表了西方文明的历史沉淀。从柏拉图主义（platonism）到黑格尔主义（hegelism），尽管表面形式有别，但大体上都力倡理性主义。早期现代哲学更是高扬一种所谓的启蒙理性："自由""平等""博爱""主体解放""知识就是力量""劳动创造财富""精神辩证法"之类大叙事导致了"大理性主义"，这一切代表的是一种普遍的、崇高的理想。然而，理性主义的最终结果却是科学地位的不断提升和科学霸权主义的日益膨胀。启蒙走到了自己的反面，因为科学成为新的宗教，成为压制其他方面或异质因素的力量。于是出现了所谓的"小理性主义"：理性被限定在科学理性进而是技术理性的范围之内。科学哲学大体上沿着这种小理性主义方向发展，尽管其从逻辑语言分析到日常语言分析导致了某种与人文哲学结合的可能性，但心智哲学的出现再次突出了小理性主义，从科学主义干脆走向了物理主义（physicalism）或自然主义（naturalism）。大理性主义从意识或精神的角度突出主体的地位，而小理性主义把意识或精神作为副现象归入物质世界之中，从而几乎没有为主体留下任何空间。在古代西方哲学中存在着信仰和理性之间的张力；早期现代西方哲学强调理性论证；理性论证为后期现代西方哲学中的英美分析传统所延续，大陆人文哲学却代之以非理性的感悟或体验；当代西方哲学则在"怎么都行"中杂糅了各种各样的姿态。从总体上看，西方哲学有比较悠久的尊重理性和逻辑的传统，柏拉图是这一传统的奠基人，而笛卡尔、康德、黑格尔可以说都是柏拉图主义的传人，甚至历史上的许多神学也只不过是理性神学或先验神学（theologia transzendentalis）。

19世纪中后期以来，出现了各种非理性主义甚至反理性主义思潮。尽管如此，这些新思潮完全源自西方哲学传统的内部反思，与东方思想传统仍然有巨大的差别。诸如叔本华（Schopenhauer A，1788—1860）对古代印度宗教和文化的兴趣、尼采对古代波斯文明的借用、海德格尔对中国老庄思想的喜爱，都无法改变东、西或中、西文化之间存在巨大差异的历史和现实。当以一种解构（deconstruction）的姿态对待西方哲学传统的法国哲学家德里达（Derrida J，1930—2004）说中国只有思想而没有哲学的时候，中国学者的有关西方哲人走向东方的幻想显然破灭了，仿佛被泼了一盆无情的冷水。哲学被看作西方人的专利，尽管它始终在吸收东方的东西，但它的确是西方中心论的象征。西方被认为是一种理性主义思维，东方则是一种神秘主义思维。前者重推理，后者重体验；前者将一切对象化，突出的是主客二分，后者则是一种混沌思维，强调的是天人合一；前者关注的是超越的存在（抽象），后者关注的则是当下的实存（具体）。孔子的思想被19世纪德国哲学家黑格尔看作一个智慧老人的经验之谈，20世纪德国哲学家胡塞尔认为中国的思维属于经验人类学范畴，法国哲学家德里达在21世纪仍然忠诚于"哲学即欧洲"或"欧洲即哲学"这种他本应该批判的基本姿态。

黑格尔之所以不承认东方哲学或中国哲学有其重要地位，是因为他在东方思想中"找不到哲学知识"，在他看来，"属于哲学的应是关于实体、普遍的东西、客观的东西的知识"，而东方思想中并不具有这种知识，东方思想因此"必须排除在哲学史以外"①。其实，哲学并不仅仅涉及知识，

---

① 黑格尔. 哲学史讲演录：第一卷. 北京：商务印书馆，1983：97-98.

它尤其关乎人的自由。黑格尔表示，"真正的哲学自西方开始，惟有在西方这种自我意识的自由才首先得到发展，因而自然的意识，以及潜在的精神就被贬斥于低级地位"；进而言之，"一个民族之所以存在即在于它自己知道自己是自由的，是有普遍性的；自由和普遍性就是一个民族整个伦理生活和其余生活的原则"①。黑格尔分析说，当一个民族"以普遍性为意志的对象时"，它就"开始有了自由"；普遍的意志"包含着思维（主体的思维）与思维（普遍性）的关系"，也就是说，"思维在自身之中"；"民族的意志要求自由"，但问题在于，"意志的有限性是东方人的性格"，在东方"只有主人与奴隶的关系，这是专制的阶段"②。如此一来，自由在东方、希腊、日耳曼世界有不同的表现。黑格尔用如下的话来粗浅地表明这种不同："在东方只有一个人自由（专制君主），在希腊只有少数人自由，在日耳曼人的生活里，我们可以说，所有的人皆自由，这就是人作为人是自由的。"③

　　黑格尔毕竟身处受进步主义思潮强烈影响的时代，胡塞尔则是西方传统的强烈辩护者（胡塞尔和海德格尔被看作两个希腊人），他们两位做出否定中国哲学的姿态似乎情有可原。德里达已经处在深刻反思和批判进步主义的时代，而且又是一个对整个西方哲学传统持强烈解构观点的大师，但他依然有如此断言，似乎有些让人费解。其实，这并不意味着西方哲学真的就穷尽了哲学的全部，它代表的只是哲学的"存在—神—逻各斯"（onto-theo-logy）形态，即强调第一哲学是"存在论"（ontology，或译存在学），而最高的存在是神。当然，我们也得承认，虽然有些学者声称发现了从西方走向东方的种种迹象，但从总体上看，中国人对西方文化及其哲学基础还是以包容和维护为主。事实上，在以全面现代化为基本指向的背景下，西化似乎成了难以抗拒的潮流。不过，全球化同时伴随的是本土化。真正说来，未来的文化是一种杂交文化，各大文明传统应该争相贡献，提高自己在其中所占的份额或比重。一部中国现代（近代）文化史，

---

① 黑格尔. 哲学史讲演录：第一卷. 北京：商务印书馆，1983：98.
② 同①95.
③ 同①99.

实际上就是中西文化碰撞的历史，不管是"西体中用"还是"中体西用"都失败了。没有单纯东方或纯粹中国的东西了，我们拥有的一切似乎都"西化"了：马克思主义来自西方，自然科学来自西方，政治法律体制参照的是西方，我们的语法结构也借自西方。但是，我们始终保持着某些中国特色，并为世界文明做出了自己的许多贡献。

　　古代希腊可以说是欧洲文明的摇篮。对一些西方著名思想家而言，一提到古希腊，就有回家的感觉。哲学起源于古希腊，是古希腊文明的核心，也是影响后来的西方文化的最根本的方面。但哲学并非只有古希腊要素。一般都承认，古希腊人从东方所学甚多，受东方影响很大。罗素表示：在全部的历史中，最使人感到惊异或难于解说的莫过于古希腊文明的突然兴起了；构成文明的大部分东西已经在埃及和美索不达米亚存在了好几千年，又从那里传播到了四邻的国家；但是其中却始终缺少某些因素，直等到古希腊人才把它们提供出来。按照他的说法，古希腊人在文学艺术上的成就是大家熟知的，但是他们在纯粹知识的领域所做出的贡献还要更加不平凡：他们首创了数学、科学和哲学①。真正说来，逻辑思维导致了科学思维，而逻辑思维是传统哲学的实质。

---

　　① 罗素. 西方哲学史：上卷. 北京：商务印书馆，1982：25.

第一章　主体的确立：从怀疑到确定

  早期现代形而上学既是古代本体论形而上学在一定程度上的延续，同时又实现了形而上学的认识论转向。法国哲学家笛卡尔被视为现代哲学之父，荷兰哲学家斯宾诺莎、德国哲学家莱布尼茨和笛卡尔的同胞马勒伯朗士大体上都认同笛卡尔主义，他们的哲学主张被称为大陆唯理论。英国经验论在培根、霍布斯（Hobbes T，1588—1679）、洛克（Locke J，1632—1704）、贝克莱（Berkeley G，1685—1753）和休谟那里有不同的表现形式，他们不断地拓展和深化了现代哲学的认识论转向。18 世纪法国和德国的启蒙哲学初步实现了经验论和唯理论的综合，他们对社会认知的关心扩张了理论理性的目标，强化了实践理性的意义。德国观念主义哲学家康德、费希特（Fichte J. G，1762—1814）、谢林（Schelling F. W. J. von，1775—1854）和黑格尔以不同的形式完成了早期现代西方哲学，并在不同程度上预示了后期现代西方哲学。早期现代西方哲学确立了人或意识主体的中心地位，这种哲学也被说成是所谓的主体形而上学。在本章中，我们主要评介笛卡尔哲学，同时简单地介绍一下其他唯理论哲学家。

第一节　理性时代的科学理想

  早期现代西方哲学意味着主体的自觉。这里的主体是"能思者"或"理性存在者"，并因此是意识主体。人逐步摆脱了神和自然的羁绊，不再为自己的存在寻找外在的根据。换言之，对象意识（物）和绝对意识（神）的地位不断降低，自我意识（我）则越来越占据首要地位。文艺复兴时期的人文主义与宗教改革运动以各种不同的方式为早期现代西方哲学的产生奠定了思想基础。这一哲学的时间跨度为16世纪末期到19世纪早期，以认识论为其主要特征，尤其关注认识主体的能力和性质。不同的哲学家就一些相同的论题建立了不同的哲学体系，或者说时间的推移和地域的差异导致了相同主题的不同表达形式。早期现代西方哲学最初可以分为大陆唯理论和英国经验论两大流派。两派哲学家在认识的来源和基础、真理的标准、认识的方法论等问题上采取了非常不同的立场。在经验论者看来，知识是在感觉经验（sensible experience）的基础上通过归纳推理（inductive inference, inductive reasoning）获得的，因此是后天综合的（synthesis a posterior）；唯理论者则认为，知识是在理性固有的天赋观念（innate ideas）的基础上通过演绎推理（deductive inference, deductive reasoning）获得的，因此是先天分析的（analysis a priori）。

早期现代西方哲学无疑代表的是资产阶级的意识形态，充分体现了资本主义上升阶段的时代精神。这种类型的世界观、人生观和方法论哲学得益于三大重要发现。首先是地理大发现引出了新的世界观。新航路和新大陆的发现，工商、贸易的迅速发展，新的生产方式的逐步形成，突破了中世纪的狭隘的地域观念，逐步形成了世界性的眼光。其次是人的发现带来了真正围绕人而展开的人生观。走出中世纪意味着人们从天国回归人间，逐步抛弃神的中心地位并确立人类的中心地位。文艺复兴的人文主义和宗教改革运动逐步淡化了教会以及其他外在权威，人的内在信念和自主判断获得了第一位的重要性。最后是科学的发现确立了新的方法论。自文艺复兴以来，理性逐步取代信仰，哲学逐步摆脱神学，不断取得进展的自然科学在其中扮演了非常重要的角色。自然科学树立并巩固了理性的权威，佐证和维护了哲学的地位，表明了人类征服和改造自然的能力。当然，自然科学同时也受制于哲学，甚至以自然哲学的形式出现。真正说来，自然科学的发展要求理性的说明，要求哲学的奠基，要求方法论的完善。

早期现代西方哲学克服了古希腊哲学的素朴性和直观性，意味着哲学进入其反思的阶段。古希腊哲学虽然也包含普遍科学理想，但不可避免地受制于神秘思维或神学主张，旨在揭示万物和人生的最后根据，而不是重点解决人与自然的认识关系。古希腊哲学意义上的自然包含自身目的，是有内在价值的、有机的、有生命的整体，因此关注人与自然的交融，关注人对自然进而对神的分有。早期现代西方哲学逐步确立的则是一幅机械的、无生命的自然图景，人与自然、人与神逐步分离，人不仅认识自然，而且控制和改造自然，甚至要为自然立法。古希腊哲学意义上的人既分有神性又分有物性；基督教哲学意义上的人完全向往神性；早期现代西方哲学意义上的人则回归人性：它完全克服了物性，逐步摆脱了神性。早期现代西方哲学的主流是理性主义，以哲学取代神学，以理性取代信仰，但并不那么彻底，人还不时假借神的权威。当然，最终确立的是主体性原则（principle of subjectivity），其核心是逐步确立的"自由""平等""博爱""主体解放""知识就是力量""人为自然立法""劳动创造财富""精神辩证法"等启蒙观念。

唯理论哲学家被称为所谓的大理性主义者，大多主张天赋观念并提倡理性演绎法。他们在人与自然的关系中倾向于人类中心论，认为作为普遍理性主体的人有能力确定性地认识自然，因为外在的自然秩序最终服从于内在的观念秩序。笛卡尔哲学中包含目的论与机械论的冲突；斯宾诺莎哲学主要描绘了一幅机械的自然秩序图景，但它同时也力图协调目的论和机械论；莱布尼茨哲学则带有明显的目的论色彩。在柏格森看来，唯理论哲学家都具有决定论倾向：或主张因果决定论，或主张目的决定论。普遍性和必然性被视为知识和真理的标准，感觉经验和归纳逻辑则完全被排斥。

笛卡尔是法国17世纪的著名哲学家，也是严格意义上的第一位法国哲学家。尤其重要的是，他是整个现代哲学的奠基人。尽管他在教会学校接受了良好的传统教育，但他对宗教没有好感，对经院哲学不感兴趣。他爱好数学，认为算术和几何能够提供高度明晰的知识，有利于澄清并简化经院哲学的无聊争论，建立确定性的知识基础。他在大学里学的是法律，完全就像当时的许多贵族子弟一样。毕业后，他决心去读世界这本大书，因此参了军，周游列国，了解实际知识。其间，他广泛地接触和学习了各种科学知识，研究数学、光学、气象学、物理学、生物学、生理学等等，在多个领域中都取得了一些成就，体现出了较高的造诣。为了避免受到教会的迫害，他一生谨言慎行，从来没有与正统势力发生过正面冲突。他在相对自由的荷兰居住长达20年之久，其著作大部分完成于这一时期。1649年，他应瑞典女王的邀请，前往斯德哥尔摩，在宫廷中为她讲授哲

学。他非常不适应那里的气候，生活习惯也被完全打乱了。他在照顾一个
生病的朋友时感染了肺炎，于 1650 年去世。人们在他墓碑上刻有这样的
话："笛卡尔，欧洲文艺复兴以来第一个为人类争取并保证理性权利的
人。"他的主要著作有《探求真理的指导原则》《谈谈方法》《第一哲学
沉思集》《哲学原理》《心灵的激情》等。这些著作大都篇幅不长，追求
简洁、清楚和分明，体现出充分的探索性。

笛卡尔哲学延续并推进了文艺复兴的人文精神。这一哲学极力弘扬人
的理性，即他所说的自然之光。自然之光针对自然倾向具有绝对的优先
性。他认为人类的天赋理性有权力判断真伪，是一切是非的准绳，并因此
断然否定经院哲学把信仰推崇为真理的标准。在他看来，一切都应该放到
理性的尺度中加以校正，进行改造。这一哲学同时也回归并深化了古希腊
哲学的理性传统。古希腊哲学有著名的人本学时期，其间的苏格拉底、柏
拉图和亚里士多德为西方哲学开辟了理性主义这一主流传统。尽管他们辉
煌的思想在中世纪受到了极度的歪曲利用，但文艺复兴重塑了理性的权
威，恢复了人性的尊严。作为主体形而上学的奠基人，笛卡尔并不打算简
单地回到古希腊哲学中的上述三代哲人。通过更新人性的概念，他极大地
提升了理性的地位，或者说，通过更新理性的概念，他极大地提升了人性
的地位。在古希腊哲学中，只有优秀的社会成员才具有理性。柏拉图把灵
魂功能区分为理性（reason）、意志（will）和欲望（appetite），理性是唯一
的主宰。而在其理想的王国中，只有哲学家和统治者才具有理性，这意味
着理性只是少数人的本性。但在笛卡尔那里，理性是人之为人的本性，"良
知是人间分配得最均匀的东西"，即"那种正确地作判断和辨别真假的能
力，实际上也就是我们称之为良知或理性的东西，是人人天然地均等的"①。

当然，从我们出生之日起到还不能完全运用自己的理性的时候，我们
就已经接受了种种教育和观念，构成了各种判断，形成了种种成见，使理
性为许多谬误和虚幻的观念所窒息。因此我们在认识世界时所造成的谬
误，并不是基于理性本身的，而是因为理性受到了遮蔽，即源于自然之光
不再照耀万物，不再启迪心灵。笛卡尔主张绕过感官（sense）、存疑感觉

---

① 笛卡尔. 谈谈方法. 北京：商务印书馆，2000：3.

（sensation），由理性直接洞察、直观和把握世界的本质，从而获得真理。他开启的大理性主义让理性和科学取代了信仰和神学的地位。苏格拉底通过精神接生术，柏拉图通过灵魂的转向，亚里士多德通过逻辑的训练来提升人的理性，笛卡尔则突出了谈论"方法"、确立"探求真理的指导原则"的重要性。他要求我们从外在权威和感觉经验的束缚中摆脱出来，完全回到内在的判断。他认为"应该仅仅考察凭我们的心灵似乎就足以获得确定无疑的认识的那些对象"①，并且警告说："若不通过心灵直观或者通过演绎，就不能够掌握真知。"② 他要求的是清楚分明（clear and distinct）的知识。

在笛卡尔看来，我们通常是通过经验和演绎双重途径通达事物的真理的。经验往往免不了让我们上当受骗，而推理和演绎绝对可以让我们远离谬误。他认为算术和几何完全是理性的结果，因此不会像经验那样导致错误。他这样写道："探索真理正道的人，对于任何事物，如果不能获得相当于算术和几何那样的确信，就不要去考虑它。"③ 这就要求从"眼看"转向"心看"，也就是说，应该排斥感觉经验，把全部知识建立在心灵的"直观和演绎"基础之上。"直观"指的是"纯净而专注的心灵的构想"，"演绎"指的是"从某些已经确知的事情中必定推演出的一切"④。笛卡尔使理性代替了信仰的至高地位。在中世纪，信仰不仅让人信奉神，而且为人类确定了世界的边界；在笛卡尔那里，理性也不只是认识的方法，它同样为人类确定了世界的边界。这是一种非常线性或刚性的理性主义，它似乎不打算为感觉或情感留下任何空间。

其实，笛卡尔并没有断然抛弃基督教及其主要学说，他在《谈谈方法》第四部分中简明地谈论了神和心灵（灵魂）两个问题，进而在《第一哲学沉思集》中对它们进行了自认为严格的理性论证。他试图说服教会中的权威人士："神和心灵这两个问题是应该用哲学的理由而不应该用神学的理由去论证的主要问题。"他表示，只要通过了理性论证，就"不

---

① 笛卡尔. 探求真理的指导原则. 北京：商务印书馆，1991：4.
② 同①14.
③ 同①7.
④ 同①10-11.

至于再有人对神的存在和人的心灵与身体之间的实在的、真正的区别敢于怀疑了"①。他甚至"天真地"希望索邦神学院庇护自己的《第一哲学沉思集》，以便在知识界产生巨大的影响。笛卡尔一方面要大胆地运用自己的理性，另一方面要确保自己"今后还能十分幸运地活着"，所以他甚至为自己制定了三条所谓的"临时"规范："服从我国的法律和习俗，笃守我靠神保佑从小就领受的宗教，在其他一切事情上以周围最明智的人为榜样，遵守他们在实践上一致接受的那些最合乎中道、最不走极端的意见，来约束自己。""在行动上尽可能坚定果断，一旦选定某种看法，哪怕它十分可疑，也毫不动摇地坚决遵循，就像它十分可靠一样。""永远只求克服自己，不求克服命运，只求改变自己的愿望，不求改变世间的秩序。"② 他追求的其实是思想自由，没有上升到言论自由的层次，更不可能提出行动自由的主张，即所谓"除了我们自己的思想以外，没有一样事情可以完全由我们做主"③。由于有了这种安全保障，他先是广泛游历，与人交流，阅读自然这本大书，然后远离尘嚣，进行孤独的沉思。

笛卡尔分析了既有学问或科学的状况以及相应的智慧等级："第一等的只包含一些本身就很清楚的见解，不用深思就能够得到它们。""第二等的包括各种感官经验使我们知道的一切。""第三等的是别人的谈话教给我们的。""第四等的就是读书，并不是读所有的书，而是专指那些能给我们教益的人写的书，因为这就是我们与作者进行的一种谈话。"④ 他认为人们通常拥有的智慧都是通过这四种办法获得的。他表示自己用不着谈论让人一步登天的天启智慧，但应该谈到第五等的智慧，即哲学意义上的智慧。他告诉我们，被称为"哲学家"的那些人的工作是"寻找那些根本的原因和真正的本原，从其中推演出人能知道的一切的所以然"⑤。哲学是关于最一般、最基础的问题的学问，即探求"本原"的学问。笛卡尔回顾自己追求智慧的最初旅程，并且表示："我考虑到一切学问的本

①　笛卡尔. 第一哲学沉思集. 北京：商务印书馆，1986：1-2.

②　笛卡尔. 谈谈方法. 北京：商务印书馆，2000：19-21.

③　同②21.

④　同②63-64.

⑤　同②64.

原都应当从哲学里取得，而我在哲学里还没有发现任何确实可靠的本原，所以我想我首先应当努力在哲学上把这种本原建立起来。"①

在哲学史的考察中，笛卡尔注意到，柏拉图继续其师苏格拉底的努力，把 eidos（理念）作为本原，亚里士多德通过批判改造其师柏拉图的观点，同样把 eidos（形式）作为本原，但改变了讲述它的方式。尽管笛卡尔对柏拉图和亚里士多德表示尊重，但他认为他们并没有真正实现第五等智慧。按照他的说法：这两个人拥有很多才智，又有很多用上述四种办法取得的智慧，使他们得到不小的权威，以至后来的人宁愿跟从他们的意见，而不想去寻求更好的东西。由于盲目追随他们，甚至歪曲他们的著作，从前的哲学家们全都"把一个自己并不完全了解的东西设定为本原"，或者说他们设定了"坏的本原"，因此远离了"真理和智慧"，以至"对那种迄今被称为哲学的东西学得越少，就越能学到真东西"②。在他本人那里，形而上学探讨知识的本原，而真正的本原是"神"、"心灵"和"物体"（身体）三个实体。其实，笛卡尔的三本原学说不过是对柏拉图、亚里士多德以及中世纪神学家的本原理论的批判改造而已。

在关于本原探讨的基础上，笛卡尔为我们确立了知识的完整体系。按照树状知识分类体系，他把形而上学看作全部知识的基础。这一点回到了古希腊的知识论传统，因为亚里士多德已经指出，形而上学是第一哲学，其他学科包括第二哲学则是建立在第一哲学基础上的。真正说来，笛卡尔的哲学包括两个部分：一个是形而上学，一个是物理学。所谓形而上学指的是专门研究超感性对象，如神、意志和心灵等问题的学问，物理学则是指关于自然的学说。与亚里士多德哲学有所不同的是，笛卡尔并没有把具体科学看成是关于存在的一种特别的研究。作为自然科学家并且不是如亚里士多德那样的目的论者，笛卡尔完全从机械论的角度看待自然界，否定自然是终极价值的体现。在这个知识体系中，应当注意他对逻辑和数学的优先关注，因为它们有方法论意义。为了克服怀疑，走向确定，逻辑和数学的作用是非常明显的，因为它们体现了清楚分明这一知识

① 笛卡尔. 谈谈方法. 北京：商务印书馆，2000：18.
② 同①65－66.

标准。

　　笛卡尔表示，逻辑、几何学和代数这三门学问应该对他的计划有所帮助。然而，经院哲学对三段论逻辑（syllogistic logic）的教条使用使我们无法探索未知；以往数学的抽象、晦涩和过于专深也无助于心灵培养。他首先要求避免局限在代数或几何之类特殊数学部门之中，并因此把两者放在一起研究，吸收它们的"全部优点"，纠正它们的"全部缺点"。这指的是他在解析几何方面的工作，并且他在此基础上提出了"普遍数理"的设想。他表示，普遍数理具有"极其容易、一目了然"的优点。普遍数理涉及的是"秩序和度量"，既然秩序和度量"无论在数字中、图形中、星体中、声音中，还是在随便什么对象中，都应该没有什么两样"，那么"应该存在着某种普遍科学，可以解释关于秩序和度量所想知道的一切"。真正说来，普遍数理意味着一切学科都是"数学的组成部分"，它"既有用，又容易，大大超过了一切从属于它的科学"①。这种普遍科学理想或普遍知识理想导致了一种机械的世界观，不仅自然和人，甚至神都被纳入了机械的秩序之中。

第二节　从怀疑到我思故×在

　　笛卡尔要求把理性从感觉的迷雾中解救出来，以便获得清楚分明的真理。这是一个唯理论者完全不同于经验论者的地方。经验论者认为我们可以通过感官来认识感觉对象，从中获得印象（impression），进而产生出观念。笛卡尔断然否定这一认识进路。在他看来，感觉、经验是靠不住的，甚至是骗人的，它们往往把人们引向错误的方向。以一块从蜂房中取出来的蜡为例，凭借感觉，我们只能觉察到蜡块的大小、形状、色彩和软硬等等；因为受热，上述属性会产生变化，甚至消失，我们显然无法凭借感觉知道变化后的蜡块是不是原来的蜡块。唯有理性才能做出它仍是原来那一蜡块的判断："我必须承认我甚至连用想象都不能领会这块蜡是什么，只

---

① 笛卡尔. 谈谈方法. 北京：商务印书馆，2000：18.

有我的理智才能够领会它。"①

笛卡尔还举了做梦和行人的例子来表明感官常常是会犯错误的，因而过分相信曾经欺骗过我们的事物是非常鲁莽的。感觉不能提供清楚分明的真理，这种真理只能来自理性本身。笛卡尔由此延续了柏拉图主义传统，提出了与柏拉图的回忆说类似的天赋观念论。他断言理智直观所洞察到的清楚分明的真理是人出世之前由神印入心灵之中的，他进而认为，以自明的天赋观念为逻辑前提，借助演绎推理，我们就可以获得确实可靠的知识，建立起普遍科学的大厦。这完全有别于经验论者洛克的白板说。如何才能从理性本身开始进行直接认识呢？按照斯宾诺莎的解读，为了尽可能在认识事物时审慎地前进，笛卡尔力求：排除一切成见，找出能够用来建立一切知识的基础，发现错误的原因，清楚而且明晰地理解一切事物②。这意味着从"我疑"（I doubt）开始，进而有了普遍怀疑的构想。

笛卡尔表示，要追求真理，人们必须在一生中尽可能地把所有的事物都加以怀疑③。这样一种作为方法的普遍怀疑，与怀疑论者的为怀疑而怀疑以及不可知论者对知识的否定是完全不同的。笛卡尔真正关心的并非世界是否真实存在，而是要为人自己寻求确信的理由。这意味着把浮土和沙子排除掉，以便找出岩石和黏土来。这就是说，怀疑只是清除成见和谬误以获得内在确定性的方法和手段。通过普遍怀疑，人们就可以摆脱一切成见，以便利用理性这一"自然之光"来发现清楚分明的真理。普遍怀疑论类似于培根的四种幻象说（four idols 或 four illusions），矛头直接指向经院哲学的虚假的、混乱的知识。当然，笛卡尔的天赋观念论是根本有别于培根的后天观念论的。这种普遍怀疑方法也启发了胡塞尔关于现象学悬搁（phenomenological epoché）的学说。真正说来，普遍怀疑只具有认识论意义，即我们只有"在思维真理时"，才可以"采用普遍怀疑态度"，而在"人事方面"，我们"往往不得不顺从大概可靠的意见"④。

---

① 笛卡尔. 第一哲学沉思集. 北京：商务印书馆，1986：30.
② 斯宾诺莎. 笛卡尔哲学原理. 北京：商务印书馆，1991：43.
③ 笛卡尔. 哲学原理. 北京：商务印书馆，1959：1.
④ 同③.

通过普遍怀疑，在进行真正的认识之前，我们就获得了一个确实可靠的基础：我思（I think）。理性常常受到感觉的遮蔽，一旦进行怀疑，理性就回归了。这是因为，我们开始启动没有任何虚妄的哲学推理：我疑故我思。这其实是一个省掉了大前提的三段论推理：（怀疑就是思考，）我怀疑，故我思考。不论是"我疑"还是"我思"都是判断。从"我疑"到"我思"的推理是非常自然的，因为怀疑只不过是诸思维方式中的一种，特殊思维理所当然地被包括在普遍思维之中。这一推理完全就像最典型的三段论推理一样：所有的人都是要死的，苏格拉底是人，所以苏格拉底是要死的。当然，我们不能反过来推理，即不能得出"我思故我疑"，就像不能得出"要死的是苏格拉底"一样。尽管人们会说一个独立的、自由思考的人，一定会有怀疑的品格，但得出"我思故我疑"并没有逻辑通道。

非常明显，正像后来的胡塞尔一样，回到内在性是第一步。在笛卡尔那里是思维，在胡塞尔那里是意识。总之，通过怀疑回到了思维，这里指的不是经验的、心理的、个别的思维，而是纯粹思维。在此基础上，笛卡尔完全在心灵（理性、纯粹意识、纯粹思想、纯粹观念）中首先确立了"我"的存在，进而确立了"神"的存在和"物"的存在。换言之，通过一系列理性推理，笛卡尔在观念或思想的秩序中依次得出了"我在"（I am，I exist）、"神在"（God is，God exists）和"物在"（body is，body exists）三个判断，从而建构起了他的形而上学的最基本框架。严格地说，笛卡尔哲学是由"心""物""神"三个最核心的范畴或概念、"我疑""我思""我在""神在""物在"五个最基本的判断以及"我疑故我思""我思故我在""我思故神在""我思故物在"四个最关键的推理构成的一个完备的体系。

最著名也最重要的推理当然是"我思故我在"（Je pense，donc je suis；I think，therefore I am）。非常奇怪的是，人们往往把它看作一个命题。需要注意的是，就像梅洛-庞蒂所说的，"我思故我在"其实是"我们思故我们在"或"人们思故人们在"（on pense，donc on est）①。那个进行沉思

---

① Merleau-Ponty. Phénoménologie de la Perception. Paris：Éditions Gallimard，1997：459.

的"我"，那个进行方法论探讨的"我"，不是一个孤独的"小我"，而是一个"大我"。经过怀疑之旅，我的本质被确定为思维或理性。在这里"我"的思维就是"我们"的思维，任何观念的产生，都可以说来自"我"而不是来自"非我"，自然之光排斥任何间接性。"我思故我在"是一种直接推理，因为"我思"似乎可以与"我在"直接画等号，似乎不需要推理。不过，这依然是一种推理，一种省略了大前提的推理：（思维即存在，）因为我思维，所以我存在。"我思故我在"体现了理智直观与演绎推理的完美结合。后期现代哲学尤其是实存主义（existentialism）试图确立的是"我在故我思"，但这作为推理显然是有问题的。

无论如何，"我在"是"我疑故我思"和"我思故我在"两个重要的连续推理的结果，其基本思想通过笛卡尔的如下段落表达出来："我们既然这样地排斥了稍可怀疑的一切事物，甚至想象它们是虚妄的，那么我们的确很容易假设，既没有神，也没有苍天，也没有物体；也很容易假设自己甚至没有手没有脚，最后竟没有身体。不过，我们在怀疑这些事物的真实性时，我们却不能同样假设我们是不存在的，那是一种矛盾。因此，我思故我在的这种知识，乃是一个有条有理进行推理的人所体会到的首先的、最确定的知识。"① 尽管胡塞尔批评笛卡尔哲学还带有经验人类学色彩，但它显然已经走上了先验观念论（transcendental idealism）的道路。笛卡尔虽然没有完全否定，但已经淡化了古老的"灵魂"概念。当他说心灵是一个实体的时候，他仍然没有摆脱古希腊罗马哲学以及中世纪哲学的灵魂不灭观念，他依然把人与神性、无限性、永恒性联系在一起。然而，当他强调心灵的唯一功能是思维的时候，他实现了本体论向认识论的转化，实现了人性对于神性的胜利，回到了人的内在性。其实，他的心灵概念更倾向于认为心灵是意义的赋予者，在它内部就包含着认识对象，会形成认识对象。当然，只是在胡塞尔的现象学（phenomenology）那里，才真正把内在性与对象或客体的构造相等同。

第二个重要的推理是"我思故神在"。这就是所谓的关于神实存或神在的存在论证明，它构成笛卡尔的第二条哲学原理：神在。按照他的看

---

① 笛卡尔. 哲学原理. 北京：商务印书馆，1959：2-3.

法，我内心中对我自己有一个清楚明白的观念，我同时也有关于一切认识对象的观念，而且我"看不出有什么理由使它们不能由我自己产生，使我不能是它们的作者"①。但神的观念是我产生的吗？他是这样进行推理的：当我在怀疑时，我不仅发现"我"是存在（实存）的，而且发现"我"是不完美的，因为怀疑就是表示知识的不足，而这正是我的不完满的表现。但在"我"发现自己不完满的时候，还清楚明白地发现"我"心中有一个无限完满的观念——神。这个无限完满的观念显然不能够来自不完满的"我"，而只能来自某种无限完满的东西，这个东西既然是无限完满的，就必然包含存在性（实存性），因而神是存在的（实存的）。

这个推理是对中世纪本体论证明或存在论证明（ontological proof）的完善，后来受到康德的强烈批判。观念的东西与实存的东西根本不是一回事，就如同观念中的一百元钱与现实中的一百元钱不能相混一样。很显然，"我思故神在"以"我疑故我思"和"我思故我在"为前提。如此一来，在关于神存在的证明中，我思的地位是毫无疑问的。笛卡尔这样表示："因为我的本性是有限的，不能理解无限，这是由于无限的本性的缘故；只要我很好地领会这个道理，把凡是我领会得清清楚楚的东西，其中我知道有什么完满性，也许还有无数的其他完满性是我不知道的，都断定为形式地或卓越地存在于神里边，使我对神所具有的观念在我心里边的一切观念中是最真实、最清楚、最明白的就够了。"② 我们不是自己的原因，只有神是我们的原因，因此神是存在的。人的理性是有限的，神的理性是无限的。笛卡尔在答辩中还采用了一种设计论的证明。他写道："不过，在答辩中，我用了一个十分精巧的机器作为比较来阐明，这个机器的观念存在于某一个工匠的心里。这个观念在客观技巧上一定有一个原因，比如说，工匠的学识，或者这个概念是他从别人那里学来的，因此同样道理，在我们心里的神观念也不可能没有它的原因，这个原因就是神自己。"③ 这个借自英国经验论传统的论证同样受到了康德的批驳。

---

① 笛卡尔. 第一哲学沉思集. 北京：商务印书馆，1986：44.
② 同①47.
③ 同①42.

第三个重要推理是"我思故物在"。在论证了神实存之后，笛卡尔推论出他的第三条哲学原理：物在或者说物质世界存在。笛卡尔说，我们的认识能力是神给予的，而神是绝不会欺骗我们的。因此，既然我们清楚明白地认识到有一个物质世界，那么这个物质世界就必定是存在的。他这样表示："大自然使我生来就很容易能够在即使我以为理解得最明显、最可靠的东西上弄错，主要因为我记得经常把很多事物认为是真实的、可靠的，而以后又有别的理由使我把这些事物判断成是绝对错误的。可是当我认识到有一个神之后，同时我也认识到一切事物都取决于他，而他并不是骗子，从而我断定凡是我领会得清楚、分明的事物都不能不是真的，虽然我不再去想我是根据什么理由把一切事物断定为真实的，只要我记得我是把它清楚、分明地理解了，就不能给我提出任何相反的理由使我再去怀疑它，这样我对这个事物就有了一种真实、可靠的知识，这个知识也就推广到我记得以前曾经证明过的其他一切事物，比如推广到几何学的真理以及其他类似的东西上去。"① 表面上是由神确保了物质世界的存在，但归根结底以我思为起点，突出的是我的认识能力："我一旦非常清楚、分明地理解了什么事物，我自然相信它是真的；这是我的本性使然的。"② 总之，笛卡尔只是借助神的自明性来保证自然世界存在的客观性，最终把自然看作观察和认识的客体。

第三节　心身二元论及其困境

从前面已经看出，笛卡尔哲学为我们论证了三种实体的存在，其实体学说既延续又突破了古希腊哲学传统。亚里士多德在《范畴篇》中是这样界定实体的："实体，就其最真正的、第一性、最确切的意义而言，乃是那既不可以用来述说一个主体又不存在于一个主体里面的东西，例如某一个别的人或某匹马。但是在第二性的意义之下作为属而包含着第一性实体的那些东西也被称为实体；还有那些作为种而包含着属的东西也被称为实体。例如，个别的人是被包含在'人'这个属里面的，而'动物'又是这个属所隶属的种；

① 笛卡尔. 第一哲学沉思集. 北京：商务印书馆，1986：74.
② 同①73.

因此这些东西——就是说'人'这个属和'动物'这个种——就被称为第二性实体。"① 这显然是从逻辑学角度来考虑实体范畴的。实体不依存于其他东西，其他东西则要依存于它。它在保持数量上的同一性的同时可以容许相反的性质。实体也可以说是本体，其实就是第一位的或首要的存在（primary being）。亚里士多德在《形而上学》第七卷中清理了前辈哲学家所探讨的各种实体。他本人关注个别实体，承认一般实体，不否定终极实体——神。最终说来，古希腊哲学所说的实体可以归结为灵魂、物质（质料）和神三个类别。

早期现代西方哲学在一定程度上延续了古希腊哲学的实体学说，但由于从本体论走向了认识论，所以逐步改变了实体的性质。笛卡尔正是从认识论着手来定义实体的："凡是被别的东西作为其主体而直接寓于其中的东西，或者我们所知觉的某种东西（也就是说，在我们心中有其实在的观念的某种特性、性质或属性）通过它而存在的东西，就叫做实体。"② 他在另一个地方则说："所谓实体，我们只能看作是能自己存在而其存在并不需要别的事物的一种事物。"③ 他区分了两个层次的三种实体。只有一种实体是不依赖于任何其他东西的绝对实体，那就是神；其他两种实体分别是思维实体（thinking substance）和物质实体（corporeal substance），即心灵和身体，我们觉察到它们只是借助神的同意才能实存。神是高于心灵和身体（物体）的实体，因此"实体"一词不能单义地用于三种实体。与此同时，实体可以在同一种意义下被用于人的心灵和身体：它们都是被造的实体，彼此不相依赖，但都依赖于神。

笛卡尔主义者斯宾诺莎提出了这样一个界定："实体，我理解为在自身内并通过自身而被认识的东西。换言之，形成实体的概念，可以无须借助他物的概念。"④ 笛卡尔承认三种实体，斯宾诺莎则只承认神是唯一实体，把心灵和物质视为实体的两个属性："属性，我理解为由知性看来是构成实体的本质的东西。"⑤ 另一个著名的唯理论哲学家莱布尼茨的单子

① 亚里士多德. 范畴篇 解释篇. 北京：商务印书馆，2003：12.
② 笛卡尔. 第一哲学沉思集. 北京：商务印书馆，1986：161.
③ 笛卡尔. 哲学原理. 北京：商务印书馆，1959：20.
④ 斯宾诺莎. 伦理学. 北京：商务印书馆，1991：3.
⑤ 同④.

论突出了实体的精神性，指出世界是由无限多的单子构成的，而每一个单子都是精神实体，只有程度差异，而心物或心身关系是在前定和谐的框架中解决的。尽管笛卡尔在《第一哲学沉思集》中强调他要解决的是关于神和人的心灵这两个重要问题，但就其实质而言，神只是理智的假定，而古老的灵魂不朽问题在他那里被转化为心灵与身体的区别问题。真正说来，最重要的只有心灵和物质两个实体，需要分别探讨它们的本性，进而考虑本来严格区分的心物或心身之间的关系问题。

先来看看笛卡尔是如何描述神的。他写道："用神这个名称，我是指一个无限的、永恒的、常住不变的、不依存于别的东西的、至上明智的、无所不能的以及我自己和其他一切东西（假如真有东西存在的话）由之而被创造和产生的实体说的。"① 他还写道："我们理解为至上完满的、我们不能领会其中有任何包含着缺点或对完满性有限制的东西的那种实体就叫做神。"② 他认为在神里边包含着科学和智慧的"全部宝藏"。笛卡尔承认人性，严格地说人的理性是有限的，所谓"不理解无穷无尽的事物，这是有限的理智的本性，是一个天生就是有限的本性"③。正因为如此，无限的神可以为人的存在提供根据，这意味着人性与神性依然保持着密切的关联。当然，作为实体的神与作为实体的人的心灵毕竟不是同义的，而且笛卡尔强调的是人性。此外，除了与神性的关系，人性与物性也有关联，尽管他试图弱化物质性的维度，强调精神性和观念性方面，因为后者体现了人之为人的本质，而前者只属于人的偶性。这就涉及心、物两种实体。他表示，被造的实体，不管它是有形体的实体，还是能思维的实体，它们都可以通过"实体"这一共同概念获得理解：它们是只需要神的同意而不需要其他东西就能实存的东西④。

"实体"这个术语被单义地运用到心灵和身体上，或者说被运用到一切被创造物身上。但我们可以通过它们各自的属性来区别它们。每个实体都有一个主要的属性，心灵的主要的属性是思维（thought），物体的主要

————————

① 笛卡尔. 第一哲学沉思集. 北京：商务印书馆，1986：45-46.

② 同①162.

③ 同①63.

④ 笛卡尔. 哲学原理. 北京：商务印书馆，1959：20.

的属性是广延（extension）："每一个实体都有一种主要的属性，如思想就是人的心灵的属性，广延就是物体的属性。"① 在长度、宽度、深度上的广延构成物质实体的本性，思维则构成思维实体的本性。任何其他可以被归属于物体的东西都预设了广延，并且仅仅是一种有广延的东西的样式；同样，任何我们在心灵中发现的东西都只是思维的各种样式之一。总而言之，笛卡尔注意到了三种实体：一是不被创造的、独立的思维实体，二是被创造的、依存性的思维实体，三是被创造的、依存性的物质实体。被创造的思维实体和物质实体依存于创造者，但思维实体和物质实体彼此并不依存，它们是清楚分明的两种不同的实体。物质实体有其主要的属性和样式，思维实体也有其主要的属性和样式。显然，绝对一元论（monism）导致了二元论的结果，即心灵和物体是两个并行的、相互独立的实体。笛卡尔关于心身二分的主张是哲学史上最典型的实体二元论，既不同于斯宾诺莎的实体一元论，也有别于莱布尼茨的实体多元论。

在把神安顿好后，笛卡尔主要关心的是"我"，而他是这样来界定"我"的："我的本质就在于我是一个在思维的东西，或者说在于我是一个实体，这个实体的全部本质或本性就是思维。""这个我，也就是说我的心灵，也就是说我之所以为我的那个东西，是完全、真正跟我的身体有别的，心灵可以没有身体而存在。"② 换言之，"思维直接寓于其中的实体"就叫心灵③。按照斯宾诺莎的解读，"我思故我在"与"我是能思想者"是"等值"的④。笛卡尔关于理知（intellection）与想象（imagination）、理性与感性的区分其实都是在此基础上展开的。然而，他面临着一个困境：虽然说心灵和身体是两种独立的实体，可是，在它们之间却存在着协调一致。他这样写道："人的心灵实在有别于身体，然而又和身体紧密结合得就像一个东西似的。"⑤ "自然/本性"告诉我们，"我有一个身体，当我感觉痛苦的时候，它就不舒服；当我感觉饿或渴的时候，它就

---

① 笛卡尔. 哲学原理. 北京：商务印书馆，1959：20.
② 笛卡尔. 第一哲学沉思集. 北京：商务印书馆，1986：82.
③ 同②161－162.
④ 斯宾诺莎. 笛卡尔哲学原理. 北京：商务印书馆，1991：46.
⑤ 同②13.

需要吃或喝"，自然"也用疼、饿、渴等等感觉告诉我，我不仅住在我的身体里，就像一个舵手住在他的船上一样，而且除此之外，我和它非常紧密地连结在一起，融合、掺混得就像一个整体一样地同它结合在一起"①。

位于松果腺中的"动物精神"（animal spirits，或译为"动物精气"）似乎可以沟通两者。笛卡尔在"第六沉思"中有这样的一段描述："我还看出，精神并不直接受到身体各个部分的感染，它仅仅从大脑或者甚至大脑的一个最小的部分之一，即行使我们称之为'共同感官'这种功能的那一部分受到感染，每当那一部分以同样方式感受时，就使精神感觉到同一的东西，虽然这时候身体的其他部分可以有不同的感受……"② 松果腺显然被设想为一个既是物质又是精神的结合点。二元论无法说明现象世界中精神与物质的相互作用，因为人既包含精神的部分，也包含身体的部分，两者之间具有协调一致性。笛卡尔设想用动物精气来贯通精神和身体，在很大程度上受到了古代灵魂观念的影响。灵魂包括营养灵魂、感觉灵魂和理智灵魂，这是从精神意义上来理解的，尽管它们代表的是不同层次的精神。但是，灵魂也被理解为精微的气息或精致的液体，从而又被理解为物质中的精华。19 世纪以来的法国精神主义（spiritualism）哲学否定了心身二分，不再需要通过某个局部的点或器官来连接它们，因为心身本来就是统一的，不需要先区分两者，然后再来寻找其联系。梅洛-庞蒂的身体主体理论延续了精神主义传统，尤其强调了身心的统一。

心灵是实体，而这个实体是认识的主体，这在笛卡尔那里是非常重要的。然而，在康德以至胡塞尔那里，心灵实体完全被功能化了。对于笛卡尔主义者而言，"我思"意味着作为实体的"我"与作为功能的"思"是密不可分的。我是一个没有广延的、不可分的、单纯的心灵实体，而这个实体的唯一功能或真正本性是思维。这里的思维是纯粹思维或纯粹意识，克服了心理的、私人的色彩。在后来的哲学发展中，人们逐步否定了实体，越来越关注思维功能。换言之，关注的重心从"我思"转向了"思"或者说从"我"转向了"思"。其实，笛卡尔已经开始集中关注纯

---

① 笛卡尔. 第一哲学沉思集. 北京：商务印书馆，1986：85.

② 同①90-91.

粹思维。纯粹思维或纯粹意识是对经验的超越，换言之，人要求回到理性思维本身，或者说理性的特征就是超越一切而回到针对自身的直观：在理解时，心灵或精神"以某种方式转向其自身"①。这意味着内在性和反思，任何的对象意识都回到自我意识，而意识具有后来胡塞尔所说的意向性（intentionality）和构造性。

如果说我是一个心灵，同时需要补充指出的是，我有一个身体。这表明了身体的外在性。人的身体就是一部机器。事实上，身体和外部物体没有任何的分别，完全服从机械的规律和数理秩序。笛卡尔这样来界定物质实体或物体："作为广延以及以广延为前提的偶性（如形状、位置、地点移动等等）的直接主体，叫做物体。"②古希腊人理性地看待宇宙，把它看成是一个有机生命的宇宙。比如在毕达哥拉斯看来，宇宙是一个音乐性的宇宙，一种和谐的声音充满着整个宇宙，比率（逻各斯）则是宇宙运行的尺度。尽管笛卡尔也以一种理性精神来描述宇宙，但这是一种机械论的宇宙，是可以拆卸和组装的宇宙。他认为一切自然的现象都完全遵循机械运动的规律。他提出了太阳系形成的猜想，认为太阳、行星和地球都是由物质微粒的旋涡运动逐渐形成的。整个宇宙就像一部大机器，甚至动物也是一部机器，都可以运用机械运动规律予以说明。他通过大量的生理学解剖实验，提出动物就是机器的论断，还声称"给我物质和运动，我将为你们构造出世界"。18世纪法国唯物论哲学家拉·梅特里（La Mettrie，1709—1751）把笛卡尔的思想极端化，认为从动物到人的过渡并不剧烈，人只不过是一部复杂的机器，各种各样的心灵状态始终相应于身体状态，"心灵只不过是我们对之没有任何观念的一个空洞的名词"③。

笛卡尔把精神赶出了自然界，他说全宇宙只有一种物质。地和天是由同一物质构成的，而且纵然有无数世界，它们也都是由这种物质构成的。由此就得出一个结论，即多重的世界是不可能的。他进而指出物质世界的非精神属性，认为物质的根本特性是广延。物质或物体的本性，并不在于

① 笛卡尔. 第一哲学沉思集. 北京：商务印书馆，1986：78.
② 同①162.
③ 拉·梅特里. 人是机器. 北京：商务印书馆，2006：53.

以硬的、重的和有色彩的，或者以其他的方法刺激我们的感官。它的本性只在于它是一个具有长、宽、高三维的实体。笛卡尔显然把神秘主义的幽灵从科学的视野中排除出去了。但是，这种宇宙观完全把自然视为人类的工具，人与自然的和谐共处面临着困境甚至灾难性的处境。这种理性精神过于线性和刚性，让世界完全祛魅了。其实，就像斯宾诺莎一样，笛卡尔在原生自然和顺生自然之间进行了区分，前者表明了自然的自身目的性，后者表明了自然顺从于人的理智秩序。只是在康德那里，神才被完全赶到了超越的在己之物中，自然界已经没有其位置，也因此不再存在两种自然的区分。如果换个角度来考虑，康德用人取代原生的自然或神的地位，因而把两种自然统一在了人化的自然中。在 20 世纪，不少哲学家提出了自然的返魅问题。

第四节　唯理论的多维度推进

除笛卡尔之外，唯理论的代表人物还有法国哲学家马勒伯朗士、荷兰哲学家斯宾诺莎以及德国哲学家莱布尼茨，他们都从不同的维度推进了笛卡尔哲学。其中，马勒伯朗士和斯宾诺莎被称为"大笛卡尔主义者"。这些哲学家从数学中借用了理性演绎法。无论是经验论还是唯理论都把数学看作演绎的。从笛卡尔开始，唯理论把数学方法运用于哲学，而斯宾诺莎更是机械地把它用来建构自己的哲学体系。这种方法包含两个非常重要的假定：第一，一般的或普遍的东西是真实的、实在的，世界是有秩序的，是可以数学化的或量化的；第二，我们依靠理性自身进行逻辑推理，就可以得到关于世界的知识，并因此获得真理。这两点表明，在唯理论的认识论框架中，观念和实在可以完美地符合，但不是观念符合实在，而是实在符合观念。然而，这两个前提显然是有问题的。我们在没有对它们进行任何证明之前就把它们当作了前提。虽然莱布尼茨是一个唯理论者，但是他承认演绎推理的结果是理想的东西，不一定与实在相符合。尽管他认为理性演绎是必然的，其反面是不可能的，却承认我们生活中有大量的知识来自经验。

一、斯宾诺莎

斯宾诺莎的主要著作有《知性改进论》《笛卡尔哲学原理》《神学政治论》《伦理学》等。几何学方法对于他来说具有极端的重要性：他生前用自己名字出版的唯一著作《笛卡尔哲学原理（附形而上学思想）》全名为《依几何学方式论证的笛卡尔哲学原理》，而其最重要的著作《伦理学》的全名则是《按几何学顺序证明的伦理学》。前者从公理（公则）出发，严格按照演绎的步骤证明笛卡尔哲学命题是错的；后者则从定义（界说）和公理（公则）出发，证明他自己的哲学命题是正确的。这一哲学虽然没有把本体论问题放在一边，但明显偏向认识论；虽然没有否定人的神性，但尤其关注的是人的人性。

斯宾诺莎哲学最核心的概念是实体，他对其给出的定义是："实体，我理解为在自身内并通过自身而被认识的东西。换言之，形成实体的概念，可以无须借助他物的概念。"① 这一定义显然同时具有本体论和认识论的意义。他认为唯一的实体是自然，也可以说是神。真正说来，实体、自然、神在他那里是一回事。在他看来，实体是自因的（self-caused）、无限的、唯一的和不可分割的。说实体是自因的，就是说它的本质即包含实存，或者说它的本性只能被设想为实存着；说某物是有限的，就是部分地否定它的某种性质的实存，说它是无限的，则是绝对地肯定其某种性质的实存；说实体是唯一的，就是说除神以外，不能有任何实体，也不能设想任何实体；说实体是不可分割的，因为实体的本性是无限的，而实体的部分只能理解为有限的实体，但有限实体显然是自相矛盾的。在他看来，一切存在的东西，都存在于神之内，没有神就不能有任何东西存在，也不能有任何东西被认识。

斯宾诺莎区分了"原生的自然"与"顺生的自然"。前者是能动的自然，后者是被动的自然；前者具有自身目的性，后者服从机械的自然秩序；前者"是指在自身内并通过自身而被认识的东西，或者指表示实体

---

① 斯宾诺莎. 伦理学. 北京：商务印书馆，1991：3.

的永恒无限的本质的属性，换言之，就是指作为自由因的神而言"，后者
则是"指出于神或神的任何属性的必然性的一切事物，换言之，就是指
神的属性的全部样式"①。神或自然是唯一的实体，而实体具有属性（at-
tribute）。属性被"理解为知性看来是构成实体的本质的东西"②。实体具
有两个主要的属性，一是思想，二是广延。"思想是神的一个属性，或者
说神是一个能思想的东西"，"广延是神的一个属性，换言之，神是一个
有广延的东西"③。心灵是能思想的东西，物体是有广延的东西，神把两
者都纳入自身之内。笛卡尔主张心身二元论或心物二元论，斯宾诺莎主张
心身或心物平行论（parallelism）："一个物体被称为有限，就是因为除了
这个物体之外，我们常常可以设想另一个更大的物体。同样，一个思想可
以为另一个思想所限制。但物体不能限制思想，思想也不能限制物体。"④
换言之，"每一属性都是通过自身，而不假借他物即可得到理解"⑤。当
然，心物之间彼此还是有其统一的方面，尤其重要的是，"观念的次序和
联系与事物的次序和联系是相同的"⑥。

　　每一属性都有其样式（mode），斯宾诺莎认为它们是实体的分殊（af-
fection）："样式，我理解为实体的分殊，亦即在他物内通过他物而被认知
的东西。"⑦ 个别思想，或者说这种和那种思想都是神的本性的样式。人
有思想，或者说我们知道我们思想，而这种思想有多种多样的形式，比如
爱情、欲望都属于思想的样式。各种各样的具体事物同样是神的本性的样
式，或者说无限多的事物在无限方式下出自神。实体先于分殊，而不是相
反。一方面，斯宾诺莎显然赋予了人以及万物以神性，但另一方面，他承
认的其实是人性。从根本上说，人性就是知性或理智，正因如此，他写了
名著《知性改进论》。而就其《伦理学》而言，虽然第一部分集中论证的

①　斯宾诺莎. 伦理学. 北京：商务印书馆，1991：3.
②　同①30.
③　同①46.
④　同①.
⑤　同①48-49.
⑥　同①49.
⑦　同①.

是神或神性，但随后即把重点放在了人的伦理或精神方面，我们仅从各部分的标题就可以看出来：第二部分"论心灵的性质和起源"，第三部分"论情感的起源和性质"，第四部分"论人的奴役或情感的力量"，第五部分"论理智的力量或人的自由"。他告诉我们，他要在这些部分"说明从神或永恒无限的存在的本质必然而出的那些东西"，尤其要"讨论那种足以引导我们犹如牵着手一样达到对于人的心灵及其最高幸福的知识的东西"①。真正说来，《伦理学》是从知性出发的德性追求，由于心灵克制情感，由于心灵的自由，智人必定超越于单纯为情感所驱使的愚人，"凡是一个可以真正认作智人的人，他的心灵是不受激动的，而且依某种永恒的必然性能自知其自身，能知神，也能知物，他决不会停止存在，而且永远享受着真正的心灵的满足"②。无论如何，与其他唯理论哲学家一样，斯宾诺莎始终关注的是人的心灵及其理性维度。

一些人说斯宾诺莎主义是无神论。黑格尔表示，从一个方面来说是对的，因为斯宾诺莎"不把神与世界、自然分开"，"不把神与有限物分开"，于是他的"实体的确没有满足神的概念"，不是"精神的"③。但黑格尔接着又说，仅凭他不把神与世界分开就称他是无神论者也是愚蠢的，因为他也是无世界论者，世界对于他来说不过是神的一个形式而已。其实，斯宾诺莎主义与通常意义上的无神论相去甚远，但就不把神理解为精神这个意义而言，它却是无神论的。事实上，黑格尔最不满意斯宾诺莎哲学的地方就在于，它只关注实体，而不关注主体或精神。黑格尔最终把这种实体学说与康德、费希特的主体学说结合起来，从而以辩证的姿态围绕绝对精神的自身发展和自我认识开展出其绝对观念论体系。

二、莱布尼茨

莱布尼茨是德国著名的哲学家，唯理论的代表人物。他的主要著作是

---

① 斯宾诺莎. 伦理学. 北京：商务印书馆，1991：45.
② 同①267.
③ 黑格尔. 哲学史讲演录：第四卷. 北京：商务印书馆，1981：129.

《形而上学论》、《人类知性新论》（中译本为《人类理智新论》）、《单子论》、《神正论》等。他在其他学科上也很有建树，比如在微积分和历史研究方面。作为唯理论哲学家，其基本思想完全有别于经验论。他的《人类知性新论》以对话的形式批驳经验论哲学家洛克的著名作品《人类知性论》（中译本为《人类理解论》）。洛克的白板说承认人类观念来自感觉或经验，它们是自然界或物质实体之性质的反映；莱布尼茨的天赋观念论则否定了观念的外部源泉，他从自然界中看出的是精神实体。洛克的自然界服从的是因果决定论，莱布尼茨的自然界服从的则是目的决定论。莱布尼茨的思想也有别于其他唯理论哲学家，其"单子论"的实体多元论既不同于笛卡尔的心物二元论，也不同于斯宾诺莎的神即自然的实体一元论。

用法语写成的、篇幅极短的《单子论》是莱布尼茨思想的概括①。它由带数字的 90 个命题组成，分为四个部分，分别谈论单子的本性及其完善性的各个层次（1 至 35 命题）、神的实存及其属性（36 至 48 命题）、从神圣观点看待的宇宙（49 至 83 命题）和道德（84 至 90 命题）。按照他的描述，单子只不过是一种处在复合物中的单纯实体，而所谓单纯，就是说没有部分。复合物只不过是一堆单纯物。单子没有部分，它们既没有广延和形状，也没有可分性。单子是自然的真正原子，是万物的元素。它们既不会突然开始，也不会突然结束，它们只能由于神的创造而开始，也只能由于神的毁灭而结束。单子是无限多的，它们不是物质实体，而是不同层次的精神实体。从无意识的能动力量到动物的感觉和人的意识，体现的都是精神实体的作用。单子自有其性质，它们并不是相同的存在，它们各自依赖于其内在原则，而不受制于外在作用。换言之，单子彼此是不相同的。单子虽然不具有部分，但存在着情感和联系的多样性。单子之间的联系不是出于单子的内在本性，而是由神预先安排的，出自前定和谐。

任何单子都具有所谓的知觉（perception），但其高级形态则是统觉（apperception）或意识。从一种知觉到另一种知觉的过渡的内在原则活动被称为欲望。这显然否定了惰性物质，主张一种活力论（vitalism）。当

---

① Lebnize：La monalogie avec étude et notes. Paris：Libraire Victor Lecoffre，1900：92−139.

然，这并不意味着单子都是同质的。他认为我们可以把隐德莱希
（endéléchie）的名称赋予全部被创造的单纯实体或单子，因为它们都有一
定程度的完善性和充分性。如果我们愿意称有知觉和欲望的东西为心灵的
话，一切被创造的单纯实体或单子都可以被称为心灵。但是，由于情感是
某种高于单纯知觉的东西，单子和隐德莱希的一般名称对于单纯实体就够
了，所以只应该称那些更杰出的、伴随记忆的知觉为心灵。记忆模仿理
性，它为心灵提供了知觉的连续性。换言之，人的知觉之所以能够保持连
续性，就是由于记忆。进而言之，让我们认识我们自己以及神的是理性心
灵或者精神，这意味着我们上升到了反思的层次。在莱布尼茨那里，唯有
神具有绝对的完善。虽然如此，莱布尼茨最关心的还是人。正是在论述理
性心灵或精神时，莱布尼茨概括了他的认识论的最基本的内容。他告诉我
们，我们的理性或推理遵循两个大的原则，一是矛盾律（principle of con-
tradiction），二是充足理由律（principle of sufficient reason）。它们分别相
应于对不同真理的认识。有两种真理：一是推理的真理，二是事实的真
理。推理的真理是必然的，其反面是不可能的；事实的真理是偶然的，其
对立面是可能的。《人类知性新论》以浓缩的方式表达了这种认识论。

莱布尼茨实际上将自然精神化了。在他看来，我们不应该像洛克那样
"把物质看作在数目上独一无二的东西，或者看作一种真正的完全的单子
或单元，因为它只是无数存在物的一种堆集"，尽管如此，他认为洛克差
一步就达到单子论系统了，因为"事实上我把知觉给予了所有这些无限
的存在物，其中每一个都像一个动物一样，赋有灵魂（或某种类似的能
动原则，使之成为一个真正的单元）以及这个存在物要成为被动的所必
需的东西，并且赋有一个有机的身体"，当然，"这些存在物从一个一般的
至高无上的原因接受了它们既能动又被动的本性（也就是说它们所具有的
非物质性和物质性的东西）"，而这意味着引进"一种新的和谐，即前定和
谐"①。莱布尼茨确实倡导的是一种活力论，尽管他的活力论与古代哲学中
的活力论已经有了较大的不同。这是因为，前定和谐其实是一种目的决定
论，与机械论有别，但依然是一种决定论。每个单子的单纯性和自身完备

① 莱布尼茨. 人类理智新论. 北京：商务印书馆，1996：517-518.

性意味着个体自由，然而，在神的前定和谐中，普遍决定却是显然的。

人类知性针对三个方面进行探讨：一是在己之物的本性；二是作为原动者趋向于其目的，特别是其幸福的人；三是获得和沟通知识的手段。正因为如此，科学可以分为三种：第一种是物理学或自然哲学，它不仅探讨物体及其属性，如数和形，而且把精神、神以及天使也包括在内；第二种是实践哲学或伦理学，它教人获得良好而有用的事物的办法，不仅给自己提出对真理的认识，而且还有正当事情的实践；第三种是逻辑学或关于记号的知识。总之，知性世界有三大领域：物理学、伦理学和逻辑学①。逻辑学和物理学也有其实践的目的，伦理学因此在整个哲学体系中占据着非常重要的地位。实践哲学"从人的目的开始，也就是从那些善开始，善的最高点就是幸福，并顺次寻求用以得到这些善或避免相反的恶的种种手段"②。莱布尼茨虽然认为自己所处的时代有许多地方有待改变，但他充满信心地表示："而当我考虑到从一二个世纪以来人们在知识上已经取得了多么大的进步，并且使自己更为幸福方面多么容易进展到无比地更远时，我毫不失望（而预期）在一个更太平的时期，在神为了人类的善可能降生的某一位伟大君主的统治下，人们将会达到很大的改进。"③

莱布尼茨的思想显然包括了理性神学（theologia rationalis）、理性心理学（psychologia rationalis）和理性宇宙论（cosmologia rationalis）三大部分。然而，理性神学和理性宇宙论其实都服务于理性心理学。神代表的是前定和谐，或者说神是心身（心物）和谐的保证，已经被纳入了人性或理性的秩序。他这样写道："神学处理永恒的幸福以及与之相关的一切，是就其依赖于心灵和良心的范围内而言的。"④ 尽管他和其他唯理论者一样突出心灵的地位，主张心身的分离，但其主张既有别于笛卡尔的心身二元论，也有别于斯宾诺莎的心身平行论。他的理性心理学和理性宇宙论承认了宇宙万物和人的精神性，但同时注意到了人的理性是高于万物的普通知觉的，更不用说最低级的微知觉了。

---

① 莱布尼茨. 人类理智新论. 北京：商务印书馆，1996：634-635.

② 同①638.

③ 同①642.

④ 同①642.

三、马勒伯朗士

马勒伯朗士是法国 17 世纪末 18 世纪初的著名哲学家、科学家，曾经当选法兰西科学院院士。他比莱布尼茨早出生八年，早去世一年。尽管他现在受到的关注似乎不那么多了，但他在当时的地位却远远高于莱布尼茨，产生了重要的学术影响。他的代表作是《真理的探求》，其他著作还有《关于宗教和形而上学的探讨》《形而上学对话录》《基督教沉思》《论道德》等。马勒伯朗士是一个体弱多病、胆小畏怯、喜爱孤独、献身于科学的人，他受到笛卡尔《论人》的重大影响。按照黑格尔的描述，马勒伯朗士在经过一家书店的时候，偶然看到了这本书，一阅读就产生了兴趣，读时心跳不已，甚至不得不中止阅读。正是该书唤起了他对于哲学的最坚定的喜爱。

和斯宾诺莎一样，马勒伯朗士享有"大笛卡尔主义者"之名，甚至被认为是比笛卡尔本人还要彻底的笛卡尔主义者。黑格尔这样谈到马勒伯朗士在唯理论哲学中的地位："斯宾诺莎主义是笛卡尔主义的完成。马勒伯朗士介绍笛卡尔哲学时所采取的形式，是一种与斯宾诺莎主义站在一边的形式，也是笛卡尔哲学的一种完备的发展，这是另外一种虔诚的神学形式的斯宾诺莎主义。"[1] 也有人认为，他对笛卡尔思想进行了"最大胆的发展"，并因此是"笛卡尔主义的掘墓人"[2]。然而，从总体上说，他是忠诚于笛卡尔思想的，他从笛卡尔的"我思故我在"出发，认定"我是某种在思维的东西"，这个在思维的我，这个实体不可能是身体，因为身体不能思维[3]。真正说来，他完全延续了笛卡尔关于心身二分的思想，对其心身二元论进行了最完备的表述。他在这方面的基本立场是："心灵的本质在思维中，就像物质的本质在广延中一样，其余的东西，如感觉、想

---

① 黑格尔. 哲学史讲演录：第四卷. 北京：商务印书馆，1981：132.

② Huisman. Histoire de la Philosophie Française. Paris：Éditions Perrin, 2002：222.

③ Malebranche. Dialogues on Metaphysics and on Religion. Cambridge：Cambridge University Press, 1997：6.

象和意志，都是思维的变相。"①

　　心灵和身体完全是二分的，因为它们分别指向神性和物性。人的心灵既可以与作为绝对精神的神联合，也可以与作为纯粹物质的身体联合。与神的联合使人高于一切事物，使人分享神性；而与身体的联合无限地使人低下，并且不得不受制于错误和不幸。心灵与神的关系是自然的、必然的，是绝对必需的；而心灵与身体的关系尽管是自然的，却既非绝对必然，也非不可或缺②。人必须遵循不可变动的秩序，这一秩序居于人的内部，但感官和想象却把人引向外部，引向身体和周围世界，甚至引向没有任何实在的想象空间。因此，为了成为真正的人，必须"回到最深层的他自身，必须倾听内在真理，最大可能地让感官、想象和情感沉默"③。也就是说，人之为人始终追求的是精神生活，他应该纯化心灵，趋近神："随着与神的联合的增加，心灵变得更加纯洁，更加明亮，更加强大，更加宽广，因为这种联合构成了它的全部完善。"④ 马勒伯朗士坚持认为，我们是透过神来看世界的，并因此要摆脱感官，完全依赖心灵的思维功能。

　　当然，正像笛卡尔一样，马勒伯朗士也承认心灵与身体有联合或统一的一面，认为"这种联合随着与神的联合的增加而减少，但只能在我们死后才会瓦解"⑤。人的心灵确实与身体相联系，并因此削弱了它与真理的联系，这就需要神的协调作用，需要神来引导心灵抵制身体。真正说来，身体和心灵是两个完全独立的实体，它们之间不可能有实质性的关系。如果说两者之间具有协调一致的关系，如果说一方面的变化会引起另一方面的变化，那么这完全是由于神在起作用，身体和心灵最多只是对方的"偶因"或"机缘"。马勒伯朗士也因此成为偶因论（occasionalism）的重要代表人物之一。

---

① 黑格尔. 哲学史讲演录：第四卷. 北京：商务印书馆，1981：132.
② Malebranche. The Search after Truth. Cambridge：Cambridge University Press，1997：xxxiii−xxxiv.
③ Malebranche. Treatise on Ethics. Dordrecht：Kluwer Academic Publishers，1993：57.
④ 同②xxxvii.
⑤ 同②xxxvi.

第二章　主体的确立：从确定到怀疑

英国哲学有悠久的经验论传统，其源头可以追溯到中世纪的唯名论。唯名论的著名代表人物是罗吉尔·培根（Bacon R，约 1214—约 1292）、邓斯·司各脱（Scotus D，约 1265—1308）和威廉·奥卡姆（Occam W，约 1285—1349）。唯名论对立于唯实论。在"共相/普遍问题"（problem of universal）之争中，唯实论承认共相具有实在性，唯名论者则认为共相不过是一种声音或一个名称。如果说唯实论者主要受到了柏拉图主义理念论之影响的话，唯名论者则在很大程度上延续了亚里士多德关于第二实体的看法。作为早期现代哲学的一个主要派别，英国经验论影响很大，但它并非铁板一块，它经历了从弗兰西斯·培根、霍布斯、洛克、贝克莱直至休谟的逐步演变，并不断改变其基本形态。在本章中，我们将在勾勒英国经验论的演进线索的基础上重点评介休谟的主要思想。

第一节　经验论在英国的演进

英国经验论重视感觉经验，强调经验归纳法，尝试为自然科学的发展奠定哲学基础，同时又把自然科学的方法应用到哲学中去。英国经验论的奠基人培根的最重要的著作是围绕实验科学方法而展开的《新工具》，其最杰出的代表人物休谟的最重要的著作《人性论》则以"把实验的推理方法引入道德主题中的尝试"作为副标题。这种重视经验归纳的方法论导向有两个重要的预设：第一，那些作为认识对象的个别的、特殊的东西是真实可靠的，是真正的实在，它们类似于亚里士多德所说的第一实体；第二，我们作为认识主体凭借感觉或知觉就可以如实地反映和认识个别事物。这两个前提显然都是未经检验和证实的假定，经验论者却把它们视为理所当然的。在他们看来，从这两个作为前提的假定出发，认识主体运用经验归纳法，就可以把个别的东西归并到一般之中，从而形成可靠的知识。我们由此可以认识自然，进而改造自然，为人类谋福利。但是，有人会问：我们所感觉到的个别的东西是真实的吗？人的感觉或知觉能够如实地反映个别事物吗？况且，从个别的东西到一般的东西之间有逻辑通道吗？

大陆唯理论对英国经验论的两个前提都提出了质疑，认为经验论构造的整个大厦是不牢固的，由经验归纳法获得的知识是不可靠的。前一章提到，笛卡尔的普遍怀疑主要针对的就是感觉经验。其实，经验论内部的异见尤其具有颠覆性。洛克哲学是一个重要的转折点，他否定了感觉与第二性质的客观关系；贝克莱进而对前辈们关于感觉与事物的客观关系的看法持否定态度；经验论的集大成者休谟否定经验之外的一切，并且完全抛弃了归纳法。换句话说，培根和霍布斯追求确定性，认为感官知觉可以提供这种确定性；从洛克哲学开始，确定性的信念开始动摇；在贝克莱的主观经验论之后，休谟的经验论哲学合乎逻辑地走向了怀疑主义，尽管它被认为是一种所谓的温和的怀疑主义：一切都可以怀疑，经验本身却是不容置疑的。

一、培根

培根出身贵族家庭，曾任国玺大臣和大法官。他的名声不是那么好，在担任大法官仅仅两年后，就因为受贿而被免职，不得不放弃官场生活。他是英国经验论的创立者，并且始终坚持一种唯物主义立场。按照黑格尔的说法，培根建立了一个针对"外在自然界"和"人的精神本性"的"经验和观察的哲学体系"。他"以经验的观察为基础"从而"做出推论"，以这种方法找到"有限自然界"领域内的"普遍观念和规律"。尽管这一方法"还不很完善"，但他是"这种方法的鼻祖和经验哲学家的首领"[1]。培根主要的代表作有《新工具》《学术的进步》等，它们为经验主义确立了"一切知识源于经验"这一重要原则。

---

[1] 黑格尔. 哲学史讲演录：第四卷. 北京：商务印书馆，1981：17.

　　培根哲学显然隶属于早期现代认识论哲学之列。在他看来，他所处时代的"科学/知识状况"（state of sciences）并非繁荣昌盛，也没有取得重大进展，这就要求为"人类理智"（human intellect）开辟一条不同于人们在过去已经知道的道路，设计一些别的帮助，"以便心智可以发挥其针对自然的权利"①。为此，他要求改进或改造我们用来获得知识的工具，也就是方法论或逻辑学。他这样表示："我们的方法"尽管实践起来比较困难，但很容易表述，那就是"要确立确定性的各种程度，通过施加某种限制而保留感觉，但一般地拒绝紧随感觉而来的心智的工作"，进而"另外从实际的感官知觉来为心智开辟和构造一条新的、确定的道路"②。

　　培根的《新工具》与亚里士多德的《工具论》完全是针锋相对的。培根认为受《工具论》影响的逻辑无助于发现科学，不仅无助于"探索真理"，而且是"肯定有害的"，因此有必要明确地否定三段论演绎推理。按照他的看法，"三段论式不是被应用到科学的原理中，而是徒劳地被应用到中间公理中，因为它绝对与自然的精微不相匹配，它强迫事物同意而不是参照它们"，在这种情况下，"唯一的希望是真正的归纳"③。三段论逻辑之所以无用，就在于它只是满足于心智的空幻论证，而没有真正从实际经验出发。无论如何，只有在经验基础上进行的归纳推理，才能够为我们带来关于自然的真正知识，这就是培根所谓的归纳主义（inductionalism），与唯理论对理智直观和理性演绎的强调判然有别。

　　培根主张真正的知识来自对自然界的解释："人是自然的代理者和解释者，他所能做的、他所能理解的只是如他在事实中或推理中对自然秩序所观察到的那样多，他不会知道得更多，不可能做得更多。"④ 认识最终说来是要发现自然的规律，即所谓的"形式"。培根的经验论大体上是一种感觉论（sensualism）。它主张任何对于自然的解释都由感觉开始，由感官知觉沿着一条径直的、有规则的、谨慎的道路达到理智的知觉，即达到真正的概念和公理，形成知识体系。他认为经验是科学知识的基础，具有

①　Bacan. New Organon. Cambridge：Cambridge University Press，2000：6.
②　同①28.
③　同①35.
④　同①33.

某种确定性。当然，还应该关注经验的充分丰富性。只有在充分的经验基础上进行归纳推理，才能够获得完整的知识，才能建立起知识的大厦。认识自然，发现形式，归根结底是以真理为目标的。正是"真理"教导我们说，"研究真理""认识真理""相信真理"乃是"人性中的最高美德"①。由于所处时代的情势，培根还不可能完全放弃神学的权威，但他尽可能地为哲学争取地盘。他因此在哲学与神学的关系上主张一种双重真理论。也就是说，他承认"教义上的真理"和"哲学中的真理"各有其地位，而这两种真理为"世事上的真理"确立了方向②。它们告诉世人：坦白正直地待人是人性的光荣，而真幻相混就如同金银币杂以合金，虽然用起来方便，其品质却被弄贱了。

　　培根认为人的知性受制于意志和情绪（emotion），由此制造出一些虚幻的知识。他以批判四种幻象为名否定经院哲学及其包含的虚幻知识。他告诉我们，"有四种阻塞人类心智的幻象"，分别是"族类幻象"（idols of the tribe）、"洞穴幻象"（idols of the cave）、"市场幻象"（idols of the marketplace）和"剧场幻象"（idols of the theatre），而"借助真正的归纳来形成概念和公理"既是"排除幻象的一种合适的方式"，也"有利于辨识这些幻象"③。"族类幻象"基于"人性"本身，也就是植根于"人"这一种族中，指人类在认识事物时以自己的主观感觉为尺度。"洞穴幻象"是"个性"的幻象，个体因为所处环境、所受教育之类的差异而造成了坐井观天的思维方式。"市场幻象"由人们相互之间的交流和联系所形成，人们靠话语来联系，文字使用的失当会阻碍理解力，形成错误认识。"剧场幻象"是从各种哲学教义以及一些错误的论证法则移植到人们心中的，原因在于，那些公认的学说体系只不过是一些舞台戏剧，表现的是人们依照虚构的布景的式样而创造出来的某些世界，如果人们盲目崇拜它们，就会造成偏见。培根对四种幻象一一进行了批判，要求人类依据自然本身来把握自然规律。

　　培根并不片面地强调经验，也不完全否定心智的作用，但他要求我们

---

①　培根. 培根论说文集. 北京：商务印书馆，1983：5.

②　同①6.

③　Bacan. New Organon. Cambridge：Cambridge University Press，2000：40-41.

"不只是就心智天生的能力，而且就其与事物的联合来谈论心智"①。事实上，他的经验概念是比较宽泛的，因为"与经验本身密切联系的那些论证也都属于经验"②。培根甚至主张超越经验论和唯理论各自的缺陷。他这样写道："那些探讨过科学的人要么是经验论者，要么是独断论者。就像蚂蚁一样，经验论者单纯积累并利用；就像蜘蛛一样，唯理论者自己吐丝织网；蜜蜂的方法间于两者之间，它从花园和田野的花丛中采得材料，但它有能力转化和吸收它们，这与哲学的真正运作并没有什么不同。"③这显然是一种全面的归纳主义主张。

培根式归纳主义的核心内容是用来整理经验材料的著名的三表法，其主要思想在关于"热"的"形式"之研究中获得了完整的展示。所谓的"三表"指的是：由正面例证构成的"实存和在场表"（table of existence and presence）、由反面例证构成的"差异或缺乏表"（table of divergence or absence）以及由不同程度的例证构成的"程度或比较表"（table of degrees or comparison）。培根把"这三个表的任务和功能称为向理智提供例证，在提供例证之后，归纳本身就必须开始工作了"④。这意味着，他主张在掌握方方面面的例证的基础上进行全面归纳，以便得出正确的结论。

培根显然确信自然的存在，确信人的存在，确信人能够认识并利用自然。他有这样一个著名的说法："人的知识和人的力量通向相同的东西。"⑤ 如今所谓"知识就是力量"（知识即权力）、"科学技术就是生产力"之类的口号在某种意义上都是这一说法的变种。

二、霍布斯

霍布斯是英国著名的经验论哲学家，毕业于牛津大学，是将修昔底德（Thucydides，约前460—约前400）的《伯罗奔尼撒战争史》从希腊文翻

---

① Bacan. New Organon. Cambridge：Cambridge University Press，2000：101.

② 同①57.

③ 同①35.

④ 同①126.

⑤ 同①33.

译为英文出版的第一人，曾经做过培根的秘书。他的代表作有《论公民》《利维坦》《论人》《论物体》等。他认为哲学的目标在于利用已有的知识为人生谋福利。他不再认同培根的双重真理观，明确表示哲学排除神学。正是由于这种倾向，霍布斯主义在当时成了无神论的同义词。就政治立场而言，霍布斯赞成君主专制。他既关心自然，也关心社会。他认为哲学的对象有两种：一种是自然的事物；另一种是契约与意志所赞成的事物，即国家。因此，可以区分两种哲学：一是自然哲学，二是公民哲学。

在自然哲学方面，霍布斯与培根一样强调感觉的基础地位。认识开始于感觉，感觉是一切知识的来源，不存在所谓的天赋观念。他这样表示：每一思想都是与我们无关的物体的这种性质或那种偶性的表象（representation）或显象（appearance），这些表象或显象的根源就是所谓的感觉，感觉源于对每一专司感觉的器官施加压力的外界物体或对象①。自然哲学涉及人与外物的关系。霍布斯确信人的存在和自然的存在，而且认为人能够认识并利用自然。他为我们提供的是一幅机械的自然图景：当物体静止时，除非有他物扰动它，否则就永远静止；当物体运动时，除非有他物阻止，否则就将永远运动②。显然，他完全认同由伽利略提出的惯性定律或由牛顿提出的第一定律：一切物体没有受外力作用时，总是保持匀速直线运动状态或静止状态。

在公民哲学方面，霍布斯主要探讨的是国家理论，涉及人与人之间的关系。在他看来，要探讨国家问题，必须探讨人性，而人性在人与人之间是相通的。他这样表示："要统治整个国家的人就必须从自己的内心进行了解，不是去了解这个或那个个别的人，而是要了解全人类。"③

黑格尔评价说：在霍布斯的学说里，至少存在着这样一个特点，即在人性、人的欲求、人的嗜好等的基础上设定了国家的本性和机体④。霍布斯在"人类天性"中看到的是争斗或冲突，他认为造成争斗的原因主要有三种："竞争"、"猜疑"和"荣誉"。这三种原因使人分别为了"求利"

---

① 霍布斯. 利维坦. 北京：商务印书馆，1986：3.
② 同①5.
③ 同①7.
④ 黑格尔. 哲学史讲演录：第四卷. 北京：商务印书馆，1981：160.

"求安全""求名誉"而"进行侵犯",因此,在没有一个"共同权力"使大家慑服的时候,人们便处在所谓的"战争状态"之下,而且是"每个人对每个人的战争"①。这涉及的是在国家产生之前的自然状态(state of nature)。在这一状态中,每个人都依据自然法(law of nature)享有各种天赋的自然权利,他们都只受自然法或利己心的支配,不惜一切地保全自己、消灭敌人。

然而,真正理性的个体会承认一条一般法则:"每一个人只要有获得和平的希望时,就当力求和平,在不能得到和平时,他就可以寻求并利用战争的一切有利条件和助力。"②霍布斯把这条法则分成两个部分:第一部分包含的是第一个同时也是最基本的"自然法",即"寻求和平、信守和平";第二部分则是对"自然权利"的概括,即"利用一切可能的办法来保卫我们自己",由此引出的是第二自然法:"在别人也愿意这样做的条件下,当一个人为了和平与自卫的目的认为必要时,会自愿放弃这种对一切事物的权利,而在对他人的自由权方面满足于相当于自己让他人对自己所具有的自由权利"③。这条一般法则既赞成人与人之间的战争,人对人就像狼一样,又主张达成一种社会契约(social contract)——权利的相互转让契约,由此导致了国家和法律的产生。权利被转让给一个第三者(个人或议会),而这第三者不受制约,因为他不是订约的一方。霍布斯的这种姿态被认为是对绝对君权进行的辩护。这种自然状态说和社会契约论明显有别于后来的洛克、卢梭(Rousseau J-J,1712—1778)、孟德斯鸠(Montesquieu C. L. de S,1689—1755)等人的相应理论或学说。

三、洛克

洛克是英国著名的经验论哲学家,他"对整个经验主义思维方式作了系统的表述"④。他的主要思想包括自然哲学和国家学说两个方面。前

① 霍布斯. 利维坦. 北京:商务印书馆,1986:94.
② 同①98.
③ 同①98.
④ 黑格尔. 哲学史讲演录:第四卷. 北京:商务印书馆,1981:137.

者以认识论哲学的姿态出现，主要通过其代表作《人类知性论》（又译《人类理解论》）体现出来；后者涉及自然状态说和社会契约论，主要通过《政府论》等作品表现出来。他的其他作品还有《论宽容》等。洛克在宗教方面持温和的立场，在政治上赞成君主立宪制。无论其自然哲学还是国家学说都产生了深远的影响。

　　洛克在《人类知性论》的"致读者"中表示："人的知性可以说是心灵中最崇高的一种官能，因此，我们在运用它时，比在运用别的官能时，所得的快乐要较为大些，较为久远些。"按照他的说法，"知性之追寻真理，正如弋禽打猎一样，在这些动作中，只是'追求'这种动作，就能发生大部分的快乐"①。他进而在第一卷中表示："知性的研究是愉快而且有用的——知性既然使人高出于其余一切感性存在者（sensible beings）②，并且使人对这些生物占到上风，加以统治，因此，知性这个题目确乎是值得研究的；只就知性的高贵性讲，我们亦可以研究它。"③ 他在好几处都把知性比作为眼睛，显然突出了视觉的优先性，这在其他哲学家那里也是如此。但他进而告诉我们的是，虽然眼睛可以使我们看到、知觉到其他一切事物，但它不能注意到它自己。正因如此，研究知性及其本性就是至为重要的。他表示，自己的目的在于探讨人类知识的原本、确定性和范围（the original, certainty and extent of human knowledge），以及信念、意见和同意的根据与程度（the grounds and degrees of belief, opinion and assent）。就像休谟一样，他不打算考虑心智的物理学方面，即不考虑我们通过什么样的精神运动或身体变化而获得了依赖于感官的感觉，获得了处在知性中的观念。在他看来，心智在其趋向知识的每一步中都有所发现，至少就其当下来说不仅是新的，而且是最好的。就像笛卡尔一样，洛克也追求观念的确定性，但他更愿意用"确定的"（determinate）来限定简单观念（simple ideas），用"已确定的"（determined）来限定复杂观念（complex ideas），而不是像笛卡尔那样用"清楚分明的"来限定观念。按照他的看

---

① 　洛克. 人类理解论. 北京：商务印书馆，1983：9.
② 　引文中所附英文系著者依据英译本添加，下同。
③ 　同①1.

法，他特意使用的"确定的观念"或"已确定的观念"有两层意义：第一，它"表示的是人的心智看到和拥有的一种直接客体（immediate object）"，它"与心智用来作为客体的符号（sign）的声音是不同的"；第二，"这个如此被确定的，即心智在它自身中拥有的、心智在那里认识和看到的观念，是没有任何改变地与那个名称相确定的，那个名称亦没有任何改变地是与那个精确的观念相确定的"①。我们可以确定性地认识客体，并且确定性地表达我们的认识。

洛克要对心智的能力进行审视，从而既否定知性的无所不能，也否定怀疑论。他表示："我们如果仔细视察了我们心智的各种能力，并且估量了我们能由这些能力得到什么，则我们便不会因为不能遍知一切，就来静坐不动，完全不肯用心于工作上，亦不会背道而驰，因为还有些东西未曾了解，就怀疑一切了，并且放弃一切知识。"② 他认为人人都会承认在人心中是有各种观念的，人不但意识到自己有这些观念，而且还可以借别人的言语和动作推知别人也有这些观念。但是，作为第一个将经验论构成一个完整体系的哲学家，他明确否定笛卡尔等唯理论哲学家的天赋观念论。他认为人心中没有天赋观念，也没有天赋原则（innate principles），无论是"思辨的公理"（理论知识）还是"实践的原则"（道德法则）都不是天赋的。在他看来，虽然人的能力是天赋的，但观念和知识却是后天的。儿童的心智就如同一块白板（tabula rasa）或一张白纸，上面没有任何标记，后来经验在上面印上了印迹，形成了观念和知识。也就是说，心中的观念和知识完全来源于经验，是通过经验和观察实际事物才得到的："存在于心智中的任何观念，如果不是当下的一个实际知觉（actual perception），就是从前的一个实际知觉。"③ 任何观念，要么是全新的观念，要么是通过记忆再生的观念，但其来源都是经验。

观念是思维的对象（Idea is the object of thinking），但观念并不是天赋的。要在心智中形成观念，需要许多材料（material）。但材料从哪里

---

① 洛克. 人类理解论. 北京：商务印书馆，1983：17-18.

② 同①4.

③ 同①60.

来呢？洛克表示："它们都是从'经验'来的，我们的一切知识都是建立在经验上的，而且最后是导源于经验的。我们因为能观察所知觉到的外面的可感物，能观察所知觉、所反省到的内面的心理活动，所以我们的知性才能得到思想的一切材料。这便是知识的两个来源。"① 总之，一切观念，进而一切知识都是由感觉和反省（reflection）得来的。感觉的对象是观念的一个来源：像黄、白、热、冷、软、硬、苦、甜之类的观念就来自外物刺激我们的感官所产生的感觉；心理活动是观念的另一个来源：知觉、思想、怀疑、信仰、推论、认识、意欲以及人心的一切作用都属于这一类观念。这是来自反省的观念，即人心在反省自己的感觉活动时得到的观念。洛克认定："人心虽然涉思玄妙，想入非非，可是尽其驰骋的能力，亦不能稍为超出感官或反省所供给它的那些思维的材料——观念——之外。"②

培根和霍布斯认为认识的对象是自然物体，或者说我们通过感觉经验可以认识自然物体，但洛克就此提出了某种疑问。原则上他认为我们的认识对象是物体，但我们直接认识到的是其性质。我们的简单感觉观念涉及的正是物体的性质。心智中的观念（ideas in mind）与物体的性质（qualities in bodies）是相对应的，虽然不一定直接对应：事实上，在物理原因缺失的情况下也可能形成观念，或者说消极的原因可能形成积极的观念。洛克表示："心智在自身中所知觉到的无论什么东西，或者知觉、思想、知性的直接对象所是的无论什么东西，我称之为观念；而那种在我们心智中产生观念的能力（power），我称之为这一能力所处其中的主物（subject）的性质。"③ 他举例说，雪球作为一个主物有能力在我们心中产生白、冷、圆等观念，在雪球中所寓的那些能产生观念的能力就是各种性质，这些性质在知性中所产生的那些感觉或知觉就是相应的观念。

洛克把物体的性质区分为第一性质（original or primary qualities）和第二性质（secondary qualities）④。第一性质不论在什么情形之下都是和物

---

① 洛克. 人类理解论. 北京：商务印书馆，1983：69.
② 同①83.
③ 同①100.
④ 同①100-101.

体完全不能分离的，即物体不论经历了什么变化，外面加于它的力量不论有多大，它仍然保有这些性质。比如一粒麦子，你可以把它分成两部分，但每一部分仍然有其坚固（solidity）、广延、运动或静止（motion or rest）、数量或形状（number or figure），进一步分割依然如此。这些性质是物体的"真正的性质"。所谓第二性质，真正说来，并不是物体本身所具有的东西，而是它能借其第一性质在我们心智中产生各种感觉的那些能力。诸如颜色、声音、味道等等都属于第二性质，它们是借助物体中微细部分的体积、形状、组织和运动表现在我们心智中的。无论如何，第二性质不是物体所固有的，而是附着于第一性质的，它们表现出人的感觉的主观性。正因为如此，关于第一性质和第二性质的观念也就有了很大的不同。洛克这样表示："第一性质的观念是与原本相似的，第二性质的观念则不如此。也就是说，物体给我们的第一性质的观念是同它们相似的，而且这些性质的原本切实存在于那些物体中，至于由这些第二性质在我们心中所产生的观念，则完全同它们不相似，在这方面，外物本身中并没含有与观念相似的东西。它们只是物体中能产生感觉的一种能力（不过我们在形容物体时，亦以它们为标准）。在观念中所谓甜、蓝或暖，只是所谓甜、蓝、暖的物体中微妙分子的一种体积、形相或运动。"① 正是他关于第二性质的看法，引发了经验认识的确定性的危机。

以上涉及的是简单观念。洛克认为，心智在接受简单观念时完全是被动的，它们要么由感觉得来，要么由反省得来，不是由心智自己造成的，而且心智中的任何观念都是由它们组成的。尽管如此，心智还是可以施加自己的力量，那就是以简单观念为材料、为基础构成其他观念。他认为心智有三种作用：第一，它可以把几个简单观念合成一个复合观念，因而造成一切复杂观念；第二，它可以把两个观念（不论是简单的还是复杂的）并列起来，而不结合为一，从而得到一切关系的观念；第三，它可以把连带的其他观念排斥于主要观念的真正存在以外，通过抽象作用，造成一切概括的观念②。总之，心智有能力通过简单观念形成复杂观念。复杂观念

---

① 洛克. 人类理解论. 北京：商务印书馆，1983：102–103.
② 同①130.

分成三类：样式、关系和实体。

洛克把人类知识分成三个领域。他这样表示："可归入人类知性范围以内的东西，可以分成三种。第一就是事物本身的本性，以及其各种关系和作用的途径；第二就是一个人（有理性而能自动的主体），在追求一种目的时（尤其是幸福）所应做的事情；第三就是达到和传递两种知识的途径。"① 第一种知识涉及自然的本性以及人与自然的关系，第二种知识涉及人的本性或人与人的关系，第三种知识涉及人类知识如何获得表述与传达的问题。洛克分别称它们为物理学（自然哲学）、实践科学（伦理学）和符号学。值得注意的是，洛克对语言符号问题做了比较专门而系统的研究，这与同时代的其他哲学家只关注观念本身而较少关注观念的表达和传达是有区别的。当然，受早期现代哲学忽视语言问题的一般倾向影响，他关于语言符号的研究未能突破表象主义和工具主义立场。

黑格尔注意到了洛克哲学的平凡性，注意到了它与英国当时的自然科学的密切关联。他认为洛克哲学是一种"平凡的哲学"，是一种"通俗的哲学"，是"通常叫做'哲学'的这种思维活动的一种方式"②。按照他的分析，这种哲学从我们直接遇到的和接触到的知觉和经验出发，从人们当前的心灵、从自己内心和外部的经验出发，而这种哲学形式是从当时产生的科学中导引进来的。正因为如此，牛顿在英国被公认为"卓越的哲学家"，而洛克等人的"形而上学化了的经验主义"在英国和欧洲都被认为是"最好的考察和认识的方式"，换言之，"从观察中引申出经验，在他们那里就叫做哲学"③。

洛克在哲学史上的地位并不局限于认识论，他"对政治哲学的影响十分重大、十分长远"，所以"必须把他看成不但是认识中经验主义的奠基者，同样也是哲学上的自由主义（liberalism）的始祖"④。经由孟德斯鸠等人的发展，他的政治学说长期以来构成美国、法国和英国宪法的基

---

① 洛克. 人类理解论. 北京：商务印书馆，1983：720.
② 黑格尔. 哲学史讲演录：第四卷. 北京：商务印书馆，1981：154.
③ 同②.
④ 罗素. 西方哲学史：下卷. 北京：商务印书馆，1982：134.

础。他表示，我们可以通过考察人类原来自然地处在什么状态，从而正确地了解政治权力，并追溯它的起源。自然状态被洛克看作是所有的人"自然地"处在其中的"一种完满自由的状态（state of perfect freedom）"，他们在"自然法"的范围之内，按照"他们认为合适的方式"来"规定他们的行动，处置他们的财物和人身，而无须得到任何其他人的许可或依赖于任何其他人的意志"①。这一状态也被描述为一种"平等的状态"，或者说人按其本性是平等的。他这样表示，"自然状态有一种制约着每一个人的自然法在统治着它，而理性作为那种自然法告诉整个人类，每一个人都是平等和独立的，一个人不应该伤害另一个人的生命、健康、自由或财产"②。与这种自然的平等状态有别，可能会出现战争状态，即一种敌对的和毁灭的状态。

基于根本的自然法，人应该尽可能地保卫自己。一个人可以毁灭向他宣战或对他的生命怀有敌意的人，他可以这样做的理由就像他可以随意杀死一只豺狼或狮子一样。谁企图将另一个人置于自己的绝对权力之下，谁就同那个人处于战争状态，就意味着对他人的生命有所企图。因此，凡是不经我同意就将我置于其权力之下的人，在他已经得到了我以后，就可以任意处置我，甚至也可以随意毁灭我；谁也不能希望把我置于他的绝对权力之下，除非是为了通过强力迫使我接受不利于我的自由权利的处境，也就是迫使我成为奴隶。人的自然自由，就是不受人间任何上级权力的约束，不处在任何人的意志或立法权之下。人在社会中仍然是自由的，也就是说，除了经过我们同意在国家内所建立的立法权以外，我们不受其他任何立法权的支配；除了立法机关根据对它的委托所制定的法律以外，我们不受任何意志的管辖或任何法律的约束。

真正说来，自由并非不受任何约束，而是以长期有效的规则作为其生活的准绳，社会中的任何成员都必须共同遵守这些规则，也因此必须服从政治权力。洛克表示："我把政治权力（political power）看作是一种为了管理和保护财产而制定判处死刑，当然还有所有轻刑的法律的权力，一种

---

① Locke. Two Treatises of Government. London：Thomas Hollis，1764：195.
② 同①197.

使用这种共同体的力量来执行这些法律和保卫公共财产不受外来侵害的权力。这一切都只是为了公共的善。"① 避免战争状态是人类组成社会并且必然脱离自然状态的原因。这是因为，如果人间有一种权威、一种权力，可以向其诉请必然救济，那么战争状态就不会再继续存在，纠纷就可以由那个权力来裁决。洛克的社会契约论试图表明，人民把他们在自然状态中根据自然法所拥有的处罚侵犯人身和财产安全的权力让渡给了政府，但政府的权力是有限的。洛克特别突出了立法权的至上地位，同时主张行政权和立法权的分立。

四、贝克莱

贝克莱是英国著名的经验论哲学家，主观经验主义和主观观念主义的代表人物，代表作有《视觉新论》《人类知识原理》《海拉斯与斐洛斯的对话三篇》等。作为一个虔诚的教徒和主教，神在其哲学中具有重要的地位。他认为哲学就是对于智慧和真理的研究。哲学家理应远离怀疑和怀疑主义，因为他的心智要比别人更为安详沉默，其知识要比别人更加明白确凿。然而，实际情况并非如此，原因要么在于事物本身是暧昧不明的，要么在于我们的知性是天然脆弱的、有缺陷的②。既然人的心智是有限的，它在处理无限多的事物时，陷于荒谬和矛盾也就没有什么好奇怪的。按照他的看法，许多问题出自我们不了解语言的本性，并因此误用语言。人类知识的客体（对象）是观念，我们心中只具有特殊的观念，如果没有语言，就不会有抽象观念。如果只思考没有被语言文字阻碍和欺骗的观念，不承认抽象观念的独立存在，就可以避免错误，并克服怀疑。

贝克莱把观念分成三种：现时地印在感官中的观念，关注心智的情感和活动知觉到的观念，以及在记忆和想象的帮助下通过组合、分解或单纯再现原初地以前面两种方式被知觉的观念③。显然，第一种

---

① Locke. Two Treatises of Government. London：Thomas Hollis, 1764：195.

② Berkeley. Principles of Human Knowledge and Three Dialogues. Oxford：Oxford University Press，1996：7.

③ 同②24.

是通过外感官形成的观念，第二种是通过内感官形成的观念，第三种则是复合的观念。上述观念构成人类知识的对象，人类知识的主体则是心智。他写道："这个能知觉的能动的存在，就是我称为心智、精神、心灵或我自己（myself）的东西。"① 心智知觉和认识各种各样的观念，也就是意愿它们、想象它们、记忆它们。不管何种形式的观念，都只能存在于心智之中，它们的存在是由于它们被知觉。

贝克莱不满足于观念的存在出于我们的知觉，他还要进一步断定：存在就是被知觉。举例来说，我写字用的这张桌子之所以存在，只是因为我看见了它，摸到了它；在我走出书房后，如果还说它存在，我的意思是说，如果我还在书房中，我原可以看见它，或者说，有别的精神当下就真的看见了它。要说事物离开思想、离开知觉而绝对存在着，那是完全不可理解的。真正说来，"它们的存在就是被知觉或被认识"，如果"它们不被我现时地知觉，不存在于我的心智或其他被创造的精神的心智中"，那么"它们要么根本就没有存在，要么只能存在于某种永恒精神的心智中"②。对于贝克莱来说，除了我的精神、其他有限的精神和无限的神的精神外，根本就没有任何实体。

贝克莱抓住洛克的两种性质学说的缺陷，把此前的唯物主义经验论推向了主观观念主义经验论。在他看来，第一性质就如同第二性质一样是主观的，而关于物体的观念只不过是一种抽象观念，代表的是观念的集合。总之，"物是观念的集合"。如此一来，只存在观念与观念之间的关系，不存在观念与事物之间的关系。自然规律在他那里也完全是主观的。他写道："我们所依靠的心智用来在我们身上刺激起感觉观念的那些固定的规则或确定的方法，就被称为自然规律。"③ 自然规律来自经验。经验告诉我们，在事物的通常进程中，某些观念经常被其他某些观念所伴随，我们由此获得一些先见，用作自己的行为规范，以促进人生的利益。贝克莱的这种经验论很容易过渡到休谟的经验论。

---

① Berkeley. Principles of Human Knowledge and Three Dialogues. Oxford：Oxford University Press，1996：25.

② 同①26.

③ 同①36.

第二节　经验主义的知觉理论

休谟是苏格兰哲学家、历史学家，苏格兰启蒙运动的重要代表人物。休谟哲学是早期现代经验论的顶点，起步于贝克莱的主观观念主义经验论，最终走向的是怀疑主义和不可知论。罗素这样告诉我们："休谟是哲学家当中一个最重要的人物，因为他把洛克和贝克莱的经验主义哲学发展到了它的逻辑终局，由于把这种哲学作得自相一致，使它成了难以相信的东西。从某种意义上讲，他代表着一条死胡同：沿他的方向，不可能再往前进。"① 黑格尔的看法是，休谟哲学主要体现为其怀疑论，而"这种怀疑论在历史上所受到的重视，有过于它本身的价值"，真正说来，"它的历史意义"就在于"康德哲学是以它为出发点的"②。如此说来，休谟哲学只有完全消极的意义。康德"坦率地"表示："就是休谟的提示在多年以前首先打破了我教条主义的迷梦，并且在我对思辨哲学的研究上给我指出来一个完全不同的方向。我根本不赞成他的结论。"③

休谟出生于苏格兰爱丁堡的一个没落的贵族家庭，早年丧父。他12岁进入爱丁堡大学攻读法学，后来转而研究哲学。他曾经短暂地进入商行做职员，但很快就放弃了。他的真正兴趣在于研究哲学和一般学问，因此决定靠微薄的家庭遗产生活，全力投入学术研究和写作中去。他在笛卡尔读中学的小镇完成了他的第一部也是最重要的一部哲学著作——《人性论》。该书出版后没有能够获得好的反响，他为此备感伤心，但他还是重新振作了起来，通过改写、简写该书的方式来传播自己的主要思想，并逐步产生了学术影响。《人类知性研究》(中译本为《人类理解研究》) 是该书认识论部分的改写，产生了较大的影响；《道德原理研究》则是其伦理学部分的改写。他还著有《自然宗教对话录》《论奇迹》《英格兰史》等。在其有生之年，带有辉格党人倾向的8卷本历史著作《英格兰史》

---

① 罗素. 西方哲学史：下卷. 北京：商务印书馆，1982：196.
② 黑格尔. 哲学史讲演录：第四卷. 北京：商务印书馆，1981：203-204.
③ 康德. 未来形而上学导论. 北京：商务印书馆，1982：9.

为他带来的声誉远远大于其哲学著作。无论如何，他是一位在多个学术领域都有着重要贡献的天才人物，最终在思想史上占据了重要的一席。

休谟哲学关注的是人和人性。《人性论》分为三卷：第一卷论知性，第二卷论激情，第三卷则探讨道德主题。在他那里，人性主要包括知性和激情两个维度。在认识人性的基础上，他试图构建其伦理学。可以说该书前两卷是理论哲学，后一卷是实践哲学，但它们都属于与自然哲学有别的道德哲学（moral philosophy，或译精神哲学）。在休谟看来，自然哲学（科学）、自然宗教和数学都依赖于关于人性的研究，"人学"因此是其他科学的基础。其实，其他学科已经直接或间接地关涉了人性："显然，一切科学对于人性总是或多或少地有些关系，任何学科不论似乎与人离得多远，它们总是会通过这样或那样的途径回到人性。即使数学、自然哲学和自然宗教，也都是在某种程度上依靠于人的科学，因为这些科学是在人类的认识范围之内，并且是根据他的能力和官能而被判断的。如果人们彻底认识了人类知性的范围和能力，能够说明我们所运用的观念的性质，以及我们在作推理时的心理作用的性质，那么我们就无法断言，我们在这些科学中将会做出多么大的变化和改进。"①

休谟告诉我们，人有其独特的地位，他既是认识的主体，又是认识的客体："人类不仅是能够推理的存在者，而且也是被我们的推理研究的对象之一。"② 所有学科都研究人，但它们都是迂回曲折地研究，其研究有如一会儿攻取一个城堡，一会儿占领一个村庄，但哲学研究直捣这些学科的首都或心脏，即人性本身。任何问题的解决都取决于关于人的科学，关于人的科学是其他科学的唯一牢固的基础，而这个科学本身所能给予的唯一牢固的基础，又必须建立在经验和观察之上。也就是说，精神哲学就像自然哲学或自然科学一样依赖于实验和观察的方法。他明确表示，"心智的本质既然和外界物体的本质同样是我们所不认识的，因此，若非借助仔细和精确的实验，并观察心智的不同条件和情况所产生的那些特殊结果，那么对心智的能力和性质，也一定同样不可能形成任何概念"。正因为如

---

① 休谟. 人性论. 北京：商务印书馆，1996：6-7.
② 同①7.

此，"凡自命为发现人性终极的原始性质的任何假设，一下子就应该被认为狂妄和虚幻，予以摒弃"①。

作为一个经验论者，休谟认为经验不仅是认识唯一的来源，而且是唯一的存在。除此之外，物质实体或精神实体是否存在则是不可知的。这使得他与他的前辈经验论者分别开来。培根和霍布斯认为经验通往外部世界，将外部世界反映于人的认识中，因此强调了外部世界的实在性。洛克认为实体及其第一性质是不依赖于主体的独立存在，第二性质部分地取决于主体。贝克莱认为经验是感觉的复合，外部世界及其全部性质都归属于主观领域，因此他从主观方面来限定客观的构成，但他至少认定主体是实在的，世界也是可知的。然而，休谟是一个不可知论者，不管是外部世界还是自我，"我"都无从知道其存在与否。他因此既反对天赋观念论，也反对观念依赖于外部实在的主张。不管是神、自我还是世界都是可疑的，唯一实在的是经验。这被看作一种温和的怀疑论，因为它首先是经验论的，然后才是怀疑论的。

休谟的经验论以知觉为出发点。知觉被分为印象和观念两类。印象是指最活泼、最生动的知觉，是指刚进入人的感官通道的当下经验，包括感觉、激情和情绪。观念则是指在此基础上经过加工的知觉，即存在于思维和推理中的那些感觉、激情和情绪的微弱印象。也就是说，印象在触动我们的心灵，进入我们的思想或意识中的时候，已经变得不那么强烈和生动了。印象和观念因此只有强烈程度和生动程度的不同。知觉又分为简单知觉和复合知觉。简单印象和简单观念是无法再进行区分或分析的，复合印象和复合观念则可以被区分为许多不同的部分。比如"苹果"的知觉是由红色、圆形、甜味、硬度等复合形成的，不管就苹果的印象还是就其观念来说都是如此。

印象可以被区分为感官印象（impressions of sense）和反省印象（impressions of reflection）。感官印象原初地在心灵中产生，我们不知道其原因。反省印象在很大程度上派生自我们的观念：一个印象首先冲击我们的感官，使我们知觉到热或冷、渴或饿、愉快或痛苦之类；心灵由这种印象获得了一个复本，在印象消失后保留下来，我们称这个复本为观念；这种

---

① 休谟. 人性论. 北京：商务印书馆，1996：8-9.

关于愉快或痛苦的观念在重新回到心灵中时，产生了关于欲望和反感、希望和害怕的新印象，这些新印象可以被称为反省印象，因为它们派生自观念。这些印象又被记忆和想象所复制，变为观念。第一类印象包括全部感官印象和人体的一切苦乐感觉，第二类印象包括激情和类似激情的其他情绪。当我们考察激情时，发现激情又分成直接激情和间接激情。休谟所说的直接激情主要指欲望、厌恶、悲伤、喜悦、希望、恐惧、绝望等直接起源于善、恶、苦、乐的那些激情，间接激情主要指骄傲、谦卑、野心、虚荣、爱、恨、妒忌、怜悯、恶意、慷慨以及它们的附属激情①。休谟重点探讨了骄傲与谦卑、爱与恨这四种间接激情，同时在探讨直接激情时处理了意志自由（freedom of the will）问题。

观念可以被区分为记忆观念（ideas of the memory）和想象观念（ideas of the imagination）。印象丧失其直接性和活泼性而成为观念，这是分别借助记忆和想象的结果。这两种观念具有强烈程度的差别，后者相对微弱而低沉；两者的区别还在于是否受次序和形式的束缚，前者受相应印象的制约，后者具有充分的自由。然而，一切观念最终都来自印象。休谟按照两条原则来处理观念与印象的关系。第一条是印象在先原则：一切观念，因此一切知识来源于感觉，即一切观念都来自印象，而最原始的印象是感觉。他表示，"人性科学"确立的"第一原则"是："我们的印象是我们的观念的原因，而我们的观念不是我们的印象的原因。"② 这明确否定了所谓的先天观念。也就是说，我们探讨知识的来源，知识不外是观念的结合，而观念不是天赋的，它们来源于印象或感觉。第二条是想象自由原则，即"想象可以自由地移置和改变它的观念"③。观念虽然是由印象而来的，却可以在心灵中自由结合，从而产生印象中没有的东西。休谟这样写道："世上再没有东西比人的想象更为自由；它虽然不能超出内外感官所供给的那些原始观念，可是它有无限的能力可以按照虚构和幻象的各种方式来混杂、组合、分离、分割这些观念。"④

---

① 休谟. 人性论. 北京：商务印书馆，1996：310.
② 同①18-19.
③ 同①21.
④ 休谟. 人类理解研究. 北京：商务印书馆，1981：45.

休谟并不像培根等人那样考察感觉本身，他认为对于感觉的考察是解剖学或自然哲学的事情，不属于精神哲学的范畴。在确定了前述两条原则之后，他着重探讨观念之间的关系。他认为存在着许多简单观念，想象既可以分开它们，也可以随意结合它们。真正说来，观念本来是分散的、互不联系的，它们往往是在偶然的机会中相互联结起来的。观念之间有三种性质的联结：类似（resemblance）性质、时空接近（contiguity in time and space）性质和因果（cause and effect）性质。由于这三种性质，观念彼此之间产生一种联结：当一个观念出现时，自然地引起另一个观念。我们的想象很容易从一个观念转到任何一个和它类似的观念，我们的想象也很容易从一个观念转到在时间上或空间上与之接近的另一个观念，但休谟尤其关注的是由因果引起的联结。他表示："没有任何关系能够比因果关系在想象中产生更强的联系于观念的对象之间，并使一个观念更为迅速地唤起另一个观念。"① 在他看来，在这三种性质的关系中，因果关系的范围最广泛：当一个对象是另一个对象的存在的原因时，或者当前者是后者的活动或运动的原因时，两者都可以被认为处于因果关系之中；进而言之，当前者具有产生这种活动或运动的能力时，两者之间也可以说有因果关系。

休谟认为，观念的结合或联结的主要后果是产生了复合观念，而复合观念可以分为关系、样式和实体三种类型。简单地说，我们在想象中把两个观念联系起来，一个观念自然地引起了另一个观念，这就意味着关系。然而，严格说来，哲学上所说的关系是指比较两个观念时依据的那种特殊情况，尽管两个观念的结合只是任意地在想象中进行的。休谟列举了七种关系：类似关系、同一（identity）关系、时间和空间（time and place）关系、数量或数的比例（proportion in quantity or number）关系、任何性质的程度（degrees in any quality）关系、相反（contrariety）关系和因果（causation）关系。

休谟在比较中讲述样式的观念和实体的观念。有些哲学家要求区分实体与偶性（accident），并且设想我们对它们都有清楚的观念。休谟要问，实体的观念是从感官印象得来的呢，还是从反省印象得来的？我们只有颜

---

① 休谟. 人性论. 北京：商务印书馆，1996：23.

色、声音、滋味等感觉观念，但实体不是颜色、声音、滋味；实体也不是从反省印象得来的，因为反省印象被归结为一些无法表象实体的情感和情绪。如此说来，"我们的实体观念，只是一些特殊性质的集合体的观念"，它"正如样态观念一样"只是"一些简单观念的集合体"，而"这些简单观念被想象结合了起来，被我们给予一个特殊的名称，借此我们便可以向自己或向他人提到那个集合体"①。样式观念与实体观念的区别在于，构成实体观念的那些简单观念所表象的性质由接近关系或因果关系所结合，而构成样式观念的那些简单观念所表象的性质是分散于不同的主体中的。

　　在洛克以及此前的哲学家那里，经验论的常态形式是唯物主义的，贝克莱则发展出了一种（主观）观念主义的经验论。无论是唯物论者还是观念论者，在一定程度上都是可知论者，他们要么认为经验是可以认识物质实体的，要么认为经验是可以认识精神实体的。但休谟的经验论实现了一个重大的转变，他既反对唯物主义的经验论的物质实体学说，也反对贝克莱观念主义经验论的精神实体学说。我们对物质实体、心灵实体和作为实体的神都没有任何的知觉，或者说它们都只是观念的集合。休谟批评洛克的抽象观念学说。洛克认为，人们通过心智的分离或抽象作用，可以对具体的或特殊的观念进行概括，形成一般的观念或抽象的观念。具体地讲，人们把表示个体事物的复合观念中的特殊成分去掉，只保留共同成分，从而形成了抽象的或一般的观念。例如他说，当我们抛弃高矮、胖瘦、肤色等具体的意指，而在心智中只剩下理性这一共同成分时，就形成了人这一抽象观念。他承认，抽象观念只是思维的产物，并不反映事物的本质。休谟则认为，洛克的抽象观念其实只是复合观念的特殊种类，是附着于一般名词上的特殊观念。抽象观念其实是毫无意义的，它并不反映事物的本质，根据思维经济原则，没有必要将它保留在观念领域之内。

　　休谟认为，如果没有知觉，那么我们对任何事物都没有一个完善的观念。当人们问：知觉是寓存于一个物质的实体中，还是寓存于一个非物质的精神实体中时，我们甚至不懂得他是在问什么。因此，除了知觉，是否有物质的实体或精神的实体，这在原则上是无法知道的。关于"外部实存"

---

　　①　休谟. 人性论. 北京：商务印书馆，1996：28.

（external existence）的观念，休谟这样表示："我们可以说，哲学家们公认的并且本身也相当明显的一个理论就是：除了心灵的知觉或印象和观念外，没有任何东西实际上实存于心中，外部对象只是借着它们所引起的那些知觉才被我们认识。恨、爱、思维、触、视：这一切只是知觉。"① 他认为外部对象与我们的知觉没有种类差别，其最终代表的是各种各样的复合观念。

自我的观念是一种复合观念。我们虽然历经岁月沧桑，但依然认为现在的自己与从前的自己为同一个自我，也就是说，在万变中保持不变。人们由此会说存在着一个不变的自我。休谟分析说：产生每一个实在观念的，必然是某一印象；但是自我并不是任何一个印象，而是我们假设若干印象和观念与之有联系的一种东西；如果有任何印象产生了自我观念，那么那个印象在我们一生的全部过程中必然始终保持同一不变，因为自我被假设为是以那种方式存在的；但并没有任何恒定而不变的印象。真正说来，"我们虚构了我们感官知觉的继续存在，借以消除那种间断，并取得了心灵、自我、实体的概念，借以掩饰那种变化"②。其实，我们唯一可以相信的是经验，任何实体都是可疑的。不管在自然领域还是精神领域，一切都归结为知觉。

经院哲学家、唯理论者马勒伯朗士以及经验论者贝克莱都认为神的观念先验地存在于人的心灵之中。休谟在《人性论》中却始终把神的观念归结为若干特殊印象的集合，从而否定了作为实体的神。物质实体存在与否的问题是人们的经验所无法解决的；精神实体的存在与否也是人们的经验所无法知道的；作为一种精神实体的神更不能成为知觉的原因，因为人们无法经验到神与人们感官之间的联系。休谟这样表示：我们"对那个最高存在者的观念是由若干特殊印象得来的"，可是"这些印象没有一个包含着效能"，而且它们"对其他任何存在似乎都没有任何关系"，我们"并没有赋有任何能力的一个存在者的观念"，当然"更没有赋有无限能力的存在者的观念"③。

---

① 休谟. 人性论. 北京：商务印书馆，1996：83.

② 同①284.

③ 同①248-249.

第三节 因果问题与心理主义

知识是由观念结合而成的，观念的性质决定了知识的性质。前面谈到，休谟认为有七种不同的哲学关系，这些关系又可以分成两类：一类是完全取决于我们所比较的各个观念的，另一类是可以不经由观念的任何变化而变化的①。"类似关系""相反关系""任何性质的程度关系""数量或数的比例关系"完全取决于观念，观念不变，观念之间的关系也不变，因此这四种关系可以成为确定性的知识的对象。"同一关系""时间和空间关系""因果关系"却并不只是由观念所决定的，观念不变，观念间的关系却可以变化；即使在观念保持同一的时候，这些关系也可以存在，也可以不存在。简单地说，前面四种关系仅仅涉及观念，后面三种关系还与事实相关。

依据休谟的分析，"人类理性（或研究）的一切对象可以自然地分为两种，就是观念的关系（relation of ideas）和实际的事情（matters of fact）"②。知识由此可以分为两种。第一种知识具有直观的确定性或解证的（demonstrative）确定性，代数、算术和几何学就属于这一类。在代数和算术中，我们能够把推理连续地推进到任何复杂度，而同时保持着精确性和确定性；几何学虽然缺乏算术和代数所特有的那种完全的精确性和确定性，但比起我们感官和想象的不完善的判断来，仍然是优越的。这种知识并不以事实为根据，而是以思想的逻辑为依据，它们具有普遍必然性，是先验的。第二种知识不完全取决于观念，它们还以事实为依据。这些知识具有盖然性，因为事实的反面总是可能的。比如"太阳明天要出来"和"太阳明天不出来"这两个命题，都是不可能借助任何逻辑推理得出的，我们不能先验地肯定或否定其中的任何一个。

两种知识的区分后来被德国古典哲学家康德所否定，但在 20 世纪上半叶却获得了逻辑实证主义（logical positivism）的响应。休谟的两种知识

---

① 休谟. 人性论. 北京：商务印书馆，1996：85.
② 休谟. 人类理解研究. 北京：商务印书馆，1981：26.

的理论有反形而上学和限定神学的意义。他这样表示，在我们巡视一个图书馆时，我们可以拿起一本神学书或经院哲学书来，并且发问："其中包含着数和量方面的任何抽象推论么？没有。其中包含着关于实在事实和存在的任何经验的推论么？没有。那么，我们就可以把它投入在烈火里，因为它所包含的没有别的，只有诡辩和幻想。"① 逻辑实证主义的可证实原则正是对这一姿态的精致发挥。

休谟重点分析的是第二类知识。一切推理都只是比较和发现两个或多个对象彼此之间的那些恒常的或不恒常的关系。无论是当两个对象都向感官呈现的时候或两者都不向感官呈现的时候，还是只有其中一个向感官呈现的时候，我们都可以对它们进行比较。如果两个对象连同它们的关系呈现在感官面前，我们就不需要进行思想或推理，仅仅借助知觉被动地接受印象就可以了。但关系是不能被知觉到的，因此需要推理。我们也不能把我们对同一关系以及时空关系的察看视为推理，因为心灵在这两种关系中都无法超出直接呈现于感官面前的对象去发现对象之间的关系。只有因果关系才有这种功能。休谟写道："在不单是由观念所决定的那三种关系中，惟一能够推溯到我们感官以外，并把我们看不见、触不着的存在和对象报告于我们的，就是因果关系。"② 在他的整个哲学中，因果关系问题应该是最重要、最具有挑战性的问题。在通常的理论中，因果性是必然性的一种体现，是事物之间的自然关系。但休谟否定这种看法，他要求回到更为日常性的思考中去，并且认为因果关系完全出于习惯性的联想。

休谟要求考察因果关系的观念，看看它是从什么来源获得的。在他看来，要进行正确的推理，就必须完全理解要对之进行推理的观念。我们要从观念追溯到它由以产生的原始印象。考察印象可以弄清楚观念，考察观念则可以让推理变成清楚的。哲学上常常说无不能生有，凡事必有一个原因，因果之间存在着必然的联系，原因中必然存在着产生结果的能力，相似的原因必然产生相似的结果，如此等等。哲学家由此认为因果性是一种

---

① 休谟. 人类理解研究. 北京：商务印书馆，1981：145.
② 休谟. 人性论. 北京：商务印书馆，1996：248-249.

先验的关系，是事物本身所固有的。但在休谟看来，"因果之被人发现不是凭借于理性，乃是凭借于经验"①。把因果性下降到经验层面上，这意味着因果关系涉及的不是有关观念的知识，与几何和代数的确定性不可同日而语。换言之，因果关系不属于理性领域，它属于经验性内容。休谟坚持从经验的范围来理解因果性问题，认为人们关于因果关系的观念是从对象间的关系中得来的：首先，我们发现，凡被认为是原因或结果的那些对象在空间上总是接近的，于是接近关系就被认为是因果关系的必要条件；其次，原因与结果的必要条件的第二种关系是在时间上因先于果的关系②。接近关系和先后关系是我们形成两个对象的因果关系的必要条件，但到此为止还不能提供一个完善的因果观念，即还无法保证两个对象之间有必然联系。

许多哲学家都认定，一切开始存在的东西必然有一个存在的原因。唯理论不加证明地认为这一点是理所当然的；经验论者霍布斯和洛克等人虽然进行了论证，但他们的论证也是有问题的。在休谟看来，两个对象之间根本就不存在必然的因果联系，因为我们从经验中最多只能见到两个对象之间的接近或先后关系，我们永远看不到它们之间有任何所谓的联系的纽带。他写道："心灵在根据原因或结果进行它的推理时，虽然把它的视野扩展到它所见的或所记忆的那些对象之外，可是它决不能完全不看到那些对象，也不能单凭它的观念进行推理，而必须在推理中混杂着一些印象，或至少混杂着一些与印象相等的记忆观念。"③ 休谟举例说，我吃了面包，我的身体获得了营养，但是，经验并没有告诉我，这块面包中有什么力量必然地使我的身体获得了营养；即使我吃了这块面包，使我获得了上述经验，经验也没有告诉我，吃了别的面包，也必然同样地得到营养。因此，他认为凡不曾呈现于我们的外部感官或内部感官的任何东西，我们对它就不能有任何观念。所以必然的结论是：我们完全没有联系的观念或能力的观念，而且这些名词不论用于哲学推理还是日常推理中，都是绝对没有任

① 休谟. 人类理解研究. 北京：商务印书馆，1981：28.
② 休谟. 人性论. 北京：商务印书馆，1996：91-92.
③ 同②99.

何意义的。也就是说，如果不借助记忆或感官，我们的任何推理都是虚妄而没有根据的，因此任何关于因果的推理都应该以印象为基础。

在考察因果推理的时候，一方面是要关注记忆印象或感官印象，另一方面要关注印象向有关的原因观念或结果观念推移的过程，进而把握观念的本性。休谟式的不可知论的最根本的表现就在于，它认定人类理性永远不知道由感官所产生的那些印象的最终原因，我们永远不可能确定地断定那些印象是直接由对象产生的，还是由心灵的创造能力所产生的，或是从我们的造物主那里得来的①。无论如何，感官印象是原始印象。记忆力图依据原有的秩序和位置再现感官印象，但明显不如原始印象强烈和活跃。因果关系所依赖的想象有别于记忆，因为它随意地改换和变化原始印象的次序和位置，形成的想象观念比记忆观念更不强烈、更不活跃。当然，记忆也会衰退，其观念的活跃程度甚至与想象观念的活跃程度无异。休谟由此大胆推测："一个记忆观念既然可以由于失去强力和活跃性而衰退到那样一个程度，以至被认为是一个想象观念；同样的，在另一方面，一个想象观念也可以获得那样一种强烈和活泼程度，以至被认作一个记忆观念，并且对信念和判断起着和记忆相似的作用。"② 在他看来，习惯就如同自然一样，对心灵产生影响，并因此给观念注入同样的强力和活力。观念之间的关系只是时间上的、空间上的外在关系，因与果之间的联系也就只能是偶然的关系，而不具有必然性。人的心灵纵然极其细致地考察过那个假设的原因，它也不能在其中发现任何结果，因为结果和原因是完全不一样的。

很显然，人们之所以认为在因与果之间存在着必然的联系，是因为受制于一种心理的效果，即受到了习惯的影响。这种必然性的因果观念是人们从对象的恒常结合（constant conjunction）中引申出来的：空间上的"接近"和时间上的"接续"（先后）"并不足以使我们断言任何两个对象是因和果，除非我们觉察到，在若干例子中这两种关系都是保持着的"③。比如，热与火焰、重与硬物恒常结合地出现，因此人们由一种现象的出

---

① 休谟. 人性论. 北京：商务印书馆，1996：101.
② 同①103.
③ 同①105.

现，便在心理上产生一种期待，认定另一种现象随后也必然出现。不过，休谟认为我们从恒常结合中是不可能真正引出必然联系的观念的。这是因为人们既然从一次例证中发现不了事物之间的必然联系，那么即使重复无数次，依然只能获得偶然的联系。按照他的说法："理性永远不能把一个对象和另一个对象的联系指示给我们，即使理性得到了过去一切例子中对象的恒常结合的经验和观察的协助。"① 两个对象恒常结合形成的所谓的必然联系，实际上源自人们心中形成的习惯，"当我们由一个对象的印象推移到另一个对象的观念或信念上时，我们不是由理性所决定，而是由习惯和联想原则所决定"②。休谟把"凡不经任何新的推理或结论而单是由过去的重复所产生的一切"都称为"习惯"，于是，"当我们习惯于看到两个印象结合在一起时，一个印象的出现（或是它的观念）便立刻把我们的思想转移到另一个印象的观念"③。这样，因果观念就成了一种信念，而不是属于事物之间关系的事实。总之，根据经验来的一切推论都是习惯的结果，而"习惯是人生的最大指导"④。

这就出现了归纳问题或休谟问题。经验主义者一般都相信经验归纳法，认为可以从个别经验上升到一般经验，或者说从过去的经验过渡到未来的经验。但休谟却认为并不存在从个别到一般的有效的逻辑通道。按照他的说法，我们根本就不能说"心灵是通过推理才相信我们所没有经验过的例子必然类似于我们所经验过的例子的那一个原则"⑤。也就是说，我们根本不需要进行推理，完全凭借作用于想象上的习惯就可以了，也可以说任何的盖然推理都不过是一种感觉。休谟可以说在因果关系问题上引出了归纳问题的心理学解决方案，具有典型的心理主义倾向。然而，在20世纪的经验论者罗素看来，心理学解决方案是有问题的，因为心理期待终归有断裂之时。随后一些哲学家提出了概率论的解决方案，但不管已经发现了多少事例，相对于无限大或整体来说，概率始终是趋于零的，这

---

① 休谟. 人性论. 北京：商务印书馆，1996：110.
② 同①115.
③ 同①122.
④ 休谟. 人类理解研究. 北京：商务印书馆，1981：42-43.
⑤ 同①124.

种概率论方案因此也是有问题的。最终出现的是反归纳主义。在 20 世纪
著名哲学家波普尔（Popper，1902—1994）看来，无论多少正面例子都无
法保证归纳的有效性，但一个反面例子就足以否定其有效性。另外，当现
象学家胡塞尔批判心理主义（psychologism）的时候，休谟哲学的这一方
面也不言而喻地成了他要清理的重点对象。

第四节　意志自由与道德问题

　　休谟哲学对意志自由问题也有其独特的看法。他在《人性论》第二
卷中专门撰写了"论意志与直接激情"一章。按照他的看法，意志并不
包括在激情之列，但为了说明欲望和厌恶、悲伤和喜悦、希望和恐惧等直
接激情，必须充分地理解意志的本性和属性。尽管他认为意志是不可定义
的，完全就像我们无法定义骄傲和谦卑、爱和恨等激情一样，但他还是对
意志做出了如下的规定："我所谓意志只是指我们自觉地发动我们身体的
任何一种新的运动或我们心灵的新的知觉时，所感觉到和意识到的那个内
在印象。"① 在论述意志时，很自然地就会出现自由（liberty）与必然
（necessary）的关系问题。在经院哲学家和唯理论者看来，人的意志不受
必然性的控制，是绝对自由的。休谟从经验论出发批评自由意志论，他表
示，一般都承认外部物体的各种运动是必然的，任何对象都被一种绝对的
命运所决定，其中不存在丝毫中立或自由的痕迹。如此说来，物体的活动
应当被认为是必然活动的例子，一切在这一方面与物质处于同一地位的东
西，也都必须被认为是必然的。

　　心灵的活动是否是必然的呢？为此，必须从考察物质开始，看看物质
活动方面的必然观念是建立在什么上面的，看看我们为什么说一个物体或
活动是另一个物体或活动的必然原因。从上一节的论述中已经看出，休谟
显然把必然性理解为对象的恒常汇合导致的心理信念。他这样写道："我
们所知道的只有各个物体的恒常的结合，而必然性正是由恒常的结合发生
的。如果各个对象彼此没有一种一致的、有规则的结合，我们永远不会得

① 休谟. 人性论. 北京：商务印书馆，1996：437.

到任何因果观念；而且，即使在我们得到这个观念以后，进入那个观念中的必然性仅仅是心灵由一个对象转到它的恒常伴随物、由一个对象的存在推断另一个对象的存在的一种确定的倾向。"① 恒常结合和心灵的推断共同导致了必然性的信念。把这两点运用到心灵的活动中，如果我们证明了心灵的各种活动的恒常结合，就足以推断这些活动的必然性。

休谟表示，如果我们对人性的一般事物做一个简略的总观察就足以看出这种必然性来。不论我们根据性别、年龄、政府、生活状况还是教育方法的差异来考察人类，我们总可以看出自然原则的同样的一致性和它的有规则的活动；相似的原因仍然产生相似的结果，正像在自然的元素和能力的相互作用方面一样②。通过自然的和人事的证据的相互结合，休谟力图表明，心灵总是获得自身活动的恒常结合的印象，进而意识到了自身活动的必然性。换句话说，人的行为总是有动机的，动机和行为的结合是一种恒常的结合，正像自然活动的恒常结合一样。无论如何，人的意志不是绝对自由的，它始终受到必然性的制约。为此，休谟试图调和既有的自由学说和自然学说。在他看来："就必然和自由这两个名词所有的任何合理的意义说来，一切人们对于必然学说或自由学说向来都是意见一致的，而且全部争论一向都只在于空洞的文字。"③

在人类的行动中，所谓必然性指的其实是人类行为的一律性、有规则性，"一个老农所以比一个青年农民精于他的稼穑，只是因为日光、雨水和土地，对植物的生长有一种恒常一律的作用，只是因为经验教给那个老实验家以支配和指导这些作用的适当规则"。当然，我们"也不能设想，人类行为的这种一律性是不容例外的"，我们"并不能说，一切人类在同一环境下总会精确地照同样方式来行事"，我们"必须承认性格、偏见和意见，在各人都有差异的地方"④。也就是说，恒常联系与偶然性出现在自然界，同样也出现在所谓的有意识行为中，"人类的动机和其有意的动作之间那种会合，正和自然的任何部分中因果间的那种会合是一样有规

① 休谟. 人性论. 北京：商务印书馆，1996：438.
② 同①439.
③ 休谟. 人类理解研究. 北京：商务印书馆，1981：74.
④ 同③77.

则，一样一律的"①。

在任何一个社会中，人们之间的依属关系都是非常广泛的，很难有不参照别人行为的行为，关于别人行为的实验推断和推论在人生中占据着十分重要的位置，并且每时每刻都在运用它。就此而言，任何人都会认同必然。普通人认同，哲学家也不例外。人们在其全部的行事和推论中都毫不迟疑地相信必然学说，但在口头上却不一定承认，如此才有了必然说和自由说之争。休谟依然借助习惯和恒常汇合来解释。我们在任何因果关系之间，知道的只有恒常汇合，心灵于是产生由此及彼的推断，"而且我们又看到，全人类都普遍相信这两种情节也发生于由意志而来的行动中；因此，我们就容易相信这些行动也有一切原因共有的同一必然性"②。在他看来，除了恒常汇合和心灵据此进行的推论外，我们看不出任何的因果关系和必然性。基于此，休谟认为他完全能够在自由和必然之间进行调和。他一方面说，自由和必然的关系问题是一个最富争议的问题；另一方面又表示，不需要用许多话语就可以证明，一切人类都同意自由学说，就像他们同意必然学说一样。在他看来，谁都不会否认，人类的行动和他们的动机、倾向、环境有联系，也就是说，大家都会承认，我们可以由一种现象推断另一种现象，因此我们在日常生活中都承认"必然"。如此一来，不存在绝对自由，"自由"只是"指可以照意志的决定来行为或不行为的一种能力，那就是说，我们如果愿意静待着也可以，愿意有所动作也可以"③。

在休谟看来，不论我们给"自由"一词下什么定义，我们都必须遵守两个必要的条件：其一，它必须和明白的事实相符合；其二，它必须自相符合④。他进而表示，我们如果遵守这两个条件，并且使自己的定义成为可了解的，那么可以相信一切人类在这方面都会有一致的意见。事实上，自由是道德的一个必然的条件，人类行为如果没有自由，也就是没有道德上的性质，因而也就不能成为赞赏或厌恶的对象。也就是说，如果一

---

① 休谟. 人类理解研究. 北京：商务印书馆，1981：80.
② 同①83.
③ 同①85.
④ 同①86.

切行为都只由外部的强力而来，不具有内在的品格，就不可能引起我们的赞美或谴责。休谟强调道德问题的重要性，并且表现出明显的功利主义倾向。他写道："道德比其他一切是更使我们关心的一个论题：我们认为，关于道德的每一个判断都与社会的安宁利害相关。"① 他还表示："共同的利益和效用"在当事各方之间"可靠无误地形成一种正当和不正当的标准"②。他的实践哲学就像理论哲学一样以知觉理论为其前提，而在印象和观念的关系中，始终突出印象的优先性。他注意到在道德哲学中存在着一个原则上的争论，那就是"道德导源于理性，还是导源于情感"③。他明确否定"道德导源于理性"或"道德是对于理性的符合"的观点，认为我们无法单是依据理性来区别道德上的善恶，必须借助其他原则的协助。道德准则刺激情感，产生或制止行为。理性在这方面是完全无力的："我们只要承认，理性对于我们的情感和行为没有影响，那么我们如果妄称道德只是被理性的推论所发现的，那完全是白费的。"④

这当然不是说理性在道德行为中一点作用也没有，休谟认为理性在两种方式下能够影响我们的行为：第一，它把成为某种激情的恰当的对象的东西的实存告诉我们，因而刺激起那种情感来；第二，它发现因果联系，因而给我们提供了发挥某种情感的手段。也就是说，理性具有辅助性的地位。道德的区别是由道德感得来的，我们关于道德的判断是一些知觉，从根本上起源于印象，"道德宁可说是被人感觉到的，而不是被人判断出来的"⑤。一个行动、一种情绪、一个品格之所以是善良的或恶劣的，是因为人们一看见它，就发生一种特殊的快乐或不快。只要说明了快乐或不快的理由，我们就充分地说明了恶与德。最终来说，"人性中如果没有独立于道德感的某种产生善良行为的动机，任何行为都不能是善良的或在道德上是善的"⑥。这种强调道德感和功利性的实践哲学倾向后来受到了康德的绝对主义实践哲学的批判。

---

① 休谟. 人性论. 北京：商务印书馆，1996：495.
② 休谟. 道德原则研究. 北京：商务印书馆，2001：62.
③ 同②22.
④ 同①497.
⑤ 同①510.
⑥ 同①519.

第三章 主体的确立：确定性的界限

从总体上说，德国古典哲学属于早期现代认识论哲学，因此是对英国经验论传统和大陆唯理论（理智论）传统的推进：它们全都围绕认识主体的性质与地位而展开。德国古典哲学推进了认识批判或者说认识能力批判，对主体和主体性问题进行了更加深入的探讨，在确立意识主体的同时，对其认识能力进行了限定性的分析。康德在这一思想进程中扮演了第一位的角色，在内在确定性的追求中体现出了新的思路。在他看来，"一切纯粹先天知识的规定"应当是"一切无可置疑的（哲学上的）确定性的准绳"①。由于知识问题归根结底涉及的是主体的认识能力，尤其是知性的判断力（power of judgement）或知性为自然立法的能力，这种确定性因此是一种内在确定性。本章旨在概论性地描述康德思想及其背景，随后两章则围绕其认识论的核心思想展开。

第一节 批判哲学的科学使命

德国古典哲学是经验论和唯理论的综合，它至少力图克服两者各自的片面性。经验论强调知识源于后天经验，唯理论主张知识来自天赋能力；经验论借助经验归纳逻辑，唯理论借助理性演绎逻辑。德国古典哲学把后天与先天结合起来，其逻辑工具则是先验逻辑或辩证逻辑。更明确地说，德国古典哲学是传统哲学的集大成，它直接受益于经验论和唯理论之争。经验论和唯理论之争集结了全部的哲学难题，暴露了全部的哲学困境，而这一切都要求一种新的哲学来担负起为科学奠基的使命。以康德哲学为开

---

① 康德. 纯粹理性批判. 北京：人民出版社，2004：5.

端的德国古典哲学应运而生。

康德表示，正是经验论者休谟打破了他的独断论/教条主义迷梦。也就是说，他原先完全坚信唯理论者莱布尼茨和沃尔夫等人的观点，只看到了理性的极端重要性，而没有考虑到理性原则的有效性及其范围。休谟对于因果必然性的怀疑，使他看到了唯理论的问题，同时也注意到经验论走向怀疑论对于哲学以及哲学要为之奠基的科学的极大危害。康德因此要重新为哲学和科学奠基，这是一种综合，也因此是超越经验论和唯理论两者的努力。然而，从总体上看，他本人以及随后的德国古典哲学家主要还是坚持和完善了唯理论的基本进路，这种哲学立场被称为德国观念论（Germany idealism）。一般把康德看作是先验观念论的代表，把黑格尔看作是客观观念论（objective idealism）的代表。前者强调人的先验认识能力，后者强调一种支配自然、社会和思维的绝对精神或绝对观念。他们的哲学都是意识哲学，身体没有获得应有的地位；突出的都是普遍意识，没有给予个体意识以应有的关注。

康德的生活非常纯粹和简朴，主要由教书与写作构成。他终身未婚，活了80岁，完全生活在观念王国之中。他身材矮小，体弱多病。他一生只离开过生活和工作于斯的边陲小镇哥尼斯堡一次。由于家境贫寒，这位马鞍匠之子甚至在大学还没有毕业时就已经离校做家庭教师。在其漫长的教师生涯中，他教过各种各样的课程——数学、物理学、自然地理学、人类学、逻辑学、形而上学、自然神学、教育学、要塞建筑术、烟火制造术等，最终于1770年成为逻辑学和形而上学教授。他最著名的三大"批判"迟至1781—1790年才相继出版。他每天按时作息。有一个说法是，他每天下午三点准时散步，风雨无阻，人们往往依据他的散步时间来调整自己的怀表。其间有过一次例外：因为沉迷于阅读卢梭的《爱弥尔》而未能守时。

康德成熟时期的著作主要有：《纯粹理性批判》《实践理性批判》《判断力批判》《未来形而上学导论》《道德形而上学基础》《自然科学的形而上学原理》《单纯理性范围内的宗教》《道德形而上学》等。康德的许多讲稿后来也被整理成书，还汇编了一些文集。康德的著作在国内已经有很多译本，其中著名的有邓晓芒译的《纯粹理性批判》《实践理性批判》

《判断力批判》，李秋零译的《康德著作全集》，等等。

康德哲学是在哲学纷争的复杂氛围中产生的：在那个时代，无论就哲学方法而言还是就哲学性质而言，要在哲学家们之间形成共识都是异常困难的。从方法论上说，经验归纳法与理性演绎法彼此竞争，对两种方法的描述和应用也是千差万别。从哲学性质上说，唯物论和观念论之间存在着明显的对立。观念论又有主观观念论、客观观念论和绝对观念论的分别，唯物论则既可以与经验论也可以与唯理论结合。有神论、无神论、自然神论则导致了哲学中人性与神性的张力。康德在批判传统形而上学的名义下批判各种哲学倾向，其实质是以折中调和的方式探寻建立科学的形而上学的可能性。他急于解决的是所谓的独断论和怀疑论之争。独断论认为人类理性无所不能，认为理性能够裁决一切；怀疑论则对人类理性处处表示怀疑。哲学曾经一片繁荣，为众多学科之母，而现在却沦为门前冷落的老妇，子女们不断侵占其地盘。尽管如此，时代要求科学，追求知识，哲学不能不为之提供某种基础。无论如何，康德哲学可以说是在哲学纷争中应运而生的。

康德认为，为了拯救哲学，就必须提出一种新的哲学，为此，必须对理性的能力先行进行批判。依据这种批判，哲学内部的斗争不是由于理性的过错，而是由于人们错误地运用理性。人的理性本来只能认识经验的事物，只能认识感性的世界，但人们不满足于理性的这种经验的运用（empirical use），往往想跨越这种界限，去认识超感性的领域。理性远离经验，只能在黑暗中摸索。理性的超越使用使理性陷入种种矛盾之中，人们各执己见，于是出现盲目的斗争，这就是哲学纷争和形而上学的根源。传统形而上学涉及的三个实体其实代表的是三种功能：心灵只不过是认识的一种功能，是伴随对象意识的一种自我意识，自我不是先在的，而是建构的结果；与此相应，世界只不过是经验现象的极限，是不可能完全把握的对象意识的全体；所谓的神其实是自我意识和对象意识之上的一个设定，它只不过是一种总念或理想，它不是知识的对象，而是信仰的对象。

康德说自己的工作是为未来的科学的形而上学奠基，但他显然主要做了批判这一消极的工作，他在三大"批判"之后进行的积极建构工作并没有取得实际的成果。他自认为《纯粹理性批判》"是一本关于方法的书，而不是一个科学体系本身"，但与此同时，它"既在这门科学的界限上也在其整个内在结构方面描画了它的整体轮廓"①。康德对未来形而上学的先行规划显然包含积极的意义。从批判的角度讲，传统形而上学在他那里终结了，并因此开启了新的形而上学的可能性。在 20 世纪上半叶，大陆哲学和英美哲学各行其是，但都致力于瓦解传统的形而上学，这一切似乎都遵循了康德的旨意。不过，这一切导致了康德没有料到的后果：在 20 世纪下半叶，不仅科学的形而上学未能建构起来，而且全部哲学似乎都终结了。

应该说，康德反传统形而上学的斗争在认识论方面尤其明显，也尤其具有意义。就像前面所说的，在唯理论与经验论、唯物论与观念论、可知论与不可知论、科学与宗教之间存在着错综复杂的斗争。为了反对旧有的形而上学并消除哲学斗争，康德为自己的认识论哲学规定了纯粹理性批判的任务。他明确表示，他所说的批判不是指分析评判一位哲学家、一本书、一种哲学体系，而是批判理性自身。理性只有经验的运用，但人们往往超越地运用它。理性批判就是要考察理性的认识能力和限度，明确它的认识界限在哪里。法国唯理论哲学和启蒙运动也进行批判，他们确立的理性法庭主要批判不符合理性的学说或制度之类。康德要限制的是理性的运用范围，这在某种程度上陷入了不可知论，并对后来的三代实证主义、逻辑原子主义和证伪主义（falsificationism）产生了很大的影响。

康德为批判哲学确立了非常繁重的任务：铲除唯物论、宿命论、无神论、无信仰、狂信、迷信、怀疑。之所以要从事如此消极的批判工作，目的是"悬置知识，以便给信仰腾出位置"（I have therefore found it necessary to deny knowledge, in order to make room for faith）②。倒过来说，为了给信仰腾出位置，就必须悬置甚至否定知识。康德实际上要否定的是神学知识，即我们不能把信仰当作知识。知识是有的，是普遍必然的，而且正产

---

① 康德. 纯粹理性批判. 北京：人民出版社，2004：18.

② 同①5；Kant. Critique of Pure Reason. Cambridge：Cambridge University Press，1998：29.

生巨大的实际效用；科学知识有无穷的前景，它需要哲学为之提供基础论证。但是，这种知识是关于现象领域的知识，科学有其界限，在超越经验的领域不能形成科学的知识。超出经验领域，就是在己之物，理性在这里是无能为力的。这是认识之外的彼岸世界，这里没有确实可靠的知识，只有一系列无矛盾的推理产生的幻象。对于这个彼岸世界，人们虽然不能认识其本来面目，但有一种认识它的合理要求；不能认识，却总是努力去认识。其实这里是信仰的地盘，我们可以相信它，却不能认识它。

康德建立科学的形而上学的尝试，显然延续了笛卡尔以来的普遍科学理想，但同时明确地摒弃了理性宇宙论。《纯粹理性批判》是为科学奠基这一工作的批判的、消极的维度，《自然科学的形而上学原理》则是其建构性的努力。康德表示，"必须探究外在可感对象的自然科学，一定有一些先验的原则"，我们"有可能并有必要把这些原则整理成一个体系，称之为'形而上学的自然科学'"，以此作为"物理学的开端"，而这种物理学"被应用到经验里的具体对象中"①。在古希腊哲学中已经有了统一科学的理想，尽管它是以哲学、科学和神学完全合一为前提的。在中世纪，科学受到宗教的抑制和阻碍，宗教是科学的敌人。自文艺复兴以来，科学逐步产生其影响，恢复其地位。在笛卡尔时代，科学开始全面渗透，但明显有独断的倾向。在康德时代，科学已经有了重要的地位，但受到来自不可知论的巨大威胁。休谟认为，知识来源于感觉经验，是人的心理联想的产物，是人的习惯的结果。因此，知识并不反映自然界及其规律，科学知识也就没有所谓的普遍性和客观性。这种科学观与科学发展的实际情形是矛盾的，并因此严重阻碍科学取得更进一步的发展。

康德要求为科学提供哲学论证，必然要与不可知论进行斗争。尽管他承认休谟让他从独断论的迷梦中醒来，但他并不满足于此。康德否定科学无所不能，但同时明确承认科学有所能，因此要为科学圈定一个牢固可靠的地盘。科学与宗教无法相容，与不可知论不可共存，而在不可知论与宗教之间却没有不可逾越的界限。康德一方面要为科学提供哲学基础，另一方面要为信仰留下地盘或位置。真正说来，自然形而上学探讨自然法则的

① 康德. 法的形而上学原理. 北京：商务印书馆，2008：18-19.

本性，发现其确定性的源泉在于人类知性。

第二节　启蒙理性的哲学反思

　　德国古典哲学在政治哲学和道德哲学方面也有广泛的探讨，理论哲学的优先地位并没有完全否定实践哲学的重要性。从政治哲学和道德哲学角度看，德国古典哲学被认为是法国大革命的德国理论，同时也对法国启蒙思想进行了理论总结。事实上，只有从实践哲学的角度看，主体哲学及其核心论题"人是目的"才会获得最完整的表达。德国古典哲学是在提倡启蒙和追求自由的氛围中形成和发展起来的，其发展历程相应于18世纪末19世纪上半叶德国资产阶级的成长过程。在19世纪30年代以前，正在形成中的德国资产阶级还很软弱，还没有提出推翻封建制度的要求，只希望在改革封建制度的范围内促进资本主义的发展。在此期间，以康德、费希特、谢林和黑格尔为代表的德国哲学家展开了一场影响深远的资产阶级哲学革命。

　　较之于法国启蒙哲学，德国启蒙哲学以及德国古典哲学都带有明显的保守性。法国资产阶级启蒙思想家高举理性的旗帜，把理性当作一切现存事物的唯一裁决者。他们不承认任何外界的权威，不管这种权威来自何方。宗教、自然观、社会形式、国家制度等都必须在理性的法庭面前受到最无情的审判。黑格尔表示："法国哲学……是绝对的概念，反对一切现存观念和固定思想，摧毁一切固定的东西，自命为纯粹自由的意识。这种理想主义活动的基础是一种确信，认为凡是存在的东西，凡是被当作在己的东西，全都是属于自我意识的东西，那些关于善和恶、关于权力和财富的概念（支配现实自我意识的个别概念），以及那些关于对神的信仰、关于神与世界的关系、关于神的统治、关于自我意识对神的义务等等的固定观念，全都不是什么在自我意识以外的真理（不是在己的）。"① 他还特别指出，唯物论和无神论在当时公然出现了。

　　法国人怀抱理想，坚持理想主义，但他们很好地把理想与现实、普遍

---

　　①　黑格尔. 哲学史讲演录：第四卷. 北京：商务印书馆，1981：215.

与特殊、精神与物质结合起来了。按照黑格尔的说法，在法国哲学和启蒙思想中，"自由变成了世界状态，与世纪史结合起来，变成了世界史上的一个时代：这是具体的精神自由，具体的普遍性；笛卡尔哲学是抽象的形而上学，现在我们有了关于具体物的原则"①。在法国启蒙运动中，知识分子的永久形象被确立起来了。当今社会往往把知识分子与专家、学者联系在一起，而在启蒙时代，知识分子是人类普遍命运的代言人。普遍并不意味着抽象，法国哲学家绝不像德国人那样只关心抽象的普遍性，不会停留在"应当"层面。法国启蒙运动的主要代表人物有培尔（Bayle P，1647—1706）、伏尔泰（Voltaire，本名 Arouet F-M，1694—1778）、孟德斯鸠、卢梭、孔狄亚克（Condillac E，1715—1780）、拉·梅特里、爱尔维修（Helvetius C，1715—1771）、狄德罗（Diderot D，1713—1784）、霍尔巴赫（Holbach P. H. D，1723—1789）等人，虽然他们彼此之间在许多方面都存在着尖锐的对立和分歧。

德国也出现过启蒙运动，这是当时德国社会经济状况在思想意识上的反映，但它与法国的启蒙运动有很大的不同。它明显没有像后者那样激烈地批判教会和君主专制，而是把重心放在民族统一的方面，它呼唤一个力量强大的君主。由于资产阶级力量不够，它明显表现出妥协性和两面性。其代表人物主要有莱辛（Lessing G. E，1729—1781）、席勒（Schiller J. C. F. von，1759—1805）、歌德（Goethe J. W. von，1749—1832）等文学家兼哲学家。德国古典哲学是德国启蒙运动的继续，没有能够改变妥协性和两面性的基本状况。

康德在名为《什么是启蒙?》的论文中把"启蒙"界定为"人类脱离自己所加之于自己的不成熟状态"，而所谓不成熟状态指的是"不经别人的引导，就对运用自己的理智无能为力"，其原因不在于"缺乏理智"，而在于不经别人的引导，人就"缺乏勇气与决心"去运用自己的理智或知性②。于是，"要敢于认识！""要有勇气运用你自己的理智！"就成了启蒙的口号。康德举了三个不成熟状态的例子：如果我有一部书能替我理解，

① 黑格尔. 哲学史讲演录：第四卷. 北京：商务印书馆，1981：220.
② 康德. 历史理性批判文集. 北京：商务印书馆，1996：22.

有一位牧师能替我有良心，有一位医生能替我规定食谱，我就用不着操心，用不着自己去思想了。真正说来，康德强调的是启蒙的最核心价值——自由。"然而，这一启蒙除了自由之外并不需要任何别的东西，而且还确乎是一切可以称之为自由中最无害的东西，那就是在一切事情上都有公开运用自己理性的自由。"① 实际的状态是，到处存在的都是对自由的限制。

忘我地阅读过卢梭论著的康德显然不可能不受到卢梭如下表达的影响："人是生而自由的，但却无往不在枷锁之中。自以为是其他一切的主人的人，反而比其他一切更是奴隶。"② 当然，至于康德是否能够接受卢梭下面这一段话，就很难说了："当人民被迫考虑强力以及由强力所得出的效果，我就要说：'当人民被迫服从而服从时，他们做得对；但是，一旦人民可以打破自己身上的桎梏而打破它时，他们就做得更对。因为人民正是根据别人剥夺他们的自由时所根据的那种同样的权利，来恢复自己的自由的，所以人民就有理由重新获得自由；否则别人当初剥夺他们的自由就是毫无理由的了。'"③ 康德显然不可能公开地、完全地接受卢梭的主张，而且卢梭毕竟以一种浪漫主义姿态偏离了启蒙理性。康德既不简单地赞成也不简单地否定人类受到的限制，他既否定理性主义传统不加限制地使用理性的自由，又否定经验主义对于理性和自由的怀疑姿态。为此，他区分了理性的公开运用和私下运用。

康德这样写道："然则，哪些限制是有碍启蒙的，哪些不是，反而是足以促进它的呢？——我回答说：必须永远有公开运用自己理性的自由，并且唯有它才能带来人类的启蒙。私下运用自己的理性往往会被限制得很狭隘，虽则不致因此而特别妨碍启蒙运动的进步。而我所理解的对自己理性的公开运用，则是指任何人作为学者在全部听众面前所能做的那种运用。一个人在其所受任的一定公职岗位或者职务上所能运用的自己的理性，我就称之为私下的使用。"④ 作为学者，作为思想者，一个人有充分的自由甚至完全的责任去思考和批判制度或教义的缺陷，但作为一个公民

①　康德. 历史理性批判文集. 北京：商务印书馆，1996：24.
②　卢梭. 社会契约论. 北京：商务印书馆，2005：4.
③　同②.
④　同①24－25.

或职员，则必须履行其规定的职责，甘于做机器上的齿轮。康德默认了君主专制，希望它是一种合理的专制，并强调启蒙或自由有利于这种合理的专制。这种姿态显然是非常温和的。由于康德始终维护其"应当"哲学，由于后来者黑格尔也只是在"凡是现实的都是合理的，凡是合理的都是现实的"这一看似保守的命题下隐含着革命性主张，德国哲学与法国哲学在基本倾向上的巨大反差是不言而喻的。尽管如此，德国古典哲学家以自己的方式体现了启蒙精神。他们大多强调精神对立于物质，且精神才是真正的存在；他们排斥功利主义的伦理，主张绝对的道德律令；他们都力图建立体系，是学院哲学的典范；他们的哲学具有革命性，但尤其注重学理性。

　　启蒙运动的主流承认科学在实现人类解放与社会理想中的积极作用，但像卢梭等人也开始担心科学导致的不良后果。按照这位充满感性和浪漫色彩的哲学家的看法，"天文学诞生于迷信；辩论术诞生于野心、仇恨、谄媚和撒谎；几何学诞生于贪婪；物理学诞生于虚荣的好奇心；这一切甚至于道德本身都诞生于人类的骄傲。因此，科学与艺术都是从我们的罪恶诞生的"①。虽然如此，启蒙运动更多地代表的是一种人文与社会理想，科学在其中可以扮演积极的角色。因此，康德不仅要通过其科学的形而上学来为自然科学奠基，同时还要通过它来为道德科学或精神科学奠基。他为道德奠基，以便超越经验论的功利道德观，确立完全以知性为基础的德性追求。除了初步奠基的《道德形而上学基础》和批判性的《实践理性批判》外，康德还写有体系性的《道德形而上学》。《道德形而上学》分为"法的形而上学原理"和"善德的形而上学原理"两个部分。这是依据义务的性质来进行区分的："一切义务，或者是权利的义务，即法律上的义务；或者是善德的义务，即伦理的义务。"② 道德形而上学探讨道德法则的本性。康德表示：道德法则与自然法则是不相同的，"道德法则作为有效的法则，仅仅在于它们能够合乎理性地建立在先验的原则之上并被理解为必然的"③。为了避免把道德哲学与快乐或功利联系在一起，康德突出其先验原

---

① 卢梭. 论科学与艺术. 北京：商务印书馆，1997：21.
② 康德. 法的形而上学原理. 北京：商务印书馆，2008：10.
③ 同②19.

则，强调意志自由和绝对义务。由此避免了经验主义导致的相对主义道德观。

第三节　三大批判的人学指向

我们在"导论"中引用过康德的一句名言："有两样东西，人们越是经常持久地对之凝神思索，它们就越是使内心充满常新而日增的惊奇和敬畏：我头上的星空和我心中的道德律。"① 这段话说明了哲学的理论理性和实践理性两个主要指向。康德这样表示：理性知识以两种方式与其对象发生关系，即要么是仅仅规定这个对象及其概念（对象必须从别的地方被给予），要么还要现实地把对象做出来，前者是理性的理论知识，后者是理性的实践知识②。也就是说，康德哲学把全部哲学区分为理论哲学和实践哲学，理论哲学面对自然的概念，实践哲学面对自由的概念，前者关注人为自然立法，后者指向人为自己立法。美学是把两者统一起来的中介。真正说来，纯粹理论具有基础地位，因为康德哲学归根结底涉及的是先验的领域，即先天的、纯粹形式的领域。当然，康德关于哲学的划分还要复杂一些。他告诉我们，古希腊哲学被划分为三个学科：物理学、伦理学和逻辑学。他认为这种划分完全适合主题的本性，只需要加以适度的改进。按照他的说法，"全部理性知识，或者是质料的，与某一对象相关；或者是形式的，仅仅涉及知性的形式和理性自身，涉及思维的普遍规划，而与对象之间的差别无关"。形式的哲学称为逻辑学。质料的哲学可分为物理学和伦理学两个部分，前者是"关于自然规律的科学"，后者是"关于自由规律的科学"；前者是"自然论"，后者则是"道德论"③。

"自然哲学"必须"给作为经验对象的自然规定规律"，而"道德哲学"则必须"给受自然影响的人类意志规定规律"。逻辑学、自然哲学和道德哲学都不是"经验哲学"，而是"纯粹哲学"，也就是说，它们不是

---

① 康德. 实践理性批判. 北京：人民出版社，2003：220.
② 康德. 纯粹理性批判. 北京：人民出版社，2004：11.
③ 康德. 道德形而上学基础. 北京：中国社会科学出版社，2009：1.

"以经验为根据的哲学"，而是"完全以先天原则为根据来展现其理论的哲学"。当"纯粹哲学"仅仅涉及"形式"时，它被说成是"逻辑学"；当其被限定在知性的"特定对象"上时，它就是"形而上学"，而形而上学有两种："自然形而上学和道德形而上学"①。尽管康德多次讲授逻辑学，但他所主张的先验逻辑其实并没有独立的地位，它完全融入了自然形而上学和道德形而上学之中，并且在前者那里更为明显。如果按照三大批判，康德哲学似乎应该有三个部门，也就是说自然形而上学、道德形而上学和审美形而上学，但康德本人否定了这种划分。他写道："不言而喻的是，在学理的探究中，对判断力来说并没有特殊的部分，因为就判断力而言，有用的是批判，而不是理论；相反，按照哲学被划分为理论哲学和实践哲学而纯粹哲学也被划分为同样两个部分，构成学理探究的将是自然的形而上学和道德的形而上学。"② 康德当然没有否定美学的意义，但它出现在消极批判阶段，而不是理论建构阶段。

康德的《道德形而上学基础》是为《道德形而上学》做准备的，真正说来，其性质与《实践理性批判》是一样的。《纯粹理性批判》对纯粹思辨理性进行了批判性的考察，而《道德形而上学基础》则旨在对纯粹的实践理性进行批判性的考察。康德这样考虑两者的关系，"对纯粹实践理性的批判性考察并不像对思辨理性的批判性考察那样极端重要，因为在道德事件中，人的理性，即使在最普通的意识中，也很容易达到高度的正确性和完善性，相反地，在另一方面，人的理性，在理论的但却是纯粹的运用中，却完全是辩证的"，在他看来，"实践理性与理论理性的一致"是"显而易见的"，因为归根到底，"只能够有一个并且同一的理性，只不过在应用中必须有所分别"③。他表示自己为此使用"道德形而上学基础"而不是"纯粹实践理性批判"。其实他后来写的第二批判，用了"实践理性批判"而不是"纯粹实践理性批判"，他解释说："为什么不把这个批判命名为纯粹的实践理性批判，而是直接地就称作一般的实践理性批

---

①　康德. 道德形而上学基础. 北京：中国社会科学出版社，2009：1-2.

②　康德. 判断力批判. 北京：商务印书馆，2002：4.

③　同①7-9.

判，尽管实践理性和思辨理性的平行关系似乎需要前一个名称"，原因就在于，"它应当阐明的只是有纯粹实践理性，并为此而批判理性的全部实践能力"①。批判是消极的，还需要积极的步骤，即"根据计划，写完《实践理性批判》之后，另写一体系：《道德形而上学》"②。《道德形而上学》是《自然科学的形而上学原理》的姊妹篇，它包括"法的形而上学原理"和"善德的形而上学原理"两部分。

康德虽然致力于建立科学的形而上学，即科学的自然形而上学和科学的道德形而上学，但他尤其以他的三大"批判"著称。事实上，他的三部消极批判的著作已经构成一个完善的哲学体系。《纯粹理性批判》探讨知识的来源以及知识在什么条件下才有可能。康德认为知识是先天形式与感性材料的结合，这一理论构成他的先验观念论，它以认识论的形式归属于其主体形而上学。《实践理性批判》是用他的先验观念论去研究人的道德行为的原则，这一研究旨在说明道德原则为什么是先天的、先验的，它以道德哲学的形式归属于其主体形而上学。《判断力批判》是用他的先验观念论去研究美的问题。康德要说明美为什么是先天的、先验的，并认为美的艺术必须是有天然禀赋的人才能够创造出来的。这就是通常所谓的美学，同时还涉及目的论。康德认为有机体和自然界具有内在目的，但一切最终以人为目的。康德在《纯粹理性批判》中表示，"我们理性的一切兴趣（思辨的以及实践的）"集中在"我能够知道什么（What can I know）?"、"我应该做什么（What ought I to do）?"和"我可以期望什么（What may I hope）?"在这三个问题中，第一个问题是"单纯思辨的"，第二个问题是"单纯实践的"，第三个问题是"实践的"又是"理论的"③。

康德为什么要提出这些问题并费心地得出他自认为满意的答案呢？这应该从早期现代哲学的基本倾向谈起。笛卡尔认为人之为人的根本在其心灵而不在其身体，心灵和身体是两个独立不依的实体。延续这一传统，康德把人与心灵联系起来，否定身体的重要地位。与此同时，他从功能而不

---

① 康德. 实践理性批判. 北京：人民出版社，2003：1.
② 康德. 法的形而上学原理. 北京：商务印书馆，2008：2.
③ 康德. 纯粹理性批判. 北京：人民出版社，2004：611－612.

是实体的角度看待心灵。笛卡尔表示，心灵实体的主要功能是思维，认为情感出自心身的联合。康德认为并不存在作为实体的心灵，与此同时，心灵的功能并不局限于思维（认知）。他的著书立说没有完全脱离其所处时代的基本精神，也没有彻底撇开哲学传统。大体上说，前笛卡尔哲学把人与灵魂实体（anima，soul）关联起来，笛卡尔哲学把人定义为心灵实体（mens，soul），康德则认为人主要体现为心智功能（mens，mind）。康德就像同时代的哲学家们一样，把人的心灵或心智功能区分为三部分：认知（cognition）、意志（will）和情感（emotion）。这种延续至今的区分在柏拉图那里可以找到其最初的表述。

柏拉图认为人的灵魂具有理性、意志和欲望三种功能，与此相应的是智慧（wisdom）、勇敢（courage）和节制（moderation）三种美德。智慧不是关注对具体事物而是关注对理念的认知，智慧以理性为基础，或者说理性的美德是智慧。柏拉图进行了可感世界和可知世界的区分。理念源自"看"，整个西方哲学传统是一种"视觉中心论"，但从根本上说强调的是精神看或理智直观。"日喻""穴喻""线喻"既说明了不同世界的区分，也表明了眼看和心看的根本不同。勇敢是指坚决服从理性的教诲，坚持正当、合理的东西，不为诸如欲望和享受之类所动摇，意志的美德是勇敢。所谓节制或自制是对于欲望和享受的克制，它以欲望为基础，而欲望的美德是节制。三者各有其职能和美德，其中理性居于统率地位，意志协助理性，欲望的唯一功能则是服从。三者各司其职导致第四种美德，即正义（justice）：个人的正义和社会的正义（公正）。

康德在《判断力批判》中这样写道："所有的心智能力或功能可以归结为这三种不能再从一个共同根据推导出来的功能：认识能力、愉快和不愉快的情感和欲求能力。"① 他认为这些能力都是纯粹的，因为它们都是先天地立法的。事实上，这种纯粹性尤其体现在其纯粹理论目标上：康德是在认识论作为第一哲学、理论理性优于实践理性的前提下展开其研究的。他相应于心智的三种功能分别撰写著作，以便为建立科学的形而上学做好准备。认知是为了求真，意志是为了求善，情感是为了求美。也就是

---

① 康德. 判断力批判. 北京：商务印书馆，2002：11.

说，"知""意""情"的目标分别是"真""善""美"。康德哲学的最终目标是达到真善美，他因此要从三个方面展开研究，进而实现三者的完美统一。这意味着提出三个方面的问题，并给出相应的答案。

首先，人能够知道什么？

科学是启蒙理性或现代性话语的主要论题之一，因为它既是现代性的核心内容，也是其主要的推动力量。在科学要求获得重大发展，渴望取得巨大进步的情势下，康德首先提出了"人能够知道什么"这一问题，并且用《纯粹理性批判》来做出回答。他在该书一开始就表示："人类理性在其知识的某个门类里有一种特殊的命运，就是：它为一些它无法摆脱的问题所困扰；因为这些问题是由理性自身的本性向自己提出来的，但它又不能回答它们；因为这些问题超越了人类理性的一切能力。"① 在他看来，人类理性陷入如此困境并不是它的罪过，而是天性使然。人们必然会就那些超越经验领域的东西产生形而上学的争论，对此，我们无法强制性地让人们不去思考、不去向往，而只能通过对理性本身的能力和范围进行一种思考、分析和批判，引导人们对理性进行正确的运用："对于一切无根据的非分的要求，不是通过强制命令，而是能按照理性的永恒不变的法则来处理，而这个法庭不是别的，正是纯粹理性的批判。"②

这种批判是普遍的而非特殊的，没有考虑其具体运用，即"我们可以把出自先天原则的认识能力称之为纯粹理性，而把对它的可能性和界限所作的一般研究称之为纯粹理性批判"③。真正说来，这一工作要探讨的是"知识的源泉"、"知识的范围"和"理性的界限"，它涉及人类感性、知性和理性三种重要的知识类型及其先天条件。对于康德来说，感性知识是纯粹直观的知识，主要指数学的知识，它们是可能的；知性知识主要指自然科学知识，它们也是可能的；而狭义的理性知识是对超经验的东西的一种自然的倾向，它有其合理性，却是不可能的：意志自由、心灵不灭、世界整体、神实存等问题属于超越的领域，而不是内在的领域。整个纯粹

① 康德. 纯粹理性批判. 北京：人民出版社，2004：1.
② 同①3.
③ 康德. 判断力批判. 北京：商务印书馆，2002：1.

理性批判考虑的是先天的认识构成原则。

针对"人能够知道什么？"这一问题，《纯粹理性批判》给出的回答是：人只能认识自然界，不能认识在己之物；只能认识现象，不能认识本体；只能认识必然，不能认识自由。理性只能有经验的运用，而不能有超越的运用（transcendent use）。康德分三个步骤，即从感性、知性和理性来进行探讨，而三者统称理论理性。在理论理性中，主要面临着知性与理性之间的张力或对立。

其次，人应当做什么？

康德用《实践理性批判》来回答这个问题。《实践理性批判》"应当阐明的只是有纯粹实践理性，并为此而批判理性的全部实践能力"①。换言之，康德要在道德领域为纯粹理性的全部运用划定界限。它显然不是一门实用科学，不是"道德人类学"，它着眼于原理、原则，涉的是"欲求能力"方面包含的先天的构成原则。实践理性批判从人的纯粹理性现实地具有的实践能力出发并以之为标准，批判和评价一般理性在实践活动中的表现，寻找道德律。道德律体现人的自由：自由是道德律的"存在理由"，自由以道德律为保障。在这里，最重要的是自由的实在性。

《纯粹理性批判》中已经涉及自由，这是一种纯粹理论的自由、先验的自由，甚至可以说是自由的幻象；而《实践理性批判》涉及的是实践的自由、道德的自由。显然，自由把理论理性和实践理性关联在一起。理论理性在经验领域有其应用的范围，超出经验领域就只会产生幻象，只能进行无根据的推理。先验的自由显然受到了质疑。但是，在实践理性领域，我们却可以看到，那种超经验的自由有其实在性，这是一种道德的实在性，这种实在性不仅为实践理性甚至为理论理性所预设。康德写道："自由的概念，一旦其实在性通过实践理性的一条无可置疑的规律而被证明了，它现在就构成了纯粹理性的甚至思辨理性的体系的整个大厦的拱顶石。"②

理性的理论运用如果超出于经验的界限，针对在己的对象，就会陷入

---

① 康德. 实践理性批判. 北京：人民出版社，2003：1.
② 同①2.

二律背反或矛盾冲突之中。理性的实践运用却完全不同：在这种运用中，理性所关心的是意志的规定根据，这种意志要么是一种产生出与表象相符合的对象的能力，要么是一种自己规定自己去造成这些对象的能力。实践理性显然要否定理性在意志问题上的经验性使用："一般实践理性批判有责任阻止以经验性为条件的理性想要单独充当惟一对意志进行规定的根据的僭狂。"① 实践理性批判涉及意志，但不是在与对象的关系中，而是在与这个意志及其原因性的关系中来考虑理性。意志不以经验性的东西为条件，它代表的是自由，或者说意志就是自由。在关于实践理性的原理的分析中，康德对"原理"进行了这样的界定："实践的诸原理是包含有意志的一个普遍规定的那些命题，这个普遍规定统率着多个实践的规则。如果这个条件只被主体看作对他的意志有效的，这些原理就是主观的，或者是一些准则；但如果那个条件被认识到是客观的，即作为对每个有理性的存在者的意志都是有效的，这些原理就是客观的，或者是一些实践的法则。"②

康德的伦理学是形式主义的伦理学，也因此涉及理性本身，而不是理性的经验运用。理性原理有其私人的维度和普遍的维度，他显然关注的是涉及普遍性的法则，而不是涉及私人性的准则。准则往往涉及质料，法则单单涉及形式。康德为我们提供了如下相关定理。定理一：将欲求能力的一个客体（质料）预设为意志的规定根据的一切实践原则，全都是经验性的，并且不能充当任何实践法则③。一个道德法则与主体是否对某个对象的现实感到愉快无关，主体的感受性可能成为某个理性存在者的道德准则，但不可能成为全部理性存在者的道德法则。定理二：一切质料的实践原则本身都具有同一种类型，并且隶属于自爱或自身幸福这一普遍原则之下④。如果以质料为根据，依赖于感受性，就否定了知性或理性的意义。这其实意味着道德准则往往受制于自爱或通常意义上的幸福观。这种以质料为根据的实践规则都是在低级欲求能力中建立意志的规定根据，否定了

---

① 康德. 实践理性批判. 北京：人民出版社，2003：16.

② 同①21.

③ 同①24.

④ 同①26.

以形式为根据的高级欲求能力。康德进而提出了定理三：如果一个有理性的存在者应当把他的准则思考为实践的普遍法则，那么他就只能把这些准则思考为这样一些不是以质料，而只是按照形式包含有意志的规定根据的原则①。他通过一些事例表明，以质料为根据不可能把道德准则上升为道德法则，因为每个人的感受性或爱好是不同的，因此普遍立法只能以形式为意志的规定根据。依据他的解释，这意味着意志摆脱了现象的自然规律或者说因果必然性，并因此在严格的意义上是自由的。在康德看来，"一个惟有准则的单纯立法形式才能充当其法则的意志，就是自由意志"②。自由和无条件是相通的，他由此得出纯粹实践理性的基本法则：要这样行动，使得你的意志的准则任何时候都能同时被看作一个普遍立法的原则③。准则是有条件的，法则要求我们绝对无条件地行动。这意味着，纯粹理性单就自身而言是实践的，唯有它能够提供普遍的道德法则。定理四：意志自律是一切道德律和与之相符合的义务的唯一原则，任意的一切他律不仅根本不建立任何责任，反倒与责任的原则和意志的德性相对立④。

　　康德所说的道德主体是"我们"意义上的"我"，是一般意义上的"人"，真正说来则是全部的"理性存在者"：人的本性是理性，是自由。纯粹理性批判要求把"经验对象本身"甚至"我们自己的主体"都看作"现象"，但又要把"在己之物本身"作为这些现象的基础，因而并不把"一切超感官的东西"都看作虚构的，也不把它们的概念看作空无内容的，如此一来，"实践理性自身现在就独立地、未与那个思辨理性相约定地，使因果性范畴的某种超感官的对象，也就是自由，获得了实在性（尽管是作为实践的概念，也只是为了实践的运用）"，因而"就通过一个事实证实了这个在那里只能被思维的东西"⑤。作为现象世界或自然界的一部分，人及其行动受必然的支配，服从必然的规律，受条件的制约；

---

① 康德. 实践理性批判. 北京：人民出版社，2003：33.
② 同①36-37.
③ 同①39.
④ 同①43.
⑤ 同①5.

作为在己之物或本体，人属于自由的境界，他服从自由的原则，不受条件的限制。很显然，对现象与本体之间的矛盾的解决，也就是对纯粹理性的理论运用中知性和理性之间的矛盾的解决。

人有理论理性和实践理性之分，但理论理性又有知性和理性之别。人有理论理性，他可以认识现象世界（包括自己的身体），他追求真理，但这种真理局限于现象范围，而无法与本体关涉；他只能认识必然，不能认识自由。人有实践理性，他求善，善是最大的自由，从而可以达到最大的幸福，但最大的幸福不能在现象界达到，只能在在己之物中获得，于是出现了知性与理性的对立。知性可以认识现象界，理性试图认识在己之物，但它不可能达到目标，它认识到的只是幻象：心灵不朽、意志自由和神实存之类的理想或理念不具有认识的意义。然而，它们具有实践的价值。最高的理念是神。为了消除理论理性中知性与理性的对立，达成和解，必须求助于实践理性，有必要假定一个神，因为神是精神本体和自然本体的统一。神是善良意志的化身，他一方面是自由的出发点，另一方面是必然的统治者。从作为自由的神出发，在现实中服从必然的规律，按照必然的规律而行动，从而把自然本体与精神本体、知性与理性结合起来："自由并不妨碍现象的自然界法则，同时自然界法则也并不妨碍理性在实践使用上的自由。"① 这意味着"自己立法，自己遵守"：立法表明了人的自由，但人必须服从自己所立之法，而这表明的是人服从必然。康德显然强调的是自律而非他律。

那么，人应当做什么呢？《实践理性批判》的基本回答是：人应该从善良意志出发，根据现象界的必然规律来行动，现实是必然的，自由只存在于彼岸。

最后，人可以期望什么？

这是美学和目的论问题，康德用《判断力批判》来回答。这一问题是前面两个问题的结合。人的理论理性的对象是感性自然界，实践理性的对象则是在己之物，两者之间差异非常大，在作为感官之物的自然概念领地和作为超感官之物的自由概念领地之间固定下来了一道不可逾越的鸿

---

① 康德. 未来形而上学导论. 北京：商务印书馆，1982：132.

沟。康德在《纯粹理性批判》中极力阻止从感官领域跨越到超感官领域，在《实践理性批判》中却把神抬了出来，以便实现这种跨越，从而达到理论理性与实践理性、自然与自由的统一。然而神毕竟是绝对超越者，无法体现两者统一的具体途径，最多只能提供一种前定和谐。康德不满足于这种前定和谐，试图寻找一种将它们结合起来的具体途径。他认为反思的判断力可以充当两者的桥梁，这就引出了判断力问题。

在康德的《纯粹理性批判》中，认识能力的研究排除了愉快和不愉快的情感，排除了欲求能力。在认识能力中又只考虑了知性，排除了属于理论认识能力的判断力和理性。知性包含先天的构成性认识原则，这种能力拥有其独立的领地并占有其财产；欲求能力同样包含先天构成性原则，它在实践理性中分有其财产。现在的问题是，判断力是否有其独立的领地，是否有财产可分有，为此，要确立判断力的性质及其地位。康德这样写道："那么在认识能力的秩序中，在知性和理性之间构成一个中介环节的判断力，是否也有自己的先天原则；这些原则是构成性的（constitutive）还是仅仅调节性的（regulative）——因而表明没有任何自己的领地，并且它是否会把规则先天地赋予认识能力和欲求能力之间的中介环节的愉快和不愉快的情感（正如同知性对认识能力、理性对欲求能力先天地制定规律那样）：这些正是目前的这个判断力的批判所要讨论的。"①

对于康德来说，反思的判断力既非理论的也非实践的，既非知性的也非理性的，既非自由的也非必然的，却同时包含两者。反思的判断力为什么既不是两者却又包含着两者呢？因为反思的判断力从特殊引出一般，从知性达到理性。值得注意的是，康德在《纯粹理性批判》中已经为它预先保留了这种联结或中介地位，因为《纯粹理性批判》是由三个部分组成的：纯粹知性批判、纯粹判断力批判和纯粹理性批判②。这里需要明白康德关于判断力的区分，其根据是，在特殊和普遍两者中，哪一个是给定的：如果普遍的东西（规则、原则、规律）被给予了，那么把特殊归摄

---

① 康德. 判断力批判. 北京：商务印书馆，2002：2.
② 同①13.

（subsume）于它们之下的那种判断力就是规定性的；但如果只有特殊被给予了，判断力必须为此去寻求普遍，那么这种判断力就是反思性的①。

知性范畴应用到感性材料中形成知识，这依赖的是规定的判断力："我们能够把知性的一切行动归结为判断，以至知性一般来说可以被表现为一种作判断的能力。"② 普遍的自然规律在我们的知性中有其根据，于是，我们的作为判断力的知性就把这些规律颁布给自然，这就是所谓的人为自然立法。在反思的判断中，特殊是给定的对象，是经验的对象，一般则是主观的精神，而从特殊到一般构成的判断是美学的判断、目的论的判断。比如，在"这朵花是美的"这一判断中，这朵花属于自然和现象界，它是特殊的，它服从必然；美则是精神的、一般的和自由的。康德这样写道："凡是在一个客体的表象上只是主观的东西，亦即凡是构成这表象与主体的关系而不是与对象的关系的东西，就是该表象的审美性状。"③ 换言之，为了分辨某物是美的还是不美的，我们不是通过知性把表象与客体相联系，而是通过想象力（imagination，它也许会与知性相结合）把表象与主体及其愉快或不愉快的情感相联系。很显然，这里所说的"主观的东西"与客体没有认识关系，它只产生愉快或不愉快的感受。

当然，这种愉快或不愉快是不带有任何利害的，也就是说它不是与对象的实存的表象相结合的。关于美的判断只要混杂有丝毫的利益、兴趣、好恶在内，就会是偏心的，就不是纯粹的鉴赏判断了。我们不能对事物有任何的倾向性，要完全持无所谓的态度。如此说来，美是无利害的快感。在康德看来，美是无概念地作为一个普遍愉悦的客体被设想的④。一个美的东西必定包含"一个使每个人都愉悦的根据"，但它导致的是"一种不带有基于客体之上的普遍性而对每个人有效的要求，也就是说，与它结合在一起的必须是某种主观普遍性的要求"⑤。如此一来，美意味着无概念的普遍性。鉴赏判断不以特定的目的——不管是主观目的（利害）还是

---

① 康德. 判断力批判. 北京：商务印书馆，2002：13-14.
② 康德. 纯粹理性批判. 北京：人民出版社，2004：63.
③ 同①24.
④ 同①46.
⑤ 同①46-47.

客观目的（善的概念）——为依据，构成其根据的，"没有任何别的东西，而只有对象表象的不带任何目的（不管主观目的还是客观目的）的主观合目的性，因而只有在对象借以被给予我们的那个表象中的合目的性的单纯形式"①。这意味着美是一个对象的无目的的合目的性形式。鉴赏判断要求每个人都赞同，于是必然预设了一种所谓的共通感。只有在这样一种共通感的前提下，才能做鉴赏判断。

最终说来，自然界趋向和谐，趋向美，意味着有理性的存在者在必然中求自由。那么人可以期望什么呢？《判断力批判》给出的回答是：人可以期望的是美的、和谐的、合目的的境界，人是期望的总和。

康德不满足于分别提出并回答上述三个问题。他在《逻辑学讲义》中表示："哲学是关于人类理性的最终目的的一切知识和理性使用的科学"，而在哲学领域他提出了下列问题：（1）我能够知道什么？（2）我应该做什么？（3）我可以期望什么？（4）人是什么？他进而指出："形而上学回答第一个问题，伦理学回答第二个问题，宗教回答第三个问题，人类学回答第四个问题。但是从根本上说，可以把这一切都归结为人类学，因为前三个问题都与最后一个问题有关系。"② 显然，康德把审美和信仰放在了同等的地位，与此同时，三大批判分别探讨的三个问题最终被归结为一个问题：人是什么？康德用《人类学》来回答，其回答是：人是目的。他这样写道："在这个目的的秩序中，人（与他一起每一个有理性的存在者）就是在己的目的本身，亦即他永远不能被某个人（甚至不能被神）单纯用作手段而不是在此同时自身又是目的。"③ 康德哲学是早期现代哲学的总结，集中体现了所谓的人类中心论。

第四节　理论科学与先天综合

我们把重点放在《纯粹理性批判》上面，因为理论科学在康德哲学

① 康德. 判断力批判. 北京：商务印书馆，2002：56-57.
② 康德. 逻辑学讲义. 北京：商务印书馆，1991：15.
③ 康德. 实践理性批判. 北京：人民出版社，2003：180.

中占据着首要地位，尽管目前学术界越来越重视其实践科学。在哲学内部纷争不断之时，自然科学却在蓬勃发展。科学不仅已经有了相对稳固的基础，而且其远大前程也越来越明显。早期现代西方哲学家具有普遍科学理想，他们关心认识问题，一直在为科学提供哲学论证，尤其在为科学的方法提供哲学论证。作为一个探讨认识问题的哲学家，康德非常关心科学的现状和未来。更为重要的是，康德最初的教学工作涉及非常广泛，除了教授哲学和逻辑学外，还教授数学、物理学、自然地理学和人类学等课程，他最初的作品（比如《对地球从生成的最初起在自转中是否发生过某种变化的问题的研究》和《自然通史与天体理论》）也与自然科学密切相关。

在各门学科中，数学是最古老的，在古希腊就有了毕达哥拉斯的勾股定理和欧几里得（Euclid，约前330—前275）几何学。后来伽利略把数学用作整理感觉材料（sense data）的方法，牛顿更是如此。数学为什么形成得更早，发展得最快呢？因为数学不同于力学、物理学的地方在于，它是一种先天知识，它不依赖于任何后天的东西，完全可以依靠人类理性自身来构造概念、形成判断。物理学、力学不仅需要先天知识，还需要后天的经验材料，因此比数学要求的东西要更多，其发展也就要缓慢得多。不过，从总的情况来看，数学、物理学、力学都已经有了稳固的地位。可惜的是，科学并没有可靠的哲学基础。康德认为，经验论和唯理论都无法为科学提供基础，唯有他自己的先验观念论可以完成这一任务。与此同时，他承认数学和自然科学对于其哲学的建构具有方法论意义："纯粹思辨理性的这一批判的任务就在于进行那项试验，即通过我们按照几何学家和自然科学家的范例着手一场形而上学的完全革命来改变形而上学迄今的处理方式。"①

康德分析科学和科学命题，旨在确定科学真理的标准。在他看来，真正的科学命题必须是"先天知识"，这意味着"必然性"和"严格的普遍性"②。也就是，一个命题要成为真正科学的命题，就应当"表现为是必然的、普遍有效的"③。普遍性就是指无处不适合，无时不适合。必然性

---

① 康德. 纯粹理性批判. 北京：人民出版社，2004：18.
② 同①2-3.
③ 康德. 未来形而上学导论. 北京：商务印书馆，1982：72.

是指相反的情形是不可能的，也就是不会有任何例外的情形出现。其实，普遍性和必然性是一致的，彼此之间只有侧重点的不同。然而，仅仅停留在这一步是不够的，一个科学的命题还意味着能够扩大知识，能够扩大概念的适用范围，也就是说，我们所追求的先天知识都是建立在"一些综合性的、亦即扩展性的原理之上的"①。经验论的标准强调了扩大知识、扩大概念的适用范围这一方面，但显然不能满足普遍性和必然性的要求；唯理论的标准突出了必然性和普遍性的要求，但显然不能扩大知识和扩大概念的适用范围。

科学是由一系列概念构成的体系，但这些概念并不是机械的堆积，而是有着各种各样的联系。概念处在关系之中，把概念联系起来就构成判断（从逻辑的角度看）或命题（从知识论的角度看），而在判断基础上可以进行推理。所有概念、判断和推理的有机联系构成科学体系。科学的基本单位是科学命题。科学命题才有真假。康德对判断重新进行了分类。他提出了所谓的先验逻辑，但他仍然借助形式逻辑的成果来展开分类。在他看来，不是任何一类判断都能够成为科学的判断。我们需要对全部判断分门别类，从而确定哪些判断是科学的判断。

通常，人们从认识方法上把一切判断区分为分析判断（analytic judgement）和综合判断（synthetic judgement）两类②，前者意味着先天的认知（a priori cognition），后者意味着后天的认知（a posteriori cognition）③。所谓分析的认识方法，也就是在认识活动中，理性离开经验进行分析，主要是分析思维过程有无矛盾。在主词 a（subject a）和谓词 b（predicate b）的联结中，b 完全被包含在 a 的概念中，没有超出其外；换言之，谓词只是对主词进行了说明，所以又被称为说明的判断（judgement of clarification）④。比如"一切物体都是有广延的"就是运用了分析的认识方法获得的，即广延概念已经包含在物体概念中。这种知识的性质是先天的，它远离后天的经验。所谓综合的认识方法，也就是在认识活动中，感官活动

---

① 康德. 纯粹理性批判. 北京：人民出版社，2004：11.
② 同①8.
③ 同①1.
④ 同①8.

产生了感觉、知觉，并且在此基础上形成概念、判断。在主词与谓词的关系中，谓词包含着不同于主词的内容，或者说扩大了主词的内容，仅仅分析主词不可能得出谓词的内容来，所以综合的方法导致的是知识的扩大。综合的判断被称作扩展的判断（judgement of amplification）①，比如"一切物体都是有重量的"就是这种判断。关于重量的知识不是通过分析从物体的知识中获得的，而是需要借助经验，比如通过实际测量。通过综合的方法获得的知识具有后天的性质，也就是说它们是在感觉经验的基础上通过归纳推理获得的。

康德否定分析判断就是先天判断和综合判断就是后天判断的传统看法。为此，他把方法和性质进行了任意的组合，得出四类判断：先天分析判断、后天分析判断、后天综合判断和先天综合判断，然后再根据科学真理的标准，来看看究竟哪些判断是真正科学的判断。

首先是先天分析判断。在唯理论看来，一切科学的判断都是先天分析判断。因为只有这种判断才具有普遍性和必然性。一个判断只要符合矛盾律它就具有普遍性和必然性。不过，这种判断虽然具有普遍性和必然性，但它只是对于理性自身而言的，它能否运用于实在呢？是否与实在相矛盾呢？况且这种判断不能扩大知识。"物体是有广延的"这个判断没有给予我们任何的新知识，因为广延已经包含在物体本身之中了。这种判断因此不能扩大知识，只不过是说"有广延的东西是有广延的"，因而是一种同语反复。物体有广延也只是在理性范围内是正确的，是否和经验相矛盾并不是理性能够告诉我们的，因而它只满足了一个条件，从而不能成为科学的判断。

然后是后天分析判断。后天的判断显然指通过经验归纳获得的判断，而分析则是在经验之前的，因此这种判断不成立。

进而是后天综合判断。经验论认为后天综合判断是科学的判断。但在康德看来，依靠后天的感官材料进行综合，当然是可能的，而且经验归纳能够扩大知识，但依靠感官材料进行综合而获得的知识没有普遍性和必然性，休谟已经很好地证明了这一点。

---

① 康德. 纯粹理性批判. 北京：人民出版社，2004：8.

最后是先天综合判断。一方面，离开后天经验，在理性自身中进行认识活动才能保证普遍性和必然性；另一方面，又需要在感性直观中进行综合才能扩大知识。要满足这两个条件如何可能呢？康德认为关键是我们能否发现一种先天的感性直观，如果能的话，就可以形成先天综合判断。也就是说，我们可以对先天的感性直观进行理性的联结，从而既坚持了综合的方法，又维护了先天的性质。康德把经验的综合分成两类，一类是对先天直观的联结或综合，另一类是对后天直观的联结或综合。后天的直观就是我们通常所说的知觉，经验论者认为通过对它们进行综合归纳就可以形成科学的判断。康德对此持否定的态度。他同时表示，我们其实可以找到先天直观，对先天直观进行理性的联结，既保证了普遍性和必然性，又能够扩大知识。

先天综合判断是否可能呢？康德没有直接回答这一问题，而是对现有的一切知识进行总体上的清点，看看它们是否由先天综合判断构成。他分别考察了数学、物理学和形而上学的性质。他表示："在理性的一切理论科学中都包含有先天综合判断作为原则"，具体说来，"数学的判断全都是综合的"，而"自然科学（物理学）包含先天综合判断作为自身中的原则"，由于"人类理性的本性"而不可缺少的但依然处在尝试中的"形而上学"也"应该包含先天综合知识"①。

康德认为数学判断是先天综合判断。这意味着，他既否认数学判断是分析的判断（尽管它依赖于矛盾律），又认为数学判断的必然性是先天的。在他看来，数学知识是先天综合知识，其判断是先天综合判断，至少纯粹数学知识是这样的。康德以一些数学命题为例进行说明。就算术而言，"7+5=12"并不是一个分析命题，因为我们从"7+5"中最多分析出"和"来，而分析不出"12"来。我们必须先取 7 这个数，然后借助诸如 5 个手指头之类的直观，才可能得出 12 这个数来。所以，这是一个综合命题，而不是分析命题。就几何学而言，在"两点间直线最短"中，"直"是一个"质"的概念，它并不包含"大小"或"量"，所以我们无法从中分析出"最短"来。如此一来，这一命题不是分析的，而是综合

---

① 康德. 纯粹理性批判. 北京：人民出版社，2004：11-14.

的，因为我们必须借助直观才能获得"最短"的概念。

在康德看来，即使像"a＝a""a＋b＞a"这些只有方法论意义的命题，从根本上说也需要借助直观。他关于数学知识的基本立场是："数学知识不是通过概念得出来的，而永远只是通过构造概念得出来的。"① 由此形成了哲学知识和数学知识的巨大差异："哲学的知识是出自概念的理性知识，数学知识则是出自概念的构造的理性知识。但构造一个概念就意味着：把与它相应的直观先验地展现出来。"② "构造一个概念"，也就是先天地提供出与概念相对应的直观来。既然数学知识包含着直观，就意味着它是综合的，而不是分析的。康德认为休谟的失误之处就在于把数学知识看作是分析的。

康德进而认为，科学判断一定是先天综合判断。他从哥白尼、伽利略、牛顿用数学方法整理感性材料的科学成就来说明这一思想。"在物质世界的一切变化中，物质的量保持不变"被认为是一个分析命题，康德则试图表明，这一物理学定理或命题不仅包含必然性，因而其起源是先天的，而且它也是一个综合命题③。按照他的看法，我们不能由物质概念想到持久不变，想到的只是物质通过对空间的充满而在空间中在场。很显然，必须借助超出于物质概念的直观，才能得出这一命题。经验判断（judgement of experience）永远是综合判断，而这里的经验判断需要与经验的判断（empirical judgement）或知觉判断（judgement of perception）区分开来④。在康德看来，感性是直观的能力，知性是判断的能力，理性是推理的能力。但他有时也在不严格的意义上讲到知觉判断。关于感性对象的判断是知觉判断或经验的判断，关于知性对象的判断是知性判断或经验判断。经验判断已经包含知性提供的形式，经验的判断则主要与质料相关。这里的经验判断就是自然科学的判断。康德认为其他真正的自然科学定理也都是先天综合判断。

康德最后表示，真正的形而上学判断都是综合判断。他认为必须

---

① 康德. 未来形而上学导论. 北京：商务印书馆，1982：23.
② 康德. 纯粹理性批判. 北京：人民出版社，2004：553.
③ 同②14.
④ 同①65.

"把属于形而上学的判断同真正的形而上学判断区分开来"①。属于形而上学的判断主要是一些有关形而上学概念的界定、说明的判断，它是一些分析命题，而真正的形而上学判断应该是先天综合判断。形而上学的基本内容应该是先天综合判断，分析判断只是工具、手段，综合判断才是目的。他这样写道："形而上学只管先天综合命题，而且只有先天综合命题才是形而上学的目的。为此，形而上学固然需要对它的概念，从而对分析判断，进行多次的分析，但是所用的方法和在其他任何一个知识种类里所用的方法没有什么不同，即只求通过分析来使概念明晰起来。"②

在康德眼里，目前为止还没有所谓的真正的形而上学知识。如果已经有了，问题就变成形而上学是怎样可能的。在以往的形而上学学说中，已经有一些属于形而上学的知识，这是一些说明性的知识，但需要的是能够扩大知识范围的真正的形而上学命题——综合命题。在一开始，他要问这一科学是否可能。他在《纯粹理性批判》中运用的是综合的方法，在《未来形而上学导论》中运用的则是分析的方法。尽管我们不能说真正科学的形而上学是实有的，但我们应该承认真正科学的知识，即先天综合判断的知识已经是实有的——纯粹数学和纯粹自然科学具有确定无疑的可靠性，我们只需要问它们是如何可能的。也就是说，数学领域和自然科学领域的情形表明，应该转换问题，不问先天综合判断是否可能，因为这样的命题的确存在，而且具有无可争辩的可靠性；而是问它们如何可能，这等于谜底已经知道，而现在的任务是要说明为什么谜底是这样的，并且据此来确定它们的运用条件，它们的范围和界限。

康德认为，"先天综合判断是如何可能的"乃是"纯粹理性的总课题"或者说"纯粹理性的真正课题"③。形而上学能否存在，其关键便在于此。传统哲学自以为获得了确实可靠的知识，它们往往求助于良知。休谟把概念之间的联结（先天的知识）看作是习惯的产物，因此将主观的必然性当作了客观的必然性。应该首先停止那些劳而无功、自以为是的建

① 康德. 未来形而上学导论. 北京：商务印书馆，1982：25.
② 同①26.
③ 康德. 纯粹理性批判. 北京：人民出版社，2004：14-15.

筑形而上学知识大厦的努力，先行拷问先天综合知识是如何可能的。先验哲学（transcendental philosophy）先于全部形而上学，但我们还不具备这种先验哲学。《纯粹理性批判》的目的就在于确立这种先验哲学。我们既然还没有真正的先验哲学，我们就只能从其他先天知识出发，即从纯粹数学和纯粹自然科学出发。只有它们才能在直观中为我们提供对象。于是，纯粹理性的总问题分化为如下四个子问题："纯粹数学是如何可能的？""纯粹自然科学是如何可能的？""形而上学作为自然的倾向是如何可能的？""形而上学作为科学是怎样可能的？"整个工作就是要从理性自身中去寻找这些已有的科学的源泉，以便通过事实本身来考察和衡量理性先天认识事物的能力。

康德的知识论其实就是对理论理性的全面考察。他从认识论着手批判莱布尼茨-沃尔夫式的形而上学，并且把经验论和唯理论结合起来。在他看来，先天综合判断之所以可能，就在于一个科学命题是由两个方面的因素构成的：一方面是由感官提供的后天的感觉材料；另一方面是大脑先天地固有的具有普遍性和必然性的认识能力。康德认为，人具有三种先天的认识能力（理论理性）："感性"、"知性"和"理性"，通过把它们与经验材料相结合，就会产生三种类型的先天综合判断，形成三种类型的知识或学问："数学"的先天综合判断、"物理学"的先天综合判断和"形而上学"的先天综合判断。康德哲学具有调和的特征，它试图使各种相互对立的立场达成妥协，并因此使各种彼此冲突的哲学派别结合在一个体系中。一方面，康德肯定在我们之外存在着刺激我们感官而产生感觉的客体，即所谓的在己之物；另一方面，他又断言这个客体是不可认识的，认识所能达到的只是在己之物刺激我们感官而产生的感觉，即所谓的现象。康德借助现象和在己之物的二元论、不可知论，在批判神学的同时又保留神学，在论证各种理想的合理性的同时又证明其实现的不可能性。

第四章　主体的确立：从直观到思维

　　康德的《纯粹理性批判》由先验原理论（transcendental doctrine of elements，或译先验要素论）和先验方法论（transcendental doctrine of method）两个部分构成。我们主要探讨其先验原理论，这是其先验哲学的主干。先验原理论被区分为先验感性论（transcendental aesthetic）和先验逻辑论两个部分，先验逻辑论又由先验分析论（transcendental analytic）和先验辩证论（transcendental dialectic）构成，即由先验知性论和先验理性论构成。最终说来，康德要处理感性、知性和理性三种认识能力是如何为我们提供知识的先天条件的。人具有三种先天的认识能力，或者说理论理性包括三个层次：感性、知性和理性。三个层次的知识都是先验的。康德表示："我把一切与其说是关注于对象，不如说是一般地关注于我们有关对象的、就其应当为先天可能的而言的认识方式的知识，称之为先验的。"① "先验"意指认识的各种形式先于经验，内在于人的心智之中，而不是超越的（transcendent，或译超验的）；与此同时，它们必须被运用到经验中去，并且构成经验之所以可能的条件。这可以说是逻辑地在先，而非事实上在先。我们在本章中评介的是康德的先验感性论和先验知性论。

第一节　纯粹直观与先验时空

一、经验直观与纯粹直观

　　先验感性论是关于一切先天的感性原理的科学（the science of all prin-

---

　　①　康德. 纯粹理性批判. 北京：人民出版社，2004：19.

ciples of a priori sensibility），它有别于作为纯粹思维原理之科学的先验逻辑论。它试图阐明，感性这种先天的认识能力和经验相结合，使数学知识具有普遍性和必然性，即先验感性论探讨先验感性的知识的基本原理，主要探讨数学判断是如何可能的，与此同时，它要为知性知识或者说自然科学知识提供经验的对象。数学知识是纯粹形式的知识，按康德的理解，它的对象是纯粹时间和纯粹空间，或者说是时空纯形式。所以先验感性论又可以称为先天时空观。康德的先验形式主义（transcendental formalism）和先验观念主义在这一知识领域已经获得了典型体现。

感性是一切知识的基础，而这里的知识指的是经验知识（knowledge of experience），它始终有其经验的运用。为此，我们首先应该明白什么叫感性。康德这样写道："通过我们被对象所刺激的方式来获得表象的这种能力（接受能力），就叫做感性。"① 这里涉及对象（object）、方式（mode 或 way）、表象（representation）和接受能力或接受性（receptivity）等概念。"对象"明指尚未获得任何规定的显象（appearance），暗指在己之物；"方式"指显象或者说在己之物刺激我们的感官，让我们产生感官印象的方式；"表象"一般指在我们内心中产生的主观印象，这里指的是有别于概念表象的直观表象；"接受性"指人的主观的接受能力。感性或感受性显然具有被动的含义：如果没有对象刺激我们的感官，我们就不会产生感觉，也因此无所谓感受性，但它并不是完全被动的，因为它所借助的时空形式是先天的，是存在于心智中的。如此说来，所谓的"感性"，就是一种接受感觉材料而形成感性直观知识的先天的认识能力或感性直观纯形式（pure form of sensible intuition）。

康德否定唯理论的独断主张，认为知识不能超越于经验之外。这样一来，知识需要感性提供经验材料，而感性借助直观来提供材料："一种知识不论以何种方式和通过什么手段与对象发生关系，它借以和对象发生直接关系、并且一切思维作为手段以之为目的的，还是直观。"② 任何思维活动都需要借助直观来获得质料。感性提供对象，知性通过自己产生的概

① 康德. 纯粹理性批判. 北京：人民出版社，2004：25.
② 同①.

念（concept）或者说范畴（category）来思维对象。一切思维，无论是直接的还是间接的，最终都必须与直观相关，也因此必须与感性相关，否则就不可能有对象被给予我们。尽管如此，我们不能说知识完全来源于经验，因为它还有赖于认识能力，而认识能力是先天的。即使是在接受质料时，也需要借助先天的能力，因为感性必须用纯粹的形式来整理质料，更不用说最终要借助概念或范畴来思维这些质料。

感性直观可以分为两个方面：一个是经验直观（empirical intuition），另一个是先天直观（intuition a priori）。我们的心智接受对象刺激而产生了感觉，而这种通过感觉与对象发生关系的直观就叫作经验直观。经验直观有其未定的、杂然纷呈的对象，经验直观把它们作为质料提供出来。质料是杂乱无章的，或者说质料意味着显象的杂多（the manifold of appearance）。应该把杂多纳入秩序之中，这就需要形式，具体地说，需要的是时间和空间形式。时间和空间形式就是所谓的先天直观。质料是后天提供的，形式是心智先天具有的。形式的先天性表明时间和空间可以在感觉材料之外被思考。康德认为，形式不属于感觉，不包含属于感觉的成分，它是纯粹的、可以与感觉相分离的。它先天地存在于我们的心智之中，因此也可以被说成是纯粹直观（pure intuition）。

康德在先验感性论中所做的工作，就是同时抽掉知识中的范畴（实体、因果性之类概念）和经验直观或感觉，直接面对感性直观纯形式，即时间和空间，并将它们看作是一切知识的基础性的元素、原理和条件。他就空间直观纯形式举例说：假如我们从一个物体的表象里把知性所想到的东西如实体、力、可分性等都除开，同时又把属于感觉的东西如不可入性、硬度、颜色等也除开，那么我们从这个经验性的直观中还余留下某种东西，即广延和形状①。广延和形状属于空间这一纯粹直观形式，即使没有任何现实的感官对象，空间也先天地作为一个单纯的感性形式存在于心中。所以康德的先验感性论探讨的真正对象是先验时空（先验时间和先验空间）或先天时空（先天时间和先天空间）。

空间是所谓的外感（outer sense）形式，我们整理外部材料时必须利

① 康德. 纯粹理性批判. 北京：人民出版社，2004：26.

用我们心智的这种属性。外部材料都是在空间中得以规定的，或者说都可以在空间中获得规定：对象的形状、大小及其相互关系都只能在空间中显现出来。时间则是所谓的内感（inner sense）形式，心智直观其自身或其内部状态必须借助时间。心理状态不能以空间的方式存在。任何心理活动都是一种意识流，是一种绵延（时间）。由于外部材料最终是在心智中获得规定的，所以外感最终还得转化为内感。如此一来，时间不仅是内感的形式，也是全部感性活动的形式。

康德在先验感性论中提出的问题是：空间和时间是什么呢？它们是现实的存在物（actual entity, actual beings）吗？要么它们虽然只是事物的规定甚或关系，却是哪怕事物未被直观到也仍然要归之于这些事物本身的东西；要么它们是一些仅仅依附于直观形式，因而依附于我们心智的主观特征的东西。为此需要我们进行阐明（exposition）。康德区分了形而上学阐明（metaphysical exposition）和先验阐明（transcendental exposition）两种方式，前者是存在论（或者说本体论）阐明，后者是认识论阐明。按照他的界定，"阐明"就是"对属于一个概念的东西进行的清晰的（哪怕并不是详尽的）介绍"，当这种介绍"包含把概念作为先天所予来描述的东西"时，它就是"形而上学阐明"；而"先验阐明"则是"将一个概念解释为一条原则，从这条原则能够看出其他先天综合知识的可能性"①。

这两种阐明都与通常所说的证明或论证有别，它们其实是对空间和时间的存在论性质和认识论性质进行的清晰介绍。康德分别对空间和时间进行两种阐明，力图表明它们是感性先天直观纯形式。时空意味着形式，但需要对它们进行一系列的限定性说明："感性的"意指它们不是思考对象而是提供对象，"先天的"意指它们存在于心智中而不是存在于事物之中，"直观的"意味着为综合提供某种可能，"纯粹的"意指外在于感觉，"形式"相对于内容。这几个词尽管不无差别，但相关之处也是非常明显的。

---

① 康德. 纯粹理性批判. 北京：人民出版社，2004：28，30.

二、先验空间观

(一) 空间概念的形而上学阐明

康德试图为空间概念进行形而上学阐明①。这里的"概念"是在日常意义上使用的，与纯粹知性概念 (pure concepts of the understanding，即范畴) 或理性概念 (即理念) 是完全有别的。在康德看来，我们借助外感空间来表现在我们之外的事物，一切对象都毫不例外地在空间中向我们呈现出来。对象的形状、大小及其相互关系都在空间中获得规定，或者说可以在空间中获得规定。但空间是什么呢？它是不是现实的存在物？它是不是在己之物具有的规定性？它是不是即使没有我们对事物的直观也仍然属于在己之物？或者，空间是直观的方式，因此仅仅具有主观的特征？这就要求我们对空间的存在或实存进行阐明，即进行一种形而上学的阐明。这一阐明旨在清晰地介绍空间的基本性质，讨论空间与事物的关系，以便揭示这一概念是先天地被给予的。

康德对空间概念进行了如下的形而上学阐明：

（1）空间不是一个从我们的外感经验中抽象出来的经验的概念 (empirical concept)。空间不仅不依赖于经验，相反，经验必须以外感空间为前提。空间是逻辑地在先的，是一种先天的概念。也就是说，我们为了感觉到某一外部事物，为了表象外部事物的大小、形状和关系等等，首先需要空间表象，而不是从经验中获得空间表象。

（2）空间是一切外部直观都以之为基础的一个必然的先天表象 (necessary a priori representation)。如果我们把感觉经验抽掉，还可以有空间存在，但如果我们把空间抽掉，经验内容也就不存在了。也意味着，我们可以想象没有经验内容的空间，但绝不能想象没有空间的经验内容。于是空间是必然地作为外部显象之基础的先天表象。

（3）空间不是关于一般事物的关系的推论的 (discursive) 概念，或者说普遍的概念，而是纯粹直观。在我们的心智中有两类表象：直观和概

① 康德. 纯粹理性批判. 北京：人民出版社，2004：27-30.

念。它们的区别就在于：直观与个别事物相联系，我们只能直观到个别事物，而且直观只能是感性的，只有所谓的感性直观；概念表象则是与一般事物联系在一起的，因此概念属于知性（知性概念、范畴）。外部直观与空间联系在一起，而空间是唯一的，我们的直观是对整体的直观，即使我们把空间分成所谓的部分，各个部分之间也没有什么根本的不同，或者说没有什么种类的差别。至于概念就不一样了，我们通常用"属"加"种差"的方式对概念进行界定，这意味着我们既承认普遍的一致，又承认种差的存在。比如生物可分为动物、植物和微生物，人可分成男人和女人。空间的各个部分之间显然不存在这样的种差，因此空间只能是直观，而不是一般概念。

（4）空间被表象为一种无限给予的量（an infinite given magnitude），也就是说，在我们心智中出现的空间表象总是无限的。简言之，空间是无限的。空间是唯一的，要了解部分空间，必须在唯一空间中来理解。空间是一个整体、一个全体，没有比它更大的东西，因此它是无限的。从这里也可以看出，对于空间的表象，只能是先天直观，而不是概念。

（二）空间概念的先验阐明

康德进而对空间概念进行了所谓的先验阐明①。这一阐明实际上是空间的形而上学阐明的反证，即如果我们不把空间看作是一种先天直观纯形式，它就只能是经验的东西。如此一来，纯粹几何学就是不可能的，纯粹自然科学知识更无从谈起。空间概念的先验阐明旨在表明，我们必须确定先天综合知识一定依赖于空间概念，而且只有通过说明空间概念才能说明这种知识。

纯数学中的几何学属于综合的且又是先天规定的空间性质的学科。按照康德的看法，任何纯粹几何学的基本命题都不是分析命题，而是综合命题。比如通常把"两点之间直线最短"看作是分析命题，康德对此予以否认，认为它是综合命题，即它是先天综合命题。这是因为，"直"的概念并不包含"量"，而只包含"质"。短的概念是增加的，是单靠分析不能从直线概念中获得的，必须借助直观。既然我们无法从单纯概念中引出

---

① 康德. 纯粹理性批判. 北京：人民出版社，2004：30-31.

任何超出概念之外的命题，我们就需要借助直观，但这种直观又必须先天地，即先于一个对象的一切知觉而呈现在我们的心智之中。

纯粹几何学显然借助的是纯粹直观而不是经验直观。几何学的定理全都是不容置疑的，它们不可能是经验的命题或经验的判断，也不是从经验的命题或经验的判断中推出来的。就自然科学而言，其基本原理都是先天综合知识。比如"物质不灭定律"就不是分析命题，而是综合命题，因为物质概念只表明了它在空间中的存在，而没有包含其永存性或量的问题，必须借助空间直观来增加其内容。

总之，一切关于外部对象的知识都需要外感直观提供综合的可能。空间先于对象存在，而对象又能先天地在它那里获得表象。显然，这种空间不是存在于事物本身之中的，而是存在于人的主观心智之中的。康德强调，只有做如此解释，作为一种先天综合知识的几何学知识的可能性才是可理解的。

（三）空间阐明的重要结论

通过形而上学阐明和先验阐明，康德在空间问题上得出了如下几个重要的结论：

（1）空间并不表象在己之物的性质，并不表象在己之物的相互关系。也就是说，空间并不表象在己之物的规定性，无论是绝对规定性还是相对规定性。

（2）空间只不过是一切外感显象的单纯形式。空间是感性的主观条件，只是依赖于这一条件，我们才会有外部直观。我们由此可以明白，显象的形式可以先于一切现实知觉在我们的心智中被给予，也就是先天地被给予。我们于是只有从人的立场才能谈到空间，才能谈到有广延的存在物。如果抛开主观条件，空间表象就失去了任何意义。

（3）空间既有观念性，又有实在性。也就是说，上述两类阐明一方面确定了空间的先验观念性（transcendental ideality），另一方面确定了它的经验实在性（empirical reality）①。

空间的观念性意味着，空间是存在于我们的心智中的，它是先于经验

---

① 康德. 纯粹理性批判. 北京：人民出版社，2004：31-34.

的，对于在己之物而言是主观的，是存在于主观意识中的一种感性形式。这是从理性自身的角度来考虑空间的，它在此时还没有被运用到经验的对象中去，因此它具有先验观念性。

空间的实在性指的则是空间的客观有效性（objective validity），也就是说，虽然空间不是在己之物的性质，但它的有效范围限于经验对象。在空间被运用到经验领域的时候，它就成了外部经验、对象和知识之所以可能的必要条件，尽管不是充分条件。空间具有实在性，是不会因为个别感觉的变化而变化的。

空间具有观念性，但它并不受制于个别经验；空间具有实在性，但它并不属于在己之物。无论如何，观念性和实在性都是在理性的范围之内而言的。

三、先验时间观

康德对时间概念也进行了形而上学的阐明和先验的阐明，这些阐明大体上同于对空间概念的相应阐明，只是在表述上有某些细微差别。

（一）时间概念的形而上学阐明

康德对时间概念进行了如下的形而上学阐明：

（1）时间不是从任何经验中抽象出来的经验的概念。如果时间表象没有先天地成为共存和相继的基础，那么共存和相继就不会出现在我们的知觉中。只有以时间为前提，我们才能表象事物的同时存在或相继存在。

（2）时间是作为全部直观的基础的一个必然的先天表象。空间是作为外感直观的基础的必然表象，时间是作为包括外感直观和内感直观在内的全部直观的基础的必然表象。我们能够想象时间是空无内容的，但不能想象存在着无时间的经验对象。我们不可以取消时间，但可以把显象从时间中排除掉。或者说，显象可以消失，但时间作为使显象得以可能的条件是不会消失的。时间因此是先天地被给予的，而显象只有在时间中才是可能的。

（3）这种先天必然性还是关于时间关系的绝然原理（apodeictic principle）或一般时间公理的可能性的基础。时间只有一个维度，不同的时间不是并置的而是相继的，正像不同的空间只能并置而不能相继一样。这些原理不是从经验中得出的，因为经验不能够保证严格的普遍性和绝然的确定性。

（4）时间不是推论的或普遍的概念，而是感性直观纯形式。不同时间只是唯一时间的部分，时间之间没有质的不同。因此，我们不能对时间进行概念上的把握，而只能直观地把握它。

（5）时间的无限性意指每一个别时间都是时间全体的部分。时间是唯一的，它因此是全体，也就不可能是有限的①。

（二）时间概念的先验阐明

康德进而对时间概念进行了先验阐明②。这一阐明是形而上学阐明的反证。它要说明的是，关于时间关系的一切公理或原理，都依赖于时间的先天必然性。比如"时间只有一个向量""时间不能同时存在"之类命题绝不是来自经验的，因为经验不能提供普遍必然性。经验可以告诉我们时间就是这样存在的，但不能告诉我们为什么如此且必须如此。变化概念以及与此相关的运动（位移）概念，必须以时间的先天存在为前提才能获得理解。

这里实际上也涉及纯粹数学如何可能的问题，即涉及算术如何可能的问题。算术是先天的知识，但它不是分析的，而是综合的。简言之，算术是由先天综合知识构成的。比如前面已经提到，有人以为"7+5＝12"是分析命题。但是，7加5的"和"只表明两数相加、相连接为一个数这一事实，并未告诉我们这一和数是多少。我们无论怎样分析和的概念，都得不出12的概念。我们必须借助其中之一的直观，比如把5个手指或5个点逐一加在7之上。

（三）时间阐明的结论

通过形而上学阐明和先验阐明，康德就时间问题得出了如下结论：

（1）时间并不是独自持存的东西，亦不是附着于事物的客观规定，如果抽掉主观条件，那么就没有时间存在。

---

① 康德. 纯粹理性批判. 北京：人民出版社，2004：34-35.
② 同①35-36.

（2）时间为内感的方式，即直观我们自身及内在状态的方式。它是一种相继存在的方式，表现为运动变化。时间实际上是意识流，它在我们的内在状态中规定各种表象之间的关系。它不可能是外部显现的规定，因为它不属于任何形状或位置之类。

（3）时间一般地是一切显象的先天形式条件。空间只能作为外部对象或者说显象的先天形式条件。但是一切表象，不管有没有外部事物作为对象，它都属于内心状态，因此作为内心显象之先天形式条件的时间同时是外部对象的先天形式条件。也就是说一切显象，或者说一切感官对象最终都处在时间关系之中，都必须处在时间关系之中。

（4）时间具有先验观念性与经验实在性。正像空间一样，时间也具有经验实在性和先验观念性之别。我们必须放弃时间的绝对实在性，不能把它与在己之物联系在一起；也必须摆脱时间的心理观念性，应该承认的是其先验观念性和经验实在性①。

四、先天时空观与哥白尼式的倒转

康德在分别阐明空间和时间的基础上，从总体上清楚地解释和说明了时空形式：

（1）时间、空间是一切先天综合知识的两个源泉，纯粹数学知识被认为是这种知识的一个辉煌的范例。作为一切感性直观的纯粹形式，它们是使先天综合命题之所以可能的条件。由于它们只是感性的条件，也因此有自己的界限，它们只能被运用到显象领域，而不能被运用到在己之物的领域②。时空是先验的，它们具有先验观念性；然而，它们只是在显象领域中才有其效力，因此又具有经验实在性。时空在显象中的运用就是其客观性的体现，不能在在己之物中去寻找这种客观性。它们没有绝对实在性，它们不是实体，也不是实体的属性或关系。

---

① 康德. 纯粹理性批判. 北京：人民出版社，2004：36-38.
② 同①40.

（2）先验感性论只涉及空间和时间两个要素，而不涉及其他要素①。或者说，在先验感性论的范围内，只有时间和空间两种纯粹形式，其他因素都是由经验而来的。比如把这两个要素结合起来的运动概念，就是以某种经验的东西为前提的，这是因为，运动是以关于空间中某种运动的东西的知觉为前提的。但是，在空间中，就其在己的本身来看，是没有什么运动的东西的，因此运动的东西必定是某种仅仅通过经验在空间中发现的东西，因而只是经验的质料，而不是其形式。变化也是如此，时间本身并不变化，变化的乃是时间中的事物，需要以对时间中变化的事物的知觉或经验为前提。

（3）一切直观都是显象的表象，显象不能独自存在，它只能存在于我们的心中。这是因为，显象包含经验直观和纯粹直观两个方面：纯粹直观是主观的形式，因此存在于我们的心中；经验直观是对质料的感觉，虽然它有在己之物这一客观源泉，但由于不能认识到事物本身，对质料的感觉仍然是主观的。无论如何，空间和时间不是事物的客观形式，而是我们的外部直观和内部直观的主观形式。它们是感性直观，而不是本源直观（original intuition）②。无限的理性存在或神拥有本源直观或理智直观（intellectual intuition），有限的理性存在或人类只拥有派生直观或非理智直观；本源直观不依赖于事物且可以洞察到事物的存在，感性直观依赖于客体的实存，因而只有通过主体的表象能力为客体所刺激才有可能。这一看法完全有别于此前的笛卡尔和后来的胡塞尔所说的理智直观，也根本不同于后来的人文哲学家所强调的艺术直观或生命直观。

（4）为了解决"先天综合命题是如何可能的"这个总课题，康德在先验感性中为我们阐明了先天直观纯形式：空间和时间。真正说来，康德到目前为止的工作既在阐述其时空理论，又在探讨数学命题（判断）作为先天综合命题（判断）是如何可能的，而且为自然科学知识如何可能提供了基础。这一时空理论显然是一种纯粹形式主义的理论，一种先验观念论学说。他在这里完成了其哥白尼式倒转的第一步。当然，康德提醒我

① 康德. 纯粹理性批判. 北京：人民出版社，2004：41.
② 同①49.

们说：纯粹直观作为感性条件，绝不能延伸到感官对象之外，而只能对可能经验的客体有效①。

第二节 纯粹思维与概念分析

一、从感性直观到先验逻辑

康德表示："无感性不会有对象给予我们，无知性则没有对象被思维。思维无内容是空的，直观无概念是盲的（Thoughts without content are empty, intuitions without concepts are blind）。因此，使思维的概念成为感性的（即把直观中的对象加给概念），以及使对象的直观适于理解（即把它们置于概念之下），这两者同样都是必要的。这两种能力或本领也不能互换其功能。知性不能直观，感官不能思维，只有从它们的互相结合中才能产生出知识来。"② 我们的知识，来自我们心智的两种能力：接受表象的能力（对印象的感受性）和通过这些表象以思考对象的能力（概念的自发性）。由于前者，对象被给予我们；由于后者，对象被我们所思考。所以直观和概念是我们知识的两大源泉。

直观和概念都有纯粹和经验之区分。当它们包含感觉时，它们是经验的，当它们不包含感觉时，它们是纯粹的。纯粹直观仅仅包含事物得以被直观的形式或方式，纯粹概念仅仅包含对象得以被思考的形式或方式。纯粹直观和纯粹概念是先天的，而经验直观和经验概念则是后天的。心智的感受性，即心智在被对象刺激时接受表象的能力叫作感性，而心智由自身产生表象的能力（即知识的自发性）叫作知性。这两种能力没有优劣之分，唯有两者不仅各司其职而且充分协作，先天综合知识才有可能。

在探讨了先验感性论或者说先天时空理论之后，康德继续探讨其先验理论的其他两个部分，也就是他关于知性和理性的理论。他把两者都放

---

① 康德. 纯粹理性批判. 北京：人民出版社，2004：50.
② 同①52.

在先验逻辑这一框架中。感性论是关于一般感性规则的科学，知性论则是关于一般知性规则的科学。知性论被归属于逻辑学，而康德所说的逻辑是"先验逻辑"。他要求我们从"一般逻辑"（general logic）转向先验逻辑。

逻辑分为知性的一般运用（understanding's general use）的逻辑和知性的特殊运用（understanding's special use）的逻辑两种。前者包含的是一切思维的绝对必然的规则，缺了这种规则，就不可能有任何的知性活动，也就是说，它探讨思维的一般规则或规律，绝不考虑对象的差别；后者则是关于正确思考特定对象的规则或规律。前者是要素的逻辑（elementary logic），后者是这门或那门科学的工具论（organon）。

一般逻辑（知性的一般运用的逻辑）要么是纯粹逻辑（pure logic），要么是应用逻辑（applied logic）。在一般而纯粹的逻辑中，我们抽掉了知性得以运行的经验条件。这种逻辑是知性的法规和理性的法规，它只考虑形式，不考虑内容。换言之，它仅仅考虑先天的原理，不问其内容是经验的还是先验的；它只考虑形式，不考虑或不借助心理学。当一般逻辑涉及心理学告诉我们的那些在主观经验条件下的知性运用的规则时，它就被称为应用逻辑。应用逻辑既包含经验的原则，又是一般的。康德认为这种应用逻辑是日常知性的清泻剂（cathartic）。

康德强调，在一般逻辑里，应该把构成知性的纯粹学说的部分与构成应用逻辑的部分完全分离开来。在他看来，唯有纯粹逻辑才是科学，而逻辑学家们通常会牢记如下两条重要的规则：第一，作为一般逻辑，它抽掉了知性知识的一切内容及其对象的差异性，并且只与思维的单纯形式打交道。第二，作为纯粹逻辑，它不具有经验的原则，因而不从心理学中汲取任何东西①。应用逻辑表象的是知性及其在具体情况下必然运用的规则，它要求经验的、心理学的原则。

一般逻辑抽掉知识的内容，即抽掉知识与客体的关系，只考察知识相互关系的逻辑形式或者说一般思维形式。康德主张的是"一种在其中不抽掉知识的全部内容的逻辑"，它"将只包含对一个对象的纯粹思维的规

---

① 康德. 纯粹理性批判. 北京：人民出版社，2004：53.

则"，它"将排除一切具有经验内容的知识"①。这种逻辑就是所谓的先验逻辑，它是一种关于先天综合判断的学问。一般逻辑不涉及知识的来源，先验逻辑则要探讨我们有关对象而又不能归之于对象的知识来源。我们期望有先天地与对象相关的概念，这种先天地与对象相关不是由于纯粹的或感性的直观，而是由于思维的自发活动。

康德关于先验逻辑的理论由先验分析论和先验辩证论构成，即由先验知性论和先验理性论构成。纯粹知性的运用，依赖于一种条件，即知性所思维的对象，只能在直观中被给予我们。在没有直观时，我们的思维就没有对象，因而完全是空的。这种涉及知性与直观对象关系的逻辑区分为两部分。先验逻辑的第一部分是"先验分析论"，它阐述"纯粹知性认识的诸要素以及任何对象要能被思维都不可或缺的原则"，它"同时也是真理逻辑"(logic of truth)②。作为关于先验知性的理论，它探讨自然科学知识之所以可能的先天条件。

与真理逻辑相对的是幻象逻辑（logic of illusion），它脱离经验内容，把知性思维的要素和原则运用到超越的领域，结果使知性的运用成为辩证的，产生了辩证的幻象（dialectical illusion）。这就是先验逻辑的先验辩证论部分，它实际上是一种批判先验幻象的努力。康德写道："先验逻辑的第二部分必然是对这种辩证幻象的一种批判，它称之为先验辩证论，并不是作为一种独断地激起这类幻象的技艺，而是作为对知性和理性在其超自然的运用方面的一种批判，为的是揭露出它们的无根据的僭妄，并将理性以为单凭先验原理就能做到有所发现和扩展的要求降低到只是批判和保护纯粹知性以防止诡辩的幻象而已。"③

康德把先验分析论又分成概念分析论（analytic of concepts）和原理分析论（analytic of principles）。先验分析论将我们所有的先天的知识分解为纯粹知性自身所产生的各种要素，实际上就是纯粹知性的各种概念。这就是概念分析论的工作。这些知性概念是一个完备的整体，而只有借助一个

---

① 康德. 纯粹理性批判. 北京：人民出版社，2004：54.
② 同①58－59.
③ 同①59.

关于先天知性知识之整体的理念，这种完备性才有可能。也就是说，这些概念的产生与运用，或者说全部纯粹知性知识都受到一个理念的规定，即受到整体原则和原理的规定。由此出现的是所谓的原理分析论。概括地说：先验分析论又分成两个部分，第一部分探讨纯粹知性的诸概念（concepts of pure understanding），第二部分探讨纯粹知性的诸原理（principles of pure understanding）。

二、判断功能及其种类

概念分析应该注意如下四点：第一，此类概念应该是纯粹的而不是经验的；第二，此类概念不属于直观和感性而属于思维和知性；第三，此类概念必须是要素概念，必须与由这些要素概念派生的或复合的概念相区别；第四，概念表应该是完备的，这些概念必须完全占领纯粹知性的全部领域①。概念分析论并不是对概念进行分析，即不是像通常在哲学探讨中所做的那样，对现有的概念就其内容进行剖析（dissection），以便使它们清楚分明。它的目标是对知性能力本身进行剖析，即分析知性产生这些概念和运用这些概念的能力。

知性是一种借助概念的认识方式，即它借助概念来处理感性杂多（sensible manifold）。每个知性的知识，至少每个人类知性的知识都是一种借助概念的知识，它不是直观的知识，而是推理或推论的知识。这些概念必定有其秩序，必定是系统的。康德写道："先验哲学有优势，也有义务根据一个原理来定位它的概念。因为这些概念纯粹地、未经混杂地产生自作为一个绝对统一体的知性，因此它们自身一定依据一个概念或观念是彼此相关联的。"② 他要求我们从纯粹知性本身中发现这一概念系统，从而否定了它的经验源泉。尽管如此，这一概念系统有其经验的运用，也就是说，它最终是用来处理感性杂多的。

关于知性如何处理感性杂多，经验论和唯理论有着完全不同的看法。

---

① 康德. 纯粹理性批判. 北京：人民出版社，2004：60.
② 同①62.

经验论认为感觉和知觉是个别的，是没有联系的，因此要获得知识，就需要联结它们，即在经验例证的基础上进行归纳推理；而归纳推理依据的是充足理由律，通过因果追溯和推论，就可以把感性杂多联结起来。康德的看法是，由经验归纳得到的知识只有比较的普遍性，没有严格的普遍性，更没有严格的必然性。唯理论认为个别观念和显象是没有联系的，是纷乱的，通过形式逻辑的演绎推理可以把它们联结起来。从普遍到特殊的推理具有必然性，也因此具有客观性，由此纷乱的东西变成了知识，具有了规律。康德认为这种演绎推理只是形式的推理，不包括对象和内容，因而推出的逻辑必然只是形式的必然，因而是没有客观有效性的。

康德认为，正确的联结在于依照思维的判断功能（function of thought in judgement），而联结的途径比唯理论和经验论者所认为的要复杂得多。感性是一种直观的能力，这种直观的能力必须被激发；知性的能力则在思维，而思维具有自发性。思维的自发性包含一种特殊的功能——逻辑功能（logical function），也就是思维的能做判断的功能。康德写道："我们能够把知性的一切行动归结为判断，以至知性一般来说可以被表现为一种作判断的能力。"① 那么如何靠这些判断功能来联结感性表象呢？我们具有许多表象，一些表象与对象直接相关，另一些表象与对象并非直接相关。与对象直接相关的表象是特殊的，与对象不直接相关的表象则是普遍的。还可以这样说：前者是直观表象，后者是概念表象。我们思维的判断功能就是按照某种规则把那些和对象直接相关的表象归摄到与对象没有直接关联的表象之下的功能中。判断意味着使直观概念化或使概念直观化。

康德表示，"我们思维的自发性要求的是先将这些杂多以某种方式贯通、接受和结合起来，以便从中构成知识"，而这一行动被称为"综合"。最广泛意义上的综合是指"把各种表象相互加在一起并将它们的杂多性（manifoldness）在一个认识中加以把握的行动"；但他看重的显然不是这种广泛意义上的综合，而是"纯粹的综合"，即所谓"如果杂多不是经验地、而是先天地被给予的（如空间和时间中的杂多），这样的综合就是纯

---

① 康德. 纯粹理性批判. 北京：人民出版社，2004：63.

粹的"①。康德所说的普遍概念不直接表象任何经验的内容，它们在判断中充当谓词角色，代表了判断中的统一性功能。康德的概念分析论的任务就是把这种统一性功能完全描述出来，从而把知性的功能全部找出来。

康德认为，传统逻辑学家对判断功能已经进行了深入研究，我们完全可以相信其成就。他们不仅找到了这种判断功能，而且对其进行了分类。当然，应该对这种分类进行适当的改造，因为它比较简单，而且是二分的。康德以三分法取而代之，同时认为这种三分法是按照必然推理得出的。如果我们抽掉判断的内容，仅仅考虑其纯粹形式，可以将判断分成四项，每项又分成三个子项，具体如下：

（1）判断之量（quantity）：全称的（universal）、特称的（particular）、单称的（singular）。

（2）判断之质（quality）：肯定的（affirmative）、否定的（negative）、无限的（infinite）。

（3）判断之关系（relation）：定言的（categorical）、假言的（hypothetical）、选言的（disjunctive）。

（4）判断之样式（modality）：或然的（problematic）、实然的（assertoric）、绝然的（apodeictic）②。

先验逻辑的判断理论与传统逻辑的判断理论显然有了很大的不同。康德为如上分类进行了辩护和说明：

第一，传统逻辑往往把单称与全称一并处理。从纯粹形式上考虑，这是适当的，因为它只考虑主词和谓词之间的关系，而不考虑外延。然而，如果要考虑所谓的知识，也即就形式与内容的统一而言，单一对象与多个对象的全体毕竟在量上是不同的，因此应该分别考虑。

第二，传统逻辑只承认肯定判断和否定判断的区分，无限判断被归属到肯定判断中。在先验逻辑中，无限判断与肯定判断也应该严格区分，这同样是由于必须考虑内容的缘故。传统逻辑只考虑谓词是附属于主词还是

---

① 康德. 纯粹理性批判. 北京：人民出版社，2004：69-70.
② 同①64-65.

相反，并不考虑肯定与否定的内容。先验逻辑需要考虑这种肯定与否定的内容。我们应该考虑到有些判断的否定实际上包含着逻辑上的肯定，而这种肯定是一种无限或未定的肯定，不是一种有限的肯定。比如"心灵是不灭的"看似是一个否定判断，实际上是一种肯定判断，但它不是一个有限的肯定判断，因为我们把心灵放在了不灭的事物的无限领域之中。

第三，思维在判断中的一切关系分为：谓词与主词的关系、根据与结论的关系、各分支知识之间的关系。第一类为两个概念之间的关系，第二类为两个判断之间的关系，第三类为多个判断之间的关系。

第四，判断的样式是一种完全特殊的功能，其特征在于它对判断的内容没有提供任何东西，而仅仅涉及系动词相对于思维一般而言的价值。也就是说，量的判断、质的判断和关系判断涉及内容，但样式判断完全与内容无关。在或然的判断中，我们把肯定或否定仅仅看作是可能的（任意的）；在实然的判断中，我们把肯定与否定看作是现实的（真实的）；在绝然的判断中，我们把肯定或否定看作是必然的。这种区分意味着任何事物都是逐步地被并入知性之中的：我们首先是或然地断定某物，然后实然地把它看作是真实的，最后才把它断言为与知性不可分地结合着的，即断言为绝然的、不容置疑的。

三、从判断到范畴

在一般的纯粹逻辑中，逻辑学家们只研究思维形式的规则或规律，主要探讨概念、判断和推理三个方面。在康德那里，推理属于先验辩证逻辑，这样，在先验知性论中，需要讨论的是概念和判断两者的关系。对于一般逻辑，概念在先，判断在后；对于先验逻辑，由于把感性直观纳入思维，因而既要研究思维形式，又要考虑思维内容，即把思维的感性内容带入思维形式之中。这种关系于是被颠倒了，即判断应该先于概念。在一般逻辑中，概念是事物的本质属性的反映，非本质的东西可以存而不论。既然概念具有普遍性，它们也就完全出自知性。但在先验逻辑中，必须考虑思维的内容，应该将特殊的内容归摄到普遍的知性中来，因此首先需要一个判断，将感性杂多联结起来，形成纯粹知性概念。康德这样表示，"纯粹的综合，从普遍的方面来看，就是提供出纯粹知性概念"，即先验逻辑"教给我们的不是将表象、而是将表象的纯综合带到概念之上"。他进而做出这样的说明，"赋予一个判断中的各种不同表象以统一性的那一个功能，也赋予一个直观中各种不同表象的单纯综合以统一性，这种统一性用一般的方式来表达，就叫做纯粹知性概念"①。他按照亚里士多德的方式把这些概念称为范畴（categories）。

康德列出了自己的范畴表，它由四组十二个判断组成，其数目完全同于判断的逻辑功能的数目。它们是：

（1）量的范畴：单一性（unity）、多样性（plurality）、整体性（total-ity）。

（2）质的范畴：实在性（reality）、否定性（negation）、限定性（lim-itation）。

（3）关系范畴：内在性与持存性（inherence and subsistence）或实体与偶性（substantia and accidens）、原因性与从属性（causality and depend-ence）或原因与结果（cause and effect）、交互性（community）或能动者与受动者的交互作用（interaction between agent and patient）。

（4）样式范畴：可能性-不可能性（possibility-impossibility）、实存性-非实存性（existence-nonexistence）、必然性-偶然性（necessity-contin-gency）②。

上述十二个范畴是将感性杂多联结起来以形成知识的枢纽。康德这样写道："这就是知性先天地包含于自身中的一切本源的纯粹综合概念的一览表，知性也只是因为这一点而是一种纯粹的知性；因为它只有通过这些概念才能够在直观杂多上理解某物，也就是才能思维直观的客体。"③ 他进而对范畴表做了如下说明：

第一，这四类知性概念又可以分成两组。第一组针对对象的直观，即与经验直观和纯粹直观相关；第二组针对对象的实存，要么是在对象的相

① 康德. 纯粹理性批判. 北京：人民出版社，2004：70-71.
② 同①71-72.
③ 同①72.

互关系中，要么是在对象与知性的关系中。第一组被称作数学的范畴（mathematical categories），第二组被称作力学的范畴（dynamical categories）。

第二，以前的哲学或逻辑学都坚持概念的二分法，批判哲学或先验逻辑提出的是三分法。第三个范畴往往是由第二个范畴与第一个范畴联结而生成的，比如整体性可以被看作是联结了单一性的多样性，即多统一于一；限定性是与否定性联结在一起的实在性；交互性是彼此规定的实体之间的因果性；必然性是由可能性自身所授予的实存性。

第三，范畴是知性思维的能力，它们是纯粹的形式，它们潜存于我们心中。单就它们本身而言，是没有什么内容的，只有在用来与感性杂多相联系时，才能显示出其职能，即把感性杂多联结成普遍的知识，它们在不运用时是没有任何意义的。与此同时，这一范畴表列出的是知性的主干概念，它们都有自己同样纯粹的、在先验哲学的完备体系中不可或缺的派生概念，但批判性的工作并不需要完整而系统地清理它们，仅仅提到它们就可以了。

第四，我们按照思维的判断功能将范畴分成四种十二个，它们是完善的，不多也不少，是一个不可分割的整体，任何增减都会引起整体的分离。这个范畴表有别于亚里士多德的范畴表，因为后者不是按照规则推论出来的，而是从经验中搜集起来的，因此有些零乱，层次感不强，比如把时间、处所、状态之类的感性概念，把运动、变化等经验性概念以及主动、被动之类的派生概念也列入表中了，与此同时，一些本源的概念却没有出现在表中①。

四、范畴的先验演绎

（一）先验演绎

纯粹知性概念属于形式的领域，存在于我们的心智之中，如果不被运用到经验领域，它们作为先验的东西是没有任何意义的。然而，如果要把

———————————

① 康德. 纯粹理性批判. 北京：人民出版社，2004：72-78.

它们运用到经验领域，就会面临如下问题：为什么普遍的、先天的纯粹知性概念运用于经验中能够客观有效？它们的运用是合法的吗？这就需要进行一种证明，一种先验证明，即先验演绎（transcendental deduction）。康德对先验演绎进行了界定并把它与经验演绎区别开来。他写道："所以我把对概念能够先天地和对象发生关系的方式所作的解释称之为这些概念的先验演绎，并把它与经验演绎相区别，后者表明的是一个概念通过经验和对经验的反思而获得的方式，因此不涉及合法性，而是涉及使占有得以产生的事实。"①

经验演绎指对一些经验的概念的证明方法，这些概念是否符合事实，需要经验的证明，而这些证明是比较简单的，可以使用经验的例证。先验演绎不能使用经验的例证，因为知性范畴不是从经验而来的，但可以运用于经验，我们需要在它没有被运用于经验之前就证明其客观有效性。先验演绎也不同于先验阐明，它类似于先验阐明，因为时间、空间概念和知性概念一样，都是来自理性自身的而不是来自经验的。但阐明和演绎是根本不同的。时空来源于主观，它运用于经验当然需要证明，但这种证明比较简单。这是因为，没有时空形式就没有感性对象存在，或者说因为时空形式与感性对象直接相联系，所以我们用一个感性对象就可以证明它们，并因此不需要烦琐的先验演绎。范畴来自心智，是纯粹理性的形式，它们依据的是思维的逻辑特征，和感性对象没有任何直接的关系。感性对象要被给予我们，只借助直观条件就行了，并不需要思维的任何帮助。因此这种和感性对象没有直接关系而只来源于先天理性的范畴要运用于经验对象，必须进行先验演绎。也就是说，我们需要证明思维的主观条件如何能够具有客观的效力。

以因果概念为例：有 a 则有 b 代表了一种因果关系。这种因果关系不是来自经验归纳：由归纳而来的因果概念只有比较的普遍性，没有必然的普遍性或者说严格的普遍性。我们的直观并不能发现因果性：我们在直观中只是发现 a 在前、b 在后或 a 在左、b 在右这样一些时空关系，并没有发现 a 与 b 之间的因果关系。但我们的思维中具有因果性，即除了 a 和 b

---

① 康德. 纯粹理性批判. 北京：人民出版社，2004：80.

两个对象之外，我们在思维中还拥有它们两者的联系的概念。联系不是来自这两个事物，而是由思维给予的。

要形成综合的知识，只可能有两种情况，要么对象使表象成为可能，要么表象使对象成为可能。前者导致的是经验的综合，后者意味着纯粹直观和纯粹知性概念的共同作用。由于否定了经验的综合，先验演绎要证明思维的主观条件怎么会具有客观的有效性，其关键就在于证明纯粹知性概念是经验对象之所以可能的先天的主观条件："一切先天概念的这个先验演绎有一个全部研究都必须遵守的原则，这就是：它们必须被认作经验之可能性的先天条件。"①

康德区分了三种对象：感性对象（object of sensibility）或经验的对象（empirical object）、知性对象（object of understanding）或经验对象（object of experience）、理性对象（object of reason）。应该注意的是：第一，对象作为感性对象其条件是时空形式，没有时空形式就没有感性对象；第二，由于感性对象是彼此孤立的，彼此外在的，因此起联结作用的知性概念必定在感性对象之外，没有知性概念，感性对象照样存在；第三，如果对象作为知性对象（经验对象），它就是有联系和规律的，也就是说经验的对象必须被联结成经验对象。知性概念必须存在于知性对象中，而且是知性对象之所以可能的条件，没有知性概念，经验对象就不可能存在。至于理性对象，康德认为它们只是一些先验的幻象。

在康德眼里，洛克和休谟都没有认真对待先验演绎问题。前者认为知性的纯粹概念出自经验，后者认为它们出自主观的习惯，结果前者导致了狂信，后者走向了怀疑。康德为了避免这两种情形，强烈要求进行先验演绎。先验演绎的目的是证明先天的主观范畴为什么会在经验对象之中，为什么会成为经验对象之所以可能的先天条件，其原理是什么。这里实际上出现了两个问题：第一，一切经验对象之所以可能的先天条件（的原理）是什么？第二，这种先天的主观范畴运用于经验对象为什么能有客观的效用？于是在康德哲学中出现了两个版本的先验演绎，前者是所谓的主观演绎（subjective deduction），后者是所谓的客观演绎（objective deduction）。

---

① 康德. 纯粹理性批判. 北京：人民出版社，2004：85.

《纯粹理性批判》第一版和第二版分别提供的是主观演绎和客观演绎。康德本来打算用后者来克服前者带有的心理主义色彩，但后来的哲学家和研究者更愿意结合两者，以便全面地展示康德的先验观念论哲学。

（二）范畴的主观演绎

就其本性来说，一个纯粹知性概念必然不会在自身中包含经验的事物。但是，如果它是与经验不相关的概念，它就仅仅是概念的逻辑方式，还不是用来思维事物的概念。因此，它仅仅具有先验观念性，其实在性必须借助与经验的关系。一个纯粹知性概念不能由经验的要素构成，它应该完全先天地产生，与此同时，它又不得不与对象相关。这看起来显然是十分矛盾的。唯一的解决方案就是确立先天综合判断，即要求我们从直观和概念相结合这一事实出发。康德在《纯粹理性批判》第一版中为此进行了主观演绎。

主观演绎的任务就是证明一切经验对象之所以可能的先天条件及其原理。经验可能的条件是指主观的条件、先天的条件。康德在这里采取的是分析法（analytic method）或倒退法（regressive method），这种方法与综合法（synthetic method）或前进法（progressive method）是根本不同的①。分析法从一个给定的经验对象出发，然后层层追问给定的经验之所以可能的先天条件，一直到最高的、唯一的条件为止。这意味着由经验到先验，由已知到未知。这种方法是一种发明的方法。

康德用经验的三重综合来完整表达这一演绎。经验是从偶然到必然的一个上升过程。把感官印象（经验的杂多，偶然的东西）用时间空间整理成较为稳定的感性对象，然后通过知性范畴来赋予意义，以便形成经验或知识，这是一个上升的过程。这一进程之所以可能，完全是由于主观意识的自发性。康德表示，接受性只有与自发性相联结才能使知识成为可能②。这里的自发性体现了感官、想象力和统觉三个主观认识源泉："感官把显象经验地展示在知觉中，想象力把显象经验地展示在联想（和再现）中，统觉则将之展示在对这些再现表象与它们借以被给予出来的那

---

① 康德. 未来形而上学导论. 北京：商务印书馆，1982：29.
② 康德. 纯粹理性批判. 北京：人民出版社，2004：114.

些显象之同一性的经验的意识中，因而展示在认知中"，它们都有其"先天根据"①。自发性是在一切知识中必然出现的三重综合的基础，或者说自发性通过三重综合显示了人们的三种认知能力。三重综合可以简述如下：

第一，直观中把握的综合（the synthesis of apprehension in intuition）。不管我们的一切表象的起源如何，是由于外在事物的影响还是由于内在原因所产生的，不管它们是先天地产生的还是作为显象有其经验的起源，它们都是我们心智的种种变形，因此属于内感。所以我们的所有知识都必须从属于时间，也即从属于内感形式。一切表象都必须在时间中整理、联结，构成相互关系。一切直观在自身中都包含杂多，而杂多之所以表现为杂多，是由于心智在印象的相继发生中有时间上的区别。每一表象都处于单一的刹那间，是自身统一的，但不同的表象处于不同的时间中，因此互相外在。现在需要把这些杂多联结为统一，这种初步的联结活动就是所谓的直观中把握的综合。纷至沓来又转瞬即逝的众多直观表象被综合在内感时间之中，成为一个感性对象，或者说经验的对象。这一感性对象为我们的意识所把握，但它是在直观中完成的，因此叫作直观中把握的综合。这种综合必须是先天地进行的，并因此突出了感性直观的能力。这是一种纯粹的感知的综合，我们借此先天地拥有空间表象和时间表象。

第二，想象中再现的综合（the synthesis of reproduction in imagination）。单凭直观的能力是不够的，为了使直观中把握的综合成为可能，应该具备一个主观条件，这就是想象中的再现（或再生）。如果表象不能够在想象中再现的话，相继出现的表象始终都是新的表象，不断出现又不断消失，结果感性经验就没有了统一性，就不会有固定的表象。因此必须有一种先天条件，使表象能够再现出来，以便综合得以可能。显然，想象力至关重要。想象力作为一种综合能力建立在先天原则之上，它导致的纯粹的先验综合构成一切经验的可能性的基础。想象中再现的综合属于心智的先验活动，这种能力是"想象力的先验能力"。

第三，概念中认知的综合（the synthesis of recognition in a concept）。

---

① 康德. 纯粹理性批判. 北京：人民出版社，2004：125.

仅有想象力是不够的，为了使想象力中再现的综合成为可能，还需要更高的条件。再现的表象必须被保留在意识中，才能够进行综合，如果没有这一保留，虽然一再地再现，也终归不能成为经验或知识，必须用概念来联结这些再现的表象，也就是进行认识，进行判断①。

　　通过上述三重综合，经验就形成了，我们也就获得了某种知识。我们看到每一步关注的都是主观的条件。我们尤其看到纯粹知性概念的重要性。但是概念有四组十二个，这些概念之间也不是统一的，它们也仅仅是杂多的概念表象，因此应该有更高的条件把十二个概念联结起来，从而构成经验世界，综合成统一的自然界。但概念统一的基础是什么呢？范畴本身扮演联结和统一的角色，它们代表的是我们的意识的统一性，也就是把前后出现的感觉表象、再现表象统一于一个对象意识之中，即用范畴把表象统一为经验对象，并且把经验对象保留在意识之中，成为对象意识。但是众多的对象意识必须依附在一个前后一贯的始终不变的"思维之我"之中，即我思或自我意识之中。这种自我意识是认识的主体，是前后一贯的，始终不变的，也就是以统一的"思维之我"作为在前的、在后的表象的基础和条件。如果没有自我意识，就没有概念的统一性，也就不会有杂多表象统一为对象意识。

　　这种先验的自我意识不同于经验的自我意识或经验的我思。经验的自我意识是一种内感，它因人因事而变化，没有前后一贯性或始终不变性。康德将这种先验的自我意识叫作先验统觉（transcendental apperception）。作为一种纯粹统觉（pure apperception）或者说本源统觉（original apperception），它区别于经验统觉（empirical apperception）②。经验统觉是心理学意义上的自我或者说内感意义上的自我。真正说来，经验之所以可能的本源的先验条件是先验统觉。先验统觉就是所谓的纯粹自我意识，是先天知识论意义上的自我，它是主观演绎的终点，又是客观演绎的起点。

　　先验统觉或纯粹的自我意识是主观演绎的终点，而先验统觉的综合统一原理就是主观演绎的最高原理。主观演绎的基本进程可以简单地归结如

---

① 康德. 纯粹理性批判. 北京：人民出版社，2004：114-121.

② 同①89.

下：从直观杂多的直观意识出发，层层追溯它的先天条件，最后达到先验统觉这个终点，因此先验统觉或先验的自我意识就是一切经验之所以可能的最高的先天条件。康德进行的这一主观演绎具有很强的心理学性质，是一种具有较强的心理学色彩的哲学认识论。在他那里，经验之所以可能的条件也是经验对象之所以可能的条件。如此说来，范畴只不过是在一个可能的经验中的思维的条件，正如空间和时间是同一经验直观的条件一样。

（三）范畴的客观演绎

范畴的客观演绎就是要说明主观的范畴运用到经验的质料中为什么客观有效。这一演绎其实是要回答思维与存在的关系问题，即思维里的东西如何在存在中具有客观有效性这一问题。在主观演绎中，康德得出先验统觉是一切经验之所以可能的先天条件，而且是最高条件。但是，这种主观的先验统觉为什么有客观的效应呢？为此需要进行客观演绎，证明知性思维、纯粹知性概念有其经验实在性。

主观演绎用的是分析法或者说倒退法——由已知的经验走向未知的先验条件。客观演绎与此刚好相反，它由主观演绎得出的经验对象的最高条件出发，推论出由最高条件产生的结果。这种推论也就是从先验原理走向经验事实，或者说由先验原理走向自然系统。这是一种综合-前进法，实际上就要用一种先验原理把科学知识建立起来，因此也要把科学知识的对象建立起来。康德表示：我们不根据任何材料，同时也不依靠任何事实，而是根据理性本身，力求从理性本身的原始萌芽中开创出知识来。

康德把先验统觉的本源的综合统一（the original synthetic unity of transcendental apperception）作为起点。它既是对象意识（意识中的对象）构成的最高条件，也是先验的自我意识得以构成并展开的条件。先验统觉本身没有条件，它是唯一的、最高的，正因如此，它就不能靠杂多的综合统一而成，它只能是一种分析的统一（analytic unity）。一方面，先验统觉是将一切直观杂多综合为对象，形成对象意识的最高条件和前提；另一方面，由于它是一种自我意识，只有在直观杂多需要它去综合统一的时候它才能出现，才能形成，或者说它才存在，才开展出来。也就是说自我意识是直观杂多综合统一的前提，与此同时，一切直观杂多的综合统一是自我意识存在、发生、形成和展开的条件与前提。两者显然互为前提。"先验统觉是直观表象的条件" 和 "直观表象是先验统觉的条件" 这两个判断实际上是同一判断，可以互换，这就是 "分析的统一" 的含义。

于是，上述两个判断可以被视为这样一个判断：我是我。前者为 "大我"，后者是 "小我"，大我是小我的总和，小我的总和也就是大我。换言之，"'我思' 必须能够伴随着我的一切表象"（It must be possible for the "I think" to accompany all my representations）①。康德认为这种同一判断是贫乏的，还需要对它进行分析，以便解决同一判断或循环论证的矛盾。问题的关键就在于使知性思维综合统一直观杂多的条件与自我意识能够形成和发生的条件相符合。也就是说，到目前为止，我们说它们互为条件，我们应该找到两者之上的更高的条件。意识总是在进行综合活动，意识总是对某物的意识，因此，自我意识与对象意识是同时产生的。这种同时产生当然不是指本体论或存在论的，而是指认识论意义上的。主体与客体是相伴随的，也就是说先验统觉并不是一种静止的实体，它既是认识的主体，又是认识的活动，是主体和功能的统一，也即自我意识与对象意识是同一的。

一方面，我们可以将自我意识或先验统觉看作思维的主体，思维当然需要思维的主体；另一方面，思维本质上是一种思维活动，它是某种东西（思维主体）的活动。思维功能一定与思维主体相伴，它一定是某一主体的思维，是某一主体的活动。知性思维在统一直观杂多的时候，它实际上是一种还没有意识到自身统一性的思维的自发性活动，这一自发性活动的结果，一方面建立起了与活动自身统一的对象（对象意识），另一方面活动意识到了自身的统一性，而这种自身统一性就是思维主体，先验统觉。对象和自我都是思维自发性活动的结果。思维的自发性活动是本源性活动，叫作先验统觉的本源的综合统一。它是直观杂多统一的条件，也是先验统觉得以存在的条件，由此解决了同一判断或者循环论证的矛盾。总之，"统觉的分析的统一只有在统觉的某一种综合的统一的前提下才是可能的"②。

---

① 康德. 纯粹理性批判. 北京：人民出版社，2004：89.

② 同①90.

对象意识和自我意识是同一种意识，我们总是从不同角度来看同一个意识：对象意识着眼于认识活动，自我意识着眼于认识主体，或者说一个着眼于外部，一个着眼于内部，但两者实际上是一回事。认识活动没有主体是不可能的，而认识主体没有认识活动是空的，它们的共同条件是统觉的本源的综合统一。对象的条件、知识的条件是一回事，所以思维与存在是同一的，同一于意识主体的思维活动。显然，知识的对象不是在己之物，因为在己之物既在时间空间之外，也在思维之外。但知识的对象也不是单纯的感性杂多，因为感性杂多没有联系，因而不能形成知识，即使形成知识，也不是普遍的知识，所以它们不能直接成为思维的对象。他认为思维的对象应该是在概念中被联结起来的直观杂多。

按照康德的说法，对象是在意识中出现的给定的直观杂多的一个必然而非任意的综合统一体。要形成这种综合统一体，必须依赖先验统觉的综合统一功能。这种对象一定是意识的客观的统一体，而不是意识的主观统一体。对象来源于先验统觉把感性直观综合在知性概念之下。其客观性基于两点：先验统觉始终是同一的自我意识，我始终按同一个自我意识来进行统一；以先验统觉为前提的知性思维在综合直观杂多时的活动方式是始终不变的，不管直观多么具有偶然性，知性思维按照一些固定的方式去综合统一它们。知性思维统一直观杂多成为一个对象的客观统一，就是判断。判断是把特殊的表象归摄到普遍表象之下的功能。这种功能不是任意的、偶然的，而是按照思维的客观方式进行的，它们是对事物的特征的规定，而不仅仅是对象在我心中的联结。

这种判断的方式就是范畴。判断的各种方式就是范畴的各种方式。判断有十二个，它们是由逻辑学研究出来的，是先验的、固定不变的，而判断依据的正是十二个范畴。范畴就是一切对象的先天条件，有了这些范畴，对象就成为普遍有效的、客观必然的。一切可能经验的条件也是一切可能的经验对象的条件。知性思维统一杂多表象为经验对象，是在先验统觉的条件下建立起来的，范畴统一所有杂多表象成为一个对象，也就是综合统一杂多成为一种经验或一种知识。范畴规定了对象，也就认识了对象。范畴既是经验之所以可能的条件，也是经验对象之所以可能的条件，最终说来是经验知识得以可能的条件。实际上，康德意义上的知识就是经验（such knowledge is what we entitle experience）①。

第三节　原理分析与图式学说

一般逻辑是建立在高级认识能力的区分基础之上的。所谓的高级认识能力可以区分为知性、判断力和理性三种，一般逻辑的分析论也因此主要探讨概念、判断和推理②。这些探讨只涉及形式，不涉及内容（不管是纯粹的内容还是经验的内容）。先验逻辑由于既要考虑形式，又要考虑内容，其划分就不可能完全照搬一般逻辑。主要的区别在于，理性的先验运用不可能是客观有效的，因此不属于真理逻辑，只能属于幻象逻辑，从而被归入先验辩证论中。这样一来，在分析了知性概念之后，紧接着应该致力于研究判断力。知识的形成依赖于判断力。知识的基本单元是命题，而一个命题如何形成，为什么客观有效，是依据一定的原理的。把十二种范畴应用于经验的对象中从而形成科学命题的基本规则，就叫作基本原理。换句话说，把具体的经验对象通过判断归摄在范畴之下的基本规则就叫作基本原理。比如因果范畴：因为天下雨了，所以地上湿了。这实际上是把"天下雨了"和"地上湿了"归摄在因果范畴之下而形成科学命题。科学命题的形成必须依赖于判断力。

原理分析论实际上探讨的是判断力的法规，就是要表明判断力如何把十二种范畴运用于显象。所以原理分析论也就是关于判断力的学说，或者说是先验判断论。康德的原话是这样说的："所以原理分析论将只不过是对于判断力的一种法规，它指导判断力把含有先天规则之条件的那些知性概念运用于显象之上。出于这个理由，我在把真正的知性原理作为主题的同时，将采用判断力学说这一名称，以便更确切地标明这项工作的特征。"③ 那么究竟什么是判断力呢？他这样写道："如果把知性一般解释为规则的能力（power of rules），那么判断力就是把事物归摄到规则之下的能力，也就是分辨某物是否从属于某个给定的规则之下。"④ 一般逻辑确

---

①　康德. 纯粹理性批判. 北京：人民出版社，2004：98.

②　同①134.

③　同①135.

④　同①135.

立了规则，但某某事例是否从属于规则，则需要判断力来指导。判断力是一种特殊的才能，是一种天赋的能力，学校教育对此是无能为力的。学校教育或许可以告诉我们一些抽象的一般规则，但不能辨别某一具体事例是否从属于这些规则。康德关于先验判断力的分析被分为两个部分：一是知性概念得以运用的感性条件——知性的图式法（the schematism of understanding），二是知性原理的体系（system of all principles of understanding）。

图式（schema）是纯粹知性概念被应用于经验对象的感性条件和中介。概念或范畴不是直接被运用于经验对象的，其运用必须有条件和中介，康德称这种条件和中介为图式。在对象被归摄于概念之下时，对象的表象（对象在我们心中的印象）必须是与概念同质的，也可以说概念中必定包含对象中所表现的某某事物。但是纯粹知性概念与经验直观（甚至整个感性直观）完全异质，我们是不可能在直观中见到知性概念的，然而，概念又必须有经验的运用。于是先验判断论必须正视的问题是：直观如何被归摄到纯粹知性概念之下，即范畴如何被运用于显象之中？这就需要找到一个通道，必须在两者之外找到一个第三者。这个第三者一方面与范畴同质，另一方面与显象同质，使得前者可以运用于后者。康德写道："这一中介的表象必须是纯粹的（没有任何经验的内容），但却一方面是理智的（intellectual），另一方面是感性的（sensible）。这样一种表象就是先验图式。"①

康德发现时间可以充当这种中介或第三者，即它可以扮演图式的角色。时间为一切内感表象杂多的联结方式和条件，同时又是全部表象杂多的联结方式和条件，它包含纯粹直观中所有先天的杂多（时间空间杂多）。知性概念的目的在于综合统一直观杂多。由于具有先天的规定性，时间与构成时间的统一的范畴是同质的；作为一切直观表象杂多的联结方式，时间与显象又是密切联系在一起的。于是范畴之所以能够运用于显象，完全依赖于时间的先验规定性。时间的这一特性使它可以成为显象归摄于范畴之下的中介，即成为知性概念的图式。作为感性直观纯形式的时

---

① 康德. 纯粹理性批判. 北京：人民出版社，2004：139.

间扮演了图式的角色，而知性对这些图式的处理方式就是所谓的纯粹知性的图式法。图式法旨在使概念直观化。

按照康德的看法，范畴表中的四类范畴分别相应于时间序列（time-series）、时间内容（content of time）、时间顺序（order of time）、时间总和（sum total of time）。他还分别列出了十二种范畴的时间图式。比如，可能性的图式是各种不同的表象与一般时间的条件相一致，现实性的图式是在一个确定的时间中的实存，必然性的图式是一个对象在一切时间中的实存①。只有借助图式，这些范畴才能够表现对象，从而具有客观的意义。康德写道："知性的图式法通过想象力的先验综合，所导致的无非是一切直观杂多在内感中的统一，因而间接导致作为与内感（某种接受性）相应的功能的那种统觉的统一。所以，纯粹知性概念的图式法就是给这些概念带来意义的真实的和惟一的条件，因此，范畴最终就并没有其他运用，而只有经验的运用。"②

通过对认识条件和认识过程（主观演绎和客观演绎）的研究，康德已经说明了纯粹知性概念的客观运用；通过图式法，他又说明了范畴是通过图式把它们与经验对象结合起来的；他进而要为我们说明纯粹知性的原理体系。这一体系是由知性在对经验进行综合时采取的普遍命题和判断构成的：知性正是使用这些原理来对经验的对象进行综合的。这一步骤旨在更为具体地说明图式在经验中的综合作用。一切纯粹先天的知性知识，应该由范畴与可能的经验的关系构成。在康德看来，应该有一个完备的体系来完整地、系统地展示知性的经验运用的全部先验原理。

首先必须明确的是，将要展示的这些原理是先天的。康德就此写道："先天原理之所以被称为先天原理，不仅是因为它们包含其他原理的根据于自身，而且也因为它们本身不再以更高更普遍的知识为根据。"③ 其次应该注意的是，将要展示的这些原理都只与范畴相关。按照他的说法，"先验感性论的诸原则就不属于我们所划出的这个研究领域，根据那些原

---

① 康德. 纯粹理性批判. 北京：人民出版社，2004：143.
② 同①144.
③ 同①145.

则，空间和时间是一切作为显象之物的可能性条件，同时也是这些原理的限制，即它们不能与在己之物本身相关。"① 先天感性原理或数学原理只来自直观，而不是来自知性概念，因此没有必要探讨时间和空间的原理。在康德看来，一切原理都出自纯粹知性。纯粹知性不仅是规则或规律的能力，也是原理的源泉。

在我们把知性概念运用于可能的经验的时候，我们使用的知性综合要么是数学的（mathematical），要么是力学的（dynamical）。这是因为，这些综合部分地涉及显象本身的直观，部分地涉及显象的实存。直观的先天条件是任何可能的经验的绝对必然的条件，而显象的实存条件则是偶然的。因为原理是纯粹知性概念的客观应用的规则，所以康德仍然根据范畴表来列出所谓的知性原理。分别被称为：直观的公理（axioms of intuition）、知觉的预测（anticipations of perception）、经验的类推（analogies of experience）和经验思维本身的公设（postulates of empirical thought as such）。

康德表示，他有意选择了这些名称，为的是让人们不要忽视这些原理在自明性上和在实行上的区别。第一原理和第二原理涉及直观的确定性，第三原理和第四原理涉及推论的确定性。前两者是数学的原理，后两者则是力学的原理。这当然不是说它们就是通常意义上的数学原理或普通力学原理，而是说通常意义上的数学原理、力学原理只是由于上述原理才得以可能。这里所说的数学原理和力学原理是与内感相关的纯粹知性原理，即以时间图式为中介的最高原理。它们不是从内容着眼，而是从应用范围着眼。我们下面只是简单地列出这些原理，省略了相关论证和说明。

"直观的公理"的原理是：一切直观都是有广延的量（all intuitions are extensive magnitude）。

"知觉的预测"的原理是：在一切显象中，实在的东西作为感觉的一个对象具有强弱的量，即具有一个度（In all appearances, the real that is an object of sensation has intensive magnitude, that is, a degree）。

"经验的类推"的原理是：经验只是通过知觉的必然联结的表象才有可

---

① 康德. 纯粹理性批判. 北京：人民出版社，2004：145.

能（Experience is possible only through the representation of a necessary connection of perceptions）；或者说：一切显象就其实存而言，都先天地从属于规定显象在一个时间中彼此相互关系的那些规则（All appearances are，regards their existence，subject a priori to rules determining their relation to one another in one time）。在对这一原理进行较为详细的总体证明之外，康德还分别证明了第一类推（实体的持存性原理）、第二类推（按照因果律的时间相继的原理）和第三类推（按照交互作用或协同性的法则同时并存的原理）。

"经验思维本身的公设"有三条原理：凡是（按照直观和概念）与经验的形式条件相一致的，就是可能的［What agrees（in terms of intuition and concepts）with the formal conditions of experience is possible］；凡是与经验的（感觉的）质料条件相关联的，就是现实的［What coheres with the material conditions of experience（with sensation）is actual］；凡是与现实物的关联是按照经验的普遍条件而得到规定的，就是必然的（That whose coherence with the actual is determined according to universal conditions of experience is necessary）①。

康德在第二版中对这个原理体系增加了一个总注释。他表示，按照单纯的范畴不可能洞察到任何一物的可能性，相反，我们总是必须手头有一种直观，以便通过它来表明纯粹知性概念的客观实在性。在他看来，不仅需要直观，而且甚至永远需要外部直观。也就是说，应当克服单纯从内部意识或我们的本性出发来谈论自我认识时的局限性。这显然是对唯理论或一般观念论的批驳，这恰恰体现了他的先验观念论试图调和唯理论和经验论。他关于先天原理的结论性的看法是："纯粹知性的一切原理都无非是经验可能性的先天原则，一切先天综合命题也都只与经验的可能性相关，甚至这些命题的可能性本身都完全是建立在这种关系之上的。"②

第四节 思维法则与自然规律

我们可以说知识从感觉开始，因为没有感觉就没有知识，但我们不能

① 康德. 纯粹理性批判. 北京：人民出版社，2004：154-202.
② 同①215.

说知识来源于感觉，因为除了感觉之外，知识还必须具有别的来源，也即还需要时空、范畴、先验统觉等先天能力。康德认定知识有两个来源，而为了获得普遍必然的知识，范畴具有更根本的意义。应该是对象符合概念（范畴），而不是概念（范畴）符合对象。无论如何，知识是先天的，"不通过范畴，我们不能思维任何对象；不通过与那些概念相符合的直观，我们就不能认识任何被思维到的对象"，但最终说来，"惟一地除了关于可能经验的对象的先天知识而外，我们不可能有任何的先天知识"①。

康德始终强调，知性概念只有在经验对象中的运用，没有别的运用，而经验对象实际上与人的主观的东西密切相关。最终说来，康德给予思维与存在的同一性问题一种先验的解决。康德对知性做了好几种方式的界定："认识的自发性"（与之对立的是感性的接受性）、"思维的能力"、"概念的能力"、"判断的能力"等等。细究起来，它们在他眼里其实是一致的。他进而把知性描述为"规则的能力"，并认为这更加符合其本质。

康德表示：感性"给予我们（直观的）形式"，知性则"给予我们规则"。他甚至还提出了一种看起来非常大胆的说法：知性在任何时候都致力于勘察显象，为的是在显象中找出某种规则来，而"规则就其是客观的而言（因而就其与对象的知识必然相关联而言），就叫做规律"，如此一来，"说知性本身是自然规律的来源、因而是自然的形式统一性的来源，无论这听起来是如何夸大和荒唐，然而这样一种主张仍然是正确的，是与对象也就是经验相符合的"②。这一切都意味着"人为自然立法"。

对于康德来说，范畴和时空都是主观的认识能力和形式，但时空只为我们提供杂多的感性表象，范畴则使杂多表象成为有联系的经验对象，并使之具有普遍必然性。范畴是联结综合统一的思维的逻辑功能，也就是逻辑判断的功能，进行判断就是按照规则而行动。范畴演绎的结果可以表明，这种规则就是自然界的规律性。思维把自己的法则强加给自然界，使自然界有了规律性，自然界的规律符合思维法则。自然规律显然不是在己的规律，而是为我的规律，是思维法则。正因为如此，康德说知性思维就

---

① 康德. 纯粹理性批判. 北京：人民出版社，2004：110.

② 同①131-132.

是规律的能力。

其实，康德所说的自然本来指的就是符合思维规则之物："自然就是物的存在，这是就存在这一词的意思是指按照普遍法则所规定的东西来说的。假如自然是指在己之物本身的存在，那么我们就永远既不能先天认识它，也不能后天认识它。"① 这种"思维为自然立法"、"知性为自然立法"或"人为自然立法"是康德的哥白尼式倒转的第二步。它再一次表明，不是主观符合客观，而是客观符合主观："范畴是一些给显象、因而给作为一切显象的总和的自然界颁布先天法则的概念。"② 这种规律是普遍规律而不是特殊规律，因为知性不能提供具体的表象，自然界的具体规律因此需要纯粹理性的其他功能来认识。

康德关于规律的学说显然超越了唯理论和经验论的立场。唯理论者认为规律是当然的，是一种前提假定。他们没有对规律的来源、本质做出任何说明，康德称这种关于规律的理论是独断论。经验论者培根试图发现自然界本身具有的规律（形式），但经验论最终却走向了怀疑论，它认为存在的只是感觉，而规律是不能被感觉到的，因此根本就没有什么规律。在休谟看来，所谓的自然规律可以表述为："我们所没有经验过的例子必然类似于我们所经验过的例子，而自然的进程是永远一致地继续同一不变的"③。他认为我们根本无法理性地证明这一点。在他看来，事物只有齐一性（uniformity，或译一致性），没有规律性，而齐一性来源于人们的心理联想。康德否定这种心理联想理论，但承认规律对于人性的依赖。

康德的规律理论是其先验观念主义的充分表达。他这样表示："甚至自然规律，当它们被看作是知性的经验的运用的原理（基本规律）时，同时也就带有必然性的标志"，但"自然的一切规律毫不例外地都服从知性的更高的原理，因为它们只是把这些原理运用于显象的特殊情况之上"④。经验对象之间本来是没有关系的，只是由于人运用先天的思维形式去规范经验对象，自然界的事物才有了规律性。按照康德的这个观点，

---

① 康德. 未来形而上学导论. 北京：商务印书馆，1982：57-58.
② 康德. 纯粹理性批判. 北京：人民出版社，2004：108.
③ 休谟. 人性论. 北京：商务印书馆，1996：106.
④ 同②152.

人的认识过程不是在实践中反映客观事物的发展规律的过程，反倒是向客观事物强加规律的过程。自然科学实验表明，人在自然界面前不是一个消极的直观者，而是一个能动的主体。

人们通过科学实验受教于自然界，但是科学实验是知性预先依据一定的原理经过周密设计而进行的能动的活动。在这里，人主动地提出问题，强迫自然界回答。康德这样写道："理性必须一手执着自己的原则（惟有按照这些原则，协调一致的显象才能被视为法则），另一手执着它按照这些原则设想出来的实验，而走向自然，虽然是为了受教于她，但不是以小学生的身份复述老师想要提供的一切教诲，而是以一个受任命的法官的身份迫使证人们回答他向他们提出的问题"，物理学革命已经表明，理性依照"自己放进自然中去的东西，到自然中去寻找（而不是替自然虚构出）它单由自己本来会一无所知、而是必须从自然中学到的东西"①。可以看出，康德的这个思想中包含着合理的成分，但过分夸大了主体的角色。无论如何，他在知性阶段完成了其哥白尼式的倒转，全面阐述了先验观念论主张。

这种规律理论仅仅适合于现象界。康德关于概念分析和原理分析的先天知性学说表明，知性从自己本身中获得一切，无须从经验中借来，但知性却并不把它们用于任何别的目的，而只是做经验的运用。纯粹知性的诸原理，不论它们是先天构成性的（如数学的原理），还是仅仅是调节性的（如力学的原理），它们所包含的只不过是可能经验的纯粹图式。知性永远也不能对它的一切先天原理乃至于对它的一切概念做先验的运用，而只能做经验的运用。正因为如此，我们所能认识的只是现象，而不是本体。康德是这样区分现象与本体的："诸显象就其按照范畴的统一性而被思考为对象而言，就叫做现象；如果我假定诸物只是知性的对象，但仍然能够作为这种对象而被给予某种直观，虽然并非感性直观（理智直观的对象），那么这样一类物就叫做本体（可知的东西）。"②

---

① 康德. 纯粹理性批判. 北京：人民出版社，2004：13-14.
② 同①227.

第五章　主体的确立：理想及其冲突

康德的先验知性论主要涉及概念和判断问题，其先验理性论则涉及推理问题。《纯粹理性批判》的先验理性论部分是由各种辩证的推理构成的，故被称为先验辩证论。康德对辩证法有其独特的理解，由此对传统形而上学进行了精彩的批判。早期现代哲学的总体倾向是观念主义，也可以说表现为各种形式的理想主义，代表的是人类或理性存在者彼此之间的"理想的冲突"。康德批判前人的理想主义，但他本人以先验观念主义的方式继续维护强烈的理想主义情结。

第一节　知性范畴的超越使用

感性、知性和理性是人的认识能力的三个阶段或三种形式。按照康德的说法，"我们的一切知识都开始于感官，由此前进到知性，而终止于理性，在理性之上我们再没有更高的能力来加工直观质料并将之纳入思维的最高统一性之下了"①。感性是一种直观的能力，接受对象而不加判断。知性是思维的能力，它的作用在于判断，即它以感性所提供的显象为质料，同时用它本身的概念作为形式，通过形式与质料的综合而形成经验，或者说形成经验判断，产生经验知识。然而，当我们要对理性这样一种最高的认识能力进行解释时，却面临着某种尴尬的处境。就像在知性中一样，当我们把理性与一切知识内容分割的时候，它只有形式的运用（formal use）或逻辑的运用（logical use），但理性也有一种实在的运用（real use），因为它本身包含着既非借自感官亦非借自知性的某些概念和原理的起源。

①　康德. 纯粹理性批判. 北京：人民出版社，2004：261.

康德认为，逻辑学家已经把理性的逻辑运用解释为进行间接推理的能力，但对理性的实在的运用没有做出任何解释。他表示，如果说知性是规则的能力，那么理性可以被称为原则的能力（power of principles）。知性通过普遍和特殊的结合，或者说通过概念和直观的综合形成知性知识，也即经验知识。但是，理性知识是出自原则的知识。康德表示："我将把出自原则的知识叫做一种知识，即我通过在普遍中认识特殊的知识。"① 知性不可能形成单纯来自概念的综合知识，出自理性的这种原则的知识则高于知性知识。依据他的说法，"知性尽管可以是借助规则使诸显象统一的能力，而理性则是使知性规则统一于原则之下的能力。所以理性从来都不是直接针对着经验或任何一个对象，而是针对着知性，为的是通过概念赋予杂多的知性知识以先天的统一，它具有与知性所能达到的那种统一性完全不同的种类"②。

理性在康德那里有狭义和广义之分，他在这里是就狭义理性来进行探讨的。狭义理性指的是比知性更高的认识阶段或认识形式，专门对待人类理性所指出的超越经验之外的问题。换言之，这里的理性是我们心智中具有的一种要求把握绝对无条件的知识，即超越现象界去把握在己之物的自然倾向。知性知识是经验知识，是纯粹知性概念的经验的运用或内在的运用（immanent use）的结果。但人类理性能够提出一些不能为经验证实的东西，比如心灵/灵魂不灭、世界整体、神的实存之类。对于此类问题，知性已经无能为力，只能由理性来解决。由于这些问题没有经验的基础，是在经验之外的，它们的解决只能建筑在假设之上。康德认为，这种寻求解决超经验问题的倾向，是人的一种天性。人往往都有穷根究底的倾向，都具有终极关怀。但这种探究产生的结果不外是一些辩证的幻象，而先验辩证论的工作就在于揭示或批判这些幻象。这一工作包含两个部分，一部分探讨纯粹理性的先验概念（transcendental concepts），另一部分探讨纯粹理性的超越的、辩证的三段论推理（transcendent and dialectical syllogisms）。

感性知识和知性知识建立在先天综合判断的基础之上，它们是客观有

---

① 康德. 纯粹理性批判. 北京：人民出版社，2004：262.

② 同①263.

效的、普遍必然的。然而，它们毕竟是现象之内的知识，是有限的知识，人类理性不会满足于此。康德明确表示：理性概念这一称呼就已经预先表明，它不会让自己局限于经验之内，因为它所涉及的那种知识，任何经验的知识都只是它的一部分①。人类理性不可能对超越经验的问题坐视不管，它总是想对科学及其原理进行更加深入和一般的统一，追求更高的科学和原理。要求是合理的，满足却是困难的。在追求这种更高的统一体时，理性已经不是以感性直观为基础，而是直接从纯粹知性概念及其原理开始。如此一来，人类理性必然跨出经验，跨出知性，在理性本身中进行纯粹的推理。

这种纯粹推理越来越远离经验，越来越抽象，在黑暗中摸索，最终必定陷入矛盾之中。人们关于心灵、世界和神的说法从来都不一致，往往相互矛盾，从而是辩证的。传统形而上学的那些命题常常是相互冲突的，康德通过批判的步骤来拒斥它们，以便为科学的形而上学奠基。"辩证的"一词在康德那里具有独特的含义，完全有别于黑格尔和马克思的用法。他把辩证法称为虚假推理，把它定义为幻象逻辑，推论出来的只是一些幻象。按照他的说法，通常有三种幻象：逻辑幻象（logical illusion）、经验幻象（empirical illusion）和先验幻象（transcendental illusion）。真正的幻象是先验幻象。

经验幻象也就是直观幻象，而直观幻象是不可能的。这是因为，直观不做判断，它只是对象在心智中的呈现：既然心智如其所是地呈现对象，也就无所谓真与假的问题。然而，在进行判断的时候，往往会出现幻象，也即出现逻辑幻象。逻辑幻象源自错误的联结，是由没有充分尊重逻辑规则造成的。这种情况显然可以借助知性的功能来修正或解决。先验幻象则是人类理性所固有的，是难以避免的。对于那些超出经验之外的对象，人们不可避免地陷入种种矛盾的看法中；也就是说，先验幻象是把经验之内的条件运用到经验之外必然产生的幻象，是根本不可能克服的幻象。康德这样写道："先验幻象不论我们是否已经把它揭示出来，是否已经通过先验批判清楚地看出了它的无效性，它仍然不会停止。"② 无论如何，先验

---

① 康德. 纯粹理性批判. 北京：人民出版社，2004：268.
② 同①260.

辩证论就是要对这类幻象进行研究，其实就是要揭穿这些幻象。在这一研究中，我们不需要像在知性范畴研究中那样进行客观的演绎，因为这些幻象与经验对象无关，只在理性中进行推理。

康德把纯粹知性概念称为范畴，把纯粹理性概念则叫作理念（idea）。他从柏拉图那里借用了"理念"这个词，但他认为理念是先验三段论推理的结果，而不是客观存在的。按照他的说法，尽管我们拥有巨大的语言财富，思想家们却经常为找不到适合于自己的概念的精确表达感到窘迫。好在他发现柏拉图哲学中的"理念"可以用来准确地表达纯粹理性概念。他写道："柏拉图这样来使用理念这种表达，以至人们清楚看到，他是将它理解为某种不仅永远也不由感官中借来、而且甚至远远超出亚里士多德所研究的那些知性概念之上的东西，因为在经验中永远也找不到与之相符的东西。理念在他那里是事物本身的蓝本，而不像范畴那样只不过是开启可能经验的钥匙。据他看来理念是从最高理性那里流溢出来的，它们从那里被人类的理性所分有，但人类理性现在不再处于自己的本源状态中，而是必须通过回忆而努力地去唤回那过去的、现在已经被遮暗了的理念。"①

知性判断或知性的经验运用需要范畴，理性推理或理性的超经验运用则需要借助理念。柏拉图的"理念"的确意味着超越的运用，更重要的是，他最初是在一切实践的东西中，在以自由为依据的东西中提出理念的。如此一来，理念不仅可以作为康德理论理性学说的最高概念，而且也为其实践理性学说埋下了伏笔。理性要求纯粹来自概念的知识，希望通过概念本身的综合而获得知识。正因为如此，理性不直接运用于经验或任何对象，它仅仅运用于知性，它是远离经验的。理性概念来自知性概念基础上的推理，这意味着理性的一种纯粹的运用或超越的运用。

理念是关于一个被给予的有条件者的各种条件之整体性的概念，意味着从有条件者上升到无条件者，即无条件者是有条件者的综合统一的根据。康德认为，知性借助范畴表现出来的关系有多少种类，也就有多少纯粹理性概念。所以我们必须去寻求的是：第一，一个主体中定言综合（categorical synthesis）的无条件者；第二，一个序列中假言综合（hypo-

---

① 康德. 纯粹理性批判. 北京：人民出版社，2004：270.

thetical synthesis）的无条件者；第三，一个系统中选言综合（disjunctive synthesis）的无条件者①。真正说来，正像他从四种逻辑判断功能中找到了四类范畴的来源一样，康德是从三种逻辑推理功能中发现理念的来源的。

一般逻辑提供了三种推理形式：定言推理（categorical syllogism）、假言推理（hypothetical syllogism）和选言推理（disjunctive syllogism）。康德认为，在这三种推理中，如果每一个都通过前溯推论法（prosyllogism）推进到无条件者，就会产生理念：一个是推进到不再是谓词的主词，另一个是推进到不再以别的东西为前提的前提，再一个是推进到划分出来的各环节的集合。诸条件的整体和无条件者于是成为一切理性概念的称号。康德认为可以用绝对（absolute）这个词来表示。如此一来，纯粹理性概念的客观运用是超越的，正像纯粹知性概念的客观运用是内在的一样。

虽然先验理性概念只是一些理念，但我们决不能把它们看作是多余的、无意义的；虽然它们不能规定客体，但它们暗中指导着知性，尤其是有助于我们从理论理性过渡到实践理性。当然，现在的工作还是局限于理论理性的。我们的心智要表象三种普遍关系：与主体的关系、与客体的关系、与全部一般事物的关系。也就是说，要从知性在任何时候都被束缚于其中的有条件的综合上升到知性永远达不到的无条件的综合统一：思维主体的绝对的（无条件的）统一、显象的诸条件系列的绝对统一、一般思维的全部对象之条件的绝对统一。

于是形成了三种理念：第一，完整的主体理念，或者说与主体相关的理念，完整的主观系列的理念；第二，完整的条件系列理念，或者说与对象相关的理念，完整的客观系列理念；第三，一切概念在可能的东西中的一个完整的总的理念中的规定，或者说一切东西的理念。第一种是理性心理学或者说先验心灵说（transcendental doctrine of the soul）的理念，第二种是理性宇宙论或先验宇宙学（transcendental science of the world）的理念，第三种是先验神学的理念。

知性通过范畴来整理和统一感性经验，理性则使用理念来整理和统一

---

① 康德. 纯粹理性批判. 北京：人民出版社，2004：276.

知性知识，希望通过这种统一而达到无条件的绝对完整的认识。理性的这种自然而合理的要求导致了上述三种理念。简单地说，第一种理念是心灵，它是自我意识的最高最完整的统一体；第二种理念是世界，它是对象意识的最高最完整的统一体；第三种理念是理想（ideal）或神，它是在心灵和世界中进行推理的结果，是心灵和世界的统一体，是自我意识和对象意识的最高统一体，是最高的理念，也叫作总念，道德和幸福也统一于神之中，因此神就是至善。三种理念构成一个完整的理念体系。康德写道："从有关自己本身（心灵）的知识［knowledge of oneself（soul）］前进到世界知识（knowledge of world），并借助这种知识前进到本源存在（original being），这是一个如此自然的进程，以至这一进程看起来类似于理性从前提到结论的逻辑进程。"① 总之，理性告诉我们的知识是：从关于我们心灵的知识进至关于世界的知识，最终达到的是关于神的知识。

尽管理念是我们的理性自然而必然的产品，但其对象是我们不能对之形成概念和知识的东西，因为它们不包含任何经验成分。当然，我们可以说对它们有某种成问题的概念（problematic concept）。虽然先验理性概念或理念只有先验实在性或主观实在性，但它们的产生不是空想的，也不是偶然发生的，它们依赖于三段论推理而得出，是理性在自身中进行抽象推论的产物。这些推理虽然是伪辩（pseudo-rational inference），但完全有别于个体的故意狡辩。因为进行这种推理并产生相应的结果，乃是任何人都不能避免的一种倾向。

康德认为有三种不同形式的辩证推论（dialectical inferences）或伪辩，分别是先验的谬误推理（transcendental paralogism）、纯粹理性的二律背反（antinomy of pure reason）和纯粹理性的理想（ideal of pure reason）。康德接下来分别探讨了三种形式的辩证法。在第一种推理中，我们从主体这个不包含任何杂多的先验概念中推出这个主体本身的绝对统一，由于我们以这种方式对这个主体本身没有任何概念，所以这一辩证推论被称为先验的或纯粹理性的谬误推理；第二种推理的目标指向任何给定显象的一般条件系列的绝对整体，我们对此会产生一个自相矛盾的概念，也因此不会有真

---

① 康德. 纯粹理性批判. 北京：人民出版社，2004：285.

正统一性的概念，这种理性状况被称为纯粹理性的二律背反；第三种推理指向一般事物能被我们思维的诸条件的整体，也就是指向一切存在的本源存在，而这种本源存在的无条件的必然性也不能形成任何概念，这种理性推理就是纯粹理性的理想。

第二节 纯粹理性的谬误推理

逻辑上的谬误推理是指形式上错误的三段论推理，内容不在考虑之列。先验的谬误推理则拥有一个先验的根据：在形式上做出虚假的推论。这一谬误在人类理性的本性中有其根据，并且带有某种不可避免的、虽然不是不可消除的幻觉。康德从"我思"这个概念或毋宁说这个判断谈起。"我思"是所有的一般概念的承载者，因而也是先验概念的承担者，它是在这些总是伴随它的先验概念之间形成的，因而它本身也是先验的；它不能有任何特殊的称号，因为它只用于把一切思维作为属于意识的东西来引述①。真正说来，它是纯而不杂的，因此它在我们的表象能力的本性中被用来区别于两个不同的对象。我们通常在两种意义上把自我看作是实在的：其一是内感的对象，名之为心灵；其二为外感的对象，名之为身体。除此之外，我们不能有实在的自我，而只能有作为认识功能的自我，即我思或者说与对象意识联系在一起的自我意识。如果只考虑我思与经验的关系，我们建立的将是一种经验心理学，这是完全可能的。但某些哲学家要确立一种理性心理学，它要探讨远离经验的我思："理性心理学所做的惟一文章就是我思，它要从其中发挥出自己的全部智慧。"②

我们前面讲过，先验辩证法是在判断、范畴的基础上进行的推理，理性心理学正是借助判断、范畴进行推理。它以实体性（substantiality）为根本进行定言推理。我们知道，实体就是属性的载体，或者说把一切属性抽掉后还剩下的东西，是变中之不变者；它是别的事物以它为基体，而它

---

① 康德. 纯粹理性批判. 北京：人民出版社，2004：288.
② 同①290.

不会以其他事物为基体，不会成为别的事物的属性的东西。理性心理学断言：

（1）心灵是实体（The soul is substance）。

（2）就其性质而言，心灵是单纯的（As regards its quality, it is simple）。

（3）就其实存于其中的不同时间而言，心灵在数目上是同一的，即具有单一性（非多数性）[As regards the different times in which it exists, it is numerically identical, that is, unity（not plurality）]。

（4）心灵与空间中可能的对象相关（It is in relation to possible objects in space）①。

康德对这四个断言进行了一些简单的说明：（1）心灵为实体，但不是物质实体，也就是说它是从内感对象而不是从外感对象出发的，这就表明了它的非物质性（immateriality）。心灵是独自存在的主体，没有更高的实体作为它的主体。（2）心灵是单纯的实体，于是有了不朽性（incorruptibility）的概念，它不能分解为多数。（3）作为理智实体（intellectual substance），心灵的同一性给出了所谓的人格性（personality），即它在一切意识活动中是不变的。这三点表达的是心灵的"精神性"。（4）与空间中可能的对象相关，表明心灵与物体的交互作用，从而把能思的实体表现为物质中的生命原则，也即把它表现为灵魂（anima），并表现为灵性（animality）的根据，即一切存在只有可能的存在，或者只有观念的存在。灵魂被精神性所限制，则给出了不死性（immortality）②。

在康德看来，理性心理学的辩证幻象，产生于理性的纯粹抽象推理。我思维我自己，本来应该以可能的经验为根据，但我抽去一切现实的经验，并且推断离开经验及经验可能的条件，我也能够意识到我的存在。在他看来，实际上我在思维中所拥有的仅仅是纯粹知识的方式，即意识的统一性而已，没有对象意识，就不会有自我意识。在理性心理学中，抽掉经验，作为思维的存在于是变成我思，变成主体或单纯主体，在我的思维的

---

① 康德. 纯粹理性批判. 北京：人民出版社，2004：290.

② 同①290-291.

任何状态中都是同一的主体。我们下面省掉相关论证，只简单地列出康德的批判性看法。

第一谬误推理：关于实体性。康德表示：我思应该是主体与功能的统一体，没有离开对象意识的自我意识。

第二谬误推理：关于单纯性（simplicity）。康德表示："单纯的"仅仅表现为我思不是杂多而是对杂多进行统一的功能，这并不表明心灵不灭。

第三谬误推理：关于人格性。康德表示：这是以我的概念及其统一代替我自身的统一。

第四谬误推理：关于观念性。康德表示：概念既有先验观念性，又有经验实在性，经验不应该只具有观念性。

真正说来，这几个谬误推理都归因于"思维的主观条件被当作了客体的知识"①。也就是说，为了能够思维，我们需要设定一个"我"，但这个"我"其实只有功能性的地位。在理性心理学中，这个"我"或"心灵"却被表象为不受制于任何条件的东西：第一，关系的无条件的统一，即心灵不附属于其他事物，是独立自存者；第二，性质的无条件的统一，即心灵不是一个实在的全体，而是单纯的；第三，时间中在多数性上的无条件的统一，即心灵不是在不同时间中的无数不同者，而是同一个主体；第四，空间中实存的无条件的统一，即心灵不是对在它之外的诸多事物的任何意识，而只不过是对它自己的实存的意识，对别的事物的意识则只是作为对它的诸表象的意识。

理性是原理的能力。理性心理学的主张不包含心灵的任何经验的谓词，而是包含其意义在经验之外、纯粹由理性自身进行规定的谓词。也就是说，它脱离经验，造成把经验领域之内的条件推广到经验领域之外，从而形成了思维所有条件的绝对统一的幻象。就康德本人的立场来说，思维只不过是一种逻辑功能，"我思"离不开内感和外感，但并不因此就成为经验的对象。

---

① 康德. 纯粹理性批判. 北京：人民出版社，2004：341.

第三节　纯粹理性的二律背反

辩证推论的第一种类型针对所有一般表象的主观诸条件的无条件统一，借助的是定言的三段论推理。康德接下来要探讨第二种类型的辩证推论，借助假言的三段论推理来论证显象的客观条件的无条件统一，由此产生了纯粹理性的超越运用的产物之一——宇宙论理念。为什么要叫作"宇宙论理念"呢？这是因为，它的对象看起来是来自感性世界的，似乎是在感性概念基础上进行推理的结果，但在实际上，它并不满足于感性对象，它远远超越于感性对象，意味着诸显象的综合之绝对整体性。我们其实永远不能在感性对象中看到这一被叫作"世界"的理念。与谬误推理能够推出"心灵"这个最高的统一体的幻象不同，客观世界的统一体似乎难以建立。表面上有所建树，但总可以找到相反的命题、对立的命题，而两者都是不可否认的。理性虽然打算让自己的无条件的统一原则去适应许多幻象，但马上就陷入各种矛盾之中。这其实表明，人们不可能兼顾矛盾双方，从而不是"沉溺于怀疑论的绝望"，就是"抱有独断论的固执"①。

宇宙论理念的体系仍然是在范畴表的基础上进行推理得出来的，也即将范畴推广到经验运用之外形成的。康德于是依据范畴表而排定其宇宙论理念表：

量：首先应该列入一切直观的两种本源的量，即时间和空间。在这里要探讨的是在时间和空间条件系列中所有现象综合的绝对的整体。时间意味着前后相继，后起者似乎是由过去而来的，那么起点和终点又在哪里呢？空间的各个部分是相互限制的，是否有不受制于边界条件的绝对整体呢？

质：空间中的实在，也就是物质是有条件者，它是可分的，由于理性对绝对整体的追求，通过无限分割，物质实在要么消失为虚无，要么消失为某种不再是物质的东西，即单纯的东西。由此出现了从有条件者到无条件者的进展。

关系：关于显象之间的实在关系的范畴，即实体及其所有属性的范畴

---

① 康德. 纯粹理性批判. 北京：人民出版社，2004：348.

并不适合于先验的理念，但在因果范畴中，存在着由结果而原因以至最高的原因（自己没有原因的原因）的追溯。

样式：可能的、现实的、必然的东西的概念，只是在下面这种情况下会引出一个系列，即偶然的东西在其实存中必须被视为有条件的，并且按照知性规则指向一个条件，在这一条件之下必然把这一条件引向一个更高的条件，直到理性最后达到系列整体中无条件的必然性为止①。

于是有四种宇宙论理念：

（1）一切显象的被给予整体之复合的绝对完备性（Absolute completeness of the composition of the given whole of all appearances）。

（2）显象领域中一个被给予整体之分割的绝对完备性（Absolute completeness in the division of a given whole in the field of appearance）。

（3）一个显象的起源的绝对完备性（Absolute completeness in the origination of an appearance）。

（4）显象领域中可变者之实存的依赖性的绝对完备性（Absolute completeness as regards dependence of existence of the alterable in the field of appearance）②。

康德特别强调，世界在此指的是显象的总和，专用于我们的理念所指向的显象中的无条件者。"世界"和"自然"两个术语有时是彼此相通的，但前者相应于一切显象的数学的整体，后者相应于力学的整体③。

在列出纯粹理性的理念表之后，康德接下来探讨纯粹理性的二律背反。纯粹理性在推理中得出的每一个论断，都可以找到一个与之相对立或矛盾的论断。这就叫作二律背反。这种互相冲突不是任意捏造的，而是建立在人类理性之本性的基础上的，因此是不可避免的，是永远无法终止的。存在着由正题（thesis）和反题（antithesis）构成的四组二律背反。康德"并不把要求赞同的优先权利赋予一方而不赋予另一方"④。他总结并展示了四组二律背反的相关论证。

---

① 康德. 纯粹理性批判. 北京：人民出版社，2004：351-353.

② 同①354.

③ 同①356.

④ 同①357.

（1）正题：世界在时间中有一个开端，在空间上也是有边界的（The world has a beginning in time, and is also limited as regards space）。简单地说，世界在时间和空间上都是有限的。

反题：世界没有开端，在空间中也没有边界，它不论在时间方面还是在空间方面都是无限的（The world has no beginning, and no limits in space, it is infinite as regards both time and space）。简单地说，世界在时间和空间上都是无限的。

（2）正题：在世界中每个复合的实体都是由单纯的部分构成的，并且除了单纯的东西或由单纯的东西复合而成的东西之外，任何地方都没有什么东西实存（Every composite substance in the world is made up of simple parts, and nothing anywhere exists save the simple or what is composed of the simple）。简单地说，世界上的一切都是由单纯之物构成的。

反题：在世界中没有什么复合之物是由单纯的部分构成的，并且在世界中任何地方都没有单纯的东西实存（No composite thing in the world is made up of simple parts, and there nowhere exists in the world anything simple）。简单地说，没有单纯之物，一切都是复合的。

（3）正题：依据自然律的因果性并不是世界的全部显象都可以由之导出的唯一因果性。为了解释这些显象，还有必要假定也存在另一种因果性，即自由的因果性（Causality in accordance with laws of nature is not the only causality from which the appearances of the world can one and all be derived. To explain these appearances, it is necessary to assume that there is also another causality, that of freedom）。简单地说，世界上有出自自由的原因。

反题：没有什么自由，相反，世界上一切东西都只是依据自然律而发生的（There is no freedom, everything in the world takes place solely in accordance with laws of nature）。简单地说，没有自由，一切都是必然的。

（4）正题：有一个绝对必然的存在属于世界，要么是其部分，要么是其原因（There belongs to the world, either as its part or as its cause, a being that is absolutely necessary）。简单地说，在世界中有某种必然的存在。

反题：在任何地方，不论是在世界之中，还是在世界之外都不实存有任何作为世界之原因的绝对必然的存在（An absolutely necessary being nowhere exists in the world, nor does it exist outside the world as its cause）。简单地说，在世界中没有必然的东西，一切都是偶然的①。

康德对于上述四组二律背反的每一正题和反题都进行了证明，旨在说明它们都是有道理的。他采用的是反证法或归谬法（reductio ad absurdum）：如果证明某个命题的相反命题会引出荒谬的结论，那么该命题就是正确的。

（1）在第一个二律背反的正题中，说世界在时间中是有限的，这是有道理的。证明：假定我们承认世界在时间上是无限的，那么，我们可以说，达到一定的时间（比如说到目前为止），一段无限的时间已经过去了，这就等于说一段无限的时间已经结束了、完成了。这显然是荒谬的，因为一段已经完成或结束了的时间只能是有限的，而不能是无限的。结论：时间绝不能是无限的，所以只能是有限的。

同样也可以用归谬法证明空间是有限的。如果我们假定空间是无限的，那么在空间中的事物也是无限的，其量的全体是部分逐一综合而成的，而要把握这一量的全体需要无限的时间，也就是说在一个完成的无限时间中数完这些数目，但正如上面已经证明的，已经完成的无限时间是不可能的。所以空间只能是有限的而不是无限的。

在第一个二律背反的反题中，说世界在时间上是无限的也是有道理的。假定时间是有限的，就等于说在开端之前，时间是空的，但说世界在空的时间中开端了，这也就等于说世界是从无中产生出来的，这是不可能的。也就是说，一系列事物只能在世界中开始而不能在空无中开始，不能在非存在中开始。因此世界在时间上不是有限的而是无限的。

同样可以证明世界在空间上是无限的。假定世界是有限的，是有边界的，那么世界处在空的空间中，为空的空间所限制，"有"为"无"所限制。但这是不可能的、说不通的，因此空间不是有限的而是无限的。

（2）在第二个二律背反的正题中，说世界上的一切复合物是由单纯的部分构成的，这是有道理的。证明：假定复合物不是由单纯的东西构成的，那么在我们的思想中如果除去复合，就什么都不存在，既不存在复合

---

① 康德. 纯粹理性批判. 北京：人民出版社，2004：361-386.

的部分，也不存在单纯的部分，也就无任何事物留存。没有任何事物留存，复合也就没有了可能。这样，世界是由单纯的部分构成的，复合仅仅是单纯事物的外部形态。

在其反题中，说复合物并不是由单纯的部分构成的也是有道理的。假如复合物是由单纯的部分构成的，于是，由于一切单纯事物之间的关系，以及单纯事物之复合只能在空间中可能，那么空间也包含着和单纯事物一样多数目的单纯部分。但空间是无限可分的，而不是由不可分割的单纯部分构成的。

（3）第三组二律背反的正题是世界上有自由，也就是说有一个超乎因果以外的自由因。这是有道理的。证明：假定世界上只存在因果自然律，有因必有果，有果必有因，因果链条可推至无穷，于是在自然律之下，事物都只有相对的开端，而且没有绝对的完成。这显然与自然律的绝对普遍性含义相矛盾。因此应该存在着其他形式的因果性，即自由的因果性，必须假定一个自由因或无因之因作为因果变化的起点。

在其反题中，说世界上根本无所谓自由，一切都按照自然律发生，这是有道理的。证明：假定自然界作为一个完整的统一体有自由，即有一个超乎因果律的自由因，那就等于说这个自由因本身是没有原因的，但这是不可能的，在自然界中一切都不可能是没有原因的，自由因只能是虚构物。

（4）第四组二律背反的正题说世界上有一个绝对的必然存在，或者是它的部分，或者是它的原因。证明：假设有一系列的原因与条件，从原因推原因，从条件推条件，最后一定有一必然的存在，也就是说，在现象领域中从有条件者上升到无条件者，而这一无条件者就是绝对必然者。

其反题说世界中绝不存在绝对必然的存在，世界之外亦无被视为其原因的绝对必然存在。证明：第一，假设或者世界自身是必然的，或者有一必然的存在处于世界之中，那么就会出现两种情况，或者在绝对变化的系列中有一开端，因此没有原因（这与现象领域中的自然律相矛盾），或者系列自身没有任何开端，其部分虽然是偶然的、有条件的，但就其全体而言是绝对必然的、无条件的（这是自相矛盾的，因为除非每一构成部分是必然的，否则系列全体不可能是必然的）。第二，假设世界的绝对必然的原因在世界之外，这一原因作为变化系列中的最高成分使得变化系列得以存在。这一原因自身开始活动，因此它的原因应该在时间中，因此属于显象的总和，属于世界。因此是自相矛盾的。

如上四种二律背反针锋相对，表明了理性自身的自然倾向，同时，它们实际上代表了唯理的独断论与经验的怀疑论之间在"世界观"上的根本分歧。

第四节　纯粹理性的绝对理想

人类理性包含理念，而最高的理念是理想。理念比范畴要远离外部实在，理想则是最远离外部实在的理念。理想是一切可能实在的总和的理念，是依据选言判断进行推理的结果，是各种选择的总和，人们将一切可能的实在的总和实体化为神或最高存在。这乃是先验神学或者说理性神学所要探讨的内容。康德表示，他所说的理想类似于柏拉图的神圣知性的理念（an idea of the divine understanding），是一切可能的存在中的最完善者，是显象领域中一切模本的本源基础。他因此也称理想为先验的原型（prototypon transcendental），是一切可能性的总和；但他同时表示，这种理想不像柏拉图的理想那样具有创造性的力量，它作为调节性原则只具有实践的力量①。很显然，康德最终不是在本体论意义上而是在实践哲学意义上看待神的。

那么，神是不是真正实存着的呢？康德表示：理性神学认为神实存着，这是由错误的逻辑推理造成的。神只不过是一种幻象。他于是批判了各种关于神实存的证明。历史上有许多哲学家对神的实存问题进行过证明：中世纪哲学家安瑟尔谟（Anselmus，1033—1109）的本体论证明、托马斯·阿奎那（Thomas Aquinas，约1225—1274）的宇宙论证明（cosmological proof），早期现代西方哲学家笛卡尔的本体论证明、托兰德（Toland J，1670—1722）的自然神论证明（physico-theological proof）或设计论证明（the argument from design），等等。概括起来，用理性证明神的实存只可能有三种方法：第一，由确定的经验以及由此认识到的感官世界的特性开始，依据因果律从这种特性上推至世界在世界以外（实存着）的最高原因；第二，仅仅从不确定的经验或者某种实存开始；第三，抽去一切经验，完全

---

① 康德. 纯粹理性批判. 北京：人民出版社，2004：456.

先天地从纯粹概念中推出最高原因的存在。这三种方法分别为自然神论证明、宇宙论证明和本体论证明①。康德一一论证了关于神实存的三种证明的不可能性。

（1）神实存的自然神论证明的不可能性②。

自然神论（设计论）证明是传统上比较流行的一个有关神实存的证明。设计论者根据人工产品与自然产品的相似性进行类比推理——从果的相似推出因的相似。既然人工产品是由有智慧、有理性的人设计并制造出来的，那么同人工产品有着相似性的自然产品也一定是由同人相似的有理性、有智慧的存在者设计和制造出来的，因此存在着人格化的神。这是洛克和托兰德等人的证明方式。

休谟从经验论出发批判了这种论证。他认为人和神是完全不可类比的两类存在者，神无限异于人类，无限高于人类，因此他们之间是不可比的。康德在此基础上分四个方面进行批判：

第一，这种证明最多把神看作一个利用现有材料进行制造的建筑师，而不是创造者，但设计论者要证明的是从无中进行创造的造物主的存在，显然是有出入的。第二，宇宙的秩序和规律并非依赖于有智慧的存在的安排，盲目的力量本身就可以形成一个有秩序的世界。世界是有序的、有规律的等等，只是人对世界的赞美，属于情感而非智慧，属于美学而非科学。因此这不是一种理性的论证、科学的论证。第三，从逻辑上说，看到世界上的偶然事件的有序是工匠设计和制造的结果，推出世界的一切一定是由一个最高力量创造的，这是一种类比论证，但类比论证只有偶然性，不具有必然性。第四，即使类比论证具有必然性，但从偶然的经验事件出发进行的这种推论，推出的是概念的必然性还是实在的必然性呢？这又回到了本体论证明，既然否定了本体论证明，设计论证明也就是错误的了。

（2）神实存的宇宙论证明的不可能性③。

这是中世纪哲学家托马斯·阿奎那的证明方式，明显受到了亚里士多

---

① 康德. 纯粹理性批判. 北京：人民出版社，2004：471.
② 同①490-497.
③ 同①479-490.

德形式质料学说（动因性）的影响。它通过证明神是"不动的推动者"和"最终因"来表明神是实存的。这一证明可以分成如下几个方面。第一，不动的推动者论证：从事物的运动变化来论证神的实存。每一事物都需要一个推动者，如果没有一个第一推动者，我们只能无限地推溯下去。所以第一推动者必然是实存的，而这就是神。第二，最终因论证：世间每一结果都有原因，如果没有一个自因的最终的原因，这一因果系列会无限进行下去，所以必定有一个最终因，而这就是神。第三，自身必然性论证：事物的实存不仅是可能的，而且是必然的，这种必然依赖于其他事物，但这种依赖不能无限地进行下去，所以有一种其必然性不是来自其他事物，而是具有自身必然性的存在，而这就是神。第四，通过从事物中发现的真实性的等级来论证神的实存：一切事物的真实、善良和尊贵都是比较而言的，一定有某种最真实、最善良、最尊贵的存在，而这就是神。第五，从目的因来论证：不管是人还是生物都是为着一个目标而活动的，但一个无知者只有通过有知者的指导才能达到目标，而最有知者就是神。

康德认为，这种证明的逻辑本质就是把绝对的必然性与最高实在性关联起来、等同起来。这种证明的过程就是，我们在一切可能的经验世界中，从一个已知的经验出发，进行条件系列追溯，力图达到不受条件制约的最高条件，而这就是最高的存在。按照他的分析，这个证明是这样说的：如果有某物实存，那么也必定有一个绝对必然的存在实存，现在至少我自己实存着，所以有一个绝对必然的存在实存；小前提包含一个经验，大前提包含从一个一般经验到必然之物的此在的推论，所以这个证明本来是从经验着手的，因而并不是完全先天地进行的，或者不是本体论的①。这一证明之所以被称为宇宙论证明，就在于其小前提涉及的经验对象是世界。问题在于，这种最高的存在是不是真正的存在呢？在康德看来，最高存在就是必然存在包含着许多诡辩。这种证明实际上是在本体论证明受到批驳后寻求经验的帮助。从经验出发是否就一定正确呢？康德认为，从经验出发本身就没有必然性，这是其一。其二，从经验出发进行追溯所推出的最高存在到底是概念的必然存在还是实在的必然存在？如果是概念的必

---

① 康德. 纯粹理性批判. 北京：人民出版社，2004：480.

然存在就又回到了本体论证明，即由概念的必然性求知实在的必然性。最终说来，最高存在者的理想只不过是理性的一种"调节性原则"，而不是"构成性原则"①。

（3）关于神实存的本体论证明的不可能性②。

本体论证明最早由中世纪哲学家安瑟尔谟提出，笛卡尔对这一证明稍微做了一些变动。安瑟尔谟断言，每个人心中都有神的观念，即使愚狂之人心里说没有神，但这一想法本身，也就证明神实存着。因为神这个观念本身就意味着绝对完善者，不能设想任何比它更伟大的实体。既然我们确定无疑地认为神是最完善者，那它就绝不能仅仅实存于心中。因为假定它仅仅实存于心中，我们就能够设想现实中的存在物可能比它更完善。这就是说，如果神仅仅实存于心中而不具有现实的实存，那它就不是最完善的实体了。我们早已确信没有任何东西比神更完善，因此神不仅实存于心中，而且实存于现实中。

笛卡尔以普遍怀疑为起点，推论出我思故我在，进而推出神实存：我在怀疑，说明我是一个不完满的东西，但是我的思想中明明有一个关于完满性的观念，这个完满性的观念不可能由不完满的我产生，因此，完满性的观念必然是从一种事实上更加完满的本性而来的，这种本性只能是神。神既然是最完满的，自然包含了一切属性，当然也就包含了实存这一属性，因此神必然是实存的。

康德从逻辑上揭示，关于神实存的本体论证明是不可能的。一个绝对必然的存在的概念，只能是一个纯粹理性概念，即一个单纯的理念，其客观的实在性，单凭理性的需要是不能解决的。这样一个理念只是对无法达到的完备性的一个指示，与其说它被用来把知性扩大到新的对象中去，不如说它被用来限制知性。本体论证明实际上是一种先验的证明：问题在于实存是不是完满性的一种性质，也就是说，如果我们能够证明实存是神这个概念的完满性的一个性质，神就实存着。但在康德看来，实存并不是概念完满性的一种性质，因为完满性是主观对客观的关系，概念有许多性

---

① 康德. 纯粹理性批判. 北京：人民出版社，2004：490.

② 同①471—478.

质，却不一定包含实存的性质，实存不在我们的概念之中。三角形的概念与实际实存的三角形没有关系，一百塔拉的概念并不表示一百塔拉的实际实存。本体论证明因此是不正当的。

无论如何，想要从一个任意构想的理念中琢磨出与之相应的对象本身的实存来，这种做法可以说是完全不自然的，只是经院派的巧智的翻新。我们思考某物，不管我们通过什么谓词来思考它，单凭我再加上"该物实存"，对该物是不会有丝毫增加的。换言之，不论我们有关一个对象的概念包含什么及包含多少东西，我们还是不得不超出它，才能把实存赋予它。对于最高存在来说，道理也是相同的。康德写道："一个最高存在的概念是一个有好些方面十分有用的理念；但它正因为仅仅是理念，所以完全没有能力单凭自己来扩展我们在实存的东西上的知识。它甚至连在可能性方面教给我们更多的东西也做不到。"① 总之，单纯从概念中推出神的实存，就像为了增加财富，给自己库存的现金数字后面添加几个零一样是荒谬的。

康德注意到了上述关于神实存的三种证明之间的密切关系。在他看来，自然神论证明建立在宇宙论证明的基础之上，宇宙论证明则建立在本体论证明之上，既然只有这三种证明方式，那么从纯粹理性概念而来的本体论证明就是唯一可能的证明方式②。这三种证明的归类来源于康德对神学的划分。他把神学"理解为对本源存在的知识"，然后将其区分为理性神学和启示神学（theologia revelata）两类。前者仅仅通过纯粹理性，借助纯粹先验的概念来设想它的对象，这被叫作先验神学（transcendental theology）；后者通过一个它从自然（我们心灵的自然）中借来的概念而将其对象设想为最高理智，这就叫作自然神学（natural theology）。先验神学又被分成两类：打算把本源存在的实存从一般经验中推导出来的神学叫作宇宙神学（cosmotheology）；相信可以通过单纯概念而没有丝毫经验之助来认识这种实存的神学被称为本体神学（ontotheology）。自然神学则把一个世界创造者的属性和实存从这个世界中所找到的特性、秩序和统一中推

---

① 康德. 纯粹理性批判. 北京：人民出版社，2004：478.

② 同①497.

出来，由于自然和自由分别可以充当最后原因，因此自然神学又可以区分为自然神学（physicotheology）和道德神学（moral theology）两种情况①。康德明确表示，理性不管按照经验的路径还是先验的路径都不会有什么建树，理性张开它的双翼，单凭思辨的力量来超出感官世界之外是徒劳的。

康德总结性地表示：人类的一切知识都是从直观开始的，从那里进到概念，而以理念结束②。人类知识无疑在这三个方面都有先天来源，似乎也都有不顾及经验边界的倾向，但在前两方面，并没有越界，只是在理念中，才完全超出了经验的界限。之所以要展开批判的工作，就是为了清楚地向我们展现理性的内在运用和超越运用，在理性本身中把这一界限标示出来，让人们不再像传统形而上学家那样走向死胡同。批判和划界是消极的工作，我们必须结合康德关于实践理性批判的学说，才能够真正地明白其先验理性学说的积极意义。

① 康德. 纯粹理性批判. 北京：人民出版社，2004：497-499.
② 同①545.

第六章　主体的确立：精神的成长史

黑格尔是德国古典哲学的重要代表人物，是德国观念论哲学的完成者。他不仅是早期现代西方哲学以至整个传统西方哲学的集大成者，而且是大陆哲学新思潮的引发者。在德国古典哲学的演进中，费希特和谢林扮演了十分重要的角色，他们以不同的方式推进了康德关于思维与存在的关系的学说，促成了黑格尔在此基础上实现思维和存在的统一。在本章中，我们先简单地评述费希特哲学和谢林哲学，然后重点评介黑格尔哲学。

第一节　德国观念主义的演进

在大学时代，黑格尔曾经和谢林、荷尔德林（Hölderlin J. C. F，1770—1843）一起种植"自由树"来庆贺法国大革命。他在 1816 年成为海德堡大学教授之前，曾经当了多年家庭教师、耶拿大学无俸讲师、中学校长。他于 1818 年受普鲁士国王任命成为柏林大学教授，并且一度成为该校校长。他于 1831 年因霍乱病去世。他的这句话值得铭记："追求真理的勇气，相信精神的力量，乃是哲学研究的第一条件。"① 黑格尔最终是一位"官方哲学家"：尽管其哲学中包含着积极的、革命性的内容，但其基本立场是保守的。

黑格尔的代表作有《精神现象学》《哲学全书》《逻辑学》《法哲学原理》，其他重要作品还有他死后经人整理出版的《哲学史讲演录》《美学讲演录》《宗教哲学讲演录》等。他计划中的哲学体系包括"精神现象学"（phenomenology of spirit）、"逻辑学"（logic）、"自然哲学"（philosophy

---

① 黑格尔. 小逻辑. 北京：商务印书馆，1996：36.

of nature）和"精神哲学"（philosophy of spirit）四个部分。《精神现象学》
是这一体系的第一部和导论，尽管它本来也自成体系；《哲学全书》则是
对其客观观念论的全面展示，包括了逻辑学、自然哲学和精神哲学三大部
分，是作为讲稿写出来的。一般来说，《精神现象学》和《哲学全书》就
足以充分展示黑格尔的全部哲学思想了。事实上，《逻辑学》（一般称为
《大逻辑》）本来是作为《哲学全书》的一部分撰写的，因为部头很大，
才独立成书的；《哲学全书》中的逻辑学部分（一般称为《小逻辑》）更
能代表其核心思想，尽管《大逻辑》也有其特色。《法哲学原理》则是对
《哲学全书》的精神哲学的客观精神部分的"基本概念"所做的"更为详
尽、尤其是更有系统的阐述"①，最初是以教科书名义出版的。

　　黑格尔哲学是建立在批判吸收整个西方智慧基础之上的，康德、费希
特和谢林哲学对于他来说则有更为直接的影响。他在康德、费希特和谢林
的哲学中发现，"精神最近时期在德国向前进展所达到的革命"是"通过
思想的形式"概括和表达出来的；他认为只有日耳曼和法兰西两个民族
在"内在精神"上参与了"世界历史上这一个伟大的时代"，这一参与在
德国以"思想、精神和概念"的方式呈现，在法国则是"在现实界涌现
出来"②。按照他的看法，哲学在这一时代为自身规定的任务是：把哲学
的基本观念、思维与存在的统一作为对象，并加以把握。

　　康德哲学首先从形式方面提出了这个任务，但最终只是达到了理性在
自我意识中的抽象的绝对性；费希特哲学是由此发展出来的，它把自我意
识的本质思辨地理解为具体的自我，但却没有超出绝对者的这种主观的形
式；谢林哲学是从费希特哲学出发的，后来又抛弃了它，并且提出了绝对
者的理念、在己为己（in-itself and for-itself）的真理，但他说的无差别的
绝对同一并不能令人满意。黑格尔充分肯定了康德哲学的革命意义，但否
定其不可知论，否定其片面的知性思维方式，否定他把思维与存在对立起
来。费希特和谢林比康德更好地解决了思维与存在的关系问题，但黑格尔
并不满意他们两个人或主观的或客观的解决方案。

---

① 黑格尔. 法哲学原理. 北京：商务印书馆，1979：1.
② 黑格尔. 哲学史讲演录：第四卷. 北京：商务印书馆，1981：240.

一、费希特

费希特是德国观念论哲学的重要代表人物之一。他从主观观念论的角度继承和发展了康德的先验观念论。他主要致力于建构所谓的知识学（science of knowledge）体系，代表作有《全部知识学的基础》《自然法学基础》《知识学原理下的道德学体系》《论学者的使命 人的使命》等。德国古典哲学具有明显的进步主义倾向。相对于康德，费希特对未来和进步更加充满信心。他表示："我认为人类的使命在于促进文化的不断进步，在于使人类的一切天资和需要获得同等的不断发展。"① 费希特有强烈的民族主义倾向，这与许多德国哲学家是一致的。在德国古典哲学家中，费希特拥护法国革命的态度最坚决、最持久，他批判封建专制主义，强烈呼唤自由和理性。与此同时，他关注人的社会使命，特别强调学者的社会使命："学者的使命主要是为社会服务，因为他是学者，所以他比任何一个阶层都更能真正通过社会而存在，为社会而存在。"②

学者就是人类的教师，其贡献主要体现在科学和知识方面。费希特在人类进步的背景中看待科学。他表示："科学本身就是人类发展的一个分支；如果人类的全部天资应当获得进一步发展，科学的每一分支也应当进一步得到发展。"③ 他比康德还要突出认识论的重要性，因为知识学被他视为哲学本身，是"科学的科学"或"知识的知识"。从根本上说，知识学关心的不是事实，而是事实的根据，不是知识的内容，而是知识的合法性，即知识之所以可能的主观条件。他发展了康德对于自我意识的强调，并依据逻辑规律来确定自我意识的原理。黑格尔这样评价费希特哲学与康德哲学的关系及其基本定位："费希特哲学是康德哲学的完成，［我们必须特别指出，他的哲学是以比较逻辑的方式阐发出来的。他并没有超出康

---

① 费希特. 论学者的使命 人的使命. 北京：商务印书馆，1997：47.
② 同①42.
③ 同①42.

德哲学的基本观点，最初他把他的哲学看成不过是康德哲学的系统发挥罢了。] 在康德、费希特以及谢林的哲学之外，没有别的哲学。"① 具体说来，康德在自我或主体性学说方面欠缺一贯性、统一性，费希特克服了这种缺陷，把自我当作绝对原则。

费希特的知识论有三条著名的原理。

第一，"自我设定自我"（The I posits itself as the I）被认为是"人类一切知识的绝对第一的、无条件的原理"②。它对应的是逻辑学中的同一律（a＝a）。作为绝对第一的原理，它是不可证明的，或者说是不可规定的。这其实意味着，我们必须反思我们的一切经验的意识活动，找到全部意识活动的基础。在费希特看来，自我是纯粹的主体、纯粹的行动，它不依赖任何有别于它的东西，它就是自身的依据；或者说，自我自己就直截了当地设定了它自己的存在。他表示，尽管我们是从命题"a＝a"出发的，但真正说来不是命题"a＝a"充当"我存在"或"我是"的根据，毋宁说应该反过来，即"我存在"或"我是"充当命题"a＝a"的根据③。因为命题"a＝a"只不过是经验意识中的一种，它得以可能的条件是自我。正像在康德那里一样，这里的自我不是实体，而是行动和功能。这显然延续了康德针对唯理论传统的理性心理学的批判姿态。

第二，"自我设定非我"（The I posits the not-I）是一条"内容上有条件的原理"④。它对应的是逻辑学中的矛盾律"a≠￢a"。自我无条件地设定非我作为其对立面。也就是说，当自我意识以自身为对象时，它既是主体，又是客体。正是由于它把自己设定为对象，才出现了非我。如此一来，自我得以与外部世界、与他人发生关系。费希特表示，这条原理与第一条原理一样，是既不能证明也不能推论的。任何人都会承认命题"a≠￢a"是完全明确和不容置疑的，但很难设想有谁会要求证明它。如果硬要进行证明的话，只能从命题"a＝a"中进行推论，但我们根本就无法从"a＝a"中推出命题"a≠￢a"。因此￢a作为￢a就直截了当地被对设起

① 黑格尔. 哲学史讲演录：第四卷. 北京：商务印书馆，1981：308.
② 费希特. 全部知识学的基础. 北京：商务印书馆，1986：6.
③ 同②14.
④ 同②17.

来了。当然，如果设定了一个¬a，就必定已经设定了一个 a，如此¬a 的设定就是有条件的①。无论如何，这条原理意味着，相对于自我直截了当地对设起来一个非我。

第三，"自我设定自我与非我的统一"（The I posits itself as well as the not-I）是一条"形式上有条件的原理"②。它与逻辑学中的排中律（a 或者¬a）对应。自我不等于非我，自我总是与非我并存。只要设定自我，也就对设了非我；但非我不仅仅是自我的对立面，而且还是自我的展开，也因此与自我是一致的：自我＝非我，非我＝自我。费希特表示：第一条原理无论在形式上还是在内容上都是无条件的；第二条原理只是在形式上是无条件的，在内容上则是有条件的；第三条原理就形式而言是规定了的，只是就内容而言才是无条件的。他这样写道："它所提出的行动任务，是由先行的两个命题给它规定了的，但任务的解决却不是这样；任务的解决是无条件地和直截了当地由理性的命令来完成的。"③

尽管康德在关于纯粹知性概念（范畴）的学说中初步展示了"正（题）""反（题）""合（题）"（thesis, antithesis and synthesis）的辩证思维方式，但他在关于纯粹理性理念的学说中却坚持"正"与"反"的二律背反。费希特在其主体学说或知识论中明确地提出了"正""反""合"的辩证表达式，当然，只是在黑格尔那里，这一表达式才获得了最具体、最完善和最全面的阐述。

二、谢林

谢林是德国观念论哲学的代表人物之一，他在批判费希特哲学的基础上建立了自己的哲学体系。他和黑格尔是大学时代的同学，他们追随费希特，拥护法国革命。谢林比黑格尔小 5 岁，23 岁就被聘为大学教授的他比黑格尔成名早得多，并对黑格尔产生了重要影响。黑格尔评论谢林说：

---

① 费希特. 全部知识学的基础. 北京：商务印书馆，1986：19.

② 同①22.

③ 同①22.

"那最有意义的、或者从哲学看唯一有意义的超出费希特哲学的工作，最后由谢林完成了。谢林的哲学是与费希特相联系的较高的纯正形式。"①谢林的代表性著作有《自然哲学体系初稿》《先验观念论体系》《艺术哲学》等，此外还有经人整理出版的《神话哲学》和《启示哲学》。就像费希特哲学一样，谢林哲学源自对康德先验观念论的批判发挥。但他最终从先验观念论走向了客观观念论，并为黑格尔的客观观念论和绝对观念论开辟了道路。

在谢林看来，对于任何一个哲学体系来说，其真理性的最可靠的试金石都在于，"它不是仅仅轻易地解决了那些先前无法解决的问题，而是自己提出真正全新的、以前不曾思考过的问题，并全盘动摇过去被认为是真理的东西，从而使一种崭新的真理出现于世"。具体到他自己的工作，就是要把"先验观念论"扩展成"一个关于全部知识的体系"，也就是说，要"真正将其原理推广到关于主要知识对象的一切可能的问题上，无论这些问题是先前已经提出而没有得到解决的，还是通过这一体系本身才构成和新出现的"②。他不像康德和费希特那样停留在主观观念论中，而是要求走向客观观念论。

谢林认为"一切知识都以客观的东西和主观的东西的一致为基础"；他把"我们知识中所有单纯客观的东西的总体"称为"自然"，把"所有主观的东西的总体"称为"自我或理智"，他认为这是两个"互相对立"的概念，一个是"无意识的"，一个是"有意识的"，而"哲学的课题"就在于说明两者"在任何知识中"必然的"彼此会合的活动"；在我们进行认识时，"客观的东西和主观的东西是统一在一起的，以致我们不能说二者当中何者居先"，即"这里既不存在第一位的东西，也不存在什么第二位的东西，两者同时存在，而且是一个东西"③。我们当然可以要么把客观的东西要么把主观的东西假定为是第一位的：使客观的东西成为第一位的东西，于是就要从中引出主观的东西，这是自然哲学的课题；使主观

---

① 黑格尔. 哲学史讲演录：第四卷. 北京：商务印书馆，1981：340.
② 谢林. 先验唯心论体系. 北京：商务印书馆，1983：1-2.
③ 同②6.

的东西作为第一位的和绝对的东西，于是就要从主观的东西里面产生出客观的东西，这是先验哲学的任务。总之，要么是"理智出于自然"，要么是"自然出于理智"①。自然哲学和先验哲学分别需要证明这两个课题。

真正说来，无论自我（理智）还是非我（自然）都是有条件的、有差别的和相互限制的，都不足以充当哲学的第一原理。真正的最高原则只能是超越于自我和非我之上的无条件、无差别的绝对本身，它"既不是主体，也不是客体，更不能同时是两者，而只能是绝对的同一性"②。绝对是无差别的同一性，它是一个非人格的绝对理智。自我和自然则处于差别状态。自然是存在的环节，自我是思维的环节，它们是绝对的发展过程中的不同阶段，分别构成为自然哲学和先验哲学的内容，而以绝对的同一性（identity of the absolute）为最高原则的同一哲学（identity philosophy）是这两种哲学的统一。

黑格尔批判谢林所主张的主体与客体的绝对同一的观点，认为真正的同一是自身包含着差别的同一，也因此是具体的同一。他同时认为，谢林的自然哲学为形式主义所渗透。尽管如此，黑格尔承认了谢林哲学的两个主要优点：第一，在谢林那里着重提出来的是理念本身，即真理是具体的，是客观和主观的统一；第二，在自然哲学里，他曾经指出了自然里的精神形式——电、磁都被他看成只是理念、概念的外在方式③。这两点在黑格尔哲学中显然都获得了充分的吸收和利用。值得注意的是，谢林在自然哲学方面的浪漫主义倾向深刻地影响了法国哲学家柏格森和梅洛-庞蒂等人的思想。

第二节　绝对精神与精神成长

黑格尔要求我们"不仅把真实的东西或真理理解和表述为实体，而且同样理解和表述为主体"④。这意味着，作为万物之本原的实体，同时

① 谢林. 先验唯心论体系. 北京：商务印书馆，1983：9.
② 同①250.
③ 黑格尔. 哲学史讲演录：第四卷. 北京：商务印书馆，1981：371.
④ 黑格尔. 精神现象学. 北京：商务印书馆，1981：10.

又是一个活的、能动的、富有创造力的主体。这一要求完整地表达了绝对精神（absolute spirit，absolute mind）或绝对理念（absolute idea）这一在其哲学中最重要的概念："说真理只作为体系才是现实的，或者说实体在本质上即是主体，这乃是绝对即精神这句话所要表达的观念。"（That the truth is only realized in the form of system, that substance is essentially subject, is expressed in the idea which represents the absolute as spirit.）① 我们之所以必须将实体理解为主体，是因为只有把它看作一个"活的实体"（living substance），即一个能够"建立自身的运动"、能够充当"自身转化与其自己之间的中介"的东西，它才"真正是个现实的存在"②。"实体即主体"一方面为实体融入了能动性的因素，另一方面为主体确立了客观性的根据。实体归根结底是一种独立自存的、能动性的精神。主体代表了实体自身的能动性，不过这种能动性最终体现为人类精神的能动性。它只有通过人类精神的辩证运动，才能够最好地认识自己。绝对精神既是实体又是主体，是主体和客体的统一。

绝对精神是黑格尔哲学体系的起点和终点。他通过建构一个关于绝对精神自行发展、不断实现和认识自身、最终回归自身的庞大的哲学体系来展示"实体即主体"这一原则。绝对精神是整个世界的基础和本原，是构成宇宙万物及其一切现象的内在核心，由于自身包含着自身的否定，它始终处于运动变化之中。它最初作为纯粹思维、纯粹概念而存在，然后把自己外化为自然界，最后又扬弃自然界而回归自身，借助人类精神的各种形式而存在。作为黑格尔哲学的基本原则，"实体即主体"在现代哲学的主体性原则的基础上恢复了古代哲学的客观性原则。马克思明确表示："**在黑格尔**的体系中有**三个因素：斯宾诺莎的实体，费希特的自我意识**以及前两个因素在**黑格尔**那里的必然的矛盾的**统一，即绝对精神**。"③ 斯宾诺莎哲学延续了古代哲学对实体的强调，但他所说的自然或实体缺少自我意识或者说能动性因素，突出的是必然的因果律和机械的决定论；康德和

---

① 黑格尔. 精神现象学. 北京：商务印书馆，1981：15.

② 同①11.

③ 马克思恩格斯全集：第二卷. 北京：人民出版社，1957：177.

费希特阐明了自我意识或主体的能动性，却没有充分关注其客观性基础；谢林主张超越主体和客体之间的差别和对立，但无法说明无差别的绝对和有差别的世界之间的关系。黑格尔认为，我们不仅应该将宇宙的最真实的存在理解和表述为实体，而且同样应该理解和表述为主体。如此一来，宇宙万物的统一的根据既是客观的又是能动的，因而是一个自我运动、自我发展、自己完成自己的过程。

绝对精神的这一自身认识就是绝对知识。黑格尔的绝对知识观无疑克服了此前的认识论哲学所面临的主客二分困境，但这并不意味着他要抛开认识论，他只是要克服要么偏向实体性要么偏向主体性的立场，同时要解决个体精神与人类精神、人类精神与世界精神之间的关系。当他把绝对知识理解为一个从低级到高级的发展过程时，不可避免地要批判吸收此前的认识论成果。在他看来，哲学是真实的知识，是绝对知识的最高表达。知识必然是科学，或者说知识的本性代表的是一种内在必然性，而在哲学力图成为的科学体系中，外在必然性与内在必然性的统一才能够真正体现绝对精神。哲学或真实的知识是概念性的认识，即 "真理的存在媒介只在概念（notions/conceptions）之中"，因此应该抛弃那种认为 "绝对不是应该用概念去把握，而是应该予以感受和直观" 的姿态①。黑格尔要建立一个严格的思辨体系，以概念的方式把握精神的丰富内涵。当然，哲学首先应该对人类认识的形式和内容进行系统的描述，并因此展示人类精神的成长。他撰写《精神现象学》来探讨人类精神的成长，认为现象学既是通达科学的道路，同时也已经是一种科学，一种 "关于意识的经验的科学"（science of the experience of consciousness）②。

在黑格尔看来，他自己所处的时代是 "一个新时期降生和过渡的时代"，在这个时代，"人的精神" 已经 "跟旧日的生活与观念世界决裂"，从而在埋葬过去的同时着手 "自我改造"，这意味着 "精神从来没有停止不动"，它 "永远是在前进运动着"；当然，也必须承认，一切都有一个从量变到质变的过程，"犹如在母亲长期怀胎之后，第一次呼吸才把过去

---

① 黑格尔. 精神现象学. 北京：商务印书馆，1981：4.
② 同①62.

仅仅是逐渐增长的那种渐变性打断——一个质的飞跃——从而生出一个小孩来那样，成长着的精神也是慢慢地静悄悄地向着它的新形态发展，一块一块地拆除了它旧有的世界结构"①。不过，这个新世界正如一个初生儿那样还不是一个完全的现实，它还是一个处在奠基状态的建筑物，因此还不能说已经落成。也可以说，它并不是我们盼望看见的一棵树干粗壮、枝叶茂密的"橡树"，因为它还只是一粒"橡实"。确实，作为"精神世界的王冠"的科学不可能一开始就是完成了的，它要求变革各种文化形式，要求走完各种错综复杂的道路，要求人们为之做出各种艰苦的奋斗和努力。我们不能满足于抽象的直接性，也不能停留在对直接性的完全否定中，而是要达到某种更高的综合，因为"真理是全体"（the truth is the whole）②，或者说"知识只有作为科学或体系才是现实的"（knowledge is only real in the form of science or in the form of system）③。

绝对精神处在自身发展之中，人类精神和个体精神更是如此。黑格尔形象地表示："胎儿在己地是人，但并非为己地是人，只有作为有教养的理性，它才是为己的人，而有教养的理性使自己成为自己在己地是的那个东西。这才是理性的现实。但这结果自身却是单纯的直接性，因为它是自觉的自由，它静止于自身，并且它不是把对立置于一边听其自生自灭，而是已与对立取得了和解。"④ 在黑格尔看来，精神是最高贵的概念，是新时代及其宗教的概念，也就是说，新时代最根本的、最高的东西是精神。任何时代都必然体现绝对精神，因为唯有精神的东西才是现实的。精神的发展必定经历在己、为己和在己为己的统一的历程。"精神的东西"是"自身关系着的和规定了的东西"，但它又是"他在和为己存在"；最终来说，它是"在这种规定性中或在它的他性（otherness）中仍然停留于其自身的东西"，即它是"在己而为己"。这整个发展过程同时也是一种认知过程，"经过这样发展而知道其自己是精神的这种精神，乃是科学"，而"科学是精神的现实，是精神在其自己的因素里为自己建造

---

① 黑格尔. 精神现象学. 北京：商务印书馆，1981：6-7.
② 同①12.
③ 同①14.
④ 同①13.

的王国"①。普遍精神是绝对精神的体现，而个体精神"必须走过普遍精神所走过的那些发展阶段"，也即，"不仅个体的实体，甚至于世界精神，都具有耐心来经历漫长的时间里的这些（精神）形式"②。精神经历漫长的历程，在这一过程中当然会有所丧失，但更有所收获，最终是要在多样性中保持统一，在破碎性中保持完整。

黑格尔告诉我们，意识对其自身的经验，按其概念来说，"是能够完全包括整个意识系统，即，整个的精神真理的王国于其自身的"，因而"真理的各个环节"在这个独特的规定性之下不是"被陈述为抽象的、纯粹的环节"，而是"被陈述为意识的环节"，或者换句话说，"意识本身就是出现于它自己与这些环节的关系中的"。因为这个缘故，"全体的各个环节就是意识的各个形态"，从而"现象就是本质"，我们"对意识的陈述就等于是真正的精神科学"，最后，"当意识把握了它自己的这个本质时，它自身就将标示着绝对知识的本性"③。绝对精神和绝对知识在逻辑、自然和精神中以不同的方式体现出来，但只是在精神中才以自觉的方式获得体现。自觉的精神或者说人的精神首先要历经"意识""自我意识""理性"等主观阶段，然后发展为"精神"，也就是客观精神，最终在艺术、宗教和哲学中达到绝对精神，形成绝对知识。

"意识"或"感性确定性"代表了人对人由之而出的自然的直接认识，表现为对象意识。在自我意识阶段，精神开始进入真理自家的王国。在这一标题之下，黑格尔探讨了生命、欲望、主奴关系（lord and bondsman）和苦恼意识（unhappy consciousness）等对后来的实存主义影响深远的课题。理性及其确定性意味着对象意识与自我意识的统一，而理性本身也有一个演进过程，并转化为客观精神，最后实现为绝对精神。《精神现象学》叙述的是"意识发展史"，而这个"发展"概念浓缩了恩格斯所说的"精神胚胎学"和"精神古生物学"，表明了个体意识的成长阶段与人类意识的历史发展的一致④。绝

① 黑格尔. 精神现象学. 北京：商务印书馆，1981：15.
② 同①18−19.
③ 同①62.
④ 同①16.

对精神的自我发展与自我认识是同一个进程，个体意识成长与类意识成长的一致性是这一进程的辉煌体现。这种意识发展意味着精神的纯粹化或成熟，它最终将会克服苦恼意识或者自我意识的分裂，回到"我就是我们，而我们就是我"① 的状态。

第三节　辩证的思辨哲学体系

黑格尔关于绝对精神或"实体即主体"的思想是通过一个庞大的体系来表达的。简单地说，他建构了一个关于绝对精神或绝对理念自行发展、自身认识、自我实现的完善的哲学体系。绝对精神的发展有三大阶段：（1）逻辑阶段——绝对精神在自然界和人类社会出现之前的自我发展的阶段，表现为一系列纯概念或者说范畴的推演；（2）自然阶段——绝对精神外化为自然界后在自然界中发展的阶段；（3）精神阶段——绝对精神进入人的意识并在人的意识中最终回复到自身的阶段。简单地说，黑格尔的哲学体系可以分成"逻辑学""自然哲学""精神哲学"三个部分。他是这样表述其区分的：哲学是关于理念的科学，但理念完全是自己与自己同一的思维，理念同时又是借自己与自己有对立来实现自己的，而且这个对立只不过是在自己本身之内的活动。因此，哲学可以分为三个部分：（1）逻辑学，研究在己为己的理念的科学（the science of the idea in and for itself）；（2）自然哲学，研究在它的他性中的理念的科学（the science of the idea in its otherness）；（3）精神哲学，研究由它的他性返回到它自身的理念的科学（science of the idea comes back to itself out of that otherness）②。

逻辑学是黑格尔哲学体系或科学体系的第一部分，也就是绝对精神自我发展和自我认识的第一阶段。按照他的说法："逻辑学是研究纯粹理念的科学，所谓纯粹理念就是处在思维的最抽象的媒介中的理念。"③ 绝对

---

① 黑格尔. 精神现象学. 北京：商务印书馆，1981：122.
② 黑格尔. 小逻辑. 北京：商务印书馆，1996：60.
③ 同②63.

精神在这一阶段不是体现为自然界和人类社会，而是以纯粹思维、纯粹概念的形式表现出来的。也就是说，它以客观思想（思维）的方式出现，既不依赖于人的主观精神，又与物质世界有别。黑格尔显然要从逻辑规律中引出自然和人类社会，把概念看作是在先的。逻辑学是自然哲学和精神哲学的基础，后面两者则是所谓的应用逻辑学。逻辑学"以纯粹思想或纯粹思维形式为研究的对象"，也就是说，它是"纯粹思维规定的体系"，而"自然哲学和精神哲学"之类的哲学科学是"应用的逻辑"，因为"逻辑学是自然哲学和精神哲学中富有生气的灵魂"，自然哲学和精神哲学的兴趣"只在于认识在自然和精神形态中的逻辑形式"，而"自然或精神的形态只是纯粹思维形式的特殊的表现"①。逻辑学提供一般原则，自然哲学和精神哲学都不过是逻辑学的原则在自然界和人类精神领域中的应用和实在化。

逻辑学表现为概念的辩证运动，一系列概念沿着固定的"三一式"的发展公式不断由一个纯概念向另一个过渡，由此实现从低级到高级、从抽象到具体、从简单到复杂的进展。黑格尔据此把逻辑学分成存在论（the doctrine of being）、本质论（the doctrine of essence）、概念与理念论（the doctrine of notion and idea）三个部分。换言之，逻辑学作为"关于思维的理论"（theory of thought）可以分成如下三个部分：第一，"关于思维的直接性（thought's immediacy）——潜在的和萌芽中的概念——的学说"；第二，"关于思维的反思性和间接性（thought's reflection and mediation）——为己存在和概念外观——的学说"；第三，"关于思维返回自身及其发展了的自身持存（thought's return into itself, and its developed abiding by it-self）——在己为己的概念——的学说"②。逻辑学的三个部分分别揭示了概念的在己、为己和在己为己三个阶段，其轮廓大致如下：存在论——质（存在、定在、为己存在）、量（纯量、定量、程度）、度，本质论——本质之为实存的根据（纯反思规定、实存、事物）、现象（现象界、内容与形式、关系）、现实（实体关系、因果关系、相互作用），概念与理念论——

---

① 黑格尔. 小逻辑. 北京：商务印书馆，1996：83-94.

② 同①185.

主观概念（概念、判断、推理）、客体（机械性、化学性、目的性）、理念（生命、认识、绝对理念）。

逻辑研究的对象是"思维/思想"，确切地说是"概念思维"，而"思维的概念是在逻辑发展过程中自己产生的"①。思维的形式与思维的内容不仅应该而且必然是统一的。绝对精神在逻辑阶段以概念对概念的方式实现自身，认识自身，或者说思维和思维的对象都是以概念形式出现的绝对精神。康德提出了所谓的先验逻辑，它有别于只考虑思维形式的一般逻辑。黑格尔认为自己所说的逻辑是客观逻辑，其中有一部分相当于康德的先验逻辑。先验逻辑的不足在于，尽管它没有撇开一切内容，却通过设定在己之物限定了内容，导致了思维或意识与在己之物的对立。黑格尔要把思维的形式与内容真正统一起来。他认为意识比思维更带有主观性的外表，所以应该把"思维"这个名词从"绝对"的意义上理解为"无限的、不带意识有限性的思维"，也就是"思维本身"。人们"曾经有必要把思维的兴趣引向形式方面，即对自我、意识本身的考察"，这意味着以"对主观知识与客体的抽象关系的考察"为起点，但这显然是不够的，还"必须剥去作为自我、意识的形式所具有的那种有限的规定性"，应该实现纯粹思维形式"给自己以内容"，而且这个内容是"具有必然性"的"思维规定的体系"②。

和康德的先验逻辑相似，黑格尔也把范畴（概念）、精神作为他的逻辑学的对象。但他们处理问题的观点和方法是很不相同的。首先，黑格尔的逻辑学体现了和本体论的一致。他把康德的主观的范畴和精神客观化为万物的本体，如此一来，范畴不只是我们主观的思维形式，而且是万物的本体（绝对精神的自身规定）。其次，黑格尔认为，逻辑学和认识论是一致的。在康德那里，相对的知性范畴不能把握绝对的精神（真理），否则便会陷入二律背反（矛盾）。在黑格尔那里，范畴被看作是绝对精神自身的规定、环节，绝对精神则是范畴联系、转化的系统。用范畴去规定精神必定会发生矛盾，然而，正是矛盾推动着范畴向前推演，由相对走向绝

---

① 黑格尔. 逻辑学：上卷. 北京：商务印书馆，1982：23.

② 同①47.

对。最后，黑格尔把康德关于范畴排列的"三一式"思想发挥成驾驭他的整个逻辑学甚至整个哲学体系的逻辑方法——否定之否定。

理解"正""反""合"的逻辑进程对于把握黑格尔的全部哲学都是至为重要的，在逻辑学阶段尤其如此。在他看来，肯定和否定并不是两个完全对立的、毫不相干的东西。首先，肯定中包含着否定，否定内在于肯定之中。正因为事物自身包含了自己的否定方面，才引起了事物的运动，引起了从肯定方面向否定方面的转化。其次，否定也包含着肯定。辩证的否定即"扬弃"，既舍弃肯定又保留肯定。正因为否定中包含了肯定，所以它比肯定更丰富、更具体。辩证的否定是一个从肯定到否定再到否定之否定的过程，经历"正""反""合"三个环节。"正"是单纯的肯定，"反"是单纯的否定，"合"是肯定和否定的统一。既然"合"包含着"正"，它也就是对"正"的复归，但这不是简单的复归，而是在螺旋式上升的情形中的复归。因此，"合"较之"正"的内容更丰富、更具体。黑格尔的整个哲学体系就是按照大大小小的"正""反""合"构筑起来的。他在这里以观念论的方式揭示了辩证法的基本规律之一——否定之否定规律的基本内容，揭示了外部自然、人类社会以及人类思维的发展是一个波浪式的前进过程。当然，他对"三一式"的运用并不是在每一环节都那么顺理成章，在不少地方都较为勉强，并带有明显的形式主义倾向。无论如何，黑格尔无疑是一位杰出的"建筑大师"。

黑格尔认为，从形式方面看，逻辑学说有三个方面：一是抽象的方面或知性的方面（the abstract side, or that of understanding），二是辩证的方面或否定理性的方面（the dialectical, or that of negative reason），三是思辨的方面或肯定理性的方面（the speculative, or that of positive reason）①。就其作为知性来说，思维依据同一律，坚持固定的规定性和各规定性之间彼此的差别。此为旧形而上学的思维方式，它把每一有限的抽象概念当作本身自存或存在着的东西。在思维的辩证阶段，那些有限的规定扬弃它们自身，并且过渡到它们的反面，坚持正面和反面的矛盾、对立，此为康德的二律背反的思维方式。在其思辨阶段或肯定理性阶段，思维在对立的规定

---

① 黑格尔. 小逻辑. 北京：商务印书馆，1996：172.

中认识到它们的统一，或者说，在对立双方的和解与过渡中认识到它们所包含的肯定。这是黑格尔本人所主张的思维方式。知性的思维方式和否定的理性思维方式各有其局限，但它们都是认识进程中的必经阶段。

自然哲学代表的是黑格尔的观念主义自然观。绝对精神外化、异化为物质和自然，以感性事物的方式出现，精神原则于是体现为自然规律。自然哲学是一个由绝对精神产生的、辩证发展的体系，分为"力学""物理学""有机物理学"三篇。"力学"分成如下三部分：第一部分考察空间和时间；第二部分考察物质和运动，这是所谓的有限力学，细分为惯性物质、碰撞和落体三个小节；第三部分考察绝对力学。"物理学"考察光、颜色、磁、电和化学过程，分为普遍个体性物理学、特殊个体性物理学和总体个体性物理学等部分。"有机物理学"考察地质过程、植物自然界和动物自然界。

黑格尔表示，针对自然哲学已经形成了各种误解和偏见，因此有必要阐明这门科学的"真正概念"。绝对精神或神不会停留在抽象的存在中，它"有两种启示"，一为"自然"，另一为"精神"。自然是精神的前提，精神则是自然的真理。黑格尔这样描述自然哲学的地位和任务："精神在自然内发现它自己的本质，即自然中的概念，发现它在自然中的复本，这是自然哲学的任务和目的。因此研究自然就是精神在自然内的解放，因为就精神自身不是与他物相关，而是与它自身相关来说，它是在自然内生成的。这也同样是自然的解放。自然在己地就是理性，但是只有通过精神，理性才会作为理性，经过自然而达到实存。"① 按照他的看法，自然的本质是普遍的东西，因此当我们具有思想时，我们就深入自然的内在本质里了，同时也就处在我们自身中了。

从主观的角度讲，真理意味着我们的观念与对象相一致；从客观的意义上讲，则意味着客体、事物同其自身相一致，意味着客体和事物的实在性符合于它们的概念。无论自我还是对象都符合概念，"这种概念同时也是真实的理念，宇宙的神圣理念，只有这种理念才是现实的东西"②。自

---

① 黑格尔. 自然哲学. 北京：商务印书馆，1986：18-19.
② 同①19.

然是理念的体现，但它以他在的或外在的形式体现理念："自然是作为他在形式中的理念产生出来的。既然理念现在是作为它自身的否定东西而存在的，或者说，它对自身是外在的，那么自然就并非仅仅相对于这种理念（和这种理念的主观存在，即精神）才是外在的，相反，外在性就构成自然的规定，在这种规定中，自然才作为自然而存在。"① 当然，在探讨自然的时候，我们不能够停留在这种外在性中，不能仅仅实践地对待自然，因为在这种情形中，自然是直接的、外在的东西，人自己也是直接的、外在的东西，两者都受制于有限性。

　　我们应该对自然进行"概念的考察"，也就是说，"对自然的思维考察，必须考察自然在其本身何以是这种变成精神、扬弃他在的过程，考察在自然本身的每一阶段何以都存在着理念"②。绝对理念或绝对精神异化为自然，似乎变成了僵死的东西，但它永远不会死亡，它要超升为精神；它在自然中不可能有在己为己的存在，因此必须突破自然，上升为精神。自然界的发展过程是自然摒弃自身，变为精神的过程。自然的进程有诸多阶段，以两种方式进展，一是进化，二是流射。前者表现为从不完善到完善、从简单到复杂的过程，后者则相反。总之，自然哲学探讨自然规律，而这一规律体现的是绝对精神以外在形式在自然中实现自身、认识自身的过程。黑格尔这样表示："关于自然界我们承认：哲学应该照它的本来面貌去认识它；而哲人之石所隐藏着的地方，就在自然界本身某处；自然界本身是合理的；知识所应研究而用概念来把握的，就是现存于自然界中的现实理性；它不是呈现在表面上的各种形态和偶然性，而是自然界的永恒和谐，即自然界的内在规律和本质。"③ 我们必须撇开自然现象表面的偶然性、繁杂性，发现其内在的本质和规律，也就是说它是如何体现绝对精神的。

　　精神哲学表现的是个人意识与社会意识的辩证发展，这是绝对精神发展的最高、最后阶段。黑格尔表示："精神的认识是最具体的，因而是最

① 黑格尔. 自然哲学. 北京：商务印书馆，1986：19-20.
② 同①21.
③ 黑格尔. 法哲学原理. 北京：商务印书馆，1979：4.

高的和最难的。"① 依照绝对精神或绝对理念的发展历程，当自然被扬弃之时，就是精神出场之时。自然转化为它的真理性，转化为概念的主体性，而这种包括了客体性的主体性就是精神："对于我们，精神以自然为它的前提，它是自然的真理性，并因此是自然的绝对第一性的东西。在这种真理中，自然消失了，而精神则作为已达到其为己存在的理念产生了自己，理念的客体同主体一样，都是概念。"② 精神是纯粹概念与自然的统一。纯粹概念是绝对抽象的，缺乏实在的内容；自然则是僵死的物质，缺乏自觉性，精神克服各自的片面性，从而是具体的、实在的、能动的。精神在更高阶段回到了自身。精神哲学描写的就是精神产生自己、发展自己、认识自己的过程，所以精神哲学是黑格尔体系的最后完成。

　　绝对精神以人的意识和认识的形式继续推进自身发展和自身认识，经历了主观精神、客观精神和绝对精神三个阶段。精神哲学旨在表明，绝对精神通过自己的最高产物，也就是人，最终返回到了自己。活跃在精神哲学舞台上的主角是人，而人就是一个能够摆脱一切物质和必然性之束缚的自由的精神实体。精神哲学的大体框架是：主观精神——人类学、精神现象学和心理学，客观精神——法权、道德和伦理，绝对精神——艺术、受启宗教和哲学。绝对精神是主观精神和客观精神的统一，也就是说，主观精神和客观精神不过是有限的精神，最终必须通向精神的无限的、绝对的形式。

　　在主观精神中，黑格尔探讨个人意识的形成和发展。精神在其观念中发展自己，作为进行认识的精神出现。精神最初以"灵魂或自然精神"的形式出现，它是"为己的或直接的"，构成"人类学的对象"；然后作为"在自身内和他物内同一性的反映"出现，它是"为己的或中介了的"的"意识"，并因此是"精神现象学的对象"；最后作为"在自身内规定自己的精神"，即作为"为己的主体"，并因此成为"心理学的对象"③。

　　在客观精神中，黑格尔着重探讨经济、道德、法律、国家制度以及世

------

①　黑格尔. 哲学科学全书纲要（1830 年版）. 北京：北京大学出版社，2010：273.

②　同①275.

③　同①278.

界历史等问题，关注精神如何在人类社会中获得实现。在他看来，"客观精神是绝对理念，但却是仅仅在己地存在着的"①。内在规定性与目的必定受制于外在客观性。人类社会的发展具有规律性，受到隐含在其中的客观精神（即"法"）的支配。因此，关于客观精神的学说也就是"法哲学"。主观精神中的自由"首先还只是概念，是精神和内心的原则"，还有必要把自己"发展为对象性，发展为法权的、伦理的和宗教的现实性，及科学的现实性"②。也就是说，在主观精神范围内，精神的自由还是主观的、抽象的，而真正的自由只有在社会历史生活中，即在法的关系中才能获得实现，才是"现实地自由的"。如此说来，人并不是一个孤立的抽象个体，而是社会关系的总和。法的发展历经抽象的法权、道德法和伦理法三个阶段。黑格尔告诉我们，世界历史的发展是一个合理的过程，是自由意识的进展。他把世界历史分为三个大阶段，认为自由意识以非常不同的形式表现出来：古代东方只意识到一个人的自由，即专制君主的自由；古希腊罗马时代意识到了一部分人的自由，即奴隶主的自由；欧洲现代阶段则意识到了所有的人都是自由的③。

　　绝对精神是主观精神和客观精神的完全统一，代表的是精神在经过漫长曲折的发展道路之后，完全回归到自身、认识到自身并因此到达完全自觉的阶段。黑格尔告诉我们，绝对精神是永恒地在自身之内存在着的同一性，同样也是向自身之内回归的和回归到自身之内的同一性④。绝对精神的这种同一性把主观精神和客观精神作为其道路，现在开始以艺术、宗教和哲学三种形式表现出来。艺术以感性形象显现精神，宗教以图像式思维表现精神，哲学则以适合于精神本身的形式即以概念的形式表现精神。因此，宗教高于艺术，哲学高于宗教，哲学作为科学代表的是"艺术和宗教的统一性"⑤。

---

　　①　黑格尔. 哲学科学全书纲要（1830 年版）. 北京：北京大学出版社，2010：347.

　　②　同①346.

　　③　黑格尔. 哲学史讲演录：第一卷. 北京：商务印书馆，1983：99.

　　④　同①395.

　　⑤　同①404.

哲学是绝对精神的最高体现和最后完成，绝对精神通过哲学而最后认识到了自己。黑格尔总结性地表示："因为只有当精神知道自身是绝对精神时，它才是现实的精神，并且在科学里知道自己是绝对精神。精神实现自身为自然、国家。自然乃是精神的不自觉的产物，在自然中，精神是它自身的他物，而不是作为精神出现，但是［在国家里］，在历史上的行为和生活里，以及在艺术里，精神以自觉的方式实现自己，在多样性的形态下知道它的现实性，但也只是知道它的现实性的诸形态。但是只有在科学里，它才知道自己是绝对精神，而且也只有这种知识或者精神，才是它的真正存在。"① 这里所说的科学指的就是哲学。

哲学的发展历程最好地体现了精神自己认识自己的历史，黑格尔哲学试图容纳和浓缩整个哲学史，从而完成绝对精神的自我认识。通过讲授哲学史，他得出如下的结论：第一，在一切时代里只存在一种哲学，它的同时代的不同表现构成一个原则的诸多必然方面。第二，哲学体系的相继出现的次序不是偶然的，而是表明了这门科学发展阶段的次序。第三，一个时代的最后一种哲学是哲学发展的成果，是精神的自我意识可以提供的最高形态的真理②。哲学以概念的方式体现绝对精神，后来的哲学吸收了先前哲学的精华，扬弃了其糟粕，因此更丰富、更具体、更具有真理性。任何哲学都只能在全体中获得其意义，也因此必然摆脱个别意见，必然在全体的内在精神推动下向前发展。对于黑格尔来说，哲学的内容即思想，普遍的思想③。就此而言，一切哲学既有其独特性，又不可能偏离普遍性。哲学就是哲学史，或者说不存在没有传承的哲学，创新建立在继承的基础之上。

我们应该注意黑格尔关于逻辑与历史相一致的思想。他这样表示："哲学作为有关世界的思想，要直到现实结束其形成过程并完成其自身之后，才会出现。概念所教导的也必然就是历史所呈示的。这就是说，直到现实成熟了，理想的东西才会对实在的东西显现出来，并在把握了这同一个实在世界的实体之后，才把它建成一个理想王国的形态"④。与康德的

---

① 黑格尔. 哲学史讲演录：第四卷. 北京：商务印书馆，1981：378.
② 同①378-379.
③ 黑格尔. 哲学史讲演录：第一卷. 北京：商务印书馆，1983：89.
④ 黑格尔. 法哲学原理. 北京：商务印书馆，1979：14.

先验观念论有别，黑格尔留给后人的是一个客观观念论的体系。他在建构其逻辑体系的过程中，充分吸收和发挥了辩证发展的观点，表达了厚重的历史感，把握了人类认识、自然界以及人类社会辩证发展的某些真实联系，从而深刻地影响了马克思以及众多的西方马克思主义哲学家。

第四节　思维与存在的同一性

自哲学诞生以来，其基本问题都可以被归结为思维与存在的关系问题，整个早期现代西方哲学尤其围绕思维和存在的同一性问题而展开。如果说古代西方哲学主要从本体论角度来探讨思维和存在何者优先的话，早期现代西方哲学则重点从认识论角度来分析思维是否能够认识存在。唯理论者以及最初的经验论者对同一性问题给出了各种形式的独断解决，后期的经验论者却对这一问题持怀疑的态度。真正说来，思维与存在往往被截然分割开来，问题于是要么无法获得解决，要么只能是独断地解决。由于陷入现象和本体的二元论之中，康德的批判哲学根本否认思维与存在有同一性，因为思维只能认识现象之物，不能认识在己之物。费希特否定在己之物，认为在自我之外只有非我，而非我是自我的产物，从而以主观观念论的方式克服了二元论和不可知论，在主体自身之内实现了思维与存在的同一。谢林同样否定康德的二元论和不可知论，但不赞成费希特的主观观念论，他认为自我和非我（自然）或者说理智和自然都来自绝对，思维与存在于是在无差别的绝对中实现了同一。

思维与存在同一说是贯穿于黑格尔全部哲学的基本原则。他表示，"康德的批判哲学"坚持"事物自身与我们对于事物自身的认识"从根本上说是"两回事"，这显然是一种"将思想与事物自身截然分开"的观点。他本人的立场则是，"任何对象，外在的自然和内心的本性，举凡一切事物，其自身的真相，必然是思维所思的那样，所以思维即在于揭示出对象的真理"①。这样一种看法，不仅否定了康德的非同一论，也否定了费希特在主体内部实现的同一论和谢林在超越中实现的绝对同一论。黑格

---

① 黑格尔. 小逻辑. 北京：商务印书馆，1996：77-78.

尔显然不赞成费希特只看到主体而看不到实体的倾向，同时也不像谢林那样以静态的、理智直观的方式求得同一性。一切问题的关键就在于，要把作为万物之本原的实体同时理解为主体。

黑格尔完全承认思维与存在的同一性，这是因为，在绝对精神展开自身、发展自身、认识自身、回归自身的过程中，"绝对的内容和绝对的形式是同一的"①。在他那里，"绝对的内容和绝对的形式是同一的"完全可以改写为"思维的内容与思维的形式是同一的"，并因此可以说"思维与存在是同一的"。"绝对"或"绝对精神"其实就是"客观思维"，思维既作为主体又作为客体、既作为思维形式又作为思维内容出现。换言之，"实体即主体"本身就意味着思维和存在的同一性，尽管这种同一性的实现有其辩证的历程。黑格尔写道："在意识里发生于自我与作为自我的对象的实体之间的不同一性，就是它们两者的差别，一般的否定性。我们可以把否定性视为两者共同的缺陷，但它实在是两者的灵魂和推动者；它们诚然已经知道推动者是否定的东西，但还没有了解它就是自身……实体完全表明其自己即是主体的时候，精神也就使它的具体存在与它的本质同一了，它既是它自己，又是它自己的对象，而知识与真实性之间的直接性和分裂性所具有的那种抽象因素于是被克服了。"②

许多学科或许多人会把方法和内容在一定程度上分离开来，而在黑格尔那里，方法（形式）与内容是统一的。按照他的说法，"真正的形式同时在它真正的内容里被展示出来"，但在康德那里，"形式被降低为无生命的图式"③。康德和费希特只是给所有天上的和地上的东西，所有自然的和精神的形态都粘贴上"普遍图式"的一些规定，并对它们进行安排和整理，其实就是产生了一张"图表"，代表的是"图式及其无生命的规定性"，意味着"僵死的知性或理智"，代表的是"外在的知识"。但在黑格尔看来，"科学只有通过概念自己的生命才可以成为有机的体系；在科学中，那种来自图式而被从外面贴到实际存在上去的规定性，乃是充实了

① 黑格尔. 哲学史讲演录：第四卷. 北京：商务印书馆，1981：376.
② 黑格尔. 精神现象学. 北京：商务印书馆，1981：23-24.
③ 同②32.

的内容使其自己运动的灵魂"，也就是说，经过否定和回归，"内容显示出它的规定性都不是从另外的东西那里接受过来外贴在自己身上的，而是内容给自己建立起规定性来，自己把自己安排为环节，安排到全体里的一个位置上"①。

说思维的形式与思维的内容是同一的，从根本上说是要让我们明白，"实体本身就是主体，所以一切内容都是它自己对自己的反思"②。黑格尔更进一步地解释说，科学方法具有两个方面：一方面是"方法与内容不分"，另一方面是"由它自己来规定自己的节奏"③。他要求我们"把概念的思维努力担负起来"，为此，我们必须"注意概念本身，注意单纯的规定，注意像在己的存在，为己的存在，自身同一性等等规定"④。换言之，哲学的陈述，为了忠实于它对思辨的东西的本性的认识，必须保存辩证的形式，并且避免夹杂一切没被概念地理解的和不是概念的东西。

正是在绝对精神的自身发展、自身认识、自身实现和自身回归的进程中，思维和存在的同一性得以实现。黑格尔所说的思维和存在具有同一性，概括起来就是：思维是存在的本质，一个事物的存在只有符合思维才具有实在性；思维不断地在存在中实现自己，使存在同自己相符合。这里的思维不仅指我们头脑中的思想，而且主要指存在于人们头脑之外的某种"客观思想"，即绝对精神。在思辨哲人看来，个别事物是易变的，事物的"一般"是稳定的。人们的感官只能接触个别事物，事物的"一般"、本质或规律只能借思维去把握。既然事物的"一般"、本质或规律只能靠思维去把握，那么它就只能是思维所思的那个样子，或者说它本身只不过就是思维。如此一来，思维就包含两层意思：一是在我们头脑之中的主观思维，另一是在我们头脑之外构成客观事物的本质的"客观思维"或"客观思想"。后者更为根本。他的如下论断很明确地说明了这一点："只要已经说知性和理性都在客观世界之中，精神和自然都有其生活、变化所

---

① 黑格尔. 精神现象学. 北京：商务印书馆，1981：35.
② 同①36.
③ 同①39.
④ 同①39.

依据的一般规律，那就是已经承认思维规定也同样具有客观的价值和存在"①。

在黑格尔看来，康德等人之所以认为"概念永不能把握无限"，是因为他们"只知道狭义的概念，而不知道思辨意义的概念"②。他同时表示，精神进行思维，但思维自身纠缠于矛盾之中，丧失它自身于思想的坚固的"不同一"之中，因而不但未能达到它自身的回归与实现，反而总是为它的反面所束缚，这其实是抽象的理智思维所面临的情形。它引起了更高的要求，即坚持思维，并在思维本身中克服矛盾："在思维自身中以完成解决它自身矛盾的工作。"也就是说，"认识到思维自身的本性即是辩证法，认识到思维作为理智必陷于矛盾、必自己否定其自身这一根本见解，构成逻辑学上一个主要的课题"③。思维通过对自身进行反思，达到的是经过中介的直接性，从而上升为普遍性。思维与存在的同一，其实也意味着特殊性与普遍性的同一。在普遍性里，思维得到自身的满足，但它并不因此对特殊性采取漠视的态度，而是要实现从特殊性到普遍性的过渡。他批评性地指出，在谢林等人那里出现的是"在绝对中一切是一"或"主客同一"之类的抽象命题与公式，在遇到特殊事物时，他们只能抬出这种千篇一律的公式去解释。

思维与存在的关系问题也可以表述为理性与现实的关系问题，因为"哲学的最高目的"就在于"确认思想与经验的一致"，并"达到自觉的理性与存在于事物中的理性的和解"，亦即"达到理性与现实的和解"④。由此需要提到黑格尔的一个著名的命题："凡是合乎理性的东西都是现实的；凡是现实的东西都是合乎理性的。"⑤ 这个哲学命题是建立在对哲学本性的认识基础上的，"哲学是探究理性东西的，正因为如此，它是了解现在的东西和现实的东西的，而不是提供某种彼岸的东西，神才知道彼岸的东西在哪里，或者也可以说，这种彼岸的东西就是在片面的空虚的推论

---

① 黑格尔. 逻辑学：上卷. 北京：商务印书馆，1982：33.
② 黑格尔. 小逻辑. 北京：商务印书馆，1996：49.
③ 同②51.
④ 同②43.
⑤ 黑格尔. 法哲学原理. 北京：商务印书馆，1979：11.

那种错误里面"①。在日常生活中，人们把幻想、错误、罪恶以及一切坏东西、一切腐败幻灭的存在都叫作现实，这显然不理解现实是与必然性联系在一起的，偶然的东西不配享有现实的名称。与此同时，黑格尔批评那种把理念与现实分开的倾向，即"认理念与理想为太高尚纯洁，没有现实性，或太软弱无力，不易实现其自身"，换言之，那些"惯于运用理智的人特别喜欢把理念与现实分离开"，他们"把理智的抽象作用产生的梦想当成真实可靠，以命令式的'应当'自诩"，并且"尤其喜欢在政治领域中去规定应当"②。他在这里明显抓住了康德哲学的致命缺陷，即那种无论在理论哲学还是实践哲学中都否定思维与存在之间的同一性的倾向。他进一步表示："哲学所研究的对象是理念，而理念并不会软弱无力到永远只是应当如此，而不是真实如此的程度。所以哲学研究的对象就是现实性，而前面所说的那些事物、社会状况、典章制度等等，只不过是现实性的浅显外在的方面而已。"③

康德开启了德国古典哲学，黑格尔则完成了德国古典哲学。黑格尔的弟子在黑格尔死后形成了青年黑格尔派和老年黑格尔派，马克思和唯物主义哲学家费尔巴哈属于青年黑格尔派。黑格尔哲学在 19 世纪末 20 世纪初在世界范围内产生影响，出现了所谓的新黑格尔主义（neo-hegelianism）。就 20 世纪哲学而言，黑格尔哲学的影响范围主要限于欧洲大陆，在法国尤其明显——主要表现为新黑格尔主义与现象学的结盟。

---

① 黑格尔. 法哲学原理. 北京：商务印书馆，1979：10.

② 黑格尔. 小逻辑. 北京：商务印书馆，1996：44.

③ 同②45.

第七章　主体的危机：艺术还是科学

　　黑格尔哲学代表了大陆早期现代西方哲学的完成，同时引出了大陆后期现代西方哲学。英美哲学则绕过黑格尔，回应康德以及此前的经验论和唯理论哲学提出的一些重要问题，尤其批判地接受了经验论哲学的影响。需要说明的是，科学哲学与英美哲学虽然不能画等号，但大体相当；人文哲学与大陆哲学即便不完全重合，也几乎一致。不管是在英美哲学中还是在大陆哲学中，后来都出现了各种超越现代哲学的努力，为我们展示了各种形式的当代哲学。本章主要关注的是西方哲学从早期现代形式到后期现代形式的转换，并由此理解后期现代西方哲学中所体现出的科学与艺术之间的张力。

第一节　后期现代西方哲学概论

　　通常所说的近代大陆唯理论哲学和英国经验论哲学、18 世纪法国启蒙哲学、18 世纪末 19 世纪上半叶的德国启蒙哲学和古典哲学、19 世纪的法国精神论哲学和实证论哲学、19 世纪末 20 世纪上半叶的新康德主义和新黑格尔主义哲学、20 世纪 60 年代之前的英美分析哲学和大陆人文哲学均可纳入现代西方哲学的范畴。只是在 20 世纪 60 年代以后，伴随当代西方哲学的兴起，西方哲学才告别了现代性，实现了新的哲学转型。换言之，我们通常所说的从近代理性主义到现代反理性主义或非理性主义的转变（从人本主义角度看），从近代经验论到现代经验论的发展（从科学主义角度看），并没有产生实质性的变化，而是表现为一种内部关系或张力，20 世纪 60 年代以来的当代西方哲学却导致了真正的断裂。兼顾"时代"和"时代精神"，我们可以提出早期现代西方哲学、后期现代西方哲学和当代西方哲学的大致划分。我们在前面一直探讨的是早期现代西方哲学，从本章开始探讨后期现代西方哲学：其上限是 19 世纪 30 年代，下限则是 20 世纪 60 年代初。

黑格尔认为自己的哲学是哲学的集大成，绝对精神在他那里发展到了顶峰，并因此实现了自身回归，而哲学也因此终结了。其实，康德已经提到哲学终结这一话题：传统哲学或旧有的形而上学终结了，因为它们不是真正的哲学，不是科学的形而上学。从总体上看，在西方哲学的发展历程中，哲学与理性主义联系在一起。有人说整个哲学史就是柏拉图主义及其变种，这个说法大体上是可以成立的。苏格拉底、柏拉图和亚里士多德师徒三代已经确立了西方理性主义的基本形态，虽然在中世纪完全是信仰主宰一切，但在文艺复兴之后，哲学恢复了理性的地位，要求把一切都放在理性的天平上进行衡量。然而，在康德所处的时代，哲学却陷入了困境之中。在古希腊时期和中世纪，人们往往把理性运用到超出经验的领域，在那个时候，这一切似乎都不成问题，因为当时的哲学主要围绕宇宙起源论和存在论（本体论）而展开，体现为外在的或超越的形而上学，它关注的是人与外部存在的关系。进入早期现代西方哲学时期，哲学开始从外在转入内在，人的内在确定性成为最根本的东西。笛卡尔在这方面具有首创之功，但他关于心灵、世界和神三个实体的关系的论述引发了激烈的争论，唯理论以不同方式对相关论题得出了独断的结论，而经验论一步一步地走向了怀疑的姿态。按照康德的说法，人的理性本来只有经验的运用，而人们却把理性的作用绝对化，把它运用到经验领域之外，结果引起了纷争。

从限定知识，为信仰留下地盘这个角度讲，康德为科学哲学、人文哲学、宗教哲学都留下了发展的空间。正因为如此，康德成了后来的大陆哲学和英美哲学都能够接受的最后一位传统哲学家。也就是说，与中国学者通常所说的黑格尔是哲学史的集大成者不同，康德被认为是这一角色的扮演者。无论如何，在德国古典哲学之后，传统形而上学终结了。由此开始了哲学的新时代。一个明显的地方就是，哲学产生了分化，更严格地说，再度出现了分化：德国古典哲学综合英国经验论和大陆唯理论的努力宣告失败，出现了英美科学哲学和大陆人文哲学两大主流的各自为阵。当然，西方马克思主义以及宗教哲学也是两条重要的线索。由于西方马克思主义总是与各种人文哲学思潮联系在一起，由于宗教哲学更多地与宗教而不是与哲学相关（在与哲学相关时往往也融入人文哲学思潮中），我们大体上看到的是英美科学主义和大陆人本主义的较为明显的分野。

需要注意的是，不应该在早期现代和后期现代之间断然地划出界限，而现代哲学与当代哲学之间也并非泾渭分明。许多当代哲学家从康德、黑格尔和马克思那里寻找到当代有关主题的源头，更不用说直接接受尼采、海德格尔和库恩等人的影响了。当代性主要不是一个时间概念，它尤其意味着某种精神气质，意味着现代性进程中的某些不和谐的声音，也因此早就孕育在现代性的土壤中了。现代性同样主要不是一个时间概念，它由启蒙理想及一系列大叙事构成。现代性无疑要破除传统，与此同时，它始终也面临着某些对它构成威胁的新生力量。事实上，当代哲学往往并不那么激进，而是有可能非常保守。它往往在古代哲学或古代思想中寻找可以丰富现代性内涵的资源。当然，当代既有消极批判的一面，也有积极建构的一面，它为我们展示的是消费主义或物质主义时代的"精神"或者"精神的堕落"的各种情境。

大陆哲学主要是一个来自英美学术界的概念。英美学者通常把"大陆哲学"的范围界定为以康德哲学为起点，主要包括黑格尔哲学、马克思哲学、克尔凯郭尔哲学、意志主义（voluntarism）、生命哲学（philosophy of life）、现象学、实存主义、哲学解释学（philosophical hermeneutics）、结构主义（structuralism）、后结构主义（post-structuralism）、后现代主义（post-modernism）等哲学思潮，它们与英美分析哲学全然不同。英美哲学家（主要是分析哲学家）被看作是启蒙运动直接的合理继承人，大陆哲学家则被认为对启蒙运动的主导潮流做出了批判性的反应。在这些学者眼里，西方哲学的共同历史从苏格拉底、柏拉图、亚里士多德，经由基督教、犹太教、伊斯兰教学术的有意义的影响，发展到现代欧洲哲学的中心人物笛卡尔、洛克、休谟、莱布尼茨、斯宾诺莎和康德。康德被认为是一个决定性的转折点，因为他是英美分析哲学和大陆人文哲学两大潮流都能够接受的最后一位传统哲学家①。黑格尔被看作是康德及其他早期现代哲学家的批判者，是后康德哲学的一部分，而此后的大陆哲学家差不多都被视为"后黑格尔主义者"。真正说来，大陆后期现代哲学家主要接受的是黑格尔的《精神现象学》，法国哲学界对这一著作以及他更早的作品进行精神主义的读解，导致了黑格尔哲学与法国后期现代哲学的几乎无缝对接，尽管它在当代西方哲学中还会有迥然不同的命运。

黑格尔哲学在 19 世纪有非常广泛的影响，但这种影响在 20 世纪却缩小了范围。罗素表示："黑格尔的影响固然现在渐渐衰退了，但以往一向是很大的，而且不仅限于德国，也不是主要在德国。19 世纪末，在美国和英国，一流的学院哲学家大多都是黑格尔派。"② 这种情形代表了人文哲学与分析哲学之间越来越明显的尖锐对立。事实上，从 20 世纪初直至 70 年代，英美的一些主要大学的哲学课程中都不提及黑格尔、胡塞尔、尼采、海德格尔、萨特等人。尽管这种情况后来有了改观，但黑格尔依然没有获得"普世"地位。康德哲学似乎被看作是早期现代哲学（传统哲学）的集大成，黑格尔哲学则被归入大陆后期现代哲学之中。确实，康德无论是对大陆哲学还是对英美哲学都始终产生着深刻的影响，但就大陆哲学而言，黑格尔的影响尤其深远。新黑格尔主义、黑格尔式的马克思主义、黑格尔主义与现象学的结盟是这一影响的某些典型形式。

我们大体上把大陆后期现代人文哲学分成意志主义、生命哲学、新康德主义、新黑格尔主义、现象学、实存主义、哲学解释学等流派。我们进而可以根据其倾向性和渊源关系把最重要的流派归为两个大类：一是意志主义—生命哲学，一是现象学—实存主义—解释学。新康德主义和新黑格尔主义以不同方式渗透到上述流派之中。从总体上看，黑格尔之后的大陆哲学的最初发展处在从观念主义到精神主义、从理性主义到非理性主义、从"我有一个身体"到"我就是我的身体"、从意识到无意识、从理智到

---

① West. An Introduction to Continental Philosophy. Cambridge：Polity Press，1996：3；Critchley. A Companion to Continental Philosophy. Oxford：Blackwell Pub.，1998：1.

② 罗素. 西方哲学史：下卷. 北京：商务印书馆，1982：275-276.

情感的转折进程中。意识的首要地位前所未有地受到来自身体的挑战，普遍理性主体（大写的"我"）毫无疑问地被个体实存主体（小写的"我"）所替代，他人和他性越来越成为重要的论题，而作为表象工具的透明语言一步一步地让位于作为实存方式的半透明语言。

英美科学哲学的许多流派最初都发端于欧洲大陆，但逐步在英美获得了更好的发展，产生了更大的影响。科学哲学与现代科学的发展密切相关。在20世纪的英美哲学界，出现了越来越依赖于科学的倾向，甚至每种科学都出现了相应的哲学，比如物理学哲学、化学哲学、生物学哲学、数学哲学，如此等等，最新的认知科学甚至要取代哲学的地位。这些部门哲学研究的问题都很深很细，甚至就是科学问题本身，明显偏离了严格意义上的哲学。我们所说的英美科学哲学似乎介于这些具体哲学与传统哲学之间。在中国一度被称为自然辩证法的学科现在也改称科学哲学。

科学哲学与分析哲学之间存在着复杂的关系。有人把这个时代称作分析的时代，强调的就是哲学中的分析倾向，主要是指20世纪英美哲学中的逻辑分析和语言分析倾向（大陆哲学中的结构主义也关注结构分析、语言分析，但情况非常不同）。分析哲学的范围大体上与科学哲学接近，从第三代实证主义开始或多或少都有重分析的倾向。大体上说来，科学哲学更多地关心科学中的哲学问题，如科学发展的模式、科学与合理性问题、科学的本体论基础，而分析哲学更多地强调对科学命题进行逻辑分析，以便澄清语言的误用，清除形而上学，获得纯粹理想的科学知识。实际上有两种分析哲学：一种是人工语言分析，希望科学语言是一种理想的、纯粹的逻辑语言；另一种是日常语言分析，承认日常语言的"合理性"，语言就是活动，它在使用中不会出现问题，只是在不用时才会出现这样那样的问题。

无论如何，分析哲学和科学哲学确实是密不可分的。分析哲学或科学哲学关心科学说明或科学说明的逻辑，有事后诸葛亮之嫌，这往往与关注科学方法或科学发现的逻辑（灵感、非理性）形成反差，这其实表明，哲学已经丧失了为科学奠基的功能。科学哲学关心科学划界问题，或是强调或是淡化科学与伪科学之间、科学与前科学之间、科学与人文之间的界限，最终说来面临着科学沙文主义与反科学沙文主义的问题、自然主义与反自然主义的问题。科学主义或唯科学主义导致了物质主义，认同于把意识作为科学研究的对象。如此一来，科学哲学中出现了反形而上学的倾向，导致了意识哲学边缘化。

在英美哲学界出现了众多科学哲学流派，主要有：（1）实证主义，代表人物为孔德、密尔（Mill J. S，1806—1873）和斯宾塞（Spencer H，1820—1903）；（2）马赫主义（machism），代表人物为马赫（Mach E，1838—1916）和彭加勒（Poincaré J. H，1854—1912）等人；（3）逻辑原子主义，代表人物为罗素和维特根斯坦（Wittgenstein L，1889—1951）；（4）逻辑实证主义，代表人物为石里克（Schlick，1882—1936）、卡尔纳普（Carnap R，1891—1970）和赖欣巴赫（Reichenbach H，1891—1953）等；（5）实用主义和新实用主义（pragmatism and neo-pragmatism），实用主义的代表人物为皮尔士（Peirce C，1839—1914）、詹姆士（James W，1842—1910）和杜威（Dewey J，1859—1952）等，奎因①（Quine W，1908—2000）、普特南（Putnam H，1926—2016）和罗蒂（Rorty R，1931—2007）等人则是所谓的逻辑实用主义（logical pragmatism）或新实用主义的代表人物；（6）证伪主义，代表人物为波普尔和拉卡托斯（Lakatos I，1922—1974）；（7）日常语言哲学（philosophy of everyday language），代表人物为后期维特根斯坦和奥斯汀（Austin J，1911—1960）等人；（8）库恩（Kuhn T，1922—1996）关于范式（paradigm）、费耶阿本德（Feyerabend P，1924—1994）关于认识论无政府主义（epistemological anarchism）、夏皮尔（Shapere D，1928—　）关于信息域（information domain）和劳丹（Laudan L，1941—　）关于研究传统（research traditions）的理论被归入历史主义（historicism）或新历史主义（neo-historicism）范畴，还需要注意的则是科学实在论（scientific realism）与反实在论（anti-realism）的各种新形态。

我们在下面各节中将重点评介叔本华、尼采、罗素和维特根斯坦的相关思想，由此体现科学、艺术与人生的关系，从而展示后期现代西方哲学与早期现代西方哲学的巨大差异。

---

① 奎因，又译蒯因.

第二节　生存意志与艺术人生观

一、一种非理性风格的诞生

　　叔本华是一位集中体现意志主义、悲观主义（pessimism）和非理性主义的哲学家。作为意志主义的奠基人，他是黑格尔哲学的公开反对者，对康德哲学则进行了创造性的发挥。在叔本华那里，意志是一个核心概念。他的哲学影响主要体现在伦理学（人生观）方面，但在伦理学（人生观）与本体论（世界观）之间存在着巨大的张力。也就是说，尽管意志从本体论上说是最根本和最基础的东西，但在伦理学上却是罪恶的。叔本华的主要著作有：《作为意志和表象的世界》《充足理由律的四重根》《自然界中的意志》《伦理学的两个基本问题》等。

　　叔本华哲学有三个来源：康德哲学、柏拉图哲学和远古印度智慧。他自己表示：就一位读者来说，康德哲学对于理解《作为意志和表象的世界》"简直是唯一要假定为必须彻底加以理解的哲学"；除此之外，如果他还在"神明的柏拉图学院"中流连过，那就更有"接受能力"倾听书中讲述的东西了；再者，如果他甚至已经接受了《吠陀》和《奥义书》等梵文典籍所提供的"远古印度智慧"的洗礼，并且已经消化了这种智慧，那么他就有了"最好的准备"来倾听了①。叔本华哲学是一种具有非理性风格的新哲学，具有悲观主义、非学院化、非基督教化、崇尚艺术等倾向。这一哲学以意志为世界的本体、人生的根据，明确宣布了我能（I can）针对我思的优先性。

　　在其一生的绝大多数岁月中，叔本华都是默默无闻的，只是到了晚年才时来运转。他的主要工作就是撰写与修订《作为意志和表象的世界》。在他写完初稿之际，适逢30岁生日，出版以后在一年半的时间内，总共销出不到100部。虽然他自己早有先见之明，但还是不无伤心。他认为黑格尔、费希特和谢林三个"著名诡辩家"挡了自己的道，并且攻击他们

---

　　①　叔本华. 作为意志和表象的世界. 北京：商务印书馆，1997：6.

的哲学具有非学术的动机："在康德重振很正常的威望之后，哲学必须又立即成为某些目的的工具；在上，是国家目的的工具；在下，是个人目的的工具。"① 他尤其讥讽哲学已经被当作养家糊口的工具："那些先生们要生活，而且是靠哲学来生活"，他们以及他们的老婆孩子"都指靠哲学"②。他不无自豪地宣称自己的哲学根本不是为此而提出的，人们不能拿它作为糊口之用。

叔本华作为商人之子，有遗产确保自己衣食无忧，因此显得非常"硬气"。但他显然不那么"大气"。他曾与黑格尔同时开课以示竞争，但他的学生从未超过三个，而后者的听众众多。由于开课失败和受到一些文章的公开批评，他开始过起隐居生活。当然，父亲的自杀以及与母亲的疏离也是他离群索居的重要原因。除早起这一点外，他在其他方面尽量模仿康德。他书斋里放有一个康德的半身雕像和一尊铜佛。在 1859 年（他去世前一年），《作为意志和表象的世界》（第三版）受到了空前欢迎。时过境迁，而立之时备受冷遇，就木之前众望所归，其著作显然顺应了后黑格尔时代的哲学精神。他在该版序言中心满意足地写道："当这本书第一版问世时，我才三十岁，而看到这第三版时，却不能早于七十二岁。对于这一事实，我总算在彼得拉克名句中找到了安慰；那句话是：'谁要是走了一整天，傍晚走到了，就该满足了。'我最后毕竟也走到了。在我一生的残年既看到了自己的影响开始发动，同时又怀着这影响将合乎'流传久远和发迹迟晚成正比'这一古老规律的希望，我已心满意足了。"③

《作为意志和表象的世界》洋洋 50 多万言，除序言和附录之类外，其基本结构分为"世界作为表象初论""世界作为意志初论""世界作为表象再论""世界作为意志再论"四编。非常明显，叔本华哲学围绕"表象"（英译有 representation 和 idea 两种）和"意志"两个核心范畴展开。然而，不应该忘记的是，表象和意志前面都要加上"我的"这一限定。正因为如此，"我"成了叔本华哲学的第一关键词。尤其需要注意的是，与

---

① 叔本华. 作为意志和表象的世界. 北京：商务印书馆，1997：10.
② 同①20.
③ 同①23.

从笛卡尔到黑格尔所说的普遍意义上的"我"不同，叔本华、尼采以及随后的许多哲学家都把个体推到了哲学前台。"我"不再等同于"我们"，正因为如此，我们不再能够在人与理性存在者之间画等号。"我"就是我自己，"我"就是某个有血有肉的个人，意识主体因此开始陷入危机，开始其解体之旅。

就像康德一样，叔本华在构建其哲学的时候，也区分了现象和在己之物两个不同的世界。他对现象世界的解释深受康德的影响，但也与之有重大的区别。他对在己之物的解释则完全有别于康德。他告诉我们，"这世界一面自始至终是表象，正如另一面自始至终是意志"，但康德在不知不觉中使"在己之物"变成了"在己的客体"这一"梦呓中的怪物"①。他自己的看法是，与表象世界有别的在己之物只能是一种非理性的盲目的生存意志或生命意志（will to life）。

二、世界是我的表象

叔本华首先提出的是"世界是我的表象"（the world is my representation）这一论断。他表示，这是一个真理，是对于每一个在生活和在认识的存在（every living and knowing being）都有效的真理。"世界是我的表象"意味着：一切都处在"我"的活动和认识的范围之内。任何个体都会明白，他并不认识什么太阳或地球，而永远只是眼睛及其看见的太阳，永远只是手及其触摸到的地球；他会明白围绕着他的这个世界只是作为表象而存在着，也就是说这个世界的存在完全是就其与一个表象者的关系而言的，而这个表象者只不过是他自己。叔本华宣称，如果有什么先验真理的话，"世界是我的表象"就是这一真理了。总而言之，"一切的一切，凡已属于和能属于这世界的一切，都无可避免地带有以主体为条件［的性质］，并且也只是为主体而存在。世界即是表象"②。

叔本华认为这一真理已经包含在笛卡尔的怀疑论中了，贝克莱是第一

---

① 叔本华. 作为意志和表象的世界. 北京：商务印书馆，1997：28.
② 同①.

个断然地把它说出来的人，康德的问题在于忽视了这一命题，印度智者们则早就认识到这一真理了。这一诊断显然是从"可知性"这一面出发的。凡是可以作为客体的东西，即便是身体，都可以且只能被视为表象。表象世界包含两个半面：一是主体，一是客体。它们相互依存，缺一不可。叔本华这样描述说："这两个半面是不可分的"，其中的"任何一个半面都只能是由于另一个半面和对于另一个半面而有意义和存在"，它们"存则共存，亡则共亡"，双方"又互为界限，客体的起处便是主体的止处"，即"界限是双方共同的"①。针对现象世界，我们既不从客体也不从主体，而是从表象出发进行考察。事实上，表象包含主客两个方面并且以它们为前提。尽管如此，还是应该对客体和主体进行某种描述，如此才能更好地把握作为表象的这个世界。

首先应该界定什么是主体。叔本华表示，"那认识一切而不为任何事物所认识的，就是主体"；主体是"世界的支柱"，是一切现象或一切客体的"一贯的前提条件"；凡是存在着的东西都"只是对于主体的存在"；每个人都可发现自己就是这样的一个主体，不过只限于他"进行认识"的时候，而不在于他是"被认识的客体"的时候；主体"既说不上杂多性，也说不上杂多性的反面：统一性"；我们永远不能"认识它"，在它那里根本就没有"被认识这回事"②。这里的主体显然代表一种"功能"：人扮演或能够扮演认识者的角色。叔本华虽然没有提出身体主体这一概念，但明显注意到了本己身体（one's own body）的独特性。他认为身体是"直接客体"（immediate object），代表了意志的直接客体性（immediate objectivity of the will）。作为"客体"，身体是众客体中的一种，并因此属于表象世界，服从充足理由律。然而，作为认识者而不是被认识者的主体，它完全处在时空和因果律之外。

服从时间、空间和因果性的则是客体，但我们并不需要通过认识客体来获得这些形式，单从主体出发就可以发现它们。正像康德表明的那样，这些形式先验地在我们的意识之中。表象世界的主体半面是这些时间、空

---

① 叔本华. 作为意志和表象的世界. 北京：商务印书馆，1997：29.
② 同①28.

间和因果性之类形式的源泉，而以杂多性出现的客体半面则服从于这些形式，以这些形式为条件以获得统一性。客体是科学研究的对象，完全服从理由律；或者说，理由律是解释一切表象的原则，构成科学的基础。叔本华这样写道："通过科学，我们才能理解一个概念系统，即互相联系的概念整体，而非缺乏联系、完全分离的概念集合。但是，把这个系统的各个部分连接起来的如果不是充足理由律，又是何物呢？每门科学之所以不同于一个纯粹的集合，就在于科学的概念是从它们的根据出发一个跟一个地衍生出来的。"①

现在要问：什么是理由律呢？答案是："理由律就是我们先天意识着的，客体所具有的一切形式的共同表述。"② 叔本华简单明了地清理了笛卡尔、斯宾诺莎、莱布尼茨、沃尔夫、休谟、康德等人的看法，指出他们的相关论证的不足，然后展开了自己的论证。他明显按照康德的思路把我们的认识能力分成感性、知性和理性三种，在此基础上来确立理由律的分类。但三种能力的具体表现有别于康德的看法。按照他的说法，通过内外感性以及知性和理性来表现自身的知觉，可以而且只可能区分为主体和客体，而成为"主体的客体"和成为"我们的表象"是同一回事情③。主体的客体或者说我们的表象只有四类，理由律也因此有四重根。

第一，生成（becoming）的充足理由律。这一理由律与主体的知性能力联系在一起，涉及经验实在或者说直观表象，这些表象依赖于内感形式和外感形式（时间和空间），服从因果律。生成的理由律意味着物质或客体在时间上的相继、在空间中的位置以及因此出现的因果作用。处在时间和空间中的一切客体或物质都服从因果律，也因此都处在同其他客体的必然关系中。叔本华这样表示："关于此时此地必然要发生怎样一个情况的规定，乃是因果性的立法所能及的唯一管辖范围"，这是因为，"一提到感性就先假定了物质"，而"物质或因果性，两者只是一事，而它在主体方面的对应物，就是知性"④。

① 叔本华. 叔本华文集：悲观论集. 西宁：青海人民出版社，1996：283.
② 叔本华. 作为意志和表象的世界. 北京：商务印书馆，1997：29.
③ 同①306.
④ 同②36–37.

第二，认识（knowing）的充足理由律。这一理由律与主体的理性能力联系在一起，涉及的是概念或者说抽象表象。概念表象派生自直观表象，只存在于人的大脑中。我们的理性和思维能力从根本上说是一种抽象能力，即形成概念的能力。关于概念的本质，我们永远不能获得直观的认识，而只能有一种抽象的认识。概念只能被思维，不能被直观①。当然，我们并不停留在抽象概念中，而是要确立概念之间的关系，由此形成判断。判断依然要服从理由律，也就是说，"如果一个判断要表达某一类认识，那么它就必须有充分的根据"②。

第三，存在（being）的充足理由律。这一理由律与纯粹感性形式联系在一起，涉及的是存在在空间和时间中的根据。按照叔本华的分析，"空间和时间的建构方式决定了它们所有的部分都是相互关联的，其中的一个是另一个的条件，又以其他一个为其条件"。他把在空间和时间中的这种关联分别称为"位置"和"继起"，进而表示，"时空各部分参照这两种关联（位置和继起）据以相互限定的规律"就是"存在的充足理由律"③。他以三角形的边和角的关系为例表明，这种关联不仅完全不同于因果关系，而且不同于根据和推论之间的关系，于是这种条件可被称为存在的根据。

第四，意欲（willing）的充足理由律。这一理由律与主体的实践理性或者说人的行为联系在一起，涉及的是我们的意志（意欲、欲望）和行为的根据，关系到"理性指导人类行为的问题"④。叔本华认为，我们的意志主体也可以是内感觉的直接客体。一切认识都假定了主体和客体，而自我意识既有认识部分也有被认识部分，被认识部分作为意志展现自身。他这样写道："内省总是向我们显示出我们在欲望。"⑤ 这一类客体或表象涉及内感官，或者说涉及整个自我意识。欲望主体是在自我意识中直接被给予的，我们的每一行为都有其根据或动机，服从一种内在的、特殊的因

① 叔本华. 作为意志和表象的世界. 北京：商务印书馆，1997：74.
② 叔本华. 叔本华文集：悲观论集. 西宁：青海人民出版社，1996：386.
③ 同②412.
④ 同①132.
⑤ 同②424.

果律，"动机的行为（动因）是我们从内部看到的因果律"①。总之，这涉及的是行为的充足理由律，简称为动机律。

三、世界是我的意志

叔本华的更重要的命题是"世界是我的意志"(the world is my will)。他表示，"世界是我的表象"是真理，但这一真理是"片面的"，是由"某种任意的抽象作用引出来的"，正因为如此，必须补充"世界是我的意志"这一真理②。他不像康德那样满足于描绘表象世界，他还试图论述在经验和科学所及的世界之外的在己之物的世界。也就是说，他不满足于把在己之物仅仅当作不可知的东西，而是要对它做出具体解释。按照他的看法，人的认识是这个表象世界的支柱，而人在这个世界中是作为个体存在的，其认识是通过身体这一媒介获得的。身体的感受是知性在直观这个世界时的出发点③。在认识活动中，身体是对于认识主体而言的认识客体，即身体无异于其他表象，是客体中的一个客体。然而，身体的活动和行为的意义还应该有其他的揭示方式，或者说它与意志主体联系在一起。这是每一个体都直接意识到的。

"意志活动"和"身体活动"之间不具有因果关系，它们是"二而一"的，是"同一事物"，虽然以不同的方式给出，即一种是"完全直接给出的"，另一种是"在直观中给予知性的"，简言之，"身体的活动不是别的，只是客体化了的，亦即被表达成知觉的意志行为"(The action of body is nothing but the act of will objectified, i. e., translated into perception)④。直接的意志活动就是直接的身体活动，而对身体的每一作用就是对意志的作用。这种作用，如果和意志相违，被称为痛苦；如果和意志相契合，被称为适意、快感。苦乐不是表象，而是意志的直接感受，出现在

---

① 叔本华. 叔本华文集：悲观论集. 西宁：青海人民出版社，1996：426.
② 叔本华. 作为意志和表象的世界. 北京：商务印书馆，1997：27.
③ 同②150.
④ 同②151.

意志的显现中，出现在身体中。我对于自身意志的认识虽然是直接的，却和我对于自身身体的认识分不开。我不可能完整地认识我的意志，我只是在它的个别活动中认识它，即在时间中认识它。身体乃是认识意志的条件，没有我的身体，我就无法想象我的意志。

叔本华在《充足理由律的四重根》中把"意志"或"欲望主体"当作表象或客体的一个特殊类别提出来，尽管如此，这一客体和主体已经"合一"了，即"不再是客体"了，而是"最高意义上的奇迹"①。"意志和身体的同一性"是一种真理，这一真理与概念表象中涉及的四种真理完全不同，他"想使这种真理突出于其他一切真理之上，把它叫做最高意义上的哲学真理"，认为人们可以用不同方式来表达这一真理，比如"我的身体和我的意志是同一事物""我的身体是我的意志的客体性"之类②。意志是把身体表象与其他表象区别开来的东西，也就是说，身体不仅可以通过理性的方式获得表达，还可以用"意志"这个词来标志。这意味着，对身体的双重认识，让我们认识到身体不作为表象时，它在表象之外在己地是什么。如果不是借助身体与意志的这种同一关系，认识的主体不可能是一个个体。唯有身体既是意志又是表象，其他的一切都只是表象，只是一些幻象。叔本华表示，除了意志和表象外，根本没有任何我们能知道、能思议的东西。

叔本华表示，过去的人们总是把"意志"这一概念纳入"力"(force)这一概念之下，他却反其道而行之，要把自然界中每一种东西都设想为意志。这不是字面上的争议，因为力以对客观世界的直观认识为根据，它完全归属于表象世界，服从于因果必然性。与之相反，"在一切可能的概念中，意志这一概念是唯一的一个不在现象中，不在单纯直观表象中而有其根源的概念，它来自内心，出自每个人最直接的意识"③。意志作为在己之物完全不同于其现象，不具有现象的形式。意志的现象服从必然性，但意志本身是无根据的，也因此是自由的。意志的自由并不意味着现象的自

---

①　叔本华. 作为意志和表象的世界. 北京：商务印书馆，1997：153-154.

②　同①155.

③　同①167.

由："在意志作为人的意志而把自己表现得最清楚的时候，人们也就真正认识了意志的无根据，并已经把人的意志称为自由的、独立的。可是同时，人们就在意志本身的无根据上又忽视了意志的现象随处要服从的必然性，又把行为也说成是自由的。"① 很显然，在现象界或表象世界中寻求自由是徒劳的。

作为意志的我是自由的，然而，我在表象世界中却不得不服从必然性，因为我的行动是有动机的。动机其实是意志与经验的某种结合。叔本华借用经院哲学的说法，把时间和空间称为个体化原则（principium individuationis）。在时空之外的我是自由的，但在时空中的我却得服从必然性。意志表现为无尽的追求，体现为求生存的活动，它没有具体目标，从最高级别的意志到最低级别的意志都是如此，"意志自身在本质上是没有一切目的，一切止境的，它是一个无尽的追求"②。我们的四肢和五官都是意志的体现。动物的生存竞争，植物的争夺阳光水分，无机物的增加与减少都是生存意志的体现。总之，宇宙万物都是意志的客观化。换言之，整个表象世界或直观世界都体现为意志的自我认识。直观世界是意志的客体性，是意志的显示、意志的镜子。

四、科学、艺术与伦理

世界既可以是表象，也可以是意志，但我们对表象和意志采取的认识方式是完全不同的。叔本华区分了两种不同的认识方式：一种是科学所采取的理性的概念认识，另一种是艺术所采取的非理性的直观认识。前者针对的是表象世界，后者针对的是意志世界。理性认识对于表象世界是有效的，但不能够认识本质，它无法认识意志和自由等问题，原因在于理性认识必须依据充足理由律，意志却是超然于充足理由律的。为了认识意志，只能依靠直观。这里的直观有别于康德所说的时空表象，也有别于叔本华本人所说的时空表象，而是某种类似于艺术行为的神秘方式。为了进行直

---

① 叔本华. 作为意志和表象的世界. 北京：商务印书馆，1997：168-169.
② 同①235.

观，必须放弃通常的观察事物的方式，不再考虑事物的时空和因果性，而只关注它们是什么；同时也不再受理性的概念支配，于是直观认识成为一种超时空、超概念的有别于通常思维的认识。人使自己完全沉浸在直观中，沉浸在对当下事物的静观中。在这一直观中，作为主体的我完全丧失了，个性和意志消除了，与此同时，对象也不再受制于个体化原则，于是"我"与"对象"合而为一。这其实是艺术创造或艺术欣赏时所处的某种状态。

叔本华在这里通过引入柏拉图的理念学说来克服康德关于在己之物不可知的困境。全部表象都是意志的客体性，都是成了客体的意志。然而，表象有不同的层次，柏拉图意义上的理念处于表象世界的最高层次。理念把自己展示在个体事物之中，个体事物只是对理念的模仿。个体事物受制于时间、空间和因果性，理由律是一切有限事物，一切个体化的最高原则，是表象的普遍形式；但理念"并不进入这一最高原则"，它虽然"显示"在"多至无数"的、"不断在生灭"的个体中，但它"作为同一个理念"是不变的，理由律"对于它也是无意义的"；理由律是主体进行认识的"形式"，而主体是"作为个体"进行认识的，由此，"理念也就会完全在这种个体的认识范围之外"，而"要这些理念成为认识的对象，那就只有把在认识着的主体中的个性取消，才能办到"①。

依据康德哲学，我们只能认识现象界的事物，因为我们可以借助时间、空间和因果性等形式来认识它们，但这些形式与在己之物无涉，我们因此无法认识在己之物。依据柏拉图哲学，可感世界或个别事物的世界变化无常，我们对它们不可能有真正的认识，但可知世界或理念世界是不变的、永恒的，我们可以通过回忆或辩证法获得真正的认识。如果经过某种转换，康德的在己之物和柏拉图的理念之间就会有相通或相近之处。叔本华这样写道："在我们看来，意志既然是在己之物，而理念又是那意志在一定级别上的直接客体性，那么，我们就发现康德的在己之物和柏拉图的理念……虽不是等同的，却是很接近的。"② 如此一来，在己之物并不是

---

①　叔本华. 作为意志和表象的世界. 北京：商务印书馆，1997：238.
②　同①239.

不可知的，而是可知的，只是不应该用概念和理性的方式来进行认识。

叔本华表示，如果人们真正懂得和体会了康德的学说，如果自康德之后真正懂得和体会了柏拉图的学说，而且忠实地、认真地思考过两位大师学说的内在旨趣和含义，就会明白两个学说的本意与目标是完全相同的。他们有同一目标，有相同的世界观，但"理念和在己之物并不干脆就是同一个东西"，应该说"理念只是在己之物的直接的，因而也是恰如其分的客体性"，而"在己之物本身却是意志"①。对个别事物的认识依据理由律，对理念的认识摆脱理由律，而对理念的认识其实就是对意志的认识。在这种认识中，主体首先必须发生变化，即在他认识理念时，已不再是个体了。

叔本华这样描述说："从一般的认识个别事物过渡到认识理念，这一可能的，然而只能当作例外看的过渡，是在认识挣脱了它为意志服务时，突然发生的。这正是由于主体已不再仅仅是个体的，而已是认识的纯粹而不带意志的主体了。主体已不再按理由律来推敲那些关系了，而是栖息于，沉浸于眼前对象的亲切观审中，超然于该对象和任何其他对象的关系之外。"② 个体不再针对事物的"何处""何时""何以""何用"，而仅仅只是其"什么"；盘踞着其意识的也不再是抽象的思维和理性的概念，他把自己的全副精力献给直观，他沉浸在直观中，让自己的意识在寂静中为眼前的自然对象所充满，不管这时的对象是风景，是树木，是岩石，是建筑物，还是其他任何东西。

在这种直观中，人自失于对象之中，他忘记了他的个体，忘记了他的意志，他仅仅是作为纯粹的主体，作为客体的镜子而存在，好像只有对象的存在而没有知觉对象的人了，于是直观者和直观无法分开，两者已经合一。我们认识的其实不再是个别事物，而是理念，即意志的直接客体性。个体的人消失在这种直观中，成了纯粹的、无意志的、无痛苦的、无时间的认识主体。叔本华问："考察理念、考察在己之物的，也就是意志的直接而恰如其分的客体性时，又是哪一种知识或认识方式呢？"其回答是：

---

① 叔本华. 作为意志和表象的世界. 北京：商务印书馆，1997：244.
② 同①249.

"这就是艺术，就是天才的任务……艺术的唯一源泉就是对理念的认识，它的唯一的目标就是传达这一认识。"① 科学追随理由律，因此在原因和结果的无休止的变动中前进，永远达不到最后的目标，并因此始终得不到满足。艺术与此不同，它在任何地方都能达到其目的地，它使时间的齿轮停顿了，摆脱了一切关系，因为其对象是本质，是理念。

在观察事物时，"遵循理由律的是理性的考察方式"，是"在实际生活和科学中唯一有效而有益的考察方式"，而"撇开这定律的内容不管"则是"天才的考察方式"，是"在艺术上唯一有效而有益的考察方式"②。叔本华赞赏天才，突出其艺术的或直观的认识能力。但是，他并不否认普通人也能够有艺术认识，尽管他们的本领没有那么大，而且个体差异明显。无论如何，任何人都有这种能力，否则的话，一般人就不会欣赏艺术作品了，就像不能创造艺术作品一样。他表示："如果不能说有些人是根本不可能从美感获得任何愉快的，我们就必须承认在事物中认识其理念的能力，因而也正就是暂时撇开自己本人的能力，是一切人所共有的。"③普通人有别于天才的地方就在于，他们不可能像天才那样完全不计利害地进行持续的真正的静观，他们往往更加关注事物之间的关系，而且概念认识对于他们来说总是更为有用。

叔本华为我们确立了艺术与人生（伦理）之间的关联。在他看来，德性和天才一样，也是不可能被教会的。概念只是德性的工具，正像概念是艺术的工具一样。正因为如此，似乎不需要真正的实践哲学。然而，正像有必要以另外的方式考察作为客体的理念一样，也有必要以另外的方式考察人的行为。他表示，自己不会考察什么行为规范，什么义务论之类，更不会提出什么普遍的道德原则④。在他看来，纯粹就其自身来看的意志是没有目标的，只是不能遏止的盲目冲动。我们在无机自然、有机自然和我们自己的生命成长发育中所看到的意志现象都是这种冲动。意志是在己之物，是世界的本质，而生命、可见世界则是意志的镜子，哪里有意志，

---

① 叔本华. 作为意志和表象的世界. 北京：商务印书馆，1997：258.
② 同①259.
③ 同①271-272.
④ 同①373.

哪里就有生命。世界的本体是意志，个人的本质同样是意志。然而，生命是有生有灭的，意志却不为生灭所触及。叔本华这样写道："个体必然有生有灭，这是和'个体化'俱来的。在生命意志的显现中，个体就好比只是个别的样品或标本。生命意志不是生灭所能触及的，正如整个自然不因个体的死亡而有所损失是一样的。这是因为大自然所关心的不是个体而仅仅只是物种的族类。"① 很显然，个体生命是没有任何意义的。然而，在摆脱个体化原则之前，人在世上的生活却是不断地欲求。

当然，具体的欲求是有动机的。意志表明人的绝对自由，动机则表明人要受必然性的支配。自由与必然的冲突于是就产生了：任何事物作为现象或作为客体，都完全是必然的，但它在己的本身却是意志，而意志永远是完全自由的②。人和大自然中的任何其他部分一样，既要服从必然性，又有自由的追求。意志作为欲求表明，人生是痛苦的，而意志正是痛苦的根源。人生根本不可能有幸福，人生在本质上就是一个形态繁多的痛苦。整个欲求过程都是痛苦的：之所以欲求是因为缺乏，这就是一种痛苦；为实现这种欲求需要奋斗和竞争，这同样是痛苦；欲望满足带来空虚无聊，这也是痛苦；空虚无聊又产生新的欲求，不断重复，至死方休。我们总想把肥皂泡吹得大一点，全然不知一切终究是南柯一梦。因此应该放弃生命意志，以求解脱。欣赏艺术或进行艺术创造是一种暂时的解脱，完全禁欲，通达佛教的"涅槃"境界则是最终的解脱。那么最终剩下的是什么？留在我们面前的是"无"，即"没有意志，没有表象，没有世界"③。

第三节　强力意志与艺术人生观

一、一个斗士在哲学界的诞生

尼采以叔本华的意志主义哲学为起点，但他们的哲学之间却存在着巨

---

① 叔本华. 作为意志和表象的世界. 北京：商务印书馆，1997：378.
② 同①394.
③ 同①562.

大的差异。无论对于后起的哲学家而言还是对于一般读者来说，他们两位都以伦理学或人生哲学方面的影响著称。当然，在叔本华那里，伦理学与本体论是不相容的，而在尼采那里，则不再存在这样的问题。尼采的主要著作有：《悲剧的诞生》《快乐的科学》《偶像的黄昏》《道德的谱系》《不合时宜的思想》《查拉斯图拉如是说》，以及死后经人整理出版的未完成的遗稿《强力意志》等。

尼采曾经是一个非常循规蹈矩的小孩，后来却成为西方思想史上最具批判意识的斗士。在不到 25 岁时，他在尚未获得博士学位的情况下就任瑞士巴塞尔大学古典语言学方面的教授；但他 34 岁时因病离开了学校，并由此开始了其传奇般的哲学生涯。孤独的生活和潮涌的思想使他经常处于发狂状态，他最终真的成了疯子，最后十一二年是在精神病院度过的。他生前默默无闻，但死后不久就逐步获得名声，越来越产生深刻的影响。他非常狂妄，其《自传》的前三个小标题分别是"我为何如此智慧""我为何这样聪明""我为何写出如此杰作"。他声称："人们既不相信我的话，也不了解我，这是一个事实，这个事实将我事业的伟大性和我同时代人的渺小性之间的悬殊，明白地表现出来了。"①

尼采承认自己天性自傲，自认为依靠自己的荣誉而活，不希望把自己与其他人混在一起。他宣称自己出生得太早，因此其思想不合时宜，但他对未来充满自信，认为自己的时代还没有到来。的确，他的影响一直延续至今。他对以实存主义为代表的后期现代哲学和以后现代主义为代表的当代哲学都产生了重大影响。前者认为他提升了人的地位，后者认为他已经宣布了人的死亡。尼采没有接受过严格的哲学训练。在擅长思辨、酷爱构造体系的德意志哲学界，其思想可谓别具一格。他擅长用格言和诗一般的语言来呈现他对历史、社会和人生的跳跃性思考，其作品文体优美，富有灵气，棱角分明。由于接受古典语言学和文献学的训练，他从古希腊的悲剧艺术中获得了大量灵感，音乐艺术则给予他直接启迪。

尼采在非常偶然的情况下如痴如狂地阅读了叔本华的《作为意志和表象的世界》，声称这本不为时人关注的著作是专门为他写的。他在后来

---

① 尼采. 瞧！这个人——尼采自传. 北京：中国和平出版社，1986：1.

的工作中，借助意志主义来批判欧洲文明及其形而上学基础，同时也批判意志主义的这位创始人本身，以自己的悲剧主义哲学取代其悲观主义哲学。他这样表示："随着叔本华的出现，哲学家确定价值的使命开始萌生，不过始终受幸福论的支配。这是悲观主义的理想。我的先驱是叔本华。我深化了悲观主义，并通过发现悲观主义的最高对立物才使悲观主义完全进入我的感觉。"①

尼采可以说是一个彻底的非理性主义者和非道德主义者。他对整个西方哲学、宗教、科学、艺术以及日常生活都进行了尖锐、深刻、彻底的批判。他号称自己是"一个战士"，攻击是自己的本能。"强力意志"（will to power）、"超人"（superman）、"神死了"（death of God）、"主人道德和奴隶道德"（master-slave morality）、"永恒轮回"（eternal recurrence）等是其哲学的核心概念或主要内容。

二、传统批判与价值重估

尼采颠覆性地清算了西方文明，而其全部努力最终归结为对理性主义哲学传统进行全面而深刻的批判，其着眼点是所谓的虚无主义（nihilism）。这一思潮出现在西方价值世界中，其集中体现是"神死了！"这一逆天的口号。其实，尼采最初是借一个疯子的话来做如下宣布的："神死了！神真的死了！是我们杀死了他！"② 神是西方价值的象征，一直受到顶礼膜拜，而现在却越来越受到蔑视。按照海德格尔对尼采的解读，"尼采的思想自以为是以虚无主义为标志的。'虚无主义'这个名称表示的是一个为尼采所认识的、已经贯穿此前几个世纪并且规定着现在这个世纪的历史性运动。尼采把对虚无主义的解释综括在一个短句中：'神死了'"③。他认为这句话表达的并不只是无神论者尼采说出的片面的、容易反驳的个人意见，不能把它归结为最终发疯的这位思想家的乖张观点。相反，尼采

① 尼采. 强力意志——重估一切价值的尝试. 北京：商务印书馆，1991：146-147.
② 尼采. 快乐的科学. 北京：中国和平出版社，1986：139.
③ 海德格尔. 林中路. 上海：上海译文出版社，1997：195.

只不过明确地道出了在被形而上学所规定的西方历史范围内未曾明言的这句话，说的是两千年来的西方历史的命运。

在海德格尔看来，尼采所说的神是基督教的神，但首先要思考的是，"神"和"基督教的神"这两个名称根本上是被用来表示超感性世界的，是表示理念和理想领域的名称。自柏拉图以来，更确切地说，自晚期希腊哲学和基督教哲学对柏拉图哲学进行解释以来，这一超感性领域被当作真实的和真正现实的世界了；相反，感性世界只不过是尘世的、易变的，因而是完全表面的、非现实的世界。海德格尔这样写道："'神死了'这句话意味着：超感性世界没有作用了，它没有任何生命力。形而上学终结了，对尼采来说，就是被理解为柏拉图主义的西方哲学终结了。尼采把他自己的哲学看作是对形而上学的反动，对他来说，也就是对柏拉图的反动。"① 神代表着超感性的东西、规范和原则。既然神死了，这些至上的东西也就没有了保障，人和存在者自己也就丧失了价值。简单地说，虚无主义意味着"最高价值的自行贬值"②。信仰丧失，精神空虚就成了时代的表征。正像海德格尔解读的那样，尼采认为这种虚无主义的根源是以柏拉图为代表的理性主义哲学。

不管表面分歧如何，西方哲学传统其实是一以贯之的，都试图以一个虚构的理念世界来否定现实世界。尼采表示，"一旦我们捏造了一个观念世界，我们就剥夺了现实世界的价值、意义和真理"，也就是说，"真实世界"与"表面世界"的区分是现实世界的祸害，它形成的那些价值"是与确保人类繁荣、人类未来以及对这个未来的最大要求的那些价值正相反对的"③。理念世界取代了感性世界，它是真正的世界，它是万物之本，它既是现实世界的根据，又是价值的最高法则和道德的最后根据。于是，理性主义哲学本身就是一种虚无主义。也就是说，在虚无主义者眼里，实际存在的世界不应该存在，而应该存在的世界还不存在。建立在理性主义基础上的道德推崇美德，让人们合乎理性地生活，实际上就是要否

① 海德格尔. 林中路. 上海：上海译文出版社，1997：199.
② 尼采. 强力意志——重估一切价值的尝试. 北京：商务印书馆，1991：280.
③ 尼采. 瞧！这个人——尼采自传. 北京：中国和平出版社，1986：2.

定现实的生活、满溢的生命。基督教道德尤其是生命的敌人，因此应该坚决否定这种理性主义的虚无主义。一旦摆脱了理性主义，人们就会回归生活、肯定生命。

尼采认为虚无主义有双重意义："A. 虚无主义是精神权力提高的象征：积极的虚无主义。B. 虚无主义是精神权力的下降和没落：消极的虚无主义。"① 他主张以一种彻底的虚无主义否定理性主义的虚无主义，即应该以一种积极的虚无主义来彻底否定传统哲学和传统道德。他主张回归感性世界，认为"哲学对感官的敌意乃是人最大的荒唐"②。伴随"神死了"这样一种意识，开始了关于以往最高价值的彻底重估的意识。他这样表示："很显然的，到目前为止，道德根本就不会被视为一个问题，它一直被视为人类在猜疑、不和以及冲突之后所达到的基点，是思想家甚而可以自己获得歇息，可以恢复其呼吸而苏醒的安宁且神圣之地。"③ 他清理道德的谱系，发现许多传统道德其实是弱者用来维护自身并对抗强者的手段。

在尼采看来，人的行为其实无所谓道德不道德，可以采取一切手段；如果有道德的话，也只是一种解释，或者说它只是一种评价体系，一切取决于评价者。它归根到底是对生命现象的解释。他自己的原话是："我的要义：道德现象是不存在的，只存在对这种现象的道德解释，而解释本身就成了非道德的起源。"④ 他区分所谓的主人道德和奴隶道德，最终看到的是道德的相对性。他提倡主人道德，否定奴隶道德，认为前者有利于弘扬生命，后者却会弱化生命。他明确表示，一个人在思考怎样才能被提升到强力的顶峰这一问题时，他必须得明白，他本人一定要置身于道德之外，因为道德的目的与此相反，它要阻止或摧毁强力，它谴责并力图摧毁极度充盈的生命。

尼采明确主张，不是"美德带来幸福"，而是"唯有强者才把自己的幸福状态宣称为美德"，换言之，"恶行属于强者和具有美德的人"，而

---

① 尼采. 强力意志——重估一切价值的尝试. 北京：商务印书馆，1991：280.
② 同①117.
③ 尼采. 快乐的科学. 北京：中国和平出版社，1986：239.
④ 同①188.

"最强者，即具有创造性的人，必定是极恶的人"，因为他"反对别人的一切理想"，他"在所有人身上贯彻自己的理想"，并且"按照自己的形象来改造他们"①。他把普通人视为"群畜"，认为"群畜的软弱产生了一种与颓废派的软弱十分相像的道德"②。简单地说，一方面，普通人不可能自己决定自己的命运，他们离不开牧人；另一方面，他们美化自己的"群畜"本性，于是产生了道德，但是，这种道德其实意味着"群畜"对一切"真正的人"的憎恨。

让尼采不能容忍的是，逆来顺受、贞洁、忘我和绝对服从之类的奴隶道德竟然取得了胜利，导致统治的天性被斥为伪善和昧良心，并且把软弱天性的适中与强者的节制混为一谈。他宣布："弄懂和揭示道德问题——我看这似乎是新的使命和大事件。迄今为止，发生在道德哲学中的事情，我概不承认。"③ 康德认为启蒙是要让人摆脱自己加于自己的不成熟状态；但在尼采看来，"思想启蒙运动，是一种必要的手段，使人变得更无主见、更无意志、更需要成帮结伙。简言之，在人们中间促进群畜的发展"④。康德让个体不是按照自己的准则，而是按照普遍的道德法则来行动，他关于启蒙和自由的学说也因此没有让个体摆脱普遍性的羁绊；而在尼采看来，强力意志要冲破的恰恰是普遍性或普遍理性。

三、强力意志主义

尼采摧毁了柏拉图主义关于两个世界的区分，但他就像叔本华一样，在另一种意义上对世界进行了区分，即认为存在着表象世界和意志世界的不同。在我们的表象背后是我们的强力意志，这显然是对叔本华的生存意志的改造。强力包含了力量、能力、权力等诸多含义，简单地说，它意味着"能够"，意味着"有所能"，不管是针对自己、他人还是针对世界。强力意志克服了生存意志的盲目性、消极性，其基本特征如下：它是积极

---

① 尼采. 强力意志——重估一切价值的尝试. 北京：商务印书馆，1991：112.
② 同①113.
③ 同①147.
④ 同①151.

进取的而非悲观绝望的，是向上向外的而非毫无目标的，是满溢的而非匮乏的。尼采有这样一些描述："有机的职能不过是基本意志的形式，即强力意志"，"强力意志专门化为谋生图存，谋求财产、工具、奴仆，谋求当统治者"，"一切生物都有思维、情感和欲望"，精神的职能是"塑造意志、同化意志"，如此等等①。宇宙万物都具有释放能量和扩张自己的欲望、进行创造的欲望、占有和支配他物的欲望。

强力意志在尼采哲学中的中心地位主要表现在两个方面：第一，人的本质是强力意志，人生也就应该由强力意志来说明，人应当爱惜生命，应当自强不息，不断创造，勇于面对痛苦和磨难。第二，社会是不平等的，不同的人的强力意志在质上和量上都有不同，人生来就是不平等的。在自然界，"每个有生命的有机体都在自己力量允许的范围内尽可能远地蔓延开去，并且征服一切弱小者"，人类社会也应该这样，所以"我们要像大自然那样，无所顾忌地处置大众"，要"提高创造者的欲望"，真正说来，"伟人"以其"专制"的特性"愚化庸众"，而"群畜"或"大众"则"倾向维持现状"，心里"没有丝毫的创新精神"②。

尼采明确宣称"人有高低贵贱的区分"，即"一方是丰满的、充盈的、伟大的完人，另一方是无数不完整的、不健全的人"③。在他看来，高贵的人想创造新事物与新道德，善良的人们却需要旧事物，保存旧事物④。他抨击说，"在神面前人人平等"是"迄今为止登峰造极的荒唐"⑤。他主张较高级的人要对民众宣战，表示自己否定一切纵容和包庇"人民"或"女性"出人头地的做法，否定"普遍选举权"或"劣等人统治"，要把这一切"暴露无遗"，并"交付审判"，同时强调指出：在这个具有普遍选举权的时代，即在任何人都有权批评任何人、任何事的时代，"当务之急乃是重建等级制"⑥。

---

① 尼采. 强力意志——重估一切价值的尝试. 北京：商务印书馆，1991：149.
② 同①114-115.
③ 同①116.
④ 尼采. 查拉斯图拉如是说. 北京：文化艺术出版社，1987：47.
⑤ 同①120.
⑥ 同①141.

叔本华开始重视身体，认为它是意志的直接客体化；尼采同样重视身体，尽管他没有对其进行系统的阐述。他要求我们像小孩那样说，"我是身体，还有心灵"（Body am I, and soul）；像觉醒者那样说，"我整个地是身体，而不是其他什么，心灵仅仅是身体中的某种东西的名称"（Body am I entirely, and nothing more; and soul is only the name of something in the body）；真正说来，"创造性的身体为自己创造了精神，作为其意志之手"（The creating body created for itself spirit, as a hand to its will）①。他明确宣称"要以身体为准绳"②。很显然，尼采延续了叔本华开启的身体针对心灵的造反。

尼采的强力意志理论极力强调奋斗和创造，然而，积极奋斗、努力创造究竟图的是什么呢？一切终将归于虚无，因为谁都免不了以死亡告终。就此而言，产生了人生有何意义的疑问。为此，尼采提出了永恒轮回的观念。他表示："能量守恒的原则要求永恒轮回。"③ 按照他的说法，永恒轮回是一种"预言"，它是对他的学说及其理论前提和结果的"阐述"，是对他的学说的"证明"，是"测算的结果"，是"会被人信仰的"，它在历史中具有"中心"地位④。也就是说，假定永恒轮回，生命就有了价值，奋斗就有了意义。真正说来，这意味着世界不断再生和个体不断超越自己。按照海德格尔的解读，在尼采哲学的整体结构中，永恒轮回、强力意志和价值重估三者同等原始地合为一体⑤。

四、超人哲学与艺术人生观

尼采在其《自传》中声称："我允诺去完成的最后一件事是'改良'人类。"⑥ 他在《查拉斯图拉如是说》中宣布："超人是大地的意义。"⑦

---

① 尼采. 查拉斯图拉如是说. 北京：文化艺术出版社，1987：31-32.
② 尼采. 强力意志——重估一切价值的尝试. 北京：商务印书馆，1991：152.
③ 同②631.
④ 同②646.
⑤ 海德格尔. 尼采：上. 北京：商务印书馆，2003：420.
⑥ 尼采. 瞧！这个人——尼采自传. 北京：中国和平出版社，1986：2.
⑦ 同①7.

他在遗稿中则强调："'人类'不是目的，超人才是目的！"① 他反复提到人类应当被超越。人应当被超越，就像猿猴已经被人超越了一样。猿猴于人是一个讥笑或一个痛苦的羞辱，人于超人也是如此。尼采并没有明确界定什么是超人，而是把它对立于现代人，特别是末人。末人是没有创造愿望和创造力的人，末人总是谨小慎微，末人是没有个性的人。超人是这些含义的反面。在两者之间有一些高人，但高人只是一些过渡样式，真正需要的是超人。超人实际上就是拥有充沛的生命力，因此不断自我超越的人。尼采宣称："世间充满了多余的人；生命已经被过剩的人所损害。让人们被永生诱引着离去这个生命罢！"② 很显然，在他眼里，普通人根本就不应该有生存权。

尼采明确鼓吹"等级制"，宣称"指导千年意志的人是最高级的人，他方法是指导人的最高本性"，但他否定神，认为他"同最强者的形象相去十万八千里"③。他认为"平等的可怕后果"就在于"最终每个人都认为自己有权过问一切问题"，这就"等于完全抛弃等级制"；他也否定所谓的利己主义，因为在这种情况下，"每个人都想把自我同一切自我同等看待"，但这是"奴隶理论"，是"'普遍选举权'和'平等'的结果"；他同时攻击"现代社会主义打算创造一个与耶稣教义并行的世俗形式"，把"每个人"都视为"绝对的工具"④。他认为取消被奴隶污染了的价值是创造更高级人类的手段，主张要有意识地、最大限度地提高人的强力，因为它能够创造超人。

尼采和叔本华一样认为人生是痛苦的，并因此反对苏格拉底式的乐观主义。然而他同时认为，由于意义取决于个体的创造，所以在生命冲动中，痛苦反而成了生命的兴奋剂。他表示，一个人"愈是要决定未来，也就愈是要受到磨难"，而"这就是对苦难的最深刻的见解"⑤。他借用康德的一句话说，"驱使人前行的唯一原则乃是痛苦，痛苦高于快乐"；

---

① 尼采. 强力意志——重估一切价值的尝试. 北京：商务印书馆，1991：137.
② 尼采. 查拉斯图拉如是说. 北京：文化艺术出版社，1987：47.
③ 同①119-120.
④ 同①122.
⑤ 同①.

确实，重视生命并不意味着利益和享乐，因为"利益和享乐是生命的奴隶理论"；然而，自己的时代"不分青红皂白"，它"一心要消灾免祸"，所以成了"穷人的时代"，而所谓的富人也"成了穷光蛋"，因为"一切财富的真正目的"被他们"忘得一干二净"①。

尼采的《悲剧的诞生》是一本严格的学术著作，但其中已经蕴含了他那些格言式和诗意性的作品的可能方向。这是一部关于美学和艺术的著作，但同时也是一部人生哲学著作。对于尼采来说，艺术是生命的最高使命，是生命的真正形而上学活动②。正因为如此，他用古希腊的悲剧艺术来解释人生，由此表明悲剧主义与悲观主义的根本不同。他确认悲剧艺术是从音乐精神而来的。他想要问的是：作为迄今为止人类"最完美""最美好""最令人羡慕""最具生命魅力"的一个种类，希腊人一定需要悲剧吗？甚至一定需要艺术吗？也即，"希腊艺术究竟何为？"其实，真正的问题是："难道悲观主义必然地是没落、沉沦、失败的标志，是疲惫和虚弱的标志吗？"进而言之，"有一种强者的悲观主义吗？"他想了解，"恰恰在最美好、最强大、最勇敢的时代的希腊人那里，悲剧神话意味着什么？"或者说，"狄奥尼索斯的伟大现象学意味着什么？"③

悲剧的诞生主要源于狄奥尼索斯精神（Dionysian spirit），致使悲剧死亡的则是道德的苏格拉底主义的自满和快乐。尼采自认为在书中坚持了这一使命："用艺术家的透镜看科学，而用生命的透镜看艺术。"④ 他不无自豪地表示自己"是发现这种悲剧性的东西的第一人"⑤，他"有理由把自己当作第一位悲剧哲学家"，也就是说"与悲观主义哲学家完全相反的哲学家"⑥。悲剧观念代表的是对生命的肯定，甚至是对它的最奇妙、最困难的问题的肯定。悲剧观念要跨越恐惧和不幸，以狄奥尼索斯精神保持对

① 尼采. 强力意志——重估一切价值的尝试. 北京：商务印书馆，1991：110-111.
② 尼采. 悲剧的诞生. 北京：商务印书馆，2014：18.
③ 同②3-4.
④ 同②5-6.
⑤ 同①128.
⑥ 尼采. 瞧！这个人——尼采自传. 北京：中国和平出版社，1986：38.

变化本身的永恒喜悦之情。尼采认为以往的哲学家都没有把狄奥尼索斯现象转变为一种悲情（pathos），都缺乏悲剧智慧，而他自己通过《悲剧的诞生》道出了一个伟大的希望，即狄奥尼索斯精神必将重新来临，"所以我预言将会产生一个新的悲剧时代：当人类毫无痛苦而自觉到在它的背后有着许多最艰苦也最需要的战斗时，这种肯定生命的最高艺术即悲剧，就会重新产生"①。

希腊悲剧主要有两个元素：阿波罗精神（Apollonian spirit）和狄奥尼索斯精神。尼采是这样开始其论述的：艺术的进展是与阿波罗和狄奥尼索斯的二元性联系在一起的；与这两个艺术神祇紧密关联，从起源和目标来讲，在希腊世界中存在着造型艺术（即阿波罗艺术）和非造型的音乐艺术（即狄奥尼索斯艺术）之间的巨大对立；两种十分不同的本能并行共存，但多半处于相互分裂中；直到最后，通过希腊"意志"的一种形而上学的神奇行为，两者相互结合，形成了包含两者的悲剧艺术作品②。两种本能分别属于由梦和醉构成的艺术世界，前者体现为阿波罗式的梦幻般的宁静和谐，后者代表的是狄奥尼索斯式的陶醉般的生命冲动。

伟大的雕塑家是在梦幻中看到超凡神灵的迷人形体的，不仅如此，在梦境的创造方面，每个人都是完全的艺术家。梦境中的虚幻的美是一切造型艺术的前提，也是一大半诗歌的前提。我们最内在的本质，所有人的共同根底，本身就带着深沉的欢愉和快乐的必然性去体验梦境。希腊人用阿波罗形象来表达梦境中的快乐的必然性。阿波罗是"一切造型力量的神"，同时也是"预言之神"。作为"光明之神"，他也掌管着"内心幻想世界的美的假象"，他代表了一条"不可或缺"的"界线"——"造型之神的那种适度的自制，那种对粗野冲动的解脱，那种充满智慧的宁静"③。阿波罗体现了希腊人对个体化原则的坚定信赖，是个体化原则的壮丽神像，其表情和眼神向我们道出了梦幻的全部快乐和智慧，连同它的美。

① 尼采. 瞧！这个人——尼采自传. 北京：中国和平出版社，1986：54.
② 尼采. 悲剧的诞生. 北京：商务印书馆，2014：19.
③ 同②23-24.

然而，当个体化原则破碎时，我们从"人的内心"深处，即"从本性中升起的那种迷人的陶醉"中，可以"洞察到狄奥尼索斯的本质"，用"醉"来类比最为合适，这是因为，"无论通过所有原始人类和原始民族在颂歌中所讲的烈酒的影响，还是在使整个自然欣欣向荣的春天强有力的脚步声中，那种狄奥尼索斯的激情都苏醒过来了，而在激情高涨时，主体便隐失于完全的自身遗忘状态"①。狄奥尼索斯代表的是炽热的生命，狂喜的满足，神秘的忘我：人与人以及人与万物的和解。

尼采表示，阿波罗和狄奥尼索斯这两种艺术力量是从自然本身中涌现出来的，无须人类艺术家的中介作用，而且是直接地获得满足的。任何艺术家都是这两种自然艺术的模仿者，因此要么是"阿波罗式的梦之艺术家"，要么是"狄奥尼索斯式的醉之艺术家"，要么像在希腊悲剧中那样"两者兼有，既是醉之艺术家，又是梦之艺术家"②。悲剧艺术以某种方式实现了阿波罗精神和狄奥尼索斯精神的完美结合。真正说来，最重要的元素是狄奥尼索斯精神。这突出的是生命的满溢，以自己的生命活力让世界充满活力，同样，与世界的合一也使自己的生命力满溢。

在尼采看来，由于苏格拉底哲学把阿波罗精神的适度理性渲染为极度理性，同时贬抑狄奥尼索斯精神，从而导致了悲剧的衰退。他主张，真和美都必须在强力意志的法庭中证明自己的合法性，正因为如此，真和美都是创造和创新的产物，是创造的人生的象征："就像我们爱美一样，真也是创造性的意志。两种意义并存，现实的含义就是，以按我们的爱好创造事物为目的来获取强力的手段。对创造和改造的爱好——原始的爱好！我们只能认识我们亲手造就的世界。"③

尼采式的艺术人生观为我们提供了人生进阶的三种境界或三个形象："你应"（Thou-shalt），即"骆驼—道德"形象；"我要"（I will），即"狮子—英雄"形象；"我是"（I am），即"婴儿—新生"形象。他借查拉斯图拉的口说："我向你们指出精神的三种变形（three metamorphoses of the

① 尼采. 悲剧的诞生. 北京：商务印书馆，2014：24.
② 同①27.
③ 尼采. 强力意志——重估一切价值的尝试. 北京：商务印书馆，1991：117.

spirit）：精神如何变成骆驼，骆驼如何变成狮子，最后狮子如何变成小孩。"① 他还在历史或文明中找到了这三种形象的典型代表。他这样写道："'你应'无条件地服从，斯多亚主义那里，基督教和阿拉伯教团那里，康德那里都这么说（至于是服从上司，还是服从概念，那是无所谓的）。比'你应'更高一级的是'我要'（英雄人物）；比'我要'更高一级的是'我是'（古希腊诸神）。野蛮人的诸神只字不提对尺度有什么兴趣——他们既不单纯，也不轻松，更无节制。"②

由于康德始终都在强调"应当"，尼采把他看作是一个"外强中干的稻草人"③。这种传统精神必须让位于英雄般的反抗精神，但英雄并不是超人，而只是通往超人的桥梁，一切必须重新开始。这样一来，谦让并承担重负的骆驼是不够的，需要创造自由和挑战义务的狮子。但要创造新价值，狮子却是无法做到的，于是就需要小孩："小孩是天真与遗忘，一个新开始，一个游戏，一个自转的轮，一个原始的动作，一个神圣的肯定。"（Innocence is the child, and forgetfulness, a new beginning, a game, a self-rolling wheel, a first movement, a holy yea.）④ 鲁迅曾经大声疾呼："救救孩子！"尼采的思想显然在中国获得了响应。

第四节 逻辑分析与科学人生观

一、分析的时代

英美分析哲学或科学哲学也可以说是后期现代经验论哲学，其主导倾向是逻辑经验主义，重要流派有逻辑原子主义、逻辑实证主义、日常语言哲学、逻辑实用主义等。弗雷格（Frege F. L. G，1848—1925）是现代数理逻辑的主要创始人，也是分析哲学的奠基者，罗素、维特根斯坦、卡尔

---

① 尼采. 查拉斯图拉如是说. 北京：文化艺术出版社，1987：21.
② 尼采. 强力意志——重估一切价值的尝试. 北京：商务印书馆，1991：118.
③ 同②131.
④ 同①23.

纳普、奎因等人是其主要的代表人物。在大陆哲学的演进中，语言问题越来越重要，由此引出了以结构语言学为模式的结构分析，这显然是对英美哲学中的语言分析的某种呼应。

逻辑实证主义有一条最重要的原则，那就是可证实性原则（verifiability principle）。英国逻辑经验主义者艾耶尔（Ayer A，1910—1989）表示："人们认为，可证实性原则应当提出一个可以用来决定一个句子在字面上有无意义的标准。用一个简单的方式去表述可证实性原则，我们可以这样说，一个句子，当且仅当它所表达的命题或者是分析的，或者是经验上可以证实的，这个句子才是字面上有意义的。"① 这段话非常全面地表达了分析哲学的科学观，体现了经验主义传统与时代逻辑分析趋势的完美结合。

然而，这一理想的科学观后来受到了各方面的批评：波普尔用可证伪原则（falsifiability principle）取代了可证实原则，库恩等人用整体主义观点取代了原子主义观点，如此等等。奎因则指出，20 世纪的经验论大部分是受两个教条制约的：其一是相信在分析的或以意义为根据而不依赖于事实的真理与综合的或以事实为根据的真理之间有根本的区别；其二是还原论，相信每一个有意义的陈述都等值于某种以指称直接经验的名词为基础的逻辑构造②。他本人坚定地否定了这两个教条，并由此引发了两个重要的后果：一是模糊思辨形而上学与自然科学之间的界限，二是把逻辑分析方法和实用主义结合起来。逻辑原子主义和逻辑实证主义共同倡导的人工语言哲学坚决地拒斥形而上学，而逻辑实用主义与日常语言哲学比较类似，它们转向日常生活与经验，在不同程度上恢复了形而上学的地位。

我们在本节中评介罗素和维特根斯坦的逻辑原子主义哲学以及后者的日常语言哲学，由此简单地勾勒出分析哲学视野中的世界和人生。

二、罗素：从观念论到逻辑原子论

罗素出身于名门望族，是英国著名的哲学家、数学家，在分析哲学运

---

① 艾耶尔. 语言、真理与逻辑. 上海：上海译文出版社，2006：1—2.
② 蒯因. 从逻辑的观点看. 上海：上海译文出版社，1987：19.

动中做出了开创性的工作。他的代表性著作有《数学原理》《哲学问题》《我们关于外间世界的知识》《心的分析》《物的分析》《西方哲学史》等。他拓展了意大利数学家皮亚诺（Peano G，1858—1932）的符号技术和弗雷格的数理逻辑的哲学意义。作为一位精通并自如地评介（尽管不无偏见）整个西方哲学史的哲学家，作为一个有广泛兴趣和人文关怀的社会活动家，罗素显然具有非常宽广的学术视野。他不打算只是技术性地研究数学和数理逻辑，而是同时用它们来分析传统哲学和人类经验中的重要问题。

罗素的哲学研究包括认识论、本体论、精神哲学、伦理学、政治哲学、科学哲学和哲学史等众多方面，他对教育、宗教、历史和国际问题也很有研究。98 岁的寿命和充沛的精力确保他有一个漫长而充满创造力的学术生涯。他一生写了 60 多部著作，发表了大量的论文，它们反映和反思了人类经验的方方面面。罗素生性浪漫，甚至被视为花花公子。他曾经获得诺贝尔文学奖，不仅因为其哲学作品颇具文学色彩，而且因为它们具有维护自由主义、人道主义与和平主义的基本立场。他的和平主义为他带来声誉，但他也因为反战和反核的言行被当局罚款并被关进监狱。他如此表示："对爱情的渴望，对知识的追求，对人类苦难不可遏制的同情心，这三种纯洁但无比强烈的激情将支配我的一生。这三种激情，就像飓风一样，在深深的苦海上，肆意地把我吹来吹去，吹到濒临绝望的边缘。"[1]

大学期间，罗素在头三年主要学习数学，同时也读了不少哲学书籍，第四年正式进入哲学世界。他当时"所受的影响都是朝着德国观念论那个方向的，不是康德的观念论就是黑格尔的观念论"，因为教他哲学的那些老师不是"新黑格尔主义者"就是"新康德主义者"，没有获得包括罗素在内的学生应有的尊敬的边沁主义者（Benthamite）西季威克（Sidgwick H，1838—1900）是"唯一的例外"[2]。当时的罗素相信：时空是不真实的，物质是幻象，世界实际上不过是由精神构成的。

然而，在直接面对黑格尔的作品时，罗素认定这种哲学完全是混乱

---

① 罗素. 我的自传：第一卷. 北京：商务印书馆，2002：1.
② 罗素. 我的哲学的发展. 北京：商务印书馆，1985：31.

的，几乎全部是错误的。他这样写道："黑格尔以为，如果对于一件事物有了充分的知识，足以把它跟其他一切事物区分开来，那么它的一切性质都能够借逻辑推知。这是一个错误，由这个错误产生了他的整个巍峨堂皇的大体系。这说明一条重要真理，即你的逻辑越糟糕，由它得出的结论越有趣。"① 所以，在 1898 年底，他步摩尔（Moore，1873—1958）后尘，背叛了康德和黑格尔，尽管摩尔最关心的是否定观念论，而罗素关心的是否定一元论。在布拉德雷（Bradley，1846—1924）等新黑格尔主义者看来，除了"绝对"外，任何东西都是不真实的。换言之，一切东西都可以被纳入内在关系的系统之中。罗素主张一种多元实在论（pluralistic realism），它否定布拉德雷的内在关系说（doctrine of internal relations），坚持一种外在关系说（doctrine of external relations）。

在罗素看来，世界中充满了许多事物，它们彼此之间有各种不同的关系：左右、前后、父子等。但在新黑格尔主义者那里，关系被发现是自相矛盾的，因而是不可能的②。宇宙在布拉德雷眼里就像一个动物或一件完美的艺术品，是一种有机的统一。罗素不仅在当时而且在后来一直否定这种有机统一论。他在回顾中写道："我仍然坚持外在关系学说和与之相连的多元论。我仍然主张，一个孤立的真理可以是全真的。我仍然主张，分析不是曲解。我仍然主张，如果不是同义语的一个命题是真的，其为真是因为对一事实有关系，并且，一般说来，事实是离经验而独立的。我见不到有什么不可能一个宇宙中完全不存在经验。相反，我认为经验是宇宙的一个很小部分的很有限、在宇宙中很微不足道的一方面。自从放弃了康德和黑格尔的学说以来，我对于这些事物的见解一直没有变。"③

放弃观念论，就否定了精神，尤其是人的精神为自然立法。这显然意味着意识主体的解体。从 20 世纪初开始，他的哲学发展"大致可以说是逐渐地舍弃了毕达哥拉斯"④。在他逐步放弃柏拉图主义和毕达哥拉斯学说之后，人或意识主体更加没有了地位："我仍然相信真理有赖于对于事

---

① 罗素. 西方哲学史：下卷. 北京：商务印书馆，1982：294.
② 罗素. 我们关于外间世界的知识. 上海：上海译文出版社，1990：3-4.
③ 罗素. 我的哲学的发展. 北京：商务印书馆，1985：56.
④ 同③191.

实的一种关系，事实一般地说来是和人无关的；我仍然相信人从宇宙来讲是不重要的；如果有一个神公正地、不以'此地'和'现时'偏见来看宇宙，除非也许在卷末的底注里，怕是不会提到人的；但是我不再想把人的成分从它所在的领域里赶出去；我不再觉得理性高于感觉，不再觉得只有柏拉图的理念世界才接近'真际'的世界。"① 无论如何，罗素偏离了观念论，不管是德国古典观念论，还是柏拉图和毕达哥拉斯的古老的观念论。

罗素在1899—1900年实现了其思想的真正转折。他在数理逻辑方面接受了皮亚诺的符号技术——把数学归结为逻辑，这涉及为数学奠基的问题。与此同时，他要充分发掘其哲学意义。罗素抱怨说，逻辑是哲学的一个分支，而数学完全是由不懂哲学和逻辑的人进行的，正是这种分裂状态造成了巨大的学术损失。就像现象学家胡塞尔一样，罗素最初接受心理主义，但始终充满困惑，因为心理主义往往导致相对主义和怀疑主义。皮亚诺技术展示的精确性和严密性给他留下了深刻的印象，他通过阅读其相关著作掌握了这套符号技术。他承认皮亚诺的著作促使他对数学原理有了自己的主张，他"立刻着手用符号处置关系逻辑，以补充皮亚诺所做的工作"②。

通过与怀特海（Whitehead A. N，1861—1947）合作，罗素把数学归结为逻辑，这事实上开启了分析哲学运动。他主要负责处理哲学问题，同时和怀特海一起处理数学问题。《数学原理》的主要目的是说明整个纯粹数学是从纯粹逻辑的前提中推出来的，并且只使用那些用逻辑术语来说明的概念，这显然完全有别于康德的学说③。然而，让罗素和怀特海都感到失望的是，人们只从哲学方面而不是数学方面来看这部著作。这从另一个角度表明，罗素的工作对于分析哲学来说是奠基性的。罗素当时并不知道弗雷格已经在做相同的工作，他更不清楚胡塞尔差不多也是在做同样的工作，而且在此基础上还推动了一场现象学运动。

---

① 罗素. 我的哲学的发展. 北京：商务印书馆，1985：195-196.
② 同①64.
③ 同①65.

　　罗素随后大量阅读弗雷格的论著，以便"弄清楚哲学中逻辑分析方法的性质、能力和限度"；他认为这种方法"是一种非常明确，可以用一些原理来表达，而且在哲学的一切部门中都足以提供可能获得的任何客观的科学知识的方法"；他承认"在弗雷格的著作中可找到其最早的完满的范例"①。他在逻辑分析方面著名的成果之一是摹状词理论（theory of descriptions），主要通过发表于 1905 年的论文《论指示》体现出来。这一工作自然地进展到他和维特根斯坦相互影响并成为逻辑原子主义者。他明确承认自己受到后者的《逻辑哲学论》的启发，但没有受到其《哲学研究》的任何影响。

　　《数学原理》受到大陆数理哲学的形式主义和直觉主义两派的共同排斥。罗素认为要驳倒这两个派别并不困难，因为它们的批评都是外在的。然而，维特根斯坦的批评则是内在的、不容忽视的。正因为如此，他在《数学原理》第二版中接受了维特根斯坦的一些学说。罗素告诉我们，他在 1914 年初收到了维特根斯坦一篇用打字机打好的短文章，里边是讨论各种逻辑问题的笔记。正是这篇文章和多次的讨论，影响了罗素在战时那几年的、最初通过演讲表达出来的思想。在当时的演讲中，他开始使用逻辑原子主义这个名称来形容自己的哲学②。很显然，他受到了维特根斯坦的影响，但这种影响来自他对后者未经发表的材料的理解，这种理解是否符合后者的看法是很可疑的。虽然罗素承认这种影响，但维特根斯坦并不认可罗素对其思想的理解。

　　罗素的思想一直处在变化之中，但他真正满意的是逻辑原子主义。这显然是从本体论意义上说的，如果从认识论角度讲，它其实是一种逻辑构造主义（logical constructionism）。逻辑原子主义者维特根斯坦关于世界和语言的逻辑同构的思想，逻辑实证主义者卡尔纳普在《世界的逻辑构造》中的许多看法，关注的焦点都是逻辑构造（logical construction）。罗素表示，20 世纪初的哲学主要有三种类型：第一种类型是古典传统，主要承袭的是康德和黑格尔；第二种类型是进化论，斯宾塞是达尔文进化论在哲

---

① 罗素. 我们关于外间世界的知识. 上海：上海译文出版社，1990：1.
② 罗素. 我的哲学的发展. 北京：商务印书馆，1985：100.

学上的第一个代表，詹姆士和柏格森则更加勇于探索和革新；第三种类型是逻辑原子论，它通过对数学的批判考察逐渐潜入哲学中，这种类型的哲学就是他本人所要提供的哲学①。

罗素和维特根斯坦在逻辑原子主义方面的工作极大地推动了分析哲学运动。对于罗素来说，真正的哲学问题都可以还原为逻辑问题，换言之，任何一个哲学问题，经过必要的分析和提炼就会发现，它要么实际上根本不是哲学问题，要么是逻辑问题②。这里的逻辑特指的是数理逻辑，而且数理逻辑并不直接具有哲学意义，他的主要工作因此就在于开拓其哲学意义。摹状词理论为分析哲学运动的逻辑分析提供了极佳的典范。罗素用"斯考特"这个专有名称和"《威弗雷》的作者"这个摹状词之间的对比来做论证。在他看来，命题"斯考特是《威弗雷》的作者"表示某种同一性，而不是表示一种同义反复。我们想知道斯考特是不是《威弗雷》的作者，可是我们并不想知道斯考特是不是斯考特。

虽然任何一个未曾研究过逻辑的人都能理解这一点，但这对于逻辑学家们来说却是一个需要去破解的谜。依据他们通常的看法，如果两种措辞指的是同一个东西，包含其中一个措辞的一个命题就永远可以被包含另一个措辞的另一个命题所代替而不失其真，如果原来那个命题为真；或不失其伪，如果原来那个命题为伪。问题在于，用"斯考特"代替了"《威弗雷》的作者"之后，你可以把一个真命题变成一个伪命题。这表明我们不得不把一个名称和一个摹状词加以区别③。如果一个名称没有所指，它在一个命题里就没有意义，而一个摹状词却不受这种限制。像"金山不存在"这样的命题的悖论就消失了。

在自然语言中，当我说"金山不存在"时，似乎没有什么问题。然而如果有人反问："不存在的是什么？"我只能回答："那是金山。"问题由此出现了。罗素认为，按照自己的理论进行一番分析后，这个问题是可以解决的。"金山不存在"这个命题可以变成"就 X 的一切值来说，'X

---

① 罗素. 我们关于外间世界的知识. 上海：上海译文出版社，1990：2.

② 同①24.

③ 罗素. 我的哲学的发展. 北京：商务印书馆，1985：74.

是金的而且是一座山'这个命题函项（propositional function）是错的"。同样，"斯考特是《威弗雷》的作者"这个命题就变成了："就 X 的一切值来说，'X 写了《威弗雷》'等于'X 是斯考特'。"在这里，"《威弗雷》的作者"的字样就不再出现了。由于摹状词充当的大体上是谓词而非主词的功能，就避免了悖谬的出现。不仅如此，数千年来的存在问题也获得了解决。必须明确，摹状词并不具有独立意义，它只是在句子中才有意义。

罗素注意到，现存世界是由具有许多性质和关系的众多事物组成的，对现存世界的完全描述不仅需要开列一个各种事物的目录，而且要提到这些事物的一切性质和关系。我们不仅必须知道这个事物、那个事物以及其他事物，而且必须知道哪个是红的、哪个是黄的、哪个早于哪个、哪个介于其他两个之间，如此等等。但我们往往谈论事实（fact）而不是事物。当我们谈到一个事实时，不是指世界上的一个简单的事物，而是指某物有某种性质或某些事物有某种关系。比如，我们不把拿破仑叫作事实，而把他有野心或他娶约瑟芬叫作事实。由此，事实不是简单的，而总是有两个或更多的成分。一个事实如果只是给一个事物规定一个性质，那么它就只有两个成分：这个事实和这个性质。如果它是由两个事物间的一种关系构成的，那么它就有三个成分：这两个事物和这个关系。如果包含三个事物，就有四个成分，如此等等。

当罗素使用"事实"一词时，事实的诸成分不是另外的事实，而是事物和性质或关系。如果有多于两项的关系，就意味着有一些单独的事实是由一个单独的关系和两个以上的事物构成的。这意味着两个事实，但也可以说是一个复合事实，是以事实为组成成分的事实。真正说来，复合事实可以化简为只有两个成分的简单事实，即原子事实（atomic fact）。罗素表示："我们给事实的逻辑形式开列的清单中必须承认所有这样的关系：两个包含同样多事物的事实具有相同的形式，两个包含不同数目事物的事实具有不同的形式。"① 假定有一个事实，就有一个表达这一事实的论断。事实本身是客观的，独立于我们的思想或意见。但论断包含着思想，而且

---

① 罗素. 我们关于外间世界的知识. 上海：上海译文出版社，1990：40.

可真可假，即一个论断可以是肯定的或否定的。

罗素把必真或必假的断言称为命题。他进而表示："一个命题如果表达了我们所说的一个事实，即当它被断定时，就是断言某物有某种性质或某些事物有某种关系，那么这个命题就称为原子命题（atomic proposition），因为我们立即可以看到，还有其他一些命题，原子命题包含在这些命题之中，正如原子包含在分子中一样。"① 他区分了原子命题和分子命题（molecular proposition）。原子命题只是命题中的一种，它不如分子命题复杂，而复杂的分子命题最终可以被分析为原子命题。为了保持事实和命题在语言上的平行，罗素把他所考察的事实称为原子事实。原子事实因此就是决定原子命题被肯定或被否定的东西。像"这朵花是红的"就是一个原子命题，其真假只能由经验得知。分子命题是包含"如果""或""和""除非"等连接词的命题，这些连接词是分子命题的标志。比如"如果天下雨，我就带伞"就是一个分子命题。同原子命题一样，它既可以是真的，也可以是假的。它的真或假既取决于原子事实的真假，也取决于相关的原子命题之间的关系。正因为如此，它的真假就不仅仅是由经验得知的。

对于罗素来说，事物并不是在己的实体。事物的样式都是实在的，但事物却是一个纯粹的逻辑构造②。也就是说，他承认在自我之外的世界以及他人的存在，但这一切都基于逻辑构造。他这样写道："因为如果我们不能肯定客体的独立存在，我们也便不能肯定别人身体的独立存在，因此便更不能肯定别人心灵的存在了；因为除了凭借观察他们的身体而得到的那些根据外，我们再没有别的根据可以相信他们也有心灵。"③ 逻辑构造主要涉及持存"事物"构造、单一空间构造和单一时间构造三个主要问题④。我们可以一方面把物质、空间、时间等外部世界的概念分析为或者说还原为感觉材料，另一方面又从感觉材料中把它们构造出来：一切外部世界的对象都是感觉材料的逻辑构造或逻辑虚构。罗素要利用"奥卡姆

---

① 罗素. 我们关于外间世界的知识. 上海：上海译文出版社，1990：40.
② 同①67.
③ 罗素. 哲学问题. 北京：商务印书馆，1999：11.
④ 同①77.

剃刀"把一切不是由感觉材料构造出来的，而仅仅是设定的、被推论出来的东西剃掉。

罗素通过关于持存事物的构造表明，应该避免关于常存不变的不必要的形而上学假定。他认为对持存事物的排除为"奥卡姆剃刀"这个激励一切科学的哲学思维的经济原则提供了一个范例，而这个原则就是：如无必要，切勿增加存在物①。卡尔纳普在《世界的逻辑构造》中遵循了罗素的这一思路，更加彻底地贯彻了这一方法论原则。最终说来，逻辑实证主义的统一科学理想集中体现的是这一逻辑构造原则。卡尔纳普写道："我们已反复地讲过，建立一个完全的构造系统是全部科学的任务，而构造理论只能对此作逻辑的研究。由于科学的对象被安排在一个构造总系统中，各门'科学'同时也就被看作一个总科学的不同分支而纳入一个系统。"② 他要求把一切科学还原为物理科学，进而表明物理世界是由感觉材料构造出来的。这一切意味着拒斥形而上学。

三、维特根斯坦的逻辑原子主义

维特根斯坦是分析哲学的杰出代表，其前后期思想之间存在着较大的差异，从而被归属于两个不同的流派。他出生在奥地利维也纳，家庭比较富有。在读大学期间，他最初感兴趣的是机械类专业。在英国曼彻斯特大学求学期间，他的学习兴趣从滑翔实验转到飞机发动机，又从设计飞机推进器转向研究纯粹数学，最终从学习数学转向了学习哲学。他接受弗雷格的建议，到剑桥大学跟随罗素学习哲学，摩尔也是他的任课老师之一。在第一次世界大战期间，他曾经做过志愿兵，并成为战俘。他在战争期间进行哲学思考，并做了许多笔记。1918 年，他在维也纳休假期间整理出了他的第一部著作《逻辑哲学论》。该书代表了他的前期思想。就像罗素一样，他在书中坚持的是逻辑原子主义主张，但他在后期哲学中转向了日常语言哲学。

---

①　罗素. 我们关于外间世界的知识. 上海：上海译文出版社，1990：79.
②　卡尔纳普. 世界的逻辑构造. 上海：上海译文出版社，1999：321.

罗素承认维特根斯坦是"自摩尔以来，我所见到的最具有使徒性格和具有才能的人"①，认为其《逻辑哲学论》"不管它是否证明就所考察的问题提供了最后的真理，由于其广度和深度，确实应该看作是哲学世界的一个重要事件"②。我们说过，罗素明确承认自己关于逻辑分析的思想受到弗雷格和维特根斯坦的影响，而维特根斯坦也明确承认他受到了弗雷格和罗素的影响："我只想提到，对我思想的激励大都得之于弗雷格的伟著和我的朋友罗素先生的著作。"③ 下文我们将主要评价维特根斯坦前期的逻辑原子主义思想，同时简单地介绍一下他后期的日常语言哲学思想，以便更好地把握其科学人生观及其内在张力。

按照罗素对维特根斯坦的解读，首先应该考察命题的逻辑结构及逻辑推论的性质。《逻辑哲学论》重点谈论的是逻辑上完善的语言所必须遵守的条件。语言有各种各样的问题，该书主要关心的则是语言的逻辑问题，即它要探讨的是理想语言必须遵循的逻辑条件。他在序言中表示："本书讨论哲学问题，而且我相信它指出了这些问题都是由于误解我们的语言的逻辑而提出来的。本书的全部旨义可概述如下：凡是可说的东西，都可以明白地说，凡是不可说的东西，则必须对之沉默。"（What can be said at all can be said clearly; and whereof one cannot speak, thereof one must be silent.）④ 他认为这是要为思维划定界限，或者毋宁说是要为思想的表达划定界限，即在语言中划界。

从休谟的怀疑论到康德的批判理论，无疑都要为思维划定界限，但划界本身无法排除思维的越界，康德认为这恰恰是理性存在者的自然倾向，甚至是合理的要求。维特根斯坦似乎不认可越界思维，认为这种思维没有必要或没有意义，正因为如此，他主张在语言中进行划界，如此就避免了困境。他仅仅从科学的角度来思考，没有为非科学的思考留下地盘。问题在于，正像他本人所认识到的那样，即使他把一切该说的都说完了，最重要的东西还没有说呢！其实，就像康德要为信仰保留地盘一样，维特根斯

---

① 罗素. 我的自传：第一卷. 北京：商务印书馆，2002：324.
② 罗素. 导论//维特根斯坦. 逻辑哲学论. 北京：商务印书馆，1985：2.
③ 维特根斯坦全集：第 1 卷. 石家庄：河北教育出版社，2003：187.
④ 同③.

坦对于宗教和伦理也不可能真的完全弃而不顾。正因为如此，《逻辑哲学论》最后部分的相关论述为以《哲学研究》为代表的后期思想埋下了伏笔。界限只能在语言中划分，思维却始终保持开放。有些东西确实只可意会而无法言传，它们确实没有科学的或逻辑的意义，但不妨碍它们具有对于人生而言的价值。

维特根斯坦这样开始描述其眼中的世界："世界就是所有发生的事情。"（The world is everything that is the case.）① 这一论断当然不是一个惊人的发现，但它的确体现了观念的变革。很显然，重要的不是不变的、实体性的东西，而是"发生的事情"。发生的事情就是"事实"。他表示："世界"是"事实的总和"（the totality of facts）而不是"事物的总和"（totality of things）。在他那里，事物、存在物（entity）和客体/对象（object）是可以相互替换的。世界不是黑格尔意义上的一个有机整体，而是由彼此外在的部分构成的。换言之，事物不是处在内在关系中，而是处在外在关系中。彼此外在的事物在逻辑空间中被关联起来，形成了各种原子事实，而原子事实组成复合事实，最终形成所谓的世界。从一个角度说，"逻辑空间中的诸事实"（the facts in logical space）构成了"世界"；从另一个角度说，"世界分为诸事实"（The world divides into facts）②。这就表明，逻辑原子主义不仅是一种方法论学说，而且具有本体论意义。

原子事实是由事物组合而成的，而事物之为事物就在于它可以成为原子事实的构成部分。在维特根斯坦的逻辑化的世界中，不存在偶然的东西，换言之，事物不会以偶然性的形式出现，它在原子事实中的发生是预先决定的。无论如何，事物处于关系的链条中，"正如我们根本不可能离开空间去想象空间对象，离开时间去想象时间对象，我们也不可能在其与其他事物联系的可能性之外去想象任何对象"③。我们在原子事实的关系中思考对象，同样，如果我们知道了一切对象，也就知道了一切可能的原子事实。维特根斯坦进而表示："每个事物都可以说是在一个可能的原子

① 维特根斯坦全集：第 1 卷. 石家庄：河北教育出版社，2003：189.
② 同①.
③ 同①190.

事实的空间中。我们可以想象这个空间是空的，但是不能想象不在空间中的事物。"①

从上述两段引文中，我们分明看到了维特根斯坦对康德空间观的"挪用"。虽然说康德所说的空间是一种感性直观形式，维特根斯坦所说的空间是一种逻辑结构，但他们都承认了空间的优先地位，即维特根斯坦认可了康德在空间的形而上学阐明中表达的如下观点：如果我们把感觉经验抽掉，还可以有空间存在，但如果我们把空间抽掉，经验内容就不存在了。维特根斯坦把一个事物在原子事实中出现的可能性称为对象的形式。我们可以说一个事物是独立的，因为它并不只是处于一种原子事实中，而是有各种各样的可能性，但这种独立的形式是一种与原子事实联系起来的形式，是一种依存的形式。换言之，它不是存在于这种原子事实中，就是存在于那种原子事实中，不可能有其在己的或独立的存在。

然而，维特根斯坦并没有否定事物扮演的重要角色。在他看来，事物本身是单纯的或简单的，它不再能够分解为构成部分；事物是世界的实体，世界如果没有实体，命题是否有意义，就只能以它与其他命题的关系而定。如此说来，单纯事物是检验一个命题之真假的基本单位，因为世界最终是由简单对象及其形式构成的。复合物由简单事物构成，关于复合物的陈述也因此可以分解为关于复合物的构成部分的陈述，分解为完全描述复合物的各种命题。在维特根斯坦看来，对象在原子事实中，像链条的环节一样连接起来。对象在原子事实中连接起来的方式，就是原子事实的结构。事实的结构是由原子事实的结构构成的。所有存在着的原子事实的总和就是世界。原子事实的存在被称为肯定的事实，原子事实的不存在则被称为否定的事实。原子事实的存在或不存在就是实在。他认为原子事实是独立的，我们不能由一种原子事实的存在或不存在，得出另一种原子事实的存在或不存在的结论。但世界是原子事实的总和，也可以说是实在的总和。

罗素认为原子事实是由事物及其性质决定的，事物与事物的关系则构成复合事物。但在维特根斯坦那里，似乎不关注事物的性质，而只关注事

---

① 维特根斯坦全集：第 1 卷. 石家庄：河北教育出版社，2003：190.

物与其他事物的关系。所谓"世界的实体只能确定一种形式而不能决定任何质料属性""客体是没有颜色的"之类的表达表明，他所说的客体或事物是理想化的、观念化的，完全处在逻辑空间中，而不像罗素所说的那样是作为感性材料存在的，进而以此为基础逻辑地构造出世界。换言之，在他那里，客体或事物是一个逻辑设定，因为不设定它的话，就不可能形成关于世界的（真的或假的）图像（picture）①。我们给自己绘制事实的图像，而图像表象逻辑空间中的事实，即原子事实的存在与非存在。图像因此是实在的模型。图像中的"各个成分与各个对象相对应"，它们"代表对象"②。图像以一定的方式互相联系，这表明事物也是这样互相联系的。这显然是一种表象主义姿态。

当然，这种图像论也有其独特的地方。在维特根斯坦看来，图像之所以相应于实在或者说代表实在，是因为图像与被图像化的东西之间有某种相同的东西，这种相同的东西就是表象的形式。也就是说图像和实在具有共同的表象的形式。表象的形式只能显示，而不能被表象。这里的形式和图像都是逻辑的："如果表象的形式是逻辑形式，那么，图像就被称为逻辑图像（logical picture）。"③ 逻辑图像能够描绘世界，图像和被图像化的东西具有共同的逻辑的表象形式。图像通过表象原子事实存在与非存在的某种可能性而描绘实在。图像表象逻辑空间中某个可能的事态。它与实在一致或不一致，它是正确的或不正确的，是真的或假的。它通过表象的形式表象它所表象的东西，而不管其真假。它所表象的东西就是其意义。图像之为真为假，就在于它的意义与实在之一致或不一致。要认出图像是真是假，我们必须把它与实在相比较。仅从图像本身是无法发现其为真或为假的。先天地为真的图像是没有的。

事实的逻辑图像就是思想，而"一个原子事实是可以思考的"意味着我们可以想象它。真的思想的总和就是世界的一个逻辑图像。我们不能思考任何非逻辑的东西，否则的话，我们就不得不非逻辑地思考了。事实

① 维特根斯坦全集：第 1 卷. 石家庄：河北教育出版社，2003：191.
② 同①192-193.
③ 同①194.

上，我们不可能说出一个非逻辑的世界会是怎样的。思想可以获得表达，而"我们用以表达思想的符号"就是"命题符号"（propositional sign）①。命题符号之为命题符号就在于它的那些词是以一定方式相互联系着的，也就是说命题不是词的混合物，它是分节的。维特根斯坦无疑延续了笛卡尔关于清楚分明的观念，而且这也是结构语言学家索绪尔（Saussure，1857—1913）关于语言的差异性原则所要表达的东西。在命题中，思想可以被如此表达而使命题符号的诸成分与思想的诸对象相对应，这种成分是简单符号。命题中所使用的简单符号叫作名称（name）。名称意指对象，对象是其意义。在命题中名称表象对象。

凡是我们能够命名的那些对象，符号都可以表象它们。但一个命题只能说某个事物如何，不能说它是什么（A proposition can only say how a thing is, not what it is）。进而言之，关于复合物的命题与关于其构成成分的命题有一种内在关系。维特根斯坦表示："惟独命题具有意义（sense）；惟独在命题的上下文（context）中，一个名称才具有意指（meaning）。"② 一个符号如果不被使用，它就是无意指的。围绕着图像的逻辑构架规定着逻辑空间，命题囊括整个逻辑空间。思想是有意义的命题，而命题表象的是事实。命题的总和就是语言。人具有构造语言的能力，可以用语言来表达任何意义而无须知道每个词如何意指和意指什么。正如人即使不知道如何发出各个声音也能说话一样。维特根斯坦认为人不可能从日常语言中直接获知语言的逻辑③。哲学家也往往因为受制于日常语言而掩饰了自己的思想，"哲学家的问题和命题大多是基于我们不了解我们的语言的逻辑"，如此一来，"全部哲学乃是'语言批判'"（All philosophy is "critique of language"）④。

逻辑图像论把原子事实与原子命题（基本命题）的对应关系很好地表达出来了。按照这一学说，"一个名称代表一个事物，另一个名称代表另一个事物，而且它们是相互结合在一起的。于是整体就像一幅生动的图

---

① 维特根斯坦全集：第 1 卷. 石家庄：河北教育出版社，2003：195.
② 同①198.
③ 同①203.
④ 同①204.

像那样表象原子事实"①。具体说来，基本命题是由名称组成的②，复合命题是基本命题的真值函项（Propositions are truth-functions of elementary propositions），基本命题是"它自己的真值函项"③。正像不能从一个原子事实推出另一个原子事实一样，我们不可能从一个基本命题推出另一个基本命题。命题和基本命题都是就科学而言的，它们与哲学无关，正因为如此，划界的重要性是不言而喻的。在维特根斯坦看来，"真命题的总和是全部的自然科学"，但哲学不是"一门自然科学"，因为其目的是"对思想的逻辑澄清"。它不是"一种学说"，而是"一种活动"，一部哲学著作"本质上"是由"阐释"构成的。哲学的结果不是"得到'哲学的命题'"，而是"对命题的澄清"，哲学"为自然科学中有争论的领域划出界限"，它应当"为可思的东西划界限"，从而"也为不可思的东西划界限"，它"应当通过可思的东西从内部为不可思的东西划界限"，它"通过清楚地表象可说的东西而意味着不可说的东西"，如此一来，"凡是可思的东西都可以被清楚地思"（Everything that can be thought at all can be thought clearly），而"凡是可说的东西都可以被清楚地说"（Everything that can be said can be said clearly）④。不可思的东西则可以显示。实际上，自然科学命题之外的一切（包括哲学、伦理、逻辑等）都是不可说的，但它们能够被显示。反过来说，凡是能被显示者则是不可说的（What can be shown cannot be said）。

在维特根斯坦哲学中无疑会出现唯我论（solipsism）这样的困境，因为对他来说，"我的语言的界限意味着我的世界的界限"（The limits of my language mean the limits of my world）⑤。他无疑是科学思维和逻辑思维的坚定捍卫者，但我们真的只能有一种科学的人生吗？唯我论或许会引向另一个维度。他有这样一些看法："我们觉得，即使一切可能的科学问题都被解答了，我们的人生问题还是全然没有触及。""我们在人生问题的消解中看到了它的解决。""的确有不可说的东西，它们显示自己，它们是

---

① 维特根斯坦全集：第1卷. 石家庄：河北教育出版社，2003：207.
② 同①243.
③ 同①220.
④ 同①210−211.
⑤ 同①245.

神秘的东西。""哲学的正确方法实际上是这样的：除了可说的东西，即自然科学的命题——亦即与哲学无关的东西——之外，不说任何东西。"①他甚至认为自己在《逻辑哲学论》中所陈述的这些命题全都是没有意义的，它们不过是一把用来爬高的梯子，人们借之攀爬上去以后就应该把它扔掉。最终说来，"凡是不可说的东西，必须对之保持沉默"（Whereof one cannot speak，thereof one must be silent）②。对涉及人生意义的问题保持沉默，这无疑以另外的方式呼应了大陆哲学对人生问题的关怀。

四、维特根斯坦的日常语言哲学

维特根斯坦并没有把逻辑原子主义思想坚持到底，他后来转向了日常语言哲学。在《逻辑哲学论》于 1921 年出版后，可以说他在一段时间内在哲学上保持了"沉默"。在此之前，他已经捐献掉了全部钱财，过着节俭的生活。他在 1919—1920 年期间接受教师学院培训，然后在偏远乡村担任了 6 年小学老师。他后来又到修道院当园丁的助手，甚至考虑做教士，但因不喜欢修道院的太多约束而放弃了。他于 1929 年重回剑桥，把《逻辑哲学论》作为博士学位论文提交，通过答辩，获得学位。他随后成为英国公民，并开始了在剑桥的大学教师生涯。在发现自己关于人工语言的理论没有任何可靠的基础之后，他采纳摩尔的观点，把语言的日常用法作为研究的重点，逐步形成了自己的后期哲学。他的后期代表作《哲学研究》是他逝世时留下的诸多手稿之一。《哲学研究》不如《逻辑哲学论》严谨、系统，即便是在他本人已经有出版打算的第一部分中，也没有能够做到把自己的思想融为一个整体，而且他本人也意识到这是永远无法做到的。尽管如此，该书一经出版，很快就被奉为经典。

日常语言哲学是分析哲学的一个非常重要的流派，在 20 世纪 30—40 年代形成于英国。在逻辑原子主义者和逻辑实证主义者看来，自然语言是不精确的，会引起哲学的混乱，并导致形而上学的出现，因此有必要构造

---

① 维特根斯坦全集：第 1 卷. 石家庄：河北教育出版社，2003：263.
② 同①.

一种严密精确的人工语言。由于不满意这种语言观，一批哲学家关注自然语言及其问题，从而形成了一种完全有别于人工语言哲学的日常语言哲学。该哲学流派接受了摩尔哲学尤其是维特根斯坦后期哲学的影响。真正说来，维特根斯坦后期建立了比摩尔更完善的日常语言哲学体系。有人把他看作日常语言哲学的主要创始人，至少是其核心人物，但他本人从来没有声明自己属于这一流派。

无论如何，在维特根斯坦形成其后期思想之前，日常语言哲学影响不大，正是他使这种理论及其方法日趋完善。《哲学研究》提出的语言理论完全不同于《逻辑哲学论》的语言理论。我们可以说维特根斯坦提出了两种非常不同的、均有独创性和巨大影响力的哲学，但是，把两者完全分割开来也是有问题的。应该说，它们之间有断裂，也有延续，但断裂性似乎更为明显。他在早期思想中认为，词的意义在于它是某种东西的名称，问一个词的意义是什么，相当于问它代表什么，或者说它的意义由独立的某种实在的结构所决定，这是一种实在论的意义观。其后期思想恰恰是从批判这种意义观开始的。

维特根斯坦引用了奥古斯丁（Augustinus，354—430）在《忏悔录》第一章第八节中的如下一段话："当他们（我的长辈）称呼某个对象时，他们同时转向那个对象。我注意到这一点，并且理解到当他们想指那个对象时，他们就用发出的那个声音来标志那个对象。我是从他们的姿势中推出这一点的，可以说人的姿势是一切种族的自然语言，这种语言通过面部表情、眼神、手足的动作以及声音的语调来表达心灵在寻求、拥有、拒绝或逃避某个东西时的感受。因此，当我反复听到词在各种不同的语句中不同位置上的用法后，便逐渐学会懂得它们所指的是什么。当我的嘴习惯于发出这些声音符号时，我便用它们来表达我自己的意愿。"① 正是从这段话中，他明白了实在论的意义观或者说人类语言的本质："语言中的单词为事物命名"，而"句子是这样的名称的组合"，每个单词"都有一种意义"，这种意义"与这个词相联系"，它是"词所代表的对象"②。他在《逻辑哲学论》中不仅认可而且更加精致地表达了上述理论。但他现在的

---

① 维特根斯坦全集：第 8 卷. 石家庄：河北教育出版社，2003：6.

② 同①6—7.

看法是，这一理论是站不住脚的，应该用一种约定论的意义观来取代实在论的意义观。

在维特根斯坦看来，奥古斯丁并没有谈到各类词之间的区别。如果按照其理论描述语言的学习，人们首先想到的是诸如桌子、椅子、面包以及人名之类的名词；其次想到动作和属性之类的名词；再次才想到其他词类，把它们看作是能够自己照料自己的东西。问题在于，一个词真的就明确代表什么东西吗？比如，数字代表什么呢？谁能指出数字所代表的东西呢？要理解数字的意义，只能根据它的用法。假如我要买五个苹果，对于店主来说，五个苹果的意义是：他走到标有苹果这个词的箱子前，一边数着数字，一边每数一个就从箱子中拿出一个苹果，"五"这个数字的意义就体现在这些行动之中。维特根斯坦写道："但'五'这个词的意义是什么？——这里根本不涉及这样的问题，而仅仅涉及如何使用'五'这个词。"① 推而广之，名词的意义也只能从其使用中来理解。比如在"用锤子研究哲学"和"用锤子钉钉子"两句话中，锤子的意义是根本不同的。很显然，关键在于词的用法，而不在于静止的、固定的意义。就像一个工具箱里有许多工具，我们确实可以为它们分别规定其用途，但在许多情况下，我们完全可以以用一种工具代替另一种。

维特根斯坦为此引入了著名的"语言游戏"（language-game）的概念。语言不是逻辑构造的产物，它是生活方式的一部分，它是一种活动，是一种行为方式。我们在生活中进行各种各样的游戏，除了球类或棋类等游戏之外，还有语言游戏：比如儿童借以学习母语的过程往往是一种游戏，我们可以把原始语言说成是一种语言游戏，可以把给石头命名和重复别人的词的过程称为语言游戏，也可以把语言和那些与语言交织在一起的活动所组成的整体称为语言游戏②。我们只能谈论一个一个的语言游戏，不能谈论语言的本质。在语言游戏中，命名并不重要，"命名和描述并不处于同一个层次：命名只是为描述做准备。命名至此还不是语言游戏中的一个步骤——正如把一枚棋子放在棋盘上并不是走了一步棋。可以说，一

---

① 维特根斯坦全集：第8卷. 石家庄：河北教育出版社，2003：7.
② 同①10.

个东西在被命名时，还什么事情也没有做。如果不是处于语言游戏中，它甚至不能得到一个名称"①。语言游戏有各种各样的可能性，但一切都依据语言游戏规则，即"游戏是按照特定规则来玩的"②。显然，只能在语言的使用中把握语言，而不能静态地谈论其意义。游戏自然有其规则，但规则不是先天的原则，而是出于约定的。不同的游戏有不同的规则。语言游戏试图表明，词的意义不是先天的，而是由规则决定的。这同时表明，语言是公共的，是用来进行交流的，私人语言因此是不存在的，唯我论困境也因此被克服了。

词在不同规则下有不同的意义，或者说有各种不同的语言游戏，在它们之间不存在共同的东西，就像球类游戏、纸牌游戏、划船游戏之间没有共同的东西一样。然而，它们之间也有某些相似性，即有某种"家族相似"（family resemblance）：我们"看见一个由重叠交叉的相似点组成的复杂网络，有时是在总体上相似，有时是在细节上相似"，我们"想不出比'家族相似更好的词来表达这些相似之处的特征'"③。这显然是一个比喻性的说法：家庭成员之间有各种各样的相似之处，比如身材、相貌、眼睛的颜色、步态、性情等，它们是重叠交叉的。无论如何，各种游戏形成了一个家族，它们之间有共同之处，但也保持着各种各样的差别。语言游戏之间也只有这种家族相似，而没有共同的本质。正因为如此，必须抛弃对普遍性的渴望，应该关注差别和细节，人工语言的理想性必须让位于日常语言的丰富性。

人工语言哲学为了克服形而上学，主张纯化语言，建构理想语言。对于后期维特根斯坦来说，完全没有这个必要，我们要做的只是回到语言的日常用法中去。他明确表示："当我谈论语言（词、句子等）时，我必须用日常语言来谈。"［When I talk about language（words, sentences, etc.）I must speak the language of every day.］④ 不必构造理想语言，我们用现有的语言就可以达到澄清语言的目的，从而导致哲学问题的消除。哲学中的

---

① 维特根斯坦全集：第 8 卷. 石家庄：河北教育出版社，2003：36.
② 同①39.
③ 同①47.
④ 同①69.

许多问题都是哲学家离开语言的日常使用，静止地去考虑其意义造成的。离开语言游戏，脱离上下文去谈论词或句子是没有意义的。形而上学的语言类似于精神病症的语言，我们不知道它是如何用词的，它总是离开日常规则去考虑所谓的绝对意义。比如物质、精神之类的概念，在日常使用中，其意义是清楚明白的，不会引起什么争论。但哲学家却撇开经验中的具体事物去寻找绝对的事物或在己之物，撇开具体的心理活动去寻找不朽的心灵，于是就出现了物质与精神何者具有优先性这样的形而上学问题。

维特根斯坦甚至否定了科学思维的重要性："我们的考察不可能是科学的考察，这种说法是正确的"（It was true to say that our considerations could not be scientific ones），这意味着"我们必须抛弃一切说明而用描述取而代之"①。这似乎是在响应现象学家们强调描述、否定说明的倾向。他进而表示，"哲学绝不干涉语言的实际用法；它归根到底只能描述语言的用法"，因为它"也不能给语言的实际用法提供任何基础"，它"让一切保持为是其所是"（It leaves everything as it is）②。那么哲学还有其地位吗？如果说哲学在他的早期思想中具有梯子的作用，是为科学服务的，那在他的后期思想中又如何呢？

哲学显然不再直接服务于科学，相反，它服务于生活。它描述作为我们生活方式之一的言语行为的真实困境，并通过让人们回归生活而摆脱理智上的困境："哲学是一场以我们的语言为手段来反对我们的理智受到蛊惑的战争。"（Philosophy is a battle against the bewitchment of our intelligence by means of language.）③ 在维特根斯坦看来，哲学的任务不是借助数学的或逻辑的手段去解决矛盾，而是使我们看清楚各种使我们感到困惑的状况，也即矛盾获得解决之前的那种事态。按照他的说法，"哲学恰恰只是把一切摆在我们面前，既不说明，也不推论"（Philosophy simply puts everything before us, and neither explains nor deduces anything）④。哲学让一切祖露地呈现在我们的眼前，因此根本不需要解释，我们也对隐藏起来的东西

---

① 维特根斯坦全集：第 8 卷. 石家庄：河北教育出版社，2003：67.
② 同①70−71.
③ 同①.
④ 同①71.

没有任何兴趣。真正哲学的任务就是治疗"语言"的毛病，但这并不意味着纯化语言，而是要从语言的形而上学使用回到日常使用。哲学并不引导人们如何使用语言，而是描述人们实际上是如何使用语言的，它并不给人们提供新的东西。

无论是在其早期还是晚期哲学中，维特根斯坦始终带给我们某种强烈的神秘主义色彩，这与他大量阅读托尔斯泰（Tolstoy L. N，1828—1910）、陀思妥耶夫斯基（Dostoyevsky F. M，1821—1881）这类作家的作品有关。这看起来与其逻辑分析倾向相矛盾。然而，这也是不难理解的。一个绝对理性主义的人，往往困惑于理性的起点和终点，换言之，理性和逻辑并不能真正解决"我是谁?""我从哪里来?""我到哪里去?"之类的问题，维特根斯坦对于当下状态的描述甚至也是苍白无力的。

第八章　主体的解体：从意识到此在

现象学是 20 世纪欧洲大陆哲学的最主要的思潮，从 1900—1901 年由胡塞尔奠基，一直持续地产生影响，到目前为止，很可能仍然是最有渗透力的一种思潮。现象学方法、语言分析方法、结构分析方法、辩证法是 20 世纪公认的四大哲学方法。实存主义、新黑格尔主义、解释学、哲学人类学（philosophical anthropology）、结构-后结构主义都与现象学有直接的关联。它在美学、批评理论、文学、心理学、社会学、认知科学等方面的渗透也非常明显。现象学最重要的代表人物是德国的胡塞尔、舍勒（Scheler M, 1874—1928）、海德格尔、伽达默尔（Gadamer H-G, 1900—2002），法国的萨特、梅洛-庞蒂、马塞尔（Marcel G, 1889—1973）、利科（Ricoeur P, 1913—2005）、列维纳斯（Lévinas E, 1906—1995）、德里达、亨利（Henry M, 1922—2002）、马里翁（Marion J-L, 1946—　）等。我们在本章中主要评介胡塞尔的现象学方法，进而评介海德格尔在其存在哲学中对现象学方法的理解和运用。

第一节　胡塞尔与现象学的奠基

一、胡塞尔与反心理主义

胡塞尔是现象学的创始人，他的弟子和再传弟子则对现象学进行了更加广泛而深入的发挥，不断推进现象学彻底化的要求。他是一个具有犹太血统的德国人，最初学习的是物理学、天文学和数学，以微积分方面的论文获得理学博士学位。在哲学家、心理学家布伦塔诺（Brentano, 1838—

1917）的影响下，他决心献身哲学，旨在确立严格科学的哲学。他明显受到来自布伦塔诺的影响，后者注意到，心理现象与物理现象的重大区别就在于：心理现象具有意向性（intentionality），这是任何物理现象都不可能具备的。柏拉图、笛卡尔和康德等人的观念论哲学对于其先验观念论学说的形成具有十分重大的作用，洛克和休谟关于内在经验的某些思想对于这一学说也具有相当重要的意义。非常有意思的是，尽管黑格尔的"精神现象学"在胡塞尔那里没有获得应有的关注，但是他们两人以及海德格尔的哲学在法国现象学运动中都成了同等重要的资源。

获得博士学位后，正是在布伦塔诺的建议和推荐下，胡塞尔以《关于数的概念——心理学分析》的论文获得了哈勒大学的开课资格，并担任讲师至 1901 年。这篇论文以及他在这一时期的重要著作《算术哲学：心理学与逻辑学研究》完全受到心理主义的影响。他于 1900—1901 年发表了具有实在论倾向的两卷本巨著《逻辑研究》，清算自己以及实验心理学创始人冯特（Wundt，1832—1920）等人在哲学上的心理主义倾向。由于该书，他于 1901 年受邀到哥廷根大学任副教授，并在 1906 年升任教授。胡塞尔于 1916 年至 1928 年在弗莱堡大学任教授，海德格尔接任的正是他退休后空出的教职。在哥廷根大学任教时，在他周围形成了由其学生和朋友组成的一个现象学小组，与在慕尼黑出现的另一个小组一道，共同推进了德国的现象学运动。

胡塞尔于 1913 年联合一些同人以及追随者创刊了《哲学和现象学研究年鉴》，在上面相继发表了他本人、海德格尔和舍勒等人的一些重要作品。随着他于 1913 年在该刊上发表的重要著作《纯粹现象学和现象学哲学的观念》第一卷（以下简称《观念》第一卷），他偏离了自己最初的柏拉图式的实在论立场，转向了康德式的先验观念论。他的大多数学生和朋友不愿意接受这种先验观念论，坚持认为《逻辑研究》才是真正的现象学著作，其本质还原（eidetic reduction）的方法才是真正的现象学方法。胡塞尔则抱怨他们没有能够理解他在《观念》第一卷中所使用的先验还原（transcendental reduction）的方法。他生前还出版了经海德格尔整理的《内在的时间意识的现象学讲座》《形式逻辑和先验逻辑》《笛卡尔式的沉思》《欧洲科学的危机和先验现象学》等著作。他在死后留下了大量的遗稿，包括没有交付出版的著作手稿与大量的讲稿以及各种笔记和杂记。

在其哲学的学徒期，胡塞尔明显受到了心理主义的影响，从《逻辑研究》开始，他严厉地批判心理主义思潮，这实际上也是一种彻底的自我清算。按照他本人的说法，他最初以流行的信念为出发点，坚信"演绎科学的逻辑学和一般逻辑学一样，对它们的阐明必须寄希望于心理学"，然而，由于他无法就"思维的心理联系如何过渡到思维内容的逻辑统一"获得"足够的连贯性和清晰性"，他不得不对"逻辑学的本质"，尤其是对"认识的主观性和认识内容的客观性之间的关系"做出"普遍批判的反思"，并因此下定决心"完全中断"自己的"哲学—数学研究"，直到自己在"认识论的基本问题"上以及在"对作为科学的逻辑学的批判理解"中获得"更可靠的明晰性"为止①。他承认对心理主义逻辑学和认识论的批判是对自己所犯错误的最严厉的批评。

心理主义是 19 世纪末盛行的一种哲学倾向。休谟把归纳问题（因果关系问题）归结为心理联想问题，归纳知识被认为是习惯的产物。心理主义其实是休谟主义的进一步发展，实验心理学为它提供了"更可靠"的支撑。心理主义把逻辑看作一种思维艺术，把逻辑规律归结为经验的心理活动的规律，认为真理是相对于这些规律而言的。如此一来，只存在相对真理，不存在绝对真理。第一代实证主义哲学家、逻辑学家密尔以及生理学家、哲学家、实验心理学创造人冯特等人都是心理主义的典型代表。胡塞尔表示："我们在这里所遇到的是关于心理学和逻辑学之间关系的有争议问题"，而"一个在我们这个时代占统治地位的流派"认为"根本的理论基础是在心理学中"，即"根据心理学的理论内涵，那些赋予逻辑学以特征标记的定律包含在心理学的领域内"，逻辑学与心理学的关系"就像化学工艺学的某个分支与化学的关系一样"，如此等等②。

胡塞尔分析心理主义的论证，注意到逻辑工艺论（logical technology）的理论基础是由心理学，更一步说是由认识的心理学提供的。我们随便看一眼逻辑学文献的内容就会明白这一点：它们"始终讨论的是概念、判

---

① 胡塞尔. 逻辑研究：第一卷. 上海：上海译文出版社，1994：2.

② 同①43.

断、推理、演绎、归纳、定义、分类等等，而所有这些都属于心理学，只不过根据规范和实践的观点进行了选择和整理而已"，这样一来，"无论人们对纯粹逻辑学作如何严格的限制，都无法把心理学的东西从它之中排除出去"，它们"就藏在像真理与谬误、肯定与否定、一般与特殊、根据与结论等等这样一些对逻辑规律来说建构性的概念之中"①。胡塞尔表示，无论心理学被定义为"关于心理现象（psychic phenomena）的科学""关于意识事实（the facts of consciousness）的科学""关于内在经验事实（the facts of internal experience）的科学"，还是被定义为"关于依赖于体验个体的那些体验（experiences in their dependence on the experiencing individual）的科学"，大家都会承认，它是一门事实科学（factual science），从而是一门经验科学（empirical science）②。与此同时，虽然我们在逻辑学的定义方面还没有能够达成一致和统一，但可以发现的是，在"心理学的"（psychological）、"形式的"（formal）和"形而上学的"（metaphysical）三大逻辑学流派中，心理学派别所拥有的代表人物"在数量上"和"在重要性方面"已经大大超过其他两个流派："随着心理学研究的兴起，逻辑学中的心理主义流派占了上风。"③

按照胡塞尔的分析，心理学至今还不能指出真正的从而也是精确的规律，被它称为规律的那些定律尽管很有价值，却只是对经验的一种模糊的一般化，只是有关并存或延续的一些大致规则。如果逻辑规律取决于心理规律，那么逻辑规律也只能是模糊的、不精确的。他表示，即使有人为了避开第一个指责而想否认心理学规律整体上的不精确性，并想在所谓精确的思维规律基础上建立起心理学的规范，这仍然是无济于事的。这是因为，没有一条自然规律是先天可知的，没有一条自然规律是能明确自证的，论证或证实这种规律的唯一途径是对经验的个别事实进行归纳，但归纳并不能论证规律的有效性，而只能论证这个有效性的不同程度的或然性。如此的话，逻辑规律必然毫不例外地也被纳入或然性的档次。但

① 胡塞尔. 逻辑研究：第一卷. 上海：上海译文出版社，1994：44-45.
② 同①52.
③ 同①1-2.

"纯粹逻辑学"的规律都是先天有效的，它们不是通过归纳而是通过可靠的明证性而获得其论证和证实的。

心理主义的错误在于搞混了逻辑规律和自然规律，它把心理活动与心理活动的对象等同起来。在胡塞尔看来，"无论真理本身，尤其是规律、根据、原则是否被我们明察到，它们本身仍然是它们所是"①。换言之，逻辑规律与认识逻辑规律的活动无关。"理论"或者"真理、规律这类东西"是"确定的观念内容"，它们不是"由行为所构造起来的"，而是"由纯粹观念的要素、由真理所构造起来的"，这种构造则是"在纯粹观念的形式中"进行的，是"在根据和结论的形式中"进行的②。显然，逻辑规律不可能从属于心理规律，因为逻辑规律不是原因与结果的关系，而是前提与结论的关系；不是事实间的关系，而是观念间的关系。胡塞尔依然有追求确定性的要求，批判心理主义，就可以避免相对主义，从而确保知识的客观有效性。胡塞尔批判个体相对主义和种类相对主义（人类主义），在他眼里，"所有形式的心理主义都是相对主义"，或者说"心理主义的所有变种和扩展都是相对主义"③。

通过反对心理主义，胡塞尔把逻辑规律看作"客观的"规律，它们既不来自归纳，也不来自演绎，而是直观的结果。这意味着一种柏拉图式的实在论立场。许多人认为胡塞尔对心理主义的批判拯救了共相的客观性，但胡塞尔本人却并不完全确信柏拉图式的实在论立场。事实上，他在1913年出版的《观念》第一卷中抛弃了这一姿态，转向了康德式的先验观念论。他依然认为逻辑规律是客观的、在己的，但在先验观念论的框架内对"客观"和"在己"做了重新解释。真正说来，胡塞尔把这种由心理主义向实在论的转向仅仅看作一个基本步骤，他最终想要通达的是先验主体性（transcendental subjectivity），并因此与大多数弟子分道扬镳了。当然，不应该把《逻辑研究》与后面的工作完全分开。在已经出版了《观念》第一卷的情况下，他还在《逻辑研究》第二版前言中表示："对

---

① 胡塞尔. 逻辑研究：第一卷. 上海：上海译文出版社，1994：207.
② 同①208－209.
③ 胡塞尔选集. 上海：上海三联书店，1997：205.

我来说，《逻辑研究》是一部突破性的著作，因而它不是一个结尾，而是一个开端。"① 真正说来，《逻辑研究》是胡塞尔哲学的最重要的突破，随后的其他著作进行的那些全面而深入的拓展并没有脱离这一起点。

二、胡塞尔与现象学方法

胡塞尔强烈要求回到纯粹意识或先验主体性，这是一种纯化和强化早期现代意识哲学的努力：悬置外在的超越之物，回到内在的纯粹意识；排斥经验的心理因素，维护纯粹的逻辑构造；拒绝普遍的理性主体，强调孤独的单子意识。但胡塞尔哲学也打开了意识哲学的缺口。这是因为：尽管他在意识和身体之间进行了区分，而且让身体居于从属地位，但他晚年毕竟把身体作为一个问题引入了现象学的视域中；尽管他只关注"语言的逻辑先验性"和"纯粹逻辑语法"，因而没有关注语言问题本身，但他的思想中还是包含着许多对后来的语言哲学尤其是语言现象学具有启发性的东西；尽管他人意识只是作为客观性的保证被从属地谈及，而且没有能够真正克服唯我论困境，但他人意识毕竟对单子意识的构造功能提出了挑战。胡塞尔无疑坚持意识哲学的立场，但却开启了意识哲学解体之旅。我们既可以说他陷入了意识哲学的迷梦之中，也可以说他陷入了意识哲学的噩梦之中。最终说来，他陷入了意识哲学的困惑之中。

不可否认的是，胡塞尔哲学在从早期现代西方哲学向后期现代西方哲学的过渡中扮演了重要的角色，但他并没有提出这种或那种非常有针对性的具体思想，其哲学的实质性贡献在于方法论上的探索，其现象学方法为众多哲学家提供了在诸多领域中进行深入探索的有益武器。在他于1927年为《不列颠百科全书》撰写的"现象学"条目中，胡塞尔本人对现象学有一个很准确的定位。他这样写道："'现象学'标志着一种在上世纪末、本世纪初在哲学中得以突破的新型描述方法以及从这种方法产生的先天科学，这种方法和这门科学的职能在于，为一门严格的科学的哲学提供原则性的工具并且通过它们始终一贯的影响使所有科学有可能进行一次

① 胡塞尔. 逻辑研究：第一卷. 上海：上海译文出版社，1994：5.

方法上的变革。"① 其实，胡塞尔本人致力于通过现象学方法来为科学奠基，追求纯粹理论的目标，但其弟子或再传弟子却并不关心严格科学的理想，也因此造成了现象学内部的分歧和多样化。

胡塞尔提倡的现象学方法是所谓的现象学还原（phenomenological reduction）。无论在何种情况下使用"还原"这一概念，它都一方面意味着对某些事物（非本质性的事物）的排斥，另一方面则表明向某些事物（本质性的事物）的回归②。真正说来，还原意味着"回到事物本身"。胡塞尔要探讨认识之所以可能的条件，这主要涉及两种还原的方法：一是本质还原的方法，另一是先验还原的方法。前者是在认识过程中用来发现对象的本质、规律和结构的方法，后者是在认识过程中用来解决意识和存在、主体和对象的关系的方法。现象学主张不从任何假设出发，胡塞尔为此提出现象学悬搁（或现象学中止判断）作为一种先行手段，本质还原部分地借助这一手段，先验还原严格地要求这一手段。

1. 现象学悬搁

简单地说，"悬搁"就是在进行认识之前对给予的东西是否存在打上可疑的记号或加上括号，并因此把一切间接知识放在了一边。也就是说，我们"判定"一个命题"无效"，我们"排除"它，我们给它"加上括号"（bracketing），我们"不运用"它③。这一方法既针对历史（既有知识），也针对存在（外部事物存在、自我存在、他人存在等），因此有"历史的括号法"和"存在的括号法"之区分。现象学悬搁类似于笛卡尔的普遍怀疑，是对笛卡尔方法论步骤的改进，与一般意义上的怀疑主义的立场完全有别。

2. 本质还原的方法

本质还原方法也叫本质直观（eidetic intuition）方法，也可以说是一种观念化（ideation）的方法。胡塞尔通过批判心理主义表明：逻辑规律既然不是自然规律，不是心理规律，就不能由经验概括和经验归纳而来，

---

① 胡塞尔选集. 上海：上海三联书店，1997：341.
② 倪梁康. 胡塞尔现象学概念通释. 北京：三联书店，2007：396.
③ 同①381.

但它们也不能由推论而来，因为它们是推论的前提，而不是结论。那么如何发现逻辑规律呢？胡塞尔认为只能借助直观。任何基本的逻辑规律都是直接地被直观到的。康德认为我们只有感性直观，不可能有理智直观，而胡塞尔所说的"直观"类似于笛卡尔所说的"心灵审视"或者说"理智直观"。也就是说，我们不仅可以直观到个别的东西，而且可以直观到像逻辑规律这样的一般的、本质的东西。胡塞尔认为"本质"或者说"埃多斯"是一个新型的对象，"正如个体的或经验直观的被给予之物是一个个体对象一样，本质直观的被给予之物是一个纯粹的本质"①。本质还原的方法就是要发现认识对象的本质、纯粹的本质。现象学的口号"回到事物本身"其实就是直观到事物的本质。也就是说，认识主体直接面对"直接所予"或"纯粹现象"，在直观中接受向意识呈现出来的一切。胡塞尔表示："思维和认识体验的纯粹现象学"仅仅研究"那些在直观中可把握、可分析的体验的纯粹本质一般性"，它"用本质概念和有规律的本质陈述将那些在本质直观中直接被把握的本质和建立在这些本质中的本质联系描述地、纯粹地表述出来"，而且所有这些本质陈述都是"最确切词义上的先天陈述"②。

为了确保"回到事物本身"，应当先行实施现象学悬搁，然后在直观殊相（particular，特殊）的基础上让共相清楚明白地向意识呈现出来。本质还原只需要部分地悬搁，因为这里主要涉及认识对象的性质，不涉及认识主体的性质，也不涉及认识主体与认识对象的关系。我们可以把有关对象的历史知识和存在判断放在括号里，从而让认识对象作为事物本身直接向我们的意识呈现出来，或者说让我们能够直接洞见其本质。现象学消除了本质和现象的二元论，对于它来说，无所谓现象背后的本质，现象就是本质，本质就是现象，即事物向我们显现出来的就是事物本身。当然，这种显现可能会是流变的，我们需要把握变中之不变者，也因此不是把握个别的本质，而是把握普遍的本质或者说共相。

通过加括号这一消极的排斥性步骤，我们已经直面事物本身，接下来

---

①　胡塞尔选集. 上海：上海三联书店，1997：453.

②　胡塞尔. 逻辑研究：第二卷第一部分. 上海：上海译文出版社，1998：2.

要做的事情是从殊相通向共相，这是由本质直观或观念化这一积极步骤来完成的。在胡塞尔看来，本质直观并不以个体的理解或个体的现实设定为基础，但它以个体的显现为基础，从而通过想象中的自由变换来实现共相的把握。也就是说，我们可以想象许多个体事例，把它们看作变项，然后或是从整体上看，或是从关系上看，寻找变中之不变者，也就是共同的规定性或普遍的本质。通过想象来实现自由变更，可以突破经验的限制，换言之，可以突破历史的或存在的预设。他这样写道："埃多斯，纯粹本质可以直观地在经验被给予性，在知觉、回忆等等的经验被给予性中示范地表现出来，同样也可以在纯想象的被给予性中示范性地表现出来。"①

本质直观既不蕴含对某个个体此在的设定，也不包含关于事实的断言，从而不涉及任何事物的真理。胡塞尔写道："在对体验（即使是想象中臆造的体验）的范例性个别直观的基础上进行的本质直观以及对在纯粹观念中被直观到的本质的确定，并不是经验的（自然科学的）描述，毋宁说它排斥所有自然地进行的经验（自然主义）统觉和设定。"② 例如，关于物质的本质。我们可以从想象中的或现实中的一个杯子出发，在想象中把它变成茶壶、小溪、江流、湖海、小树、月亮、星辰等，我们也可以从其规定性方面来改变它，比如变换其大小、颜色和形状，直到把它变成不是物质的东西为止。我们发现不具有广延性的东西，如情感不是物质的东西。把所有这些判别物质的例子当作一个整体来看，我们发现这些变量中所共同具有的规定性是空间上的广延性和时间上的延续性，由此发现了物质的东西的本质。非常明显，我们不是借助眼睛看，而是通过精神看或心灵的洞察才发现了事物的普遍本质，正因为如此，我们是在观念的世界中而不是在事实的世界中获得满足的。胡塞尔表示，通过本质直观，"我们直观到了本质，直观到了柏拉图的理念，直观到了本质普遍之物：这样我们便完全直接地拥有了这个最终结果并且将它作为恒久的精神收

---

① 胡塞尔选集. 上海：上海三联书店，1997：455.
② 胡塞尔. 逻辑研究：第二卷第一部分. 上海：上海译文出版社，1998：15.

获而保存下来，就像我们所认识到的任何一个其他对象性一样"①。

3. 先验还原的方法

先验还原的方法要解决存在与意识的关系问题。在胡塞尔看来，世界的本源是先验的主体，世界是由先验主体构成的。这里的世界显然不是指在己的自然，而是指对象意识的总和，因此是在认识论而不是在存在论意义上说的。康德所说的现象界既依赖于在己之物提供的质料，又依赖于意识主体提供的形式；而在胡塞尔那里，仅仅考虑的是意识的构造性，世界在意识之内，无所谓在己之物。如此一来，先验还原把有关世界是在己地、客观地存在的观点完全还原为世界是相对于先验自我而存在的观点。如此说来，与本质还原维护观念的客观性不同，先验还原是一条通向先验主体性的道路。

以其先验观念论姿态，胡塞尔明确否定各种形式的自然主义。按照他的看法，"先验问题产生于对那种'自然观点'的普遍改造，现在整个日常生活和实证科学都仍停留在这种观点中"②。"自然观点"或"自然主义"所说的"自然"是"指一个按照精确的自然规律而在空间、时间中存在的统一之意义上的自然"，对于"自然主义者"而言，"他看到的只有自然并且首先是物理的自然"，由此，"一切存在的东西，或者本身是物理的，隶属于物理自然的统一联系，或者虽是心理因素，但却只是依赖于物理因素而发生变化的东西，至多是一种派生的'平行的伴随性事实'"，于是，"所有存在者都具有心理物理的自然，这是根据确定的规律而被明确规定的"③。简单地讲，受自然主义影响的人们，把世界看作各种被经验到的和未被经验到的东西的总和，这些东西不依赖于我们的意识而独立地存在着；与此同时，我们作为自然生活的人，在自然的观点中表象着、判断着、感受着和期望着，我们对世界的认识从而也是一种自然的事实，即认识不过是有机体的诸多行为中的一种。

依据自然主义的态度，认识服从心理规律，而心理规律只是自然规律

---

① 胡塞尔选集. 上海：上海三联书店，1997：482-483.

② 同①351.

③ 胡塞尔. 哲学作为严格的科学. 北京：商务印书馆，1999：8.

的一个分支，一切都可以借助经验的方法来进行研究。我们的认识是从已知到未知，也因此是通过联想和预测从个别上升到一般、从特殊通向普遍。胡塞尔批评说，采取这种姿态的人根本就没有问一问认识是如何可能的。他还更明确地圈定了自然主义的范围及其表现说："所有的极端而彻底的自然主义，从通俗的唯物主义（vulgar materialism）到最新的感觉主义（sensualism）和唯能主义（energetism），它们的特征都在于，一方面将意识自然化，包括将所有意向—内在的意识被给予性自然化，另一方面是将观念自然化，并因此将所有绝对的理想和规范自然化。"① 胡塞尔要求从自然的态度走向哲学的态度。在他看来，哲学"应该是由认识者对他的认识成就进行普遍的最高的和最后的自身思考、自身理解、自身辩护而来的认识"，或者它"应该是绝对证明自身正当的科学，而且是普遍的科学"，因此需要"一种有关根源的科学，一种第一哲学，一种有关先验主体性的科学"，一切真正的科学都必须"从这种科学中寻找它们的全部基本概念和原理的以及它们的方法的一切通常原则的来源"②。显然，需要先验还原来引导人们从自然主义走向先验观念论。

为了克服自然主义，防止预先假定存在着意识之外的客体以及意识能够超出自身认识客体这种情形，胡塞尔认为我们需要一种全面的、彻底的悬搁。他这样表示："被经验的'外在之物'不属于意向性的内在性，尽管经验本身作为关于外在之物的经验属于这一内在性。对于其他各种朝向世界之物的意识来说也是如此。所以，如果现象学家想获得作为纯粹现象的他的意识，他便需要有一种彻底的'悬搁'。"③ 他还进一步表示："先验还原完全是普遍悬搁的一个结果，而普遍悬搁则包含在先验问题的意义中。"④ 也就是说，他主张先把客体的存在放在括号里，把主体可以走出自身认识客体的能力也放在括号里，把主体在世界中存在的信念同样放在括号里。简言之，我们应该"将属于自然观念本质的总命题判定为

---

① 胡塞尔. 哲学作为严格的科学. 北京：商务印书馆，1999：8-9.
② 胡塞尔. 第一哲学：下卷. 北京：商务印书馆，2006：42.
③ 胡塞尔选集. 上海：上海三联书店，1997：345.
④ 同③356.

无效"①。先验还原其实是在回到内在心理的基础上进行的一种纯粹化工作，这意味着一种不做任何预先假定的、审慎的哲学态度。

这里涉及"先验"一词的含义。胡塞尔大体上是在康德的意义上使用"先验"一词的，但他的"先验"不再与在己之物有任何形式的关联。通过加括号，我们不再受制于一切关于存在的知识或判断的影响，我们回到的是纯粹意识，也就是作为现象学剩余（phenomenological residue）的"纯粹的"或"先验的"意识。一切都是有疑问的，只有纯粹意识是毫无疑问的。胡塞尔不对纯粹意识做悬搁，因为在他看来，笛卡尔的普遍怀疑方法已经消除了相关疑问。笛卡尔从"我疑"到"我思"的推理是一个天才的发现，为认识论找到了绝对可靠的开端。当然，胡塞尔对笛卡尔哲学并非完全满意，他认为笛卡尔哲学还带有经验人类学的色彩，其心身二元论并没有能够解决好非物质的心灵与作为物质的身体之间的关系。况且，在理性范围内能够解决的事情，笛卡尔却要求助于神，也是有问题的。因此，我们应该完全在纯粹意识内部来为认识论确定基础。

通过进行笛卡尔式的怀疑或进行彻底的悬搁，我们到达的是纯粹意识领域。现在的工作是描述纯粹意识的意向性结构，即意向活动（noesis）和意向相关项（noema）相关联的特征。意识总是对某物的意识，而物质却没有这种性质。这是胡塞尔从布伦塔诺那里获得的启示，而相关术语则来自经院哲学。他写道："对作为意识，作为关于某物的显现的存在的基本特征的术语表述来自经院哲学，即意向性。在非反思地意识到某些对象的同时，我们'朝向'这些对象，我们的'意向'指向这些对象。"② 很显然，任何经验或体验都是"意向的"体验。事实上，这就是整个现代哲学都强调意识而不是无意识的原因。当然，早期现代西方哲学强调纯粹意识，后期现代西方哲学大体上认同身体意识，只是在当代西方哲学中，意识才让位于无意识。无论如何，先验还原从自然态度回到哲学态度，进入的是纯粹意识领域，也可以说是"现象学经验"的领域，这是"内在经验"的领域。

---

① 胡塞尔选集. 上海：上海三联书店，1997：383.

② 同①343.

现象学在内在经验中描述意向活动与意向相关项的关系。这种关系不仅在自身经验中是这样，在陌生经验中也是如此，从而适用于共同经验，也因此从先验主体性过渡到先验主体间性（transcendental intersubjectivity）。意向活动是由作为单子的纯粹自我执行的，而意向相关项是由意向活动构成的。必须注意的是，这里的自我不是实体，而是功能。意向生活是多样的，是杂多的，自我则意味着杂多的统一。由于完全回到了内在生活，这种统一也因此是先验的统一，而自我也就是先验的自我："自我主体"或"先验自我"是"一个同一的、集中了所有特殊意向性的'自我极'，是它在这个生活中形成的各种习惯的载体"①。总之，在胡塞尔对先验问题的处置中，他要求我们回到意识或经验内部，肯定意识活动的自明性，围绕意向性结构而展开，在维护作为意识活动执行者的先验自我的确定性的基础上，说明意向活动是如何构成意向相关项的。他把纯粹意识领域内的问题称为内在的问题，把认识的对象是否存在的问题称为超越的问题。现象学研究是在纯粹意识的领域内进行的。在把超越的问题悬搁起来以后，他才着手研究认识活动是如何构成认识对象的。

胡塞尔认为，存在着内在性的时间。内在性的时间由原初印象（primal impression）、滞留（retention）和前摄（protention）三者共同构成：原初印象被"过去"经验的滞留与"未来"经验的前摄包围，三种行为衬托出了现在、过去和将来的意识。三者环环相扣，叠合交错，构成了内在的时间意识。胡塞尔甚至明确表示人的知觉经验与这种内时间意识是同构的。客观地在时空中存在的物的概念也是由意识活动构成的。当我们观察某物比如一张桌子时，我们只能观察到它的一面，如它的前面部分，但我们只要想观察，还可以观察到它的其他部分。如果我们围绕桌子走一圈，可以观察到它的前后左右。但无论如何，我们现实地看到的都不是其全部，所以，许多人认为，物是超越于意识对它的表象的，或者说物是独立于意识而存在的。胡塞尔并不这样看。他认为物超越于它的现实的给予，并不超越于其潜在的给予。在我们意识到它的一部分时，我们潜在地意识到它的全部或一切可能性。所以物最终是各种意识活动综合的结果。

---

① 胡塞尔选集. 上海：上海三联书店，1997：345.

客观的物最终是相对于我们的意识而言的。

胡塞尔关于先验还原的结论性看法是："对我们来说，根本性的东西在于明白，现象学的还原作为对自然观点或自然观点总命题的排除是可能的；并且，在还原之后，绝对的或先验纯粹的意识作为剩余留存下来。"①总之，一切取决于先验主体性。其实，胡塞尔证明的是对象的概念是如何在意识中形成的，而不是对象本身是如何构成的。对于后来的实存主义者而言，世界的意义是由主体构成的，至于世界本身，则是在己的。胡塞尔的认识论现象学（epistemological phenomenology）根本不指向在己的存在，即，它否定所谓的超越性，把一切限定在意识内部，只承认内在性。后来的实存论现象学（existential phenomenology）则强调超越性，并因此在一定程度上克服了这种认识论现象学的局限性。

第二节　存在问题或基础存在论

一、海德格尔与现象学方法

海德格尔是德国著名哲学家，中学时代受到良好的希腊文、拉丁文和德国语言文学教育。他 17 岁时读到布伦塔诺的《论亚里士多德以来存在的多重意义》一书，被存在问题弄得困惑不安，立志探讨和解决它：要发现存在的多重意义中的基本意义。亚里士多德晦涩的《形而上学》对学生时代的海德格尔无疑产生了重大的影响。他在弗莱堡大学先是读神学，随后是哲学。他广泛阅读哲学、人文科学和自然科学著作，接触到尼采的《强力意志》，同时大量阅读荷尔德林、里尔克（Rilke R. M，1875—1926）、特拉克尔（Trakl G，1887—1914）等人的诗歌作品，并终身受益。

海德格尔是在新康德主义氛围中接受哲学训练的，其博士学位论文指导老师是该派著名哲学家李凯尔特（Rickert H，1863—1936）。海德格尔受康德的影响是非常明显的，但后来却很自然地偏离了新康德主义。海德

① 胡塞尔选集. 上海：上海三联书店，1997：431.

格尔曾经做过胡塞尔的助手，后来接任其教职。他在胡塞尔现象学方法的引导下开始了其漫长的追问存在的道路，但他们一开始就有分歧，因为他不接受先验观念论。他于 1927 年在胡塞尔主编的《哲学和现象学研究年鉴》第八期上发表了著名的《存在与时间》，不久又出了单行本。他在该书扉页上题有"谨以此书献给埃德蒙特·胡塞尔，致以友情与敬意"。这充分说明了二人在这一时期非常密切的关系。然而，随着海德格尔与纳粹的合作，他对其师的态度发生了巨大的变化，这一题词后来也被删除了。该书最初标有"第一部"，到 1953 年出第 7 版时，删除了"第一部"的字样，因为他不再打算写拟定的第二部了。这是为了评职称而完成的一部作品，但也是其影响最大的作品。一般认为，这部作品集中表达了海德格尔的实存论现象学思想。列维纳斯把《存在与时间》与柏拉图的《斐多》、康德的《纯粹理性批判》、黑格尔的《精神现象学》以及柏格森的《论意识的直接所予》看作西方哲学史上最著名的几部著作。

海德格尔还有许多重要作品，比如《康德和形而上学问题》《论真理的本质》《形而上学导论》《林中路》《通向语言之路》《路标》《尼采》等。其著述广泛地被翻译成各种语言，研究著作更是汗牛充栋。《存在与时间》主要从实存的角度探讨存在问题，其后期著作则主要从语言的角度予以展开。德国哲学家伽达默尔进一步拓展了海德格尔的哲学解释学思想；法国哲学家萨特、梅洛-庞蒂、利科、列维纳斯、亨利、马里翁、福柯、德里达从不同角度发掘其丰富的思想宝藏，或是展示其思想的充分的后期现代特征，或是演绎其思想的可能的后现代特色。海德格尔在学术上的贡献和地位是毫无疑问的，但他与纳粹合作的经历让他的一生蒙上了阴影，而且似乎永远无法获得多数学人的谅解。问题在于，海德格尔对纳粹的亲近是一时糊涂，还是其哲学的必然命运？在一个告别理论哲学，强调实践哲学，甚至消除一切哲学的时代，哲学的使命与命运确成了一个重要的哲学问题。

海德格尔说自己的哲学是存在哲学（philosophy of being）。他承认，由于存在的意义这一主导问题，其哲学探索就站到了一般哲学的基本问题上，而处理这一问题的方式是现象学的方式。传统哲学之所以在存在论上丧失了根基，在于其方法有问题。他批判传统的哲学方法，认为它们采取或从自然、世界，或从观念、思维出发的方式，都将存在与存在者混为一谈。他主张采用胡塞尔提出的现象学方法。当然，这不是要把自己归入某种"立场"或某个"流派"。原因在于，"'现象学'这个词本来意味着一个方法概念，它不是从关乎实事的方面来描述哲学研究的对象是'什么'，而是描述哲学研究的'如何'"①。换言之，现象学方法意味着让存在从存在者中显示出来，并因此回到事物本身。

按照海德格尔进行的词源学分析，现象学（phenomenology）不是关于现象的科学，它其实是由现象（phenomenon）与逻各斯（logos）构成的一个复合词。他通过词源追溯发现：现象意味着显示（显现）自身；逻各斯尽管有多种含义，但其基础的含义是把言谈时话题所及的东西公开出来。如此一来，现象学的两个构成元素共同表达的无非是"回到事物本身!"这一重要原则。现象学研究存在者如何（向此在）显示其存在，实际上就是如何与此在发生关系。现象学这一名称既不称谓其研究的对象，也不描述这种研究包含哪些内容。它不管研究的是什么东西，只管研究如何展示和处理这些东西：存在者如其所是地展示自己，而任何通过直接揭示、直接展示来处理存在者的这种展示的方式都可以被称为现象学。问题在于，存在者可能并不展示自身，它藏而不露，即隐藏其存在。现象学的现象意指存在者的存在和这种存在的意义，在现象背后并没有什么东西。然而，应该成为现象的东西却仍然可能藏而不露，因为它受到了遮蔽，因此应当用领会、解释和解构的方式，让事物显示自身，使事物处于无蔽状态。

现象学方法包括三个重要的部分。第一是还原，即从存在者回到存在。存在总是存在者的存在，因此只有首先从一个存在者出发，存在才是可通达的。然而，把握存在，最终意味着从存在者返回其存在。海德格尔把研究的目光从被素朴地把握的存在者向存在的引回这一方法称为现象学还原。第二是建构，这突出的是此在的作用。在他看来，现象学还原并非现象学方法唯一的环节，甚至绝非其核心环节。因为使目光从存在者回到存在，这同时需要以肯定的方式把自己带向存在本身。在存在与存在者的关系中，正是此在赋予存在者以意义，从而让其存在显示出来，换言

---

① 海德格尔. 存在与时间. 北京：三联书店，2006：32.

之，此在筹划自身存在并赋予其他存在者以存在的意义。第三是解构，这意味着受遮蔽状态的消解。海德格尔对解构的关注是值得注意的。他认为现象学建构并没有穷尽现象学方法，还需要通过一种解构来批判性地拆除被传承的、必然首先得到应用的传统概念的结构，以便保证现象学诸概念的纯正性。解构并非完全消极，而是有其积极的意义，"这一解构工作并不想把过去埋藏在虚无中，它有积极的目的；它的否定作用始终是隐而不露的，是间接的"①。海德格尔强调三者共同构成了他所说的现象学方法："现象学方法的这三个基本环节：还原、建构、解构，在内容上共属一体，并且必须在它们的共属性中得到阐明。"②

二、存在问题的结构与此在的优先地位

海德格尔哲学批评自柏拉图以来的西方传统哲学，尤其批评自笛卡尔以来的现代哲学，与同时代的逻辑实证主义也判然有别。事实上，整个现象学传统都不认可逻辑实证主义或实证主义，而逻辑实证主义对现象学也没有任何好感，认为它研究的不过是"无在无着"之类的无意义的东西。海德格尔承认自己是一个存在论哲学家，他要解构传统的存在论并建立一种基础存在论（fundamental ontology）。在他看来，传统哲学虽然大谈存在，实际上却将存在与存在者（entities, beings）相等同，出现了存在的遗忘的时代。一切源于提问法的错误。我们不能问存在是什么（what），因为它代表的是如何（how），意味着活动。具体地说，存在意味着存在者的显现；严格地说，是存在者向我们显现。存在者则意指任何现成在手的（present-at-hand）东西。在海德格尔看来，存在高于存在者。

海德格尔在《存在与时间》中表明了重提存在问题（question of being）的必要性，因为这个曾经使柏拉图和亚里士多德为之"殚精竭虑"的问题被人遗忘了。虽然它透过各种各样的"偏离"和"润色"得以维持，在黑格尔的"逻辑学"中依然如此，但其实早已变得微不足道了。

---

① 海德格尔. 存在与时间. 北京：三联书店，2006：27.
② 海德格尔. 现象学之基本问题. 上海：上海译文出版社，2008：27.

按照海德格尔的分析，人们对于这个问题产生了一些成见，主要表现在三个方面："存在"是一个"最普遍的"概念，是一个"不可定义的"概念，是一个"自明的"概念。他对这些成见一一进行了分析和批驳，并且表示："以上对这些成见的考虑同时也使我们明了：存在问题不仅尚无答案，甚至这个问题本身还是晦暗而茫无头绪的。所以，重提存在问题就意味着：首先要充分讨论一番这个问题的提法。"① 传统存在论的全部问题就在于对存在者的研究代替了对存在本身的研究，于是忽视了存在与存在者之间的存在论差异（ontological difference）。

　　传统哲学是无根的存在论（本体论），因为它们没有回到存在的意义问题（question of the meaning of being）上来。在海德格尔看来，应当提出存在的意义问题，并对这一基本问题的发问本身做一透视。任何的提问都是一种寻求，即寻求存在者之存在意义。严格意义上的存在问题包括三个因素，它们分别是问的对象——存在者，问之所问——存在者的存在，发问者及其行为——此在。存在问题主要关心如何如其所是地通达存在。这里的"问"并非认识论意义上的"问"，或者说主要不是这种意义上的"问"。其实，我们的任何一项活动都是一种发问，都是在向存在者追问其存在。这种发问或追问就是我们的存在方式。海德格尔是这样说的："既然发问本身是某种存在者即发问者的行为，所以发问本身就具有存在的某种本己的特征。"② 按照他的说法，在我们追问存在的时候，出发点并不是随意的，我们并不是向随便一个存在者追问其存在，而是可以把我们自己视为存在者的"范本"。在他看来，"审视""领会""形成概念""选择""通达"等活动都是"发问的构成部分"，所以它们本身就是"某种特定的存在者的存在样式"，也就是"我们这些发问者本身向来所是的那种存在者的存在样式"，我们自己向来所是的存在者就是"除了其他可能的存在方式以外还能够对存在发问的存在者"，可以"用此在这个术语来称呼这种存在者"③。

---

① 海德格尔. 存在与时间. 北京：三联书店，2006：6.
② 同①7.
③ 同①9.

　　"此在"这个词已经出现在黑格尔等人的哲学中，在中文中曾经被译为"定在"。"此"既可能是"此时"，也可能是"此地"；"此在"既可以指人的具体存在，也可以指物的具体存在。海德格尔用"此在"来代替传统意义上的"人"或"主体"，以避免重新回到主体形而上学的老路中去。意识主体在海德格尔哲学中显然遭遇了危机，但并不因此就终结了。至少在德里达看来，一方面，"此在并不简单地是形而上学的人"；另一方面，"此在虽然不是人，然而又非人之外的什么东西"①。人显然被处境化了。此在的发问作为一种存在方式不是推论而是显示，它指的是我们的实存（existence）或活动。此在的存在就是实存，而实存意味着人无论如何必须以某种方式与其存在相关联。此在总是从它的实存来领会自身，总是从自己的可能性来领会自身。此在或是自己选择了这些可能性，或是陷入了这些可能性，但无论如何总是处在各种可能性中。此在或者以抓住不放的方式，或者以耽误的方式实存着。真正说来，我们通过各种活动来开展出自己的"此"，而不是受制于预先的规定性。

　　按照海德格尔的分析，同其他一切存在者相比，此在具有三重优先地位。第一重是存在者层次上的优先地位（ontical priority）：这种存在者在它的存在中是通过实存得到规定的；第二重是存在论上的优先地位（ontological priority）：此在由于以实存为其规定性，所以就它本身而言就是"存在论的"；作为实存之领会的受托者，此在同样原初地包含对一切非此在式的存在者的存在的领会，因此有第三重的优先地位：它是使一切存在论在存在者层次上及存在论上都得以可能的条件②。人的实存意味着可能性，而不像其他事物那样是现成的；人的实存意味着人能追问自己的存在；与此同时，人的实存也是通达其他存在者的存在的途径。

三、存在论的双重任务

　　海德格尔表示："使存在从存在者中崭露出来，解说存在本身，这是

---

①　Derrida. Marges de la Philosophie. Paris：Les Éditions de Minuit，2003：148-151.

②　海德格尔. 存在与时间. 北京：三联书店，2006：16.

存在论的任务。"① 这其实包含了双重任务。他原先打算把《存在与时间》写成两部，分别完成其中的一重任务。第一部旨在"依时间性阐释此在"，第二部则旨在"解构存在论历史"。由于他后来放弃了第二部，也因此只完成了第一个任务。好在他在导论第六节中对第二重任务做了某种概要性的表述，从而让我们可以大致窥视其完整的哲学目标。

海德格尔首先要求对此在进行存在论分析，以便敞开用来解释一般存在意义的视域。在追问存在者的存在时，我们不仅要确立优先针对的存在者，而且也必须明确占有和保障正确通达这一存在者的方式。此在已经被确立为优先的存在者，现在的问题是如何在领会（understanding）和解释（interpretation）过程中牢牢地盯准它。人们通常会错误地以为不仅可以直接把握此在，而且其存在方式也是直接给定的。实际情况并非如此。按照海德格尔的说法，"在此在本身之中，因此也就在此在本己的存在之领会中，有这样一种情况，我们将把这种情况展示为：对世界的领会从存在论返照到对此在的解释之上"②。此在特有的存在建构对此在始终蔽而不露，其根据恰恰就是此在在存在者层次上及存在论上的优先地位。此在在存在者层次上离它自己"最近"，在存在论上却离它自己最远，但在前存在论上对它自己并不陌生。如此一来，对这种存在者的阐释面临着独特的困难，根源恰恰在于这一存在者的存在方式。存在的领会不仅一般地属于此在，而且随着此在的各种存在方式本身或成形或毁败，因此可以对存在的领会做出多种解释。哲学、心理学、人类学、伦理学、政治学、诗歌、传记、历史记述以各种方式和不同规模来研究此在的行止、才能、力量、可能性与盛衰。这些解释在实存上也许都是原初的，但问题在于它们在实存论上是否也是以原初的方法得出的。我们需要把此在的基本结构充分清理出来，从而让此在分析的工作在实存论上言之成理。

海德格尔承认，如上这些此在的分析不仅是不完备的，而且最初还只是浅近的：这一分析仅仅把此在的存在提出来，还不曾阐释存在的意义。此在分析需要做好准备工作，以便展现借以最原初地解释存在的视域。为

---

① 海德格尔. 存在与时间. 北京：三联书店，2006：32.

② 同①19.

此，需要展示时间性（temporality），把它作为此在这种存在者的存在的意义，从而把此在的各种结构阐释为时间性的样式，进而为解决一般的存在意义问题准备好地基。他明确表示，"在隐而不彰地领会着解释着存在这样的东西之际，此在由之出发的视域就是时间"，我们必须"把时间摆明为对存在的一切领会及解释的视域"，必须"本然地领会时间"，并且超出于"对时间的流俗领会"①。只有着眼于时间，才能够把握存在。在阐释存在之为存在的基础存在论任务中，就包含着清理存在的时间状态的工作，在把时间状态的问题讲清楚之后，才有可能为存在的意义问题提供具体而精微的回答。

海德格尔进而要厘清存在论的第二重任务。按照他的看法，"此在的存在在时间性中有其意义"，而时间性不可避免地引出了历史性，因为"时间性也就是历史性之所以可能的条件"，历史性"则是此在本身的时间性的存在方式"②。时间性先于不管是本真的还是流俗的时间，同样，历史性先于历史（世界历史的演历），"首须以此在为基础，像'世界历史'这样的东西才有可能，这些东西才以演历方式成为世界历史的内容，而历史性就意指这样一种此在的演历的存在建构"③。此在有其曾在，有其过去，此在具有历史性。此在向存在者追问存在，对存在的这种追问本身也是历史的。流传下来的不少哲学范畴和概念本来有其"源头"，传统却赋予它们以不言而喻的性质，并堵塞了通达"源头"的道路，甚至使我们忘却了这样的"源头"，于是，此在的历史性被连根拔除了。海德格尔打算批判性地考察康德、笛卡尔和亚里士多德等人是如何追问存在的；换言之，他想要知道，希腊存在论的本质部分经历了中世纪哲学、笛卡尔哲学、康德哲学、黑格尔哲学直至柏格森和狄尔泰（Dilthey W，1833—1911）等人的生命哲学之后，存在问题究竟蜕变成了何种面目。

海德格尔表示："在这个历史过程中，某些别具一格的存在领域曾映入眼帘并在此后主导着问题的提法（笛卡尔的我思、主体、我、精神、

---

① 海德格尔. 存在与时间. 北京：三联书店，2006：21.

② 同①23.

③ 同①23—24.

人格）；但同时，这些东西都与始终把存在问题耽搁了的情况相适应，人们没有就它们的存在之为存在及其存在结构追问过。人们反而把传统存在论的范畴内涵以各种相应的表达法以及完全消极的限制加到这种存在者之上。"① 在他看来，"我思""主体""心灵""意识""精神"之类并不涉及存在者的存在，它们导致的是存在的遗忘。正因为如此，他主张避免用这些表达来指称我们自己所是的存在者。海德格尔之所以通过此在而不是主体来展开存在，是为了避免突出存在者而错失了存在。在他眼里，狄尔泰和柏格森的"生命"和"人格"概念尽管与传统形而上学的主体概念有别，也不是现成在手的东西，但还够不上他在存在论意义上所界定的"此在"。真正说来，海德格尔用"此在"来瓦解主体形而上学，来驱逐纯粹意识主体。海德格尔并不打算完整地解构存在论的历史，他只是"从原则上弄清楚存在问题本身"，按照其工作框架，"解构存在论历史的工作只能就存在论存在中原则上有决定意义的一些处所着手"②。笛卡尔和康德的相关思想尤为解构的重点。

当然，海德格尔并不打算消极批判存在论传统，他更愿意发掘各种积极的内容。他表示，"指出存在论基本概念的渊源，通过探索展示它们的'出生证'，这与把存在论立场恶劣地加以相对化毫无共同之处"，而且"这种解构工作也没有要摆脱存在论传统的消极意义"，它"倒是要标明存在论传统的各种积极的可能性"，也就是标明"存在论传统的限度"，它不是要"否定地对待过去"，而是要批判地"针对今天"③。如此说来，拟定的两个部分之间具有非常密切的关系：第一部分以建构为主，同时包含着解构；第二部分以解构为主，同时也有许多建构的因素。他总括性地表示：存在问题的清理工作分为两项任务，而《存在与时间》这部论著相应地分成两部。第一部是以时间性阐释此在，解说时间之为存在问题的超越的视域；第二部是以时间状态问题为指导线索对存在论历史进行现象学解构的纲要。

---

① 海德格尔. 存在与时间. 北京：三联书店，2006：26.
② 同①27.
③ 同①27.

第三节　此在与在世界之中存在

一、此在分析的课题

　　海德格尔的目标是存在者的存在，而不是存在者。但是，在存在问题的追问中，必须以某个存在者为立足点，而这个存在者就是此在。于是有必要进行此在分析（analysis of Dasein）。在存在问题的追问中，此在具有其他存在者不可能具备的优先地位，因为它可以提问，并做出回答，而这种问答本身就是此在的存在方式。此在的存在不是静态的本质或实体，它的基本含义就是去存在（to be），去实存（to exist）。也就是说，在此在的存在中，存在者自己有所领会地对它的存在有所作为；作为这样一种存在的存在者，它已经被托付给它自己的存在了。由此可以看到此在的两个特征：第一，此在的"本质"在于它的去存在（The "essence" of Dasein lies in its "to be"）。如果硬要说这种存在者是什么的话，就必须从它的实存来领会。这种存在者的存在是实存，或者说此在的本质在于其实存（The essence of Dasein lies in its existence），而这种实存与其他东西的现成存在是两码事。第二，这个存在者为之存在的那个存在，总是我的存在（The being which is an issue for this entity in its very being, is in each case mine）。我们永远不能从存在论上把此在视为一种现成在手的存在者，因为它包含着向来我属性（mineness）。这两点是统一的，即"此在又总以这样或那样去存在的方式是我的此在"①。

　　此在始终是其可能性，这样的存在者可以在它的存在中选择自身，获得自身，也可能失去自身，或者说绝非获得自身而只是貌似获得自身。这意味着存在所谓的本真性（authenticity）与非本真性（inauthenticity）之区别。当然，此在的非本真状态并非意味着"较小"或"较低"的存在。事实上，非本真状态更原初。实存着的此在包含向来我属性，而这乃是本真状态和非本真状态之所以可能的条件。此在向来实存于这种或那种状态

---

　　①　海德格尔. 存在与时间. 北京：三联书店，2006：49.

中，或者实存于这两种样式的未经分化的状态中。总之，此在分析勾勒了
此在的两种性质：一是"实存"对于"本质"的优先地位（the priority of
"existentia"over"essentia"），另一是此在的向来我属性这一事实（the fact
that Dasein is in each case mine）①。海德格尔试图表明，本真状态和非本
真状态同等地表达了此在的存在。凡在存在者状态上以平均状态的方式得
到的东西，在存在论上都完全可以在一些深藏着的结构中被把握到，而这
些结构同此在的本真存在的各种存在论规定在结构上并无分别。

当然，必须明确，应该着眼于此在的实存结构，此在的存在具有实存
论性质并严格区别于非此在式的存在者的存在。如此一来，关于此在的实
存论分析优先于任何关于此在的心理学、人类学，更不用说生物学研究。
对于海德格尔来说，把实存论分析同心理学、人类学和生物学研究区别开
来，并不是科学上的要求，而是存在论的要求。这些学科没有能够为我们
自己所是的这种存在者的存在方式问题提供意义明确的在存在论上加以
充分论证的答案。他打算摆脱这些科学导致的"遮蔽"，从而展示原初此
在并弄清自然的世界概念。

在此在的意义问题中，首先被问及的东西是具有此在性质的存在者。
此在或者说人的实存不管处于何种状态，都可以用"在世"（being-in-the-
world，在世界之中存在、在世界之中）来表达。"在世"是一个不可分割
的统一现象，具有作为一个整体的"先天结构"。然而，我们还是可以
"想象地"从三个环节来展示这一整体结构或统一现象。也就是说，为了
更好地把握"在世"这一现象，从而展示此在的存在，我们可以分别从
"世界"（世界的世界性）、"此在"（共在与自己存在）和"在之中"本身
着手来描述这一整体现象。

二、"在之中"本身

（一）"在之中"的独特性

我们通常会把"在之中"（being-in as such）补足为"在'世界'之

---

① 海德格尔. 存在与时间. 北京：三联书店，2006：51.

中"（being-in "in the world"），即把它理解为"在某物之中"（being in something）。也就是用这个用语来指某种存在者的存在方式：比如水在杯子"之中"，衣服在柜子"之中"。这种存在关系可以扩展开来，例如椅子在教室之中，教室在学校之中，学校在城市之中，直至椅子在无穷的宇宙空间之中。这种"在某物之中"显然是某个现成在手的东西与其他现成在手的东西的关系，或者说是物与物的空间关系。然而，海德格尔所说的"在之中"指的不是这样的关系。德语"in-der-Welt-sein"（在世界之中存在）中的"in"（在之中）源自"innan"，意为居住、逗留，而"innan"中的"an"意为我已住下、我熟悉、我习惯、我照料。海德格尔把这种"我居住"和"我照料"意义上的"在之中"标识为我自己向来所是的那个存在者的存在方式。即我生活于此，我熟悉并对之有所作为。"在之中"意指此在的一种存在论构造（ontological constitution），具有实存论性质。

此在依附于（being alongside）世界而存在，或者说融身于（being absorbed in）世界之中。在这里不存在两个现成在手的存在者被摆置在一起的问题，或者说绝没有一个叫作"此在"的存在者同一个叫作"世界"的存在者比肩并列（side-by-side-ness）这样的事情。我们通常会说"桌子靠着门""椅子靠着墙"之类，但物与物之间并不存在着什么"依""靠"关系。即使两者之间没有缝隙，间距为零，依然如此。物与物之间的关系取决于一个其存在就意味着"在之中"的存在者。因此，"'在之中'是此在存在形式上的实存论术语，而这个此在具有在世界之中的本质性建构"①。海德格尔试图表明，此在并不受制于空间，相反，空间以此在为前提。按照他的说法，我们无论如何应当把作为实存论环节的"在之中"与具有范畴性质的现成在手的东西之间的"在里面"（inside-ness）或"在某物之中"区别开来。当然，这并不是说此在没有任何种类的空间性（spatiality）；相反，此在本身有一种切身的"在空间之中的存在"，只不过这种空间存在唯有基于一般的在世界之中才是可能的。因此他强调的是实存论空间，与后来梅洛-庞蒂所说的身体空间有相通之处。

---

① 海德格尔. 存在与时间. 北京：三联书店，2006：64.

（二）"操心"代表着"在之中"的结构整体

海德格尔表示，此在的在世向来已经融入或消散到"在之中"的某些确定的方式中了：制作、安排、照料、利用、从事、贯彻、探查、询问、考察、谈论、规定等，都是"在之中"的方式，它们也可以说是"操劳"（concern）的形式，委弃、耽误、拒绝、苟且偷安则是"操劳"的残缺样式。"操劳"是"操心"（care）的一个方面。应该使此在本身的存在作为"操心"映入眼帘，即必须把"操心"这个词作为存在论上的结构概念来把握。"操心"主要表现为针对物的"操劳"，而在"操劳"中必定会与人打交道，并因此出现针对人的"操持"（solicitude）。海德格尔这样写道："因为在世本质上就是操心，所以在前面的分析中，寓于上手事物的存在可以被把握为操劳，而与他人的在世内照面（encounter）的共同此在可以被把握为操持。"①"操劳"似乎更基础，"无论在存在者状态上还是存在论上，以操劳方式在世界中存在都具有优先地位"②。"操劳"首先具有先于科学的含义，可以被等同于料理、执行、整顿之类，也可以用来指为自己弄到某种东西，在某些情况下还意指担心、恐惧之类，比如我操心考试会通不过之类。

从实存论角度来考虑，"操心"标识的是在世的可能存在方式。作为此在的人的存在是处于不断活动过程中的存在，人生在世总是处于不断地与外物、与他人发生关系的过程中，而这个过程就是"操心"。此在的基本存在状态是在世，而在世的基本结构是"操心"。人的实存有不同的表现形态或环节，它们构成一个结构整体，这个结构整体就是"操心"。此在的存在绽露为"操心"，像意志、愿望、嗜好与追求之类都奠基在"操心"之中。只要此在是在世的存在，它就彻头彻尾地被"操心"所支配。海德格尔表示，把此在之存在解说为"操心"，并不是把一个虚构的观念硬套在此在头上，而是让我们从实存论上领会到了在存在者状态和实存状态上早已经展开出来的东西而已。一则古老的寓言故事已经以前存在论的方式很好地表明了这一点。

---

① 海德格尔. 存在与时间. 北京：三联书店，2006：222-223.
② 同①68.

女神"操心"（Cura）塑造了一块成形的胶泥。应她的请求，路过的朱庇特赋予这块胶泥以精神和灵魂。在为这块有了精神和灵魂的胶泥命名时，两位神祇产生了争执。不仅如此，土地神台鲁斯也冒出来参与争夺，因为正是她贡献了泥坯。最后请了农神出来裁决，而其裁定结果如下：既然朱庇特为它提供了精神和灵魂，他就应该在它死时得到其精神和灵魂；土地神既然给了它以身躯，就理应得到其身体；"操心"女神最先造出了这个"玩艺儿"，就可以在它活着的时候占有它。至于名称，则叫作"人"（homo），因为他是由泥土（humus）造的。海德格尔从德国寓言和《浮士德》中接受了这个故事，并且表示：这是一种前存在论的证据，但我们应该从存在论上来把握它。其特别的意义不仅在于它一般地把"操心"看作是人的此在"有生之时"所隶属的东西，而且在于"操心"的这种优先地位是同把人看作身体和精神的复合体这一熟知的看法联系在一起的。"操心"最先造出了它：这一存在者在"操心"之中有其源头；只要它活着，"操心"就可以占有它；只要这一存在者在世，它就离不开这一源头，就要由这一源头来维持、确定和统治。无论如何，在世的存在，就其存在而言刻有"操心"的印记①。

必须把"操心"理解为存在论意义上的结构概念。这个词与每一个人在其存在者状态上都可以发现的"沮丧"或"生计操劳"之类完全不是一码事。只因为此在在存在论上被理解为"操心"，各种消极现象以及"无忧无虑"或"欢快"之类积极现象在存在者状态上才是可能的。此在对世界的一切作为包括认识都意味着"操劳"。认识是作为在世的此在的一种样式，认识是在世的一种方式，或者说认识是此在的植根于在世的一种样式。但在这一切"操劳"中，都不可能不"操持"。总之，在世存在就意味着"操心"，人的本质就是"操心"。"在之中"要表达的乃是此在不是被置于某物之中，因为此在在世就是"操劳"和"操持"。

（三）"在之中"的三种展开形式

"操心"是活动性的，人在活动中既揭示自己的存在和他人的存在，

---

① 关于这一故事及其解读，参见海德格尔《存在与时间》（北京：三联书店，2006）第 228-229 页。

也揭示物的存在。人的存在是澄明的（illuminated），是一种展开状态（disclosedness，或译敞开状态）①。人没有预先的、既定的"此"，他通过活动或行动去成为他的"此"。不仅如此，此在还是一个光源，一切其他东西之澄明或晦暗都是相对它而言的。这里不仅涉及"此"的实存论建构，还必须阐释这一存在者日常借以是它的"此"的存在方式。海德格尔认为这一建构或展开体现在"现身"（being-there as state of mind/ affection）和"领会"（being-there as understanding）中，或者说"现身"和"领会"是此在的"此"的两种同等原初的方式，而"言谈"（being-there as discourse）则意味着此在的沉沦（falling）。问题在于，"现身"和"领会"同等原初地通过言谈获得规定。

1. 现身

现身关注的是此在在特定情景中的切身感受。它显示出此在"依附于世界之中"这一事实，但它是通过情绪表现出来的。海德格尔表示，他在存在论中用"现身"表达的东西，是我们十分熟悉的东西，也就是我们平常所说的心绪、情感之类的东西：惧怕、欢乐、不高兴、满足之类都是情绪。人的情绪可能变化无常，人可能无精打采，甚至会出现没有情绪，但这一切都是情绪。此在作为存在者总是有情绪的。情绪是伴随在世而出现的，或者说情绪是在世的构成要素。从前的哲学家不关心情绪，最多只是就存在者状态进行描述，不可能从存在论上加以关注。在他这里，情绪成了此在的原初的存在方式，是此在的根本存在状态，它先于一切认识和一切意愿。人们在把万物看作现成在手的东西进行认识之前，已经对之有一种情绪体验，而且任何认识都是伴随着情绪的认识。

海德格尔表示，此在实际上可以、应该而且必须凭借认识和意志成为情绪的主人，这种情况也许在实存活动的某些可能方式上意味着意志和认识的一种优先地位；但是，我们不能由此就误入歧途而在存在论上否定情绪是此在的原初存在方式，否定此在以这种方式先于一切认识和意志，而且超出二者的开展程度而展开自己。虽然人们可以用理智控制情绪，但始终无法摆脱情绪。一些人把理性放在首位，另外一些人把意志放在首位，

---

① 海德格尔. 存在与时间. 北京：三联书店，2006：155.

海德格尔优先关注的则是情绪。情绪所以是此在的现身，是因为情绪开展出此在的"被抛境况"（thrownness）。他这样写道："在情绪中，此在总已经作为那样一个存在者以情绪方式展开了——此在在它的存在中曾被托付于这个存在者，同时也就是托付于此在实存着就不得不在的那个存在……此在的何所来何所往掩藏不露，而此在本身却愈发昭然若揭——此在的这种展开了的存在性质，这个'它存在着'，我们称之为这一存在者被抛入它的此的被抛境况。"①

此在是这样一种存在者，在任何时候都可以说它毫无理由地、没有原因地已经在此。只要此在实际存在着，它就不得不把已经在此这一事实承担起来，肩负起自己的命运。此在对这种被抛状态并没有明确的认识，但始终通过情绪有所体验。虽然还不明确地知道我从哪里来，要到哪里去，但我已经存在，我不得不正视当下的处境。我把我的"此"通过情绪开展出来，并因此把自身开展出来。"被抛境况"表明的是此在的人为性（facticity），但这种人为性并不是某种现存在手的东西的实际性（factuality），此在不是像一个东西那样被摆放在那里。此在或言明或不言明地现身于它的被抛境况中，它自己现身。情绪是非反思的，既不来自外，也不来自内，它是伴随在世而涌现或袭来的。世界、共同此在和实存是被同样原初地展开的，现身是它们的这种同样原初的展开状态的一种实存论上的基本方式，因为展开状态本身本质上就是在世。

情绪以趋就或背离本己此在的方式开展着。最基本的现身情态或情绪是"畏"（anxiety，或译焦虑），而"怕"（fear）则是一种与"畏"有别的、更加具体的现身样式。真正说来，正是"畏"使"怕"得以可能。"怕"针对的是具体情境或对象，它意味着一种非本真情绪。海德格尔从三个方面来考察"怕"这种现象："怕之何所怕"（that in the face of which we fear）、"害怕"（fearing）以及"怕之何所以怕"（that about which we fear）。在他看来，从这三个方面着眼，一般现身情态的结构就映现出来了。"怕之何所怕"就是某种"可怕的东西"，它是在世内来照面的东西，它以"上手"（readiness-to-hand）、"现成在手"（presence-at-hand）或"共

---

① 海德格尔. 存在与时间. 北京：三联书店，2006：157.

同此在"（Dasein-with）为其存在方式。这显然不是从存在者状态上规定可怕的东西，而是要从现象上规定可怕的东西之所以可怕。在害怕之际来照面的东西具有威胁的性质。有威胁性质的东西有各种特点，而害怕本身就以让它来牵涉自己的方式把这种具有威胁性质的东西开放出来。"怕"是现身在世的潜在可能性，即"会怕"；作为这种可能性，"怕"已经展开了世界——使诸如"可怕的东西"之类能够从世界方面来接近。"怕之何所以怕"乃是那个害怕着的存在者本身，即此在，唯有为存在而存在的存在者能够害怕。害怕开展着这种存在者的危险，开展着它耽迷于其自身的状态。尽管明确程度不一，"怕"总是开展出此在的"此"之在。

　　"怕"是现身的样式。"怕"的整个现象可能改变其组建的环节，于是产生出害怕的各种不同的存在可能性。"怕"也有各种各样的衍生形式。海德格尔表示，"我们不能在存在者状态的意义上把这种'会怕'理解为'个体的'实际气质，而应该把它理解为实存论上的可能性"①。"怕"是在某种有威胁性的东西面前的害怕，这种东西以临近的方式让此在害怕，因此作为将来的东西让此在害怕。从总体上说，"怕"指向某些确定的存在者，它们对此在会产生危害或威胁。比如，在日常操劳中，此在害怕不能获得某物，获得了又害怕失去；在日常操持中，此在害怕受他人伤害和背叛。"怕"是此在无法逃避的存在者状态上的现身方式，还不是针对此在的存在本身的。

　　针对存在本身的情绪是"畏"。此在在世的基本结构是"操心"，"操心"通过现身、领会和言谈开展出来，而"畏"是现身的最根本的形式。"畏"把此在带到最本己的被抛境况面前，并绽露出日常所熟悉的在世的无家可归的性质。只有"畏"才能揭示此在的存在本身。作为此在的基本情绪，"畏"是先天地固有的。它与"怕"在形式上有相似之处，但存在着原则上的差别。海德格尔表示："畏与怕一样在形式上由畏的何所畏（something in the face of which one is anxious）与因何而畏（something about which one is anxious）所规定。"②"畏"的何所畏与因何而畏这两种现象

　　①　海德格尔. 存在与时间. 北京：三联书店，2006：166.
　　②　同①390.

互相涵盖，"畏"似乎既无所畏又无因而畏，真正满足这两种结构的是同一个存在者，那就是此在。"怕"之所怕者是世界的有，是各种具体的世内存在者；"畏"之所畏者则是世界的无，但不是世内某种东西的不在场，而是此在能在世内筹划自己的不可能性。"畏"表明此在在世上完全无家可归，由此从世内的诸种可能性中抽回，同时也给出了一种本真能在的可能性。

在海德格尔看来，"畏"之所畏者就是在世本身。怎样从现象上区别畏之所畏者与怕之所怕者呢？畏之所畏者不是任何世内存在者，因而畏之所畏者在本质上不能有任何因缘。畏之所畏是完全不确定的，因为没有任何世内存在者能够充任畏之所畏者。畏也与这里或那里不相干。威胁者来自"无何有之乡"（nowhere），或者说不知道来自哪儿。"畏"因此针对的是虚无（nothingness），其实就是由死亡而来的虚无。此在正是在"畏"中开展出了世界，但它并不因此就把自己托付给世内存在者。它因此在世上茫然失据、无家可归。也就是说，"畏"将此在从其消散于世界的沉沦中抽回来了。从实存论-存在论来看，应该把不在家视为比在家更加原初的现象。正因为"畏"在暗中已经规定了在世的存在，所以在世的存在才能够作为操心现身地寓于世界的存在而害怕。"怕"是沉沦于世界的、非本真的而且其本身对这回事还昧而不明的"畏"。只要此在在世，"畏"就永远在此。因此，无论此在如何逃避到常人的状态中，"畏"都永远追逼着它，它因此不得不选择，不得不对自己"有所能"，于是引出了领会。

2. 领会

领会是此在的和现身一样基本、一样原初的展开样式。该词本来意味着理解、知道和知性，海德格尔赋予它以特殊含义。领会是此在的先天结构，也即只要此在在世，就一定有领会。它是在世的一个构成环节，是在世的一种方式。它并不是一种认识方式，相反，正是因为此在以领会的方式在世，才派生出了认识。一切认识活动，不管是感性直观还是知性判断，都是领会的派生样式。只要此在存在着，它对自己的存在就有某种原初的领会。在日常谈论中，人们有时也说，某某人对某件事有所"领会"，意思是说他熟悉某事的情况，能够胜任这件事情，能够做这件事情，某人对某一外物"有所能"。但在存在论的领会中，此在不是对外物"有所能"，而是对自己的存在"有所能"，代表的是此在的存在可能性或能在。

此在原是可能之在。此在如何是其可能性，它就如何存在。在海德格尔以至整个实存主义哲学中，可能性都是一个十分重要的概念。海德格尔把可能性看作此在的最重要的特征。也就是说，此在不是一个现成存在的东西，此在能够按照它的可能性来存在。这不是指外在的可能性，而是指人自身具有的可能性，可能性是此在最原初的、最积极的规定性。所谓领会就意味着能在，更确切地说领会就是领会此在的存在可能性，展开这种可能性。领会和现身是密不可分的。海德格尔写道："现身向来有其领会，即使现身抑制着领会。领会总是带有情绪的领会。既然我们把带有情绪的领会阐释为基本的实存论环节，那也就表明我们把这种现象领会为此在存在的基本样式。"① 领会为什么会把此在的能在开展出来，总是使此在突入其可能性中呢？因为此在的领会具有一种筹划（projecting）的性质，而且它带着情绪筹划自己的可能性，即它被抛入了筹划活动中。

此在面临着各种可能性，它不得不进行选择，不得不决定它自己应该怎样存在，成为什么样的"此"。筹划总是在本质上与此在的本己可能性相关。只要此在存在着，它就在进行筹划，它总是从可能性来领会自身。"此"展开在领会中，领会的筹划造就本己的可能性，而领会造就自身的活动就叫作解释（interpretation）。解释寻求意义，把领会筹划的可能性整理出来。领会是第一位的，解释则是派生的、第二位的。解释有其衍生样式，这就是命题（assertion）。命题有三重含义：一是"展示"或"指出"（pointing out），二是"述谓"（predication），三是"传达"或"沟通"（communication）。我们应该把三个含义视为一个整体现象，即"命题是有所传达有所规定的展示"②。

对领会和解释的关注导向了解释学现象学（hermeneutical phenomenology）或现象学解释学（phenomenological hermeneutics）。现象学解释学是

---

① 海德格尔. 存在与时间. 北京：三联书店，2006：166.
② 同①183.

一种哲学解释学，它是在 20 世纪 60 年代以来日益受到西方哲学界关注的一种新的哲学思潮，它以研究意义的理解和解释为主要目标，由于关注语言问题，为大陆哲学与分析哲学在某种程度上的合流提供了基础。如果说胡塞尔的认识论现象学是现象学发展的第一阶段，海德格尔、萨特和梅洛-庞蒂等人的实存论现象学是现象学发展的第二阶段，那么伽达默尔和利科等人的解释学现象学则是现象学发展的第三阶段。海德格尔奠定了哲学解释学的基础，伽达默尔和利科则对其进行了更深入的推进。

3. 言谈

言谈意指人把自己表现为一个说话的存在者。命题的传达或沟通含义引出了语言问题。海德格尔认为，"语言这一现象在此在的展开状态这一实存论建构中有其根源"，而"语言的实存论-存在论基础是言谈或谈话"，最重要的则在于，"言谈同现身、领会在实存论上同样原初"①。言谈是此在的又一种存在方式，即人以说话的方式存在。现身在世的可领会性通过言谈表达出来，可领会性的含义整体达乎言辞。人的领会和解释总是涉及语言的，但说话并不单单指发音发声，"听"和"保持沉默"也是说话的可能的表现形式。言谈本身包含"听"这种实存论的可能性。此在听，因为它领会。作为有所领会地同他人一道在世的存在，此在"听命"于他人和它自己，且因听命而属于他人和它自己。共在是在互相闻听中形成的，而这个互相闻听可能有追随、同道等方式，或有不听、反感、抗拒、背离等反面的样式。

言和听都基于领会，领会既不来自喋喋不休，也不来自东打听西打听。只有那些有所领会的人才能聆听。沉默是言说的另一种本质可能性，它同样有其实存论基础。比起口若悬河的人来，在交谈中沉默的人可能更本真地"让人领会"，也就是说，更本真地形成领会。对某某事情滔滔不绝，丝毫不保证领会就因此更阔达，相反，漫无边际的清谈起着遮盖作用，即把已有所领会的东西带入虚假的澄清境界，带入琐碎而不可领会之中。哑巴反倒有一种"说"的倾向。像哑巴一样，一个天生寡言的人并不一定在沉默或能够沉默。从不发话的人也就不可能在特定的时刻沉默。

---

① 海德格尔. 存在与时间. 北京：三联书店，2006：188.

真正的沉默只能存在于真实的言谈中。为了能够沉默，此在必须有东西可说。也就是说，此在必须具有它本身真正展开的状态可供使用。言谈把现身在世的可领会性按照含义分成诸多环节。言谈包含如下构成环节：言谈之关于什么（what the discourse is about）或言谈所及的东西（what is talked about）、言谈之所云本身（what is said-in-the-talk as such）、传达（communication）和公布（making known）。

海德格尔表示，我们通常会从某个环节着手，但决定性的事情始终是在此在的分析工作的基础上先把言谈结构的存在论—实存论整体清理出来。言谈对于现身与领会具有构成作用，而此在又等于在世的存在，所以，此在作为有所言谈的"在之中"已经说出了自身。此在有语言。希腊人的日常存在活动主要在于交谈。海德格尔于是表示，哲学研究终究得下决心询问一般语言具有何种存在方式，它要问的是："语言是在世内上手的（ready-to-hand）用具吗？抑或它具有此在的存在方式？抑或二者都不是？"① 语言现象的存在论"处所"在此在的存在建构之内，但应该在存在论上更原初地展示此在的日常状态。日常的"此"的存在意味着沉沦：此在以"闲谈"（idle talk）、"好奇"（curiosity）和"两可"（ambiguity）等方式在世界之中存在。此在被抛在世首先被抛在公众意见中，而这恰恰是常人特有的展开状态。如果说必须把领会首要地领会为此在的能在，那么通过分析属于常人的领会和解释就可以知道，此在作为常人展开了其存在的可能性并把它们据为己有。这些可能性却又公开了日常生活的一种本质存在倾向。海德格尔表示，他对这些现象进行存在论阐述，而与道德化批判是完全不同的。

我们不应该把"闲谈"这个词与卑下等含义联系起来。作为术语，它意味着一种日常的正面现象。语言作为说出来的东西包含一种对此在的领会的解释方式，此在首先并且在某种限度内不断把自己交付给这种解释方式。这一解释方式控制着、分配着平均领会的可能性以及和平均领会连在一起的现身情态的可能性。人们往往以人云亦云、鹦鹉学舌的方式说话，说出的也往往是陈词滥调。闲谈缺乏原初创造，是没有根基的，但这

---

① 海德格尔. 存在与时间. 北京：三联书店，2006：193.

并不妨碍它进入公众意见，反而为其进入大开方便之门。闲谈是无根的此在领会的样式，但它并不是一种现成状态，并不是摆在一个现成事物那里的。

领会是敞开的，也因此是能"看"的。海德格尔用好奇来标识日常生活中的"看"这一倾向，它表明的是此在觉察世界来照面的一种特殊倾向。此在操劳于世，"看"显然是非常重要的，这是为了领会见到的东西。但是，即便是在空闲的时候，此在仍然操劳于"看"，而且仅仅是为了"看"。它追新猎奇，只是为了从这一新奇跳到另一新奇上去。好奇并不逗留于切近的事物，它因不断翻新的、变异的东西而激动不安。好奇操劳于一种知，但仅仅是有所知而已。不逗留于操劳所及的周围世界之中和涣散在新的可能性中，这是对好奇具有组建作用的两个本质性质，进而产生了好奇的第三种本质性质，即丧失去留之所的状态。好奇到处都在而无一处在，于是此在在这种存在方式中不断被连根拔起。海德格尔认为，闲谈甚至也控制着好奇的方式，由于好奇到处都在而无一处在，这种状态被托付给了闲谈。没有什么对好奇封闭着，没有什么不是闲谈不曾领会的，它们自担自保，满以为自己正过着一种真实而"生动的生活"。于是有了日常此在的展开状态的第三种现象，即两可。

在日常工作和生活中前来照面的那些物品是人人都可以通达的，每个人也都可以就它们随便说点什么。既然如此，人们很快就无法断定什么东西在真实的领会中展开了，什么东西却不曾如此展开。这种模棱两可不仅延及世界，而且同样延及共在本身乃至此在向它自己的存在。一切看上去似乎都被真实地领会了，被说出来了，其实并非如此；或者一切看上去都不是如此，却其实是如此。海德格尔认为，两可不仅涉及对那些在使用和享用中可以通达的东西的支配和调整，而且它还被固定在作为能在的领会之中，固定在对此在的可能性的领会方式和呈现方式之中。此在在闲谈和好奇中与他人共在，其姿态最终是两可的。在他看来，常人之中的共在完完全全不是一种拿定了主意的、无所谓的相互并列，而是一种紧张的、两可的相互窥测，一种互相对对方的偷听。在相互赞成的面具下唱的是相互反对的戏。无论如何，前面两种现象都可以在两可中汇合。

　　海德格尔从存在论–实存论上对这些现象进行了总结，认为"闲谈、好奇和两可标画着此在日常借以在'此'、借以开展出在世的方式"，并且认定它们代表了此在的"沉沦"①。这种说法并不意味着一种消极的评价，它只是意味着，此在首先并且通常是寓于它所操劳的"世界"之中的。我们也不能把此在的沉沦看作从一种较纯粹、较高级的"原初状态"中"沦落"了。沉沦是存在论—实存论上的结构，不能赋予这种结构以一种败坏可悲的存在者层次上的特性。领会本身是一种能在，这种能在唯有在最本己的此在中才必定变成自由的。沉沦在世既有引诱和安定作用，同时也意味着异化。这种异化把此在阻止在其本真性和可能性之外。只因为就此在来说，主要的事情就是为了有所领会地现身在世，所以此在才能够沉沦。而反过来说，本真的实存并不是任何漂浮在日常生活的沉沦状态上空的东西，它只不过是在实存论上通过变式来掌握处于沉沦状态的日常生活。沉沦并不代表人性的黑暗，并不意味着人性的堕落。

三、世界的世界性

　　海德格尔进而从"世界"这一结构环节着眼来弄明白在世界之中存在，涉及"世界的世界性"（the worldhood of the world），意味着把世界作为现象描述出来。这里的"世界"与人的实存联系在一起，而不是指自然世界。它乃是我们的周围世界（environment）。此在追问存在，借助的是在这个世界中前来照面的存在者。我们当然可以把房子、树、人、山、星辰之类的存在者罗列出来，描述其外观，并叙述伴随这些存在者一道发生的各种事件。然而，这一切还只是前现象学的"事务"，在现象学上还是无关宏旨的。也就是说，这种描写依然停留在存在者状态上，而问题在于追问存在。但是，我们无法在认识论意义上把世内现成上手的存在者的存在展示出来并从概念或范畴上固定下来。通常的存在论是从认知出发的，把存在者的存在固定为实体性。在它看来，世内存在者是物，要么是

---

① 海德格尔. 存在与时间. 北京：三联书店，2006：203.

自然物，要么是有价值之物。这些存在者的物性（thingness）是问题的关键之所在。由于有价值之物建立在自然物性之上，自然物的存在、自然之为自然就是首要的课题。自然物的存在性质是一切事物的基础，自然物的这种存在的性质就是实体性。当我们追问什么东西构成实体性的存在论意义时，我们的确已经走在存在论方向上了。然而，存在并不就是实体性。

就世界之内的存在者而言，从存在者状态上加以描写也好，从存在论上加以阐释也罢，其中的任何一种"都不着世界现象的边际"，因为它们想要达到客观存在的入手方式都"已经'预先设定'世界了，尽管以不同的方式"①。显然，我们既不能受制于客观，也不能受制于个别事物。海德格尔表示："'世界之为世界'是一个存在论概念，指的是'在世界之中'的一个组建环节的结构。而我们把在世认作此在的实存论规定性，由此看来，世界之为世界本身是一个实存论环节……'世界'在存在论上绝非那种在本质上并不是此在的存在者的规定，而是此在本身的一种性质。"②"世界"这个词至少可以从三个方面来看。第一，"世界"一词被用作存在者状态上的概念，指能够现成存在于世界之内的存在者之整体。第二，"世界"一词起存在论术语的作用，意指第一项中所说的存在者的存在，也就是说，世界可以成为总是包括形形色色的存在者在内的一个范围的名称。第三，"世界"一词还可以在另一种存在者状态的意义上来理解，即它被理解为一个实际上的此在作为此在"生活"在其中的东西，世界于是有一种实存状态上的含义，在这里存在着各种不同的可能性：世界是指作为公众的我们的世界，或者指自己的最切近的周围世界。

海德格尔认为主要应该在第三个含义上使用"世界"这一术语。他先是对周围世界之为周围世界以及一般世界之为一般世界进行分析，接着对照笛卡尔关于世界的阐释来展示世界之为世界，最后描述了周围世界的周围性（environmentality）与此在的空间性（Dasein's spatiality）。"世界"指此在的一种存在方式，而不是指世内的在手存在者的存在方式。"世

---

① 海德格尔. 存在与时间. 北京：三联书店，2006：68.
② 同①76.

界"本身不是一个世内存在者，但"世界"对世内存在者起决定性的规定作用。如果忽略了此在在世，世界之为世界是无法领会的。需要有一个世界，世内存在者才能前来照面。人们力图从自然入手去解释世界，但自然是什么呢？从存在论的范畴的意义来了解，自然就是可能在世界之内的存在者之存在的极限状况。此在只有在它的在世的一定样式中才能发现这种意义上作为自然的存在者，但这一认识有使世界异世界化的性质，因此无法从总体上把握世界。为了把握世界，我们应当回到在世及其日常情况。日常的在世是必须进行探索的，而只要在现象上执着于日常在世，世界这样的东西就一定会映入眼帘。

日常此在最切近的世界就是周围世界。首先要分析在周围世界中前来照面的存在者之存在。世界本身正是与操劳一同显示的。日常的在世存在指的是在世界中与世内存在者打交道，而这种打交道分散在各种各样的操劳形式中。操劳主要不是认识，而是劳作、操作。我们应当从哪里开始呢？从前的说法是从物开始。于是应当追问实在或物性。海德格尔认为这样是无法通达存在的。原因在于，我们通常接触的往往是某种具有效用或实用性质的东西，而不是纯粹之物，即在我们的操劳活动中前来照面的首先是用具（equipment）。我们使用各种用具，需要先行界说使一件用具成为用具的东西，即用具性（equipmentality）。如此一来，我们应该考问用具整体而不是个别的用具："属于用具的存在的一向总是一个用具整体"，而"用具的整体性一向先于个别用具被揭示出来"①。用具必须符合用具性，也就是用具的何所用，它本质上是一种"为了作……的东西"（something in-order-to...）。正是这何所用把一个东西引向其他东西，把它纳入用具整体。

用具作为用具的本性就出自对其他用具的依附关系，比如钢笔、墨水、纸张、垫板、桌子、台灯、家具、窗户、房门，这些物件并非首先独自显现出来，然后作为实在之物充塞一个房间。房间乃是一个居所，而不是一个客观空间，家具是从房间方面显示出来的，而在家具中显示出各种零星用具。用具整体先于零星用具被构成。我们在世界之中存在，因此与用具打交道，主要是与上手的用具打交道，这说明我们与事物确立的不是

---

①　海德格尔．存在与时间．北京：三联书店，2006：81.

一种理论关系，而是实践关系。任何东西都应该被纳入用具性中，要考虑其何所用，进而考虑其何所来。用具的制造者、使用者，质料的提供者等，都在用具的何所用和何所来中关联起来了。此在因此处在一个公共世界（public world）之中。也就是说，用具的联系代表了人与世界的关系，进而引出的是人与人的关系。当然，这是一个开放的、组建过程中的世界，而不是一个封闭的、完成的世界。

四、共在—自己存在—他们

此在具有向来我属性，但此在必须操劳于世，即必须与物打交道。我们首先碰到的是上手的东西，而上手的东西的用具状态是指引（assignment，reference），也就是用具之间有着相互关联。这种指引向我们指明了世内存在者的开放性，它们向来就有因缘（involvement），即它们围绕何所用和何所来而构成关联整体。此在或许在使用某一用具，但它实际上是在与用具整体打交道，与此同时，它也不可避免地与人打交道：此在在其在世之际已经与他人共同在此。这是因为，他人伴随上手状态的用具前来照面，而在用具的指引和因缘中，此在与其他此在关联起来了。海德格尔写道："对最切近的周围世界（例如手工业者的工作世界）进行'描写'的结果是：他人随同在劳动中供使用的用具'共同照面'了，而'工件'就是为这些他人而设的。在这个上手事物的存在方式中，亦即在其因缘中，有一种本质性的指引——指引向一些可能的承用者，而这个上手事物应是为这些承用者'量体剪裁'的。同样的情形，在被使用的材料中，'承办'得或好或坏的材料制造者或'供应者'也来照面。"① 这个世界是我的世界，同时也是他人的世界。他人并不是一个不是此在的存在者，他人和我一样是实存着的存在者。任何一个物件似乎都可以把此在与众多的别的此在关联起来。他人从周围世界来照面，而对他人来照面的情况的描述往往以自己的此在为准。

此在首先在它所经营、所需要、所期待、所防备的东西中，在它切近

---

① 海德格尔. 存在与时间. 北京：三联书店，2006：136—137.

操劳着的从周围世界上到手头的东西中发现"自己"，领会"自身"，他人的共同此在往往从世内上手的东西方面来照面。我们在劳作之际在他人的在世中碰到他人。然而，我们并不因此就说他人是我之外的其他余数；相反，他人是我们与之无别的、我们也在其中的那些人。此在的周围世界因此是共同世界，"在之中"就是与他人共同存在。无论是我们还是他人都不是现成在手的东西，共在是一种此在式的存在。我们进入某种平均状态，成为大家都一样的他人。表面上说是"我们"，其实是"他们/常人"（they），也就是平均状态的人。共同此在在实存论上始终对在世具有组建作用，因此共同此在也必须从"操心"现象来解释。我们对世内上手的东西操劳，但操劳不能针对他人，因为他人不是现成在手的东西。他人是此在，此在不被操劳，而是处于操持之中。如同操劳，操持也是一个用于实存论结构的术语。与他人打交道的方式是操持，互相关心、互相反对、互相关照、互不关涉都是操持的可能方式。

从其积极的样式看，操持有两种极端的方式。一种方式是越俎代庖：操持可能从他人身上仿佛拿过其"操心"来，而且自己在操劳中去代替他，于是让他人有可能或明显或不明显地变成依附者、被控制者。另一种方式与此相反，它通过为他人实存的能在做出表率，把"操心"给回他：这种操持涉及本来意义上的操心，就是说，涉及他人的实存，而不涉及他人所操劳的"什么"，这种操持有助于他人在他的"操心"中把自身看透并使他自己为"操心"而自由。共在是实存论上的"为他人之故"，即使离群索居者也以共在的方式存在。共在表明了人与人之间的共同性，人都生活在日常的平均状态中。我们可能要问在世的存在者是"谁"。这个"谁"其实不是这个人，不是那个人，不是人本身，不是一些人，不是一切人的总数。真正说来，这个"谁"是一个中性的东西：常人。常人本身有自己去实存的方式，共在本身为平均姿态而操劳，常人本质上就是为了这种平均状态而存在。值得注意的是，海德格尔认为常人在本质上是一种实存论上的东西，本真的自己存在（being-one's-self）是常人的一种实存变式①。尽管如此，本真状态呼唤我们从沉沦中回归自身，成为自身，并因此"不同寻常"。

---

① 海德格尔. 存在与时间. 北京：三联书店，2006：151.

第四节 此在的时间性与本真性

一、此在的时间性

对于海德格尔来说，时间是一个与存在同等重要的概念，他批判传统的时间观，把时间性视为把握此在的在世存在的入口。此在是注定要死的，生死与时间性联系在一起。尤其重要的是，只有从时间性出发，才能把握在世存在的基本结构："操心"。"操心"是活动性的，不管是操劳还是操持都是时间性的，而日常生活也是计时的。"操心"意味着时间性本身，日常计时则是派生的。计时是流俗的，代表的是世内存在者的时间，传统哲学的时间观往往受制于这种流俗的时间观。操心的时间更为原初。操心有本真与非本真之分，"决心"或"决断"（resolution, resoluteness）乃是操心的本真样式。海德格尔从本真的操心着眼来分析时间现象。决心构成了本真的"操心"的样式，而"操心"只有通过时间性才是可能的，正因为如此，决心隶属于"操心"整体，或者说此在的存在整体就是"操心"，这是由"先行于自身的存在"（being-ahead-itself）、"已经在世界中的存在"（being-already-in）和"依附于世内存在者的存在"（being-along-side）三个环节构成的一个统一结构，代表了时间的原初展开。海德格尔这样写道："我们把如此这般作为曾在着的有所当前化的将来而统一起来的现象称作时间性，只有当此在被规定为时间性，它才为它本身使先行决心的已经标明的本真的能整体存在成为可能。时间性绽露为本真的操心的意义。"①

应该从先行决心的存在建构中引出时间现象，而不是把时间视为一种现成在手的东西。先行于自身的存在之"先"是领先的意思，与领会密切相关，代表的是将来，意味着实存性。只有将来之为将来才使此在能够为其能在而存在，此在"为它自身之故"筹划自己根源于将来，这种筹划是实存论的根本。已经在世界中的存在指被抛状态，与现身情态联系在

---

① 海德格尔. 存在与时间. 北京：三联书店，2006：372.

一起，代表的是过去、曾经存在，意味着实际性。依附于世内存在者的存在代表的是现在，介于将来与过去之间，意味着沉沦状态："沉沦于"与上手事物或在手事物打交道的基础是当前化。而这种当前化始终包括在将来和曾在之中。个体决心从"沉沦"中摆脱出来，以便在片刻中本真地展开处境的"此"。海德格尔表示："时间性使实存论建构、实际性与沉沦能够统一，并以这种原初的方式组建操心之结构的整体性。'操心'的诸环节不是靠任何积累拼凑起来的，正如时间性本身不是由将来、曾在与当前'随时间之流'才组成的一样。时间性根本不是'存在者'。"①

　　海德格尔突出领会的能在、筹划含义，因此时间性围绕将来而展开。他明确表示："实存论建构的首要意义就是将来。"② 真正说来，筹划意味着先行决断，并因此体现了本真的时间性："时间性首先在先行的决心那里显现出来。决心是展开状态的本真样式，而展开状态通常处在常人的沉沦方式解释自身的非本真状态之中。"③ 尽管他在这里运用了"将来"、"过去"、"现在"（当前）这些出自非本真状态的术语，但力求从本真的角度把它们视为一个整体，从而避免对时间做出"主观"和"客观"，或"内在"和"超越"的理解。正如前面已经提到的，海德格尔还要对此在的历史性进行分析，而历史性以时间性为前提。他表示："此在历史性的分析想要显示的是：这一存在者并非因为'处在历史中'而是'时间性的'，相反，只因为它在其存在的根据处是时间性的，所以它才历史性地实存着并能够历史性地实存。"④

二、本真状态与非本真状态

　　正是在关于时间性的探讨中，海德格尔提出了人的存在的本真性与非本真性的问题。此在的理解意味着筹划，它是在切身感受中被抛入筹划中的。此在先行领会自己的能在，进行自由选择，它既可以选择本真状态，

① 海德格尔. 存在与时间. 北京：三联书店，2006：374.
② 同①373.
③ 同①378.
④ 同①426-427.

也可以选择非本真状态。

非本真状态也就是沉沦状态，这是一种异化状态，也就是"闲谈""好奇""两可"向我们显示的常人状态。在闲谈中，此在往往是道听途说、人云亦云，无法身临其境，停留在事情的表面，无法触及"事物本身"。好奇使人追新猎奇、胡思乱想、投机取巧、脱离实际，从而对人对事都不会有切身的感受，不会有本真的领会。闲谈和好奇的结果必然使人拿不定主意，从而陷入模棱两可之中。无论如何，常人处于沉沦状态。这是此在的日常的在世方式，是非本真的在世方式，是异化的方式。此在不是在自身中，而是在常人中去寻找避难所。

此在当然不会完全自甘沉沦，它至少会产生某种畏的情绪。前面已经描述过畏这一最基本的情绪。海德格尔在此在的畏中，尤其是在畏死中找到了通向本真性之途。对畏这种情绪的描述或揭示构成基础存在论的重要环节。畏要表明的是，此在虽然摆脱了世内之物和他人的制约，可以自由选择和筹划，但它处于茫然失据的状态，处于无家可归状态。畏之所畏是死亡，唯有死亡才是绝对虚无。我们当然还没有死，但我们始终面临着死亡的可能性。这是一种不确定的确定。在这种情形中，我们其实处于"向死而在"（being-towards-death）的情形中。

在海德格尔看来，把此在规定为"操心"，还没有充分显示此在的全部本质。有必要把此在这一存在者的能整体存在当作问题提出。只要此在存在，在此在中就有某种它所能是、将是的东西亏欠着，而"终结"本身就属于这一亏欠。真正说来，在世的"终结"就是死亡。他这样写道："这一属于能在亦即属于实存的终结界定着、规定着此在的向来就可能的整体性。只有获得了一种在存在论上足够充分的死亡概念，也就是说，实存论的死亡概念，才可能把此在在死亡中的'向终结存在'从而也就是这一存在者的整体存在收入对可能的整体存在的讨论。"① "操心"与生联系在一起，此在在有生之年是由"操心"掌控的，但要掌握此在的可能的整体存在，还必须研究所谓的死的存在论。

存在哲学在存在论上对死亡的分析研究有别于对禽兽、草木死亡的生

① 海德格尔. 存在与时间. 北京：三联书店，2006：269.

物学、生理学、医学研究，以及对人的死亡的心理学、民族学、人种学、神学的研究。存在论研究优先于这些研究，因为上述一切对死亡的分析解释都是"存在者状态"上的研究，把死亡看作事实性的东西。存在哲学对于死亡的存在论分析则是对此在自己的死的分析。死是此在自己的"终结"，它使此在成为"全体"，但此在达到这一情景之日，又是此在自己失去之时。简单地说："此在在死亡中达到整全同时就是丧失了此在之在。"① 死这一使此在不再是此在的变化，是此在本身体验不到、领会不到的。此在所体验和领会的死总是别人的死。在公共活动中，许多人都可以代替另一个人，然而没有人能够把别人的死从他那里拿过来，死是不可代替的。只要此在还继续着，它就总是并且本质上"尚未"是它将是的东西（死亡），而已经死了了的他人则不再在此。

可是，就是在此在达到它的"终结"的时候，这一"此"对此在仍然是最本己的东西。这样，当说死是此在的"终结"时，不能把这个终结简单地理解为"完成""消失""停止""到头"之类。存在论不是把死理解为命运女神从外面割断了生命线，而是理解为"向着终结而存在"。因为死亡本身就是属于此在的存在。死是此在必然要遭遇的，只要此在继续存在着，它就不得不承担起死这种存在方式。也就是说，此在在活着的时候就在领会着死，就以自己的所作所为表现了它如何对待自己的死。因此，海德格尔把此在向"终结"而存在称为"向死而在"。这样，对死的存在论分析就是分析"向死而在"，就是说，不是分析死亡这件事情，而是分析由生向死的过程，分析死对生的作用、死在人生中的地位和影响，以及人对死的态度。

海德格尔认为可以用三个论题来表达关于此在之死的讨论：第一，只要此在存在，它就包含一种它将是的"尚未"（not-yet），即始终亏欠的东西；第二，"向来尚未到头"（what-is-not-yet-at-an-end）的存在的"临终到头"（the-coming-to-its-end）具有"不再此在"（no-longer-Dasein）的性质；第三，临终到头包含着一种对每一此在都全然不能代理的存在样式②。只

① 海德格尔. 存在与时间. 北京：三联书店，2006：273.
② 同①279.

要此在存在，它始终就已经是它的尚未，它同样也总已经是它的终结。死亡所意指的结束意味着的不是此在的存在到头，而是这一存在者的一种向终结的存在。死亡是此在刚一存在就承担起来的一种去存在的方式。既然"向死而在"属于此在的存在，它就可以在"操心"的三个构成环节中获得说明和规定，或者说"向死而在"是"操心"结构的证实和具体化。海德格尔如此描述"向死而在"对于"操心"结构的体现：在先行于自身中，实存性；在已经在某某之中的存在中，实际性；在寓于某某的存在中，沉沦①。换言之，有必要考虑此在的实存性、实际性和沉沦状态如何借死亡现象绽露出来。

首先，"向死而在"从领会或能在的意义上代表了实存性，意味着死亡是使此在成为完全不可能的一种可能性，是消除一切可能性的可能性。其次，向死而在意味着死亡是人的一种被抛的实际性。只要此在存在着，就已经被抛入死这一可能性中，这是此在注定的命运，"人一降生，人就立刻老得足以去死"，尽管何时死亡是不确定的。最后，此在在当下和多数情形中对它的"向死而在"采取一种暧昧隐讳的态度，死好像总是别人的，与自己无关，而这意味着沉沦状态。此在实际上把自己委托给了它所操劳的世界，在忙忙碌碌中逃避死亡，对死亡漠不关心，麻木不仁。在如此分析的基础上，海德格尔对死亡概念进行了如下界定："死作为此在的终结乃是此在最本己的、无所关联的、确知的、而作为其本身则不确定的、不可逾越的可能性。死，作为此在的终结存在，存在在这一存在者向其终结的存在之中。"②

死亡是不确定的确定，这描绘的似乎是一幅悲观的图景。然而，海德格尔却想表明，正如畏一样，死起着积极的作用。人只有真正领会和懂得了死，才能领会和懂得生，畏死使人返诸生，并因此获得生的动力。自己承担起自己的命运，开拓自己的生命道路，由此而有所谓的"本真的向死而在"（authentic being-towards-death）。这种存在不是逃避死亡这一本己的可能性，不是把这种可能性弄得晦暗不明，亦不是迁就公众的错误看

---

① 海德格尔. 存在与时间. 北京：三联书店，2006：287.

② 同①297.

法，而是如其本来面目地把死亡了解为此在的一种最突出的可能性。这种向死而在让人筹划本真的自己，从外在回到内在，无牵无挂地展开自己的各种可能性。总之，先行向死使此在获得自由，既从外部的怕中摆脱出来，又从死亡之畏中摆脱出来。

先行向死虽然能使此在超越非本真的存在状态而领会到自己的本真存在，但这毕竟还只是提供此在自由选择的可能性。只有当此在实际上做出选择时，这种可能性才能实现。海德格尔在这里提到了良知（conscience），而良知是"操心"的呼唤（call）。响应这种呼唤正是做出选择的体现。它表明此在果断地选择了其最本己的能在，使此在展现为当下个别化的此在，使此在的在世成为本真的在世。良知显然具有了存在论意义，而非伦理学意义。海德格尔的存在论因为不关注道德而被视为中性存在论。他把良知视为一种内在呼声，这种呼声正是此在的本真的存在的体现之一。良知具有本己性，此在不受制于任何外在因素的制约。良知意味着承担责任，但不是对他人而是对自己承担负责。听从良知的呼唤，此在就可以从常人中摆脱出来："良知从丧失于常人的境况中唤起此在本身。"（Conscience summons Dasein's self from its lostness in the "they".）①

海德格尔的哲学始终在追问存在。当然，从早期突出此在的优先性到后期提出"语言是存在的家"，它越来越走向了诗意化。海德格尔哲学既是后期现代哲学的典型体现，也是当代（后现代）哲学的主要思想源泉。同时应该注意到列维纳斯对这一哲学的深刻批判：它是一种没有道德的中性存在论，因为它关注的是"没有存在者的存在"（being without beings）。

---

①　海德格尔. 存在与时间. 北京：三联书店，2006：314.

第九章 主体的解体：从意识到身体

在德国现象学运动中，胡塞尔为我们提供的是一种意识哲学，身体在其中不具有重要意义，笛卡尔的心身二元论依然在这一哲学中起着明显的作用。舍勒和海德格尔都偏离了意识哲学，他们关注情感性或情绪性，虽然没有提出但已经暗含一种身体哲学指向。在法国现象学运动中，身体问题越来越具有重要地位。伴随身体主体的确立，语言问题和他人问题也成了最重要的论题。法国哲学有违海德格尔的意愿，将其哲学人本主义化，全面地展示了实存主义哲学的风貌。本章主要在法国精神论、生命哲学和新黑格尔主义哲学的背景中评介法国实存论现象学家萨特和梅洛-庞蒂的代表性思想，同时简单地评介利科哲学、列维纳斯哲学以及亨利早期哲学所代表的法国现象学在随后阶段的衰落与复兴。

第一节 法国现象学与精神论传统

一般认为，法国现象学的主流传统成就于"3H"（Hegel, Husserl and Heidegger，即黑格尔、胡塞尔和海德格尔）哲学的综合。萨特、梅洛-庞蒂等人以不同的方式把上述三种德国哲学创造性地结合起来，形成了各种各样的实存论现象学。严格地说，正是来自德意志的"3H"哲学与法兰西本土的精神论传统的融通才导致了法国现象学的别具一格。尤其值得注意的是，法国哲学界对黑格尔哲学进行了精神主义的改造，并且承认黑格尔哲学（包括黑格尔式的马克思主义哲学）是法国现象学的重要资源之一。法国精神论（又译唯灵论）始于19世纪早期，最初是一个与基督教传统关系密切，在理性与非理性之间、心灵与身体之间进行折中调和的哲学流派。这一流派既与相信心灵感应的各种神秘主义思潮有别，也不同于康德在《纯粹理性批判》中所批评的那种大体上相当于唯理论的、与唯物论相对立的、承认存在着心灵实体（精神实体）的精神论①。最初的法国精神论者与深受 18 世纪法国唯物论哲学家孔狄亚克影响的观念论学者（idéologue）关系密切，并且从苏格兰经验论哲学中获得了诸多灵感和资源。真正说来，法国精神论不仅像康德哲学那样批判唯理论意义上的精神论，而且批判康德的批判哲学。

比朗（Biran M. de, 1766—1824）是精神主义思潮的最主要的源头，他对 19 世纪中后期以来的法国哲学产生了持久而巨大的影响，对 20 世纪法国现象学的影响尤其值得重视。精神论关注内在反思，但这种反思有别于笛卡尔式的我思。对于比朗来说，情感、意志甚至身体都远比纯粹意识重要，"我能"在他那里高于"我思"。我们的身体既不在于观念性，也不在于广延性，而在于某种"我能"。当然，这里的"我能"与笛卡尔的"我思"并不完全对立，它们"具有相同的存在论地位"②。真正说来，应该用"我能"来综合甚至取代"我思"。于是，身体不是被理智构造的对象，更不是机械的物体，而是一种主观的身体（subjective body），所谓的意识则只不过是精神的神秘活动。这一切都涉及人的神秘的、具有宗教色彩的实存，一种调和了身体和心灵、非理性和理性的实存。

法国精神主义在当时直接对立于孔德的实证主义和源自康德哲学的批判主义（criticism），但它许多时候也渗透到两种思潮之中。大体上，批判主义的理智主义要求精神的纯粹性或形式化；实证主义的极端理智主义强调精神的可检验性或科学化；精神主义主流以其非理性主义在某种程度上相信精神的神秘性，认为一切都取决于体验和直观。历经库赞（Cousin V, 1797—1867）、茹弗鲁瓦（Jouffroy T. S, 1796—1842）和拉韦松（Ravaisson F, 1813—1900）等 19 世纪著名哲学家，精神论继续发展，并且影响到了 20 世纪的生命哲学、新康德主义、新黑格尔主义、实存论

---

① 康德. 纯粹理性批判. 北京：人民出版社，2004：301，537.
② Henry. Philosophie et Phénoménologie du Corps. Paris：PUF, 2003：77.

现象学等诸多法国哲学流派。柏格森、马塞尔、萨特、梅洛-庞蒂、利科和亨利尤其高度关注和格外青睐比朗的相关思想，他们在不同程度上承袭了精神论在身体问题方面的调和色彩。

在法国实存论现象学家们眼里，身体在比朗哲学中虽然还没有获得完全充分的表达，但已经具有了某种主体地位。也就是说，它不再从属于意识，不再是被表象的物体，而是绝对的身体，从而超越了笛卡尔主义的心尊身卑的二元论立场。对于比朗及其信徒来说，身心统一是不言而喻的。也就是说，"我并不是以思维为属性的抽象实体，而是以本己身体为其一个实质部分、构成部分的完整个体"；如此一来，精神论"开始了一种既远离康德又远离笛卡尔的主体哲学，而且这种主体哲学也是一种非常原创的身体哲学"①。如果说笛卡尔和康德为意识现象学（phenomenology of consciousness）提供了丰富的哲学史资源的话，身体现象学（phenomenology of body）在很大程度上出自对比朗开创的精神论传统的创造性拓展。

柏格森是法国 19 世纪末 20 世纪初的最重要的哲学家，其生命哲学是精神论影响法国现象学的重要环节。他毕业于巴黎高等师范学校，曾当选法兰西道德与政治科学院院士和法兰西学院教授，并获得过诺贝尔文学奖。其代表作有《论意识的直接所予》《物质与记忆》《论创造进化》《道德与宗教的两个源泉》等。他通过这些作品对现代哲学、文学、艺术都产生了广泛的影响。柏格森的生命哲学属于 19 世纪末 20 世纪初在德国和法国流行的一种非理性主义哲学思潮。它上承意志主义，下启实存主义。它主张活力论，否定机械论，其主题始终围绕生命尤其是人的生命而展开。它并不是一种自然哲学，而是关于人的生命和人的生活的哲学。当然，生命哲学并不是一个统一的哲学流派，不同的代表人物对生命的具体理解颇有分别，探讨问题的着眼点也多有差异。

海德格尔曾经表示，在严肃的"生命哲学"中，都"未经明言地有一种领会此在的存在的倾向"，但"'生命'本身却没有作为一种存在方

---

① Huisman. Histoire de la Philosophie Française. Paris：Éditions Perrin, 2002：393.

式在存在论上成为问题”，而这就是“生命哲学的根本缺陷”①。生命哲学试图摆脱传统哲学，却始终没有达到突破的程度，因为“生命既不是某种纯粹的现成存在，但也不是此在”②。尽管如此，生命哲学逐步抛弃了纯粹意识概念，在一定程度上承认了本己身体的重要地位，也因此在很大程度上推动了主体形而上学的解体。正因为如此，法国现象学家没有也不可能绕开柏格森。事实上，现象学奠基人胡塞尔至少在直观问题上是认同柏格森的。柏格森的生命哲学接受了进化论的影响，是一种带生物学倾向的生命哲学。他既拒绝从极端机械论的角度也拒绝从极端目的论的角度对自然和生命进行解释。在他看来，两者都意味着决定论，从而没有为自由留下余地。

按照柏格森的分析，极端目的论“只不过是一种反向的机械论”，它“用未来的吸引力取代了过去的推动力”③，极端机械论“把自然设想成由数学法则支配的一个巨大的机器”，极端目的论“在自然中看到的是一个计划的实现”④。他要求克服这两种决定论姿态，把自然描述为绵延不断的、不可分割的整体。这种生命哲学明显具有活力论倾向，认为生命存在于一切事物之中。生命哲学借助生命科学的新成就来否定早期现代哲学的普遍数理理想，目的是为人文科学和艺术保留地盘。在中国现代哲学中，科玄大论战实际上是西方的科学主义与人本主义的对立的缩影。张君劢（1887—1969）代表的是玄学派、柏格森主义，丁文江（1887—1936）代表的则是科学派、马赫主义，前者强调精神生活和精神文明，后者突出科学精神和物质文明。胡适（1891—1962）号称持中间立场，但作为实用主义信徒的他，无疑更偏向科学派。

柏格森颠覆了包括康德哲学在内的传统哲学的时间观。受科学思维的影响，哲学家们往往习惯于以空间的观念来看待世界，把活生生的实在变成了所谓的外感对象。柏格森明确表示：如果我们“把时间理解为一种

---

① 海德格尔. 存在与时间. 北京：三联书店，2006：55.

② 同①59.

③ Bergson. L'Evolution Creatrice, dans Œuvre. Paris：PUF，1984：528.

④ 同③532.

我们能够在其中进行区分和计算的介质，那么时间只不过就是空间而已"，而"纯粹绵延一定是别的东西"①。自然或万物处在纯粹绵延之中，根本不具有数量关系，如果我们尝试去测量它，就是对它进行分割，于是不知不觉地用空间替代了时间。时间意味着未分化的绵延，或者说异质的东西彼此渗透；空间则意味着同质性，完全可以进行量化、规范的处置。对于柏格森来说，哲学或形而上学的真正对象是时间，与此同时，不应该以空间的方式对待时间。他之所以要区别时间和空间，之所以否定对时间的空间化，为的是突出他对自由和创造的追求。可以说，自由和创造在其思想中具有至上的地位。

对于柏格森来说，不管是时间还是绵延，归根结底代表的是意识状态。意识状态具有绵延不断、互相渗透的性质，它永远是没有间断的连续，我们无法区分过去、现在和将来，因为它们浑然一体。绵延是一种质而不是量；它只有强弱，而无大小；它没有广延，不占空间；它突然涌现，无法预测。时间或者说绵延意味着"绝对的运动"，只是在抽象的思维中或文字表达中才有所谓的静止。在柏格森那里有两种自我：一是与环境、世界相关的广延性的自我，二是通过内省达到的外在于空间的、内在状态的、永远生成着的、活生生的、真正自由的自我。前者其实是客体，唯有后者才是主体。柏格森在其后期思想中用"生命之流"代替了所谓的"绵延的自我"。两者其实没有什么区别，但越来越强调创造。生命就是创造，绵延的运动就是生命的创造变化。

柏格森否定康德强调知性和智力的倾向，认为逻辑思维不能表现生命的真正本质，不能阐明进化运动的深层意义②。真正说来，我们无法借助概念框架来认识生命："我们徒劳地把有生命的存在赶到我们的这种框架或那种框架中。全部框架都爆裂了。尤其对于我们打算置于其中的东西来说，它们太过狭隘，太过僵硬。当其透过那些惰性的东西而流通时，我们的推理对自己充满信心，但针对这一新的领域却感到局促不安。"③ 智力

---

① Bergson. Essai sur les Donnees Immediates de la Conscience. Paris：PUF, 2003：68.

② Bergson. L'Evolution Creatrice, dans Œuvre. Paris：PUF, 1984：489-490.

③ 同②490.

可以表现任何其他东西，生命现象却是个例外。我们应该深入和渗透到生命的本性中，而不应该局限于知性始终向我们提供的生命的机械表象。

柏格森所说的意识并不是纯粹意识，身体在其哲学中扮演了重要的角色，至少在梅洛-庞蒂眼里是如此的。后者从《物质与记忆》一书中得出的结论是："必须表明：身体没有意识是无法想象的，因为存在着一种身体意向性，意识没有身体是无法想象的，因为现在是有形的。"① 当然，梅洛-庞蒂也承认，柏格森并没有完全提出身体主体理论，其目标只是限定纯粹意识而已。换言之，柏格森对身心关系的思考，对知觉概念的把握，对绵延和生命冲动的理解，无不淡化了纯粹意识概念，开始把某种融合了物性和灵性双重属性的身体提升到核心位置。但是，这一趋势并不那么明显，还带有某种摇摆不定，他"有时把一切赋予精神，有时把一切赋予身体"②。这一接受精神主义启迪的生命哲学直接影响了现象学家马塞尔、梅洛-庞蒂和列维纳斯等人，尽管萨特对它多有批判，但其哲学就如同它一样徘徊在意识哲学和身体哲学之间。

还必须注意法国新黑格尔主义的重要代表人物华尔（Wahl J，1888—1974）、科耶夫（Kojève A，1902—1968）和伊波利特（Hyppolite J，1907—1968）等人对实存论现象学做出的巨大贡献。在 20 世纪初，新黑格尔主义和黑格尔式的马克思主义在法国学术界逐步增强其影响。接受来自柏格森哲学的灵感，它们也抵制新康德主义的观念论，借助法国精神论来创造性地讲解黑格尔《精神现象学》以及他的其他早期著作，努力调和黑格尔和克尔凯郭尔、黑格尔和马克思的对立与分歧，促使法国现象学不仅创造性地转化胡塞尔和海德格尔的现象学，而且体现为以"3H"综合为特色的实存论现象学。法国现象学的特别之处在于，它没有突出海德格尔哲学和胡塞尔哲学之间的差异，而是尽可能从两者那里挖掘有利的资源；与此同时，他们甚至很自然地要寻找黑格尔和胡塞尔之间的共同性。有学者表示："对于任何一个熟悉德国现象学的人来说，法国现象学令人

---

① Merleau-Ponty. Union de l'Âme et du Corps chez Malebranche, Biran et Bergson. Paris：J. Vrin, 2002：86.

② 同①92.

感到惊奇的特征之一，就是它毫不犹豫地认为胡塞尔的现象学理所当然地与黑格尔的《精神现象学》相近，甚至是从那里起源的。不管这是否能够证实，我们确实没有正当理由相信在现象学的德国阶段有这样的历史联系。"① 当然，把来自德意志的"3H"简单地捆绑在一起并不会形成法国现象学，正是法兰西元素才使各种异质力量融合在了一起，并因此实现了创造性的转化。

在法国现象学运动中，萨特哲学依然围绕纯粹意识展开，但这种纯粹意识是一种情感意识，人与此同时具有身体维度，因为他所说的人的实在是心身两个方面的结合。梅洛-庞蒂为我们提供的则是一种身体哲学，他强调身心统一或物心统一，意识或心灵的地位明显降低。到物质现象学家亨利和马里翁那里，意识及其意向性几乎不再具有任何地位。德国现象学因为尚未完全进入社会历史领域，因此没有给予"他人"以重要地位；而在法国现象学中，他人问题已经是一个非常重要的主题了。萨特为我们描述的是我与他人的冲突关系，梅洛-庞蒂展示了我与他人的共在，而在列维纳斯那里，他人的绝对他性则成了中心话题。

第二节　现象学实存论与人的实在

萨特是一个比较典型的实存主义者，其哲学起点是现象学，只是他更多地把现象学与人的实在联系在一起，从而进入了实际生活领域。作为一个哲学家、作家、戏剧家和社会活动家，他在法国以及世界范围内产生了广泛的影响。他的代表性哲学著作有《自我的超越性》《想象》《想象物》《存在与虚无》《实存主义是一种人道主义》《辩证理性批判》等，其哲学思想也通过《恶心》《禁闭》《死无葬身之地》等小说或戏剧作品体现出来。萨特在整个现象学运动中有其独特性，他和其他法国现象学家一样，深受海德格尔哲学的影响，但其作品中的胡塞尔印迹也非常明显。他不像胡塞尔那样只关注纯粹现象学方法，也不像海德格尔那样只把人的存在当作起点而不是目标。他和胡塞尔一样关注纯粹意识及其意向性，但胡塞尔

---

① 施皮格伯格. 现象学运动. 北京：商务印书馆，1995：609.

所说的意识是认知意识，他所说的意识是情感意识；胡塞尔把意向性与内在性统一起来，他强调的却是超越性。他把海德格尔的此在改造为人的实在，对海德格尔哲学进行了人本主义的解释，而海德格尔拒绝这样的姿态。

一、从二元论到一元论

在《存在与虚无》中，萨特旨在确立所谓的现象学存在论（phenomenological ontology）。他赞同现代思想用现象一元论（monism of the phenomenon）来取代让哲学感到困惑的二元论①。这里的现代思想指的应该是黑格尔哲学之后的后期现代思想，现象一元论指的则是胡塞尔等人所主张的用现象学方法超越主体与客体、心灵与物质、思维与存在等一系列二元对立。萨特认为，现象学旨在把存在者还原成显象的系列（reducing the existent to the series of appearances）。这首先否定了在存在者那里的内在（interior）与外在（exterior）的二元对立。不存在掩盖着客体的真正本性（true nature）的表层覆盖（superficial covering），没有所谓的作为秘密实在（secret reality）的事物的真正本性。那些显示存在者的显象既非内在也非外在，它们是同等的，没有哪一个具有优先性，它们指向其他显象。显象不会揭示任何背后的东西，它指示自己以及整个显象系列。就此而言，存在与显象之间的二元性就丧失了合法性，没有了任何的根据。显象指向整个显象系列，而不指向把存在者的全部存在都吸收在自己那里的秘密实在。

萨特认为显象是相对的，因为显象就是显现（appearing），而且总是产生向谁显现的问题。显象其实是相对于人的意识而言的。但显象不具有康德式现象的双重相对性，因为后者既相对于意识又相对于在己之物。与此同时，潜能（potency）和活动（act）的二元性也消除了。活动就是一切，活动后面没有任何潜能。我们不能说某个画家有天赋，是一位天才，然而他的作品却没有体现出他的天才或潜能来。他的天才既不是孤立地考虑的作品，也不是产生作品的主观能力，而是被作为这个人的显示的全部来考虑的作品。与之相应，显象与本质的二元性也消除了。显象并不掩盖

---

① 萨特. 存在与虚无. 北京：三联书店，2010：1.

本质，它揭示本质，它就是本质。现象性存在显示它自己，它显示它的本质和它的实存，它不是别的什么，它就是其显示的紧密联系的系列（The phenomenal being manifests itself; it manifests its essence as well as its existence, and it is nothing but the well connected series of its manifestation）。

但萨特还是要问：把存在者还原为它的各种显示就消除二元性了吗？他表示至少还存在一种二元性，那就是有限和无限的二元性。存在者不可能被还原为一个有限系列的显示，因为每一显示都是相对于主体而言的，都与主体的变化联系在一起。这里实际上延续了胡塞尔对本质与普遍本质的关系的看法。显示就是本质，但现象学关注普遍本质。我们通过花的红看到红本身。也就是说，这朵花的红就是红的本质，红已经体现在这朵花中了，但红还体现在其他地方。因此我看到的这朵花的红与无限的红的系列联系在一起。向我显示的红和尚未向我显示的红之间的关系是这样的：向我显示的红就是红，就是红的存在，就是红的本质，但还有没有向我显示的红以及没有向我显示的红的存在。总之，显象背后没有任何东西，它仅仅指示它自己（以及显象的整个系列）。它不会被任何它自己的存在之外的存在所支撑。

如果说显象的本质是一种不与任何存在相对立的显现，那么就应该探究这种显现的存在（the being of this appearing）。萨特于是对存在的现象（the phenomenon of being）和现象的存在（the being of phenomenon）进行了区分和说明。他在前面已经把存在者还原为存在的现象，也就是说存在者就是现象，就是显象，而不是别的什么东西。这其实也就意味着，现象、显象不是由任何与自己不同的存在者来支撑的，它有自己的存在。在我们的存在论探索中首先遇到的就是显象的存在（the being of appearance）。那么存在者的存在或显象的存在指的是什么呢？萨特认为它指的不是客体的各种性质，也不是它的意义，而且不能把存在视为在场（presence），因为不在场（absence）也揭示存在。他甚至说存在者（客体）并不拥有存在，它的实存（existence）并不是对存在的分有。唯一界定客体之存在的方式是：它存在（It is）。所以客体既不揭示也不掩盖存在，我们只能说客体存在。

显现的存在意味着"显象存在"（appearance is）或"显象显现"（appearance appears）。存在其实是揭示的条件，它是"为揭示的存在"（be-ing-for-revealing），而不是"被揭示的存在"（revealed being）。萨特由此表示，现象的存在不能被转化为存在的现象。存在的现象只是存在的直接显现系列，这个系列是有限的，而存在本身可以采取的显现系列是无限的。我们看到的桌子是桌子的存在的有限显现系列，而它的显现方式实际上应该是无限的。比如我们只是在某一时间从某一个方位看它，而实际上我们可以在别的时间从其他方位看它。很显然，不能够把属于无限显现系列的现象的存在还原为作为有限显现系列的存在的现象。问题在于，我们只能通过考察存在的现象才能对存在说点什么；现象的存在与现象同外延，却不能被归结为现象性条件；现象的存在超出了人们对它的认识，并为这种认识提供基础①。存在的现象与意识联系在一起，现象的存在则是不依赖于意识的无限系列。它存在，而不是为意识而存在，并因此避免了贝克莱"存在就是被知觉"这样的主观观念论。萨特甚至认为，胡塞尔哲学在某种意义上也意味着"存在就是被知觉"，但是依据被知觉的本性以及知觉的本性，这一姿态是完全错误的。

二、反思前的我思

萨特哲学以胡塞尔关于纯粹意识及其意向性的学说为起点。他在其第一篇现象学论文《胡塞尔现象学中的一个基本概念：意向性》中对这一论题进行了初步的阐述，随后在《自我的超越性》中进行了更深入的发挥。他摒弃了胡塞尔当作意向性活动来源的先验自我，主张一种"无我之思"。胡塞尔延续了笛卡尔和康德一脉的传统，他所说的意识主要是一种认知意识，而在萨特那里，认知意识只不过是情感意识的派生形式。从笛卡尔到胡塞尔都关注反思意识，萨特则强调反思前的意识（pre-reflec-tive consciousness），或者说反思前的我思（pre-reflective cogito）。萨特严格区分反思的意识和反思前的意识。反思的意识把意识本身当作对象，而不是直接指向意识之外的对象。反思的意识可以说是第二位的，而反思前

---

① 萨特. 存在与虚无. 北京：三联书店，2010：7.

的意识则是原始的、第一位的。例如我看桌子属于反思前的意识，而我知道我在看桌子则属于反思的意识。

反思前的意识是反思的前提，两者之间的关系不应该被颠倒。然而，笛卡尔的"我思故我在"恰恰犯了这样的错误，即他认为我思（反思）是我在（反思前的意识）的前提。萨特明确表示："正是非反思的意识使反思成为可能；有一个反思前的我思作为笛卡尔我思的条件。"① 在他看来，传统哲学从认识论立场或认识的优先性出发，片面强调反思，导致了"意识的意识""认识的认识""知道就是意识到知道""知道自己知道"的无限递归。为了避免这种情形，意识必须回到自己与自己之间的一种直接的而非认识的关系。在意识与对象之间有一种设定意识（positional consciousness），但意识针对自己具有的是一种非设定意识（non-positional consciousness）。当然，一切意识也都必然是自我意识，即"反思的意识"，但这是第二位的。比如我数自己手里有多少钱，我最终知道自己在数钱。对于钱的意识是对象意识，而对于自己数钱的意识并不是对象意识，是（对）自我（的）意识，从而区别于对象意识。

萨特否定胡塞尔把意向性与纯粹意识的内在性相等同的倾向，认为意识的意向性也就是超越性。现象学存在论从反思前的意识出发，就是从指向对象的纯粹意识出发。正是在这种意义上，萨特强调，在进行哲学思维之前，我们必须净化意识，即排除掉通常的意识中所包含的各种具体内容，使意识还原为纯粹意识；也就是说，"应该把事物从意识中逐出，恢复意识与世界的真实关系"②。纯粹意识不包含任何内容，它因此不是向内的而是向外的，也就是说，它指向外部对象以及作为对象的自我，重新形成关于对象和自我的意识。很明显，萨特哲学克服了自笛卡尔以来对于内在确定性的要求，真正实现了意识的完全功能化。笛卡尔把意识视为实体，萨特明确表示："意识没有任何实体性的东西，它只就自己显现而言才存在，在这种意义下，它是纯粹的'显象'。"③ 事物向这种纯粹意识

① 萨特. 存在与虚无. 北京：三联书店，2010：11.
② 同①9.
③ 同①14.

或无我之思显现，这就是胡塞尔所说的"面向事物本身"。

三、在己存在与为己存在

关于"任何意识都是对某物的意识"，我们可以从两个不同的角度来理解：既可以理解为意识是其对象的存在的构成成分，也可以理解为意识在其最深刻的本质中是与一个超越的存在的关系①。萨特认为第一个理解显然是有问题的，因为对某物有所意识，就是面对着一个非意识的、具体而充实的在场。当然，我们也能对不在场有所意识，但不在场不仅仅是相对于在场而言的，而且它本身也是以在场的方式呈现的。我到图书馆去找皮埃尔，我没能找到他，尽管如此，他的不在场却向我呈现出来了。萨特承认第二种理解，认为意识的意向性就是超越性，即超越意识现象自身而达到非意识的存在。意识之外的存在可以呈现在意识之中，从而成为存在的现象，但它并不依赖意识，它完全是独立在己的。这就是所谓的在己的存在（being-in-itself）。如此一来，意向性不仅没有否定外部世界的独立存在，反而为它做了一种存在论的论证："意识是对某物的意识，这意味着超越性是意识的构成结构，意识生来就被一个不是自身的存在支撑着。这就是我们所谓的存在论证明。"② 在己虽然能为主观性或意识所呈现，却不能为主观性或意识所创造，即所谓"主观性无力构成客观的东西"③。意识始终关心的是为己的存在（being-for-itself），但它暗指了一个异于它自己的在己的存在，它收获的则是为我的存在（being-for-me），同时要正视为他的存在（being-for-others）。

可以用三句话来概括在己的存在：存在存在（being is）；存在是在己的（being is in-itself）；存在是其所是（being is what it is）④。第一句话表明，在己存在纯粹地、绝对地存在，它不以人的意识是否显现它为转移；第二句话表明，它不包含任何关系或规定性；第三句话表明，它没有任何

---

① 萨特. 存在与虚无. 北京：三联书店，2010：19.
② 同①20.
③ 同①21.
④ 同①26.

变化和发展，无所谓过去、现在和将来，它完全在时间性之外。真正说来，它是绝对抽象的、纯粹偶然的东西。就像许多人都否认自然辩证法一样，萨特认为在己存在的世界里是不可能有辩证法的。在《恶心》中，透过主人公洛丁根在公园中看到的那棵奇形怪状的树，萨特展示给我们的那个无可名状的、偶然的、荒谬的世界恰恰就是这样的在己的世界。

现象蕴含着两种存在：作为现象的客观基础的在己存在和显现这种存在的意识。后者就是为己存在，其特性与在己存在正好相反。存在是完全的充实，"在存在中没有任何一种空无，也没有任何虚无能够得以滑入的裂缝"，相反，"意识的特征就在于它是存在的减压"，我实际上"不能把它定义为一种与自我的重合"，我"可以说这张桌子完完全全是这张桌子"，但"对我的信仰"，我"不能只局限于说它是信仰"，因为"我的信仰，是（对）信仰（的）意识"①。这种减压表明，为己与在己完全不同，在己就是存在，为己则是虚无。如何理解两者的关系呢？萨特告诉我们，"为己不是别的，只不过是在己的纯粹虚无化，它作为存在的一个洞孔处在存在之内"②。真正说来，不应该说为己存在，因为为己是非存在，是虚无。我们只能说为己被存在（is been）："从意识深处涌现出来的虚无并不存在，它被存在。"③ 虚无依赖于存在，以存在为其支撑。

意识作为存在的缺乏却又趋向存在，它永远不是什么，但又趋向于成为什么。这种趋向性的结构是一种虚无化或者说否定活动。意识只能是某物的意识，它必然是对某物的显现，而意识的显现正是一个虚无化的过程。在己的存在本身是充实的，没有裂缝的，因而它本身不可能被分割开来。然而意识的活动可以只涉及在己存在的某一部分，将其显现出来而将其他部分隐去，于是就让在己存在产生了分化，给在己存在打开了一个缺口。与此同时，意识超出了自身的界限，或者说否定了自身。因此，为己存在无非是一种超越性、否定性。为己存在只能作为虚无、超越性、否定性而存在，这意味着它不能作为现成已有的东西而存在，换言之，它是其

---

① 萨特. 存在与虚无. 北京：三联书店，2010：108－109.
② 同①745.
③ 同①113.

所不是且不是其所是。萨特把这种情形称为"虚无纠缠着存在"（Nothingness haunts being）①。为己作为存在的缺乏总是追求、趋向存在，这种不断地追求和趋向使为己（人）不断地超越、否定自己和世界，不断地使自己和世界获得新的价值和意义。这种超越、否定和创造是无穷的，人不可能一劳永逸地达到完满的自我和世界。因此，为己永远是悬而未决的，它的存在是一种永恒的延期。

四、人的实在与人的自由

萨特从现象出发提出了两种类型的存在，进而要求我们理解这两种存在的深刻含义，问问它们为什么都属于一般的存在，问问这种在自身中包含着截然分离的存在领域的存在的意义是什么。在他看来，当笛卡尔不得不研究心身关系问题的时候，也面临着两个存在领域的分离问题。笛卡尔凭借想象来确保思想实体和广延实体的统一，而萨特批评性地表示："不应当先把两个关系项分开，随后再把它们结合起来：关系即综合。"② 不应该抽象地探讨意识或现象，而是应该看到具体，比如，时空中的东西及其规定性就是具体的例子。具体只可能是综合的整体，意识和现象都只构成其环节。真正的具体就是一个在世界中的人与世界的这一特殊统一。萨特以及一些同时代的法国哲学家用"人的实在"翻译海德格尔的"此在"，试图恢复被"此在"一词弱化了的主体性。人的实在并不是一种现成的存在，而是体现在活动和关系中。在在己与为己的关系中，在己更根本，为己有赖于在己。然而，正是为己追求两者的统一的努力造成了世界的丰富多样性。

意识的意向性就是超越性，这意味着为己包含三重关系：与自身的关系，与在己的关系，与他人的关系。它们代表了人的实在的三种方式：时间性、超越性和为他性。为己向它自己的可能性的超越，引出了时间问题。时间不是在己的存在方式，而是为己的存在本身，时间就是为己的自

---

① 萨特. 存在与虚无. 北京：三联书店，2010：38.
② 同①28.

我否定过程。时间的真正起点是将来，即为己的是其所不是；现在则是为己本身；本质则是过去了的存在。为己向在己的自我、向世界、向在己的存在的超越体现为认识。为己是通过否定在己来建立它们两者之间的关系的，说外物不是什么，同时就肯定了它总会是什么。于是出现了一个人化的世界，同时出现了超越的自我、外在化了的自我。为他表明的是不同的为己之间的关系，否定他人存在是从认识论出发造成的。"羞耻总是在某人面前的羞耻"表明：他人也是为己，也是自由，但我们彼此争夺自由；他人无法限制我的自由，而我终究也无法限制他人的自由。

正是在人的实在的为他结构中，萨特不得不面对身体问题。身体实际上体现了在己和为己的某种统一。人是为己，但在他人眼里却是在己（身体）。人追求在己与为己的统一，但这是不可能的，因为人不是神。他这样写道："每个人的实在都同时是把他自己的为己改造为在己为己的直接谋划及在一个基本性质的几个类之下把作为在己存在的整个世界化归己有的谋划。所有的人的实在都是一种激情……人是一种无用的激情。"①

萨特把为他性和时间性、超越性并置为为己的三个维度，通过身体的中介把他人看作一种既具有独立存在，又能证明我的存在的在己维度的一种力量。在关于羞耻的例子中，我对我的所作所为感到羞耻，从表面上看，这完全是我与我自己的内在关系：我通过羞耻发现了我的存在的某个方面；但是，"羞耻按其原始结构是在某人面前的羞耻"②，他人因此是我和我本身之间不可缺少的中介：我之所以对我自己感到羞耻，是因为我向他人显现，而且是作为对象向他人显现的，尽管这个他人很可能隐而不显，也可能只是我的一种设定。从根本上说，羞耻就等于承认自己是他人所看见的那个样子。于是，我的实存就有了两个方面："为己的内在性"与"为他所是的在己存在"。"羞耻"正表明了我的为己与在己两个方面的不可分割的联系。与海德格尔从反面、梅洛-庞蒂从正面承认自我与他人的共在不同，萨特认为意识间的关系的本质不是共在，而是冲突③。

----

① 萨特. 存在与虚无. 北京：三联书店，2010：744.
② 同①282.
③ 同①524.

萨特在身体问题上的姿态较为复杂，其中体现出了胡塞尔的纯粹意识理论与海德格尔的在世学说之间的张力。从其哲学起点来说，他强调的是为己与在己的区分，强调的是"无我之思"这一阿基米德点，并因此更为彻底地纯化了胡塞尔的意识和心灵概念，以至把意识等同于"无"，使之完全摆脱了与生理的、作为物质媒介的身体的任何牵连。然而，就像海德格尔一样，他要强调此在，即他本人所说的"人的实在"，并因此要求将为己与在己统一起来。人的实在意味着身心的综合统一，意味着意识与世界的综合统一。正是在这一意义上，本己身体也是意义的核心。这意味着，我就是我的身体，而不是像拥有一个物品那样拥有一个身体。身体是我与他人关系的中介或通道，它表征着我的在世处境，它意味着我绝非一个孤独的单子。然而，这一切并没有能够掩饰萨特在存在论上对于纯粹意识的强调，并因此在他自己的原则之内重新恢复了思维实体和广延实体之间的笛卡尔式的二元论（Cartesian dualism）。如此一来，在其意识学说和身体理论之间出现了一个巨大的裂缝。

在萨特眼里，在己和为己的统一是由为己来实现的。由于为己从其内在结构来说就注定是自由的，人的实在也因此应该是自由的。真正说来，他关于为己的理论和人的实在的理论是一种别具一格的自由理论。他强调行动，强调创造，而"行动的首要条件便是自由"①。他批评此前的各种学说，惊讶于人们尚未努力事先去解释行动观念本身内含的结构就对决定论和自由意识论进行无穷无尽的推理，而且居然能够为了一个或另一个举出事例。在他看来，正是活动决定它的目的和动力，活动是自由的表现。当然，这样的说法似乎有些肤浅，只是某种表面的分析。所以应该更精确地描述自由，探讨自由的本质结构。然而，"自由没有本质"，或者用海德格尔的话来说，"在自由中，实存先于并支配本质"，也就是说，"自由变成活动，我们通常透过自由所组织的活动以及活动所包含的动机、动力和目的来取得自由"②。其实，这种把自由与实存、活动几乎画等号的自由理论，完全是存在论层面的，也因此是抽象的，是属于推理

---

①　萨特. 存在与虚无. 北京：三联书店，2010：527.

②　同①532-533.

性的。

　　尽管如此，萨特想表明自由并不是抽象的，因为我们不能描述别人和我本身共有的自由。我们其实无法考察自由的本质，因为自由恰恰是一切本质的基础。为己是独特的，意识是独特的，自由也是我自己的。只有借助笛卡尔式的我思，才会有"我们"的自由。但如此的自由与个体的独特领会无关。萨特进而写道："我注定永远超出我的本质、超出我的行为的动力和动机而实存，我注定是自由的。这意味着，除了自由本身以外，人们不可能在我的自由中找到别的限制，或者我们可以说，我们不能够自由地不再是自由的。"换言之，"人不能时而自由时而受奴役：人要求完全并且永远是自由的，要么不存在"①。自由、为己和虚无完全是一回事，而他获得的价值也始终被不断地虚无化。人就是自由，自由先于人的本质，并且使人的本质成为可能。人并不是首先实存以便随后成为自由的，人的实存与他的"是自由的"之间没有区别②。说自由先于本质与说实存先于本质其实是同一回事。

　　当然，我们还需要了解萨特所说的本质是什么。他借用黑格尔的话说，"本质，就是已经是的东西"；而他自己的表述则是，"本质，是人的实在在自身中作为已经是的东西来把握的一切"③。按照他在《实存主义是一种人道主义》中的说法，存在着基督教的与非基督教的实存主义，两者的共同立场是"实存先于本质"或者"自由先于本质"。萨特在这里要突出人与其他东西的区别，或者说为己与在己的区别。像裁纸刀这样的东西，我们可以说它是本质先于实存的，这是因为它是由一个工匠根据一个概念制造出来的。萨特批判早期现代哲学，认为笛卡尔等人还承认一个创造神，认为人性只不过是出自神这一高级工匠的创造，而这意味着本质先于实存。18世纪的无神论哲学家虽然放弃了神的观念，但他们依然维护本质先于实存的观念。萨特主张实存先于本质，人首先在世界中涌现出来，然后才能够获得其规定。没有什么神或外在权威来事先规定他，除了

①　萨特. 存在与虚无. 北京：三联书店，2010：535.
②　同①54.
③　同①65.

通过行动让自己成为什么或获得规定之外，他什么都不是，他就是纯粹的虚无。人性是没有的，因为"没有神提供一个人的概念"，因此，除了自己认为的那样，人"什么都不是"，而这一切就是以"主观性"为标志的实存主义"第一原则"①。

　　然而，绝对自由与绝对责任是联系在一起的。萨特这样表示："实存主义的核心思想是什么呢？是自由承担责任的绝对性质；通过自由承担责任，任何人在体现一种人类类型时，也体现了自己，这样承担的责任，不论对什么人，也不管在任何时代，始终都是可理解的。"② 按照他的说法，人是自己造就的，他不是现成存在的，他通过自己的道德选择造就自己，而且他不能不做出一种道德选择，我们只能通过人承担的责任来解释他。自由并不意味着我们不能评判别人，别人不能评判我们，每个人都在选择自己的存在，同时也在选择道德责任。人的选择其实是有根据的，他可能会根据别人来选择自己。但无论如何，都是自己在选择自己，也因此得为自己的选择负责。把选择的责任推给别人意味着自欺（bad faith）。萨特在《存在与虚无》中举的赌徒、侍者和恋人的例子都表明，我们不能把自由选择及其责任推给他人。按照他的说法："自我欺骗显然是虚伪的，因为它掩盖了人有承担责任的完全自由。"③ 萨特并不像人们通常所认为的那样主张一种绝对任性的自由，而是强调责任与自由的统一："由于注定是自由的，人把整个世界的重量都担在自己肩上：他对作为存在方式的世界和他本身是有责任的。"④

　　萨特的现象学实存主义集中体现在《存在与虚无》中，《实存主义是一种人道主义》是其通俗表达，此外，其小说和戏剧也是重要的表达形式。在《辩证理性批判》中，他主张把实存主义与马克思主义结合起来，从而在一定程度上克服了他对主观性或自由的极度强调，尽管后者并没有因此从根本上改变其哲学的性质。显然，萨特的现象学实存主义既是一种探索

---

　　① 萨特. 存在主义是一种人道主义. 上海：上海译文出版社，1988：8. 又译《实存主义是一种人道主义》。

　　② 同①23.

　　③ 同①26.

　　④ 萨特. 存在与虚无. 北京：三联书店，2010：671.

存在的本性的存在论学说，又是一种探索人的存在的意义和价值的伦理学说，两者从不同角度阐述了大体上一致的内容。必须看到的是，它终究是以主观性为前提来看待人与人的关系的。他人成为对象，他人总是奴隶，而自己在他人眼里也是如此，个人与他人之间存在着的是对立和冲突的关系。他人就是地狱。然而，真正说来，我们与他人只是争夺自由，根本无法消除其自由。最终的情形是，我不得不在要求我的自由的时候，要求他人的自由。尽管萨特没有明确表示，但他其实表达的还是处境中的自由。

第三节　现象学实存论与本己身体

一、一种含混的哲学

梅洛-庞蒂是法国著名的现象学哲学家，实存主义的重要代表人物。虽然说他和萨特一样介入了那个时代众多国内、国际重大政治事件之中，他甚至被认为是萨特的政治导师，但他主要还是被视为一位"哲学家的哲学家"，即一位学院哲学家。他比萨特年轻三岁，是萨特在巴黎高等师范学校的学弟，他们先后通过教师资格考试，并且都有在外省和巴黎的多所中学任哲学教师的经历。共同的现象学兴趣以及特定的时代氛围促使他们建立起了友谊和合作关系。他与萨特的终身情侣波伏娃（Beauvoir S. de，1908—1986）以及法国结构主义的奠基人列维-斯特劳斯（Levi-Strauss C，1908—2009）也由于在同一所中学参加教学实习而确立了比较密切的关系。可以说，法国实存主义内部之间、实存主义与结构主义之间的复杂关系早在这四位大师的青春岁月里就埋下了伏笔。

梅洛-庞蒂于 1945 年在索邦大学通过博士学位论文答辩，先后在里昂大学、索邦大学和法兰西学院任教授，走上了与自由作家、非学院哲学家萨特不同的学术道路。虽然他于 1945 年发表的《知觉现象学》和萨特于1943 年发表的《存在与虚无》都被视为实存论现象学的经典，但两者的思想倾向有很大的不同。当然，两者之间在学术或思想上的差异在这一时期还没有凸显出来，因为他们之间的友谊与合作正处于上升阶段。只是在后来，伴随一系列政治上的分歧，这一友谊和合作才中止，彼此的思想差异（波伏娃早在关于梅洛-庞蒂《知觉现象学》的书评中就已经明确指出了这种差异）才受到人们的重视。

梅洛-庞蒂的代表性著作有《行为的结构》《知觉现象学》《哲学赞词》《辩证法的历险》《符号》《眼与心》《可见者与不可见者》等。这些著述造就了他在整个现象学运动中享有的极高声誉：其影响仅次于胡塞尔和海德格尔，明显高过萨特；在法国实存主义运动中，其地位则大体上与萨特并驾齐驱；他对法国结构主义以及英美的心智哲学和认知科学也都产生了重大的影响。他和萨特、马塞尔、列维纳斯、利科等人组成了法国现象学学派。他们的共同点是从德国现象学家胡塞尔的思想出发，但他们接受了胡塞尔的不同作品或不同阶段的思想；他们也都在海德格尔那里获得启发，但他们心目中的海德格尔却是很不相同的。他们的哲学之间之所以存在着重大的差异，原因就在于萨特依然维护意识哲学，梅洛-庞蒂则走向了身体哲学。这与他们接受了不同的胡塞尔的思想非常有关系："在梅洛-庞蒂看来，现象学的主要人物始终是胡塞尔。但这并不是萨特理解的那个胡塞尔，在萨特看来，《观念》一书是胡塞尔的主要著作。梅洛-庞蒂则认为，胡塞尔思想的最重要阶段是他的晚期阶段，特别是他死后发表的著作中所表述的那些思想。"①

萨特关注意识及其意向性，虽然他从胡塞尔强调的内在性走向了超越性，但始终没有摆脱纯粹意识；梅洛-庞蒂告诉我们的则是一种含混的身体意识（bodily consciousness），由此克服了超然意识。梅洛-庞蒂哲学的确以"含混"著称，许多哲学家和评论者或是否定或是肯定地谈到这一特色。他自己欣然接受了"含混性"（ambiquity）这一评价，到《行为的结构》于1949年再版时，他竟然把比利时哲学家瓦朗斯撰写的评论《一种含混的哲学》作为序言收入。事实上，他不仅承认自己哲学的含混性，而且为此进行了辩护。这里的含混并不是模棱两可，不是王顾左右而言他，它代表的是出现在诸多领域的辩证形态、辩证特征。

梅洛-庞蒂告诉我们，他不是在儿童说母亲是好母亲和坏母亲这种双重性思维意义上来谈含混的。"含混"不是"对同一对象拥有交替的两种

---

① 施皮格伯格. 现象学运动. 北京：商务印书馆，1995：739.

形象"，而是"强烈而真实地认为同一存在既是好的又是坏的"。当他说"含混"时，这并不是指"一种从白过渡到黑，肯定黑，然后又肯定白的不稳固思维"，他想说的是"一种区分事物的各种不同关系的思维"，是"使这些不同关系参与到对立面中去的内在运动"①。他认定，哲学家承认自己"不可分割地拥有对明证的喜好与对含混的意识"，当然，"当他满足于接受含混时，这被称为歧义"，而在"大哲学家"那里，"含混变成为主题"，它"有助于确立确定性而不是对此构成威胁"，关键是要区别"好的含混"与"坏的含混"，并因此放弃拥有绝对或者绝对知识的权利，因为"造就一个哲学家的是不停地从知识导向无知，又从无知导向知识的运动，以及在这一运动中的某种宁静"②。梅洛-庞蒂的含混哲学显然不认可分析哲学对精确性的要求，也完全超出笛卡尔对于清楚分明的追求。在他的哲学中，不仅立场、风格和方法表现出含混性，而且研究的全部对象或领域——世界、身体、行为、认知、社会、历史、语言等——也都是含混的。

二、从身体主体到世界之肉

梅洛-庞蒂哲学旨在扬弃以笛卡尔哲学为典型代表的主客、心身二元论，试图用身体主体来取代传统哲学的心灵主体或意识主体。这种身体主体被他称为第三维度，也就是说既不是传统意义上的心灵，也不是通常意义上的身体，而是两者的结合。他特别关注知觉，因为不是判断，而是知觉体现出人与世界的切身关系。他要求我们学会重新看世界，也就是说，我们一贯相信理智直观或理智洞察，现在的问题是回到原初知觉。科学是程式化的，只有知觉才会让我们领会到真正的世界。在他眼里，艺术尤其是绘画艺术明显优于科学。

梅洛-庞蒂的早期哲学无疑属于实存哲学或实存论；中期哲学可以说

---

① Merleau-Ponty. *Parcours Deux*, 1951~1961. Paris：Éditions Verdier，2000：340.

② 梅洛-庞蒂. *哲学赞词*. 北京：商务印书馆，2000：2.

是语言哲学和历史哲学，具有拓展和过渡的性质；晚期哲学则明显属于存在哲学或存在论。超越萨特的纯粹意识现象学，梅洛-庞蒂为人们展示的是一种身体现象学，尽管这在三个时期呈现出不同的形态，甚至有人认为他最终偏离了现象学。

早期的核心概念是身体和知觉，中期的核心概念是语言和他人，晚期的核心概念则是自然和肉（flesh）。从早期的角度看，人与世界的关系是一种知觉关系，知觉的主体是身体，知觉的对象则被称为被知觉世界。身体主体摆脱了意识主体的超然性，它与对象的关系也不再是客观的认知关系，身体与世界之间存在着相互作用，传统意义上的心身、主客二元论由此被扬弃了。由于不再维护纯粹意识主体，作为知觉主体的身体、被知觉世界以及把两者关联起来的知觉活动都是含混的，笛卡尔式的清楚分明的要求被抛到了一边。

梅洛-庞蒂哲学突出"在世界之中存在"的优先性，它包含了身体、语言、他人和世界四个重要的主题，涉及身体主体或本己身体、身体与语言、自我与他人、身体与世界等多重关系。这几重关系在早期著作《行为的结构》和《知觉现象学》中已经从总体上获得了充分的描述，后来的著作则侧重于从某一方面进行更好的发挥，甚至出现了一些重要的突破。需要优先提到他的《行为的结构》和《知觉现象学》。两者从根本上说是一致的。当然，后者比前者要完备得多、充分得多。前者虽然已经部分地引进了现象学方法，但心理学尤其是格式塔心理学的因素过多，使其哲学结论太过依赖于科学。后者完全是哲学的，虽然也大量借助心理学的材料，但明确提出了"现象学还原"就是"否认科学"① 这样看似极端的论断。

《行为的结构》的主要目标是清理传统，因此相对"消极"；虽然《知觉现象学》的重点是建构，但它依然包含着批判的内容，也因此包含"消极"的因素，尤其是就批判笛卡尔主义和康德主义而言，两书完全是一致的。从总体上看，《行为的结构》"把自身置于不是自然的而是科学

---

① Merleau-Ponty. Phénoménologie de la Perception. Paris：Éditions Gallimard，1997：ii.

的经验层次"，它利用科学经验来批判科学经验，或者说通过肯定一部分科学经验来否定另一部分科学经验，《知觉现象学》则建立在"自然或天然的经验"所描述的"介入意识"之上；尽管如此，后者已经被前者"所包含甚至强制要求"，所以后者的主题始终服从前者的主题，正因为如此，我们在研究和阅读这两本书的时候，从前者开始"更为可取"，我们不应该在"没有严格理由"的情况下"放弃这一顺序"①。两者的共同主题是知觉：《行为的结构》"从外部考察进行知觉的人，并寻求引出那些从陌生的旁观者的视点着手它的那些实验研究的有价值的意义"；《知觉现象学》则"置身于主体内部，为的是首先表明既有的知识如何促使我们构想它与它的身体、它的世界的各种关系，最终为的是概述一种使这些关系得以可能的关于意识和反思的理论"②。两部著作都关注身体与外部世界的关系，但前者在一定程度上受制于身体的被动性，后者更多地关注身体的主动性，即身体作为一个结构整体的优先地位。

　　就身体问题而言，梅洛-庞蒂在很大程度上延续了马塞尔的基本立场，用"我就是我的身体"取代了笛卡尔"我是心灵"且"我有一个身体"的姿态。康德关注的是纯粹意识主体或先验主体性，但主体发挥其认知功能需要借助一种图式。他把内感时间作为沟通感性质料和知性范畴的先验图式。梅洛-庞蒂要描述的是身体与世界的比认知更原始的知觉关系，这同样需要借助图式，因为"'身体图式'最终是表达我的身体在世界之中的一种方式"③。这是一种空间图式，是一种强调全面协调性的整体图式。这种图式体现出某种意向性，即身体意向性。这意味着，身体运动无须任何把意图和行动联系起来的中间步骤就可以实施。胡塞尔指出了通向描述地研究生活世界的道路，却没有能够懂得其意义，原因就在于未能认识到意识的意向性首先而且主要地是一种身体的意向性。知觉者是一个身体-

　　① 瓦朗斯. 一种含混的哲学//梅洛-庞蒂. 行为的结构. 北京：商务印书馆，2010：12-13.

　　② Merleau-Ponty. Parcours Deux, 1951~1961. Paris：Éditions Verdier, 2000：13.

　　③ Merleau-Ponty. Phénoménologie de la Perception. Paris：Éditions Gallimard, 1997：117.

主体，任何反思活动都建立在肉身化主体的身体经验基础之上。

身体现象学让人远离模式化地、量化地看待世界的方式，从而回到自己与世界的原初关系之中，而其知觉是这一关系的纽带。正是通过突出知觉的优先性，梅洛-庞蒂哲学才确立了身体的核心地位。这里的身体不再是与心灵相对的另一极，它既非单纯的主体，也非单纯的客体，而是主客统一体。这表明他以所谓的"介入意识"取代了超然于世界、超然于身体的"见证意识"。一方面，他要求克服经验论对于机械因果性的强调，否定身体就像物体那样处于必然的王国中；但在另一方面，他又拒绝理智主义对身体的观念化。理智主义认为思维原初地是一种逻辑运算，但在梅洛-庞蒂看来，正常人那里的活的思维并不是由纯粹的逻辑运算构成的，身体并不处在客观空间中。相反，身体空间性（spatiality of the body）具有针对外部空间性的优先地位。显然，重要的不是"位置的空间性"，而是"处境的空间性"①。由于我是身体-主体，我们既不能把我们的身体存在撇在后面，也不能抛弃我们的主体性。进而言之，身体存在不是单纯的物理事实，主体性也并非单纯的透明意识。我们不是物质和精神的一种外在的联合，而是某种第三类型的存在。其实，通常意义上的客体也可能成为这样的第三类型的存在，最著名的例子就是"盲人的手杖"。梅洛-庞蒂表示："盲人的手杖对盲人来说不再是一个客体，它对他来说不再被知觉，它的末端变成了有感觉能力的区域，它扩大了触觉作用的规模和范围，它变成了目光的相似物。"②

经验主义和理智主义在它们的分析中都预先假定了一个现存的世界，都带有"世界的成见"③，并因此都忘记了知觉主体。经验主义者把知觉看作发生在世界中的诸事件中的一种，其场所是知觉者。在研究构成其发生的感觉时，经验主义采取一种非人格的态度，据此完全忽略了这一事实：即使是在他对知觉本身的研究中，他也经历知觉，他是知觉主体。这种把知觉降格为客观世界中的一个事实的超然态度，没有能够认识到知觉

---

① Merleau-Ponty. Phénoménologie de la Perception. Paris：Éditions Gallimard，1997：116.

② 同①167.

③ 同①65.

相反地对于我们来说是存在着任何事实的条件。当然，否定机械的因果论并不因此走向活力论，外部环境也扮演着某种角色："我们不想说，对活生生的身体的分析在某些不可还原的生命力中遇到了一种限制。我们只想说，一个机体的各种反应，只有当我们不是把它们设想为在某一身体中展开的肌肉收缩，而是理解为针对当下或潜在的特定环境的各种活动（捕捉猎物、走向目标、远离危险的活动）时，才是可以理解和可以预测的。"① 经验主义者显然没有为意识留下任何空间。另外，理智主义使一切东西都服从于一种普遍的构成意识，康德的知性为自然立法就是这种倾向的最好表达。

从梅洛-庞蒂中期的思想来看，语言和文化不过是知觉经验的升华形式，历史不过是我的知觉经验和他人的知觉经验的沉淀，正因为如此，哪怕是最抽象的理论或最形式化的算式，都有其知觉基础，也因此可以还原到身体经验，还原到人以身体而不是以意识的方式与世界产生联系的原初状态。很显然，关于语言、历史和他人问题的思考并没有偏离身体哲学，而是拓展和例证了身体哲学。

梅洛-庞蒂晚期用"肉"这一概念取代"身体"，试图在一种更原始的要素中探讨主与客、心与身、人与世界、物质与精神等的统一。他在《可见者与不可见者》中启用了"野性存在""野性精神""可逆性""交织""绽裂"等术语。他表示，"肉不是物质，不是精神，不是实体"，可以用"元素"这一旧有的用词来界定它，它"处在时空个体和观念的中途"；这种元素并不表现为某种固定的、不变的实体，"纯粹事物的存在模式不过是其部分的、派生的表达"②。较之于身体，肉更加克服了实体的限定，更加体现了活动性或生命活力，把精神的物化和身体的灵化的双向进程或可逆进程更生动地展示出来，而且似乎带有神秘色彩：既体现了含混性，又表明了自然的返魅。这显然是为了克服其早期和中期思想中还残存的意识哲学倾向，克服身体主体的中心地位导致的新的主客二分姿态。

---

① 梅洛-庞蒂. 行为的结构. 北京：商务印书馆，2010：228.

② Merleau-Ponty. Le Visible et l'Invisible：Suivi de notes de travail. Paris：Éditions Gallimard，1997：184.

真正说来，这意味着把本己身体的实存论意义上的主要特征提升到了存在论的层次上。当然，这不是从"万物皆备于我"的角度而是从我或者说我的身体融入万物之中的角度来说的。正因为如此，在晚期著作中出现身体之肉、语言之肉、历史之肉和世界之肉等表述就不奇怪了。从根本上说，早期和中期思想围绕人的实存展开，在后期，就像海德格尔的存在哲学一样，梅洛-庞蒂试图确立人的实存的存在论基础，也因此把人的实存作为存在的特例，而整个宇宙在他眼里充满了生命活力，因为它是由肉构成的。由于笛卡尔的普遍数理模式和康德的知性为自然立法学说，自然被祛魅了，梅洛-庞蒂后期学说走向的则是自然的复魅或返魅。海德格尔的技术反思、诗意思维以及"天地神人"游戏学说，柏格森关于绵延和生命冲动的思想无疑给予梅洛-庞蒂整个哲学尤其是其后期哲学以充分的灵感和丰富的资源。

三、语言问题与他人问题

（一）语言问题

梅洛-庞蒂哲学在现象学的语言学转向中，甚至在整个西方哲学的语言学转向中具有重要地位。在胡塞尔、舍勒、海德格尔和萨特以及后来的主要现象学家中，他是第一个明确提出语言现象学的哲学家。他在 20 世纪 40 年代末 50 年代初的最主要的工作就表现在关于语言问题的教学和研究中，他通过引进索绪尔的结构语言学来拓展现象学的地盘，把他在《知觉现象学》中关于身体语言的研究拓展到一般语言中。他重点关注的是散文语言及其诗意维度。他对索绪尔的引进和列维-斯特劳斯对雅各布森（Jackboson R，1896—1982）的引进引发了法国的结构主义思潮。梅洛-庞蒂从胡塞尔那里寻找原始的资源，同时又借助索绪尔的理论来建立自己的语言现象学。由于开阔的视野和开放的心态，他可以游刃有余地运用结构分析方法和现象学描述方法，使得其哲学不仅在现象学运动中代表了语言学转向，而且对于结构主义运动也有重大意义。

梅洛-庞蒂最初关注的是身体表达，这意味着知觉经验的直接性。他在中期关注文学表达或艺术表达对于科学表达的优先地位，两者都是知觉经验的升华，但前者比后者更接近知觉经验，从而意味着在介入的同时体现自由：处境中的自由，而非超然的自由。梅洛-庞蒂认定，"在文学领域更容易证明：语言并非是在完全清楚明白中自我拥有的思想的一种简单外衣"①。他承认语言具有表象功能，但它同时体现出创造性，这意味着在散文语言和诗歌语言之间进行区分，或者说要把伟大的散文与平庸的散文区别开来："平庸的散文局限于借助习惯性的符号来探讨已经置入到文化中的含义。伟大的散文乃是获取一种到现在为止尚未被客观化的意义、并使它能为说同一语言的所有人理解的艺术。"② 诗歌语言是完全自主自足的，它是具有自身密度的王国；平庸的散文语言是被动写实的，它是没有任何自身价值的透明工具；而伟大的散文语言介于两者之间，既摆脱了平庸的散文语言的完全被动性、单纯工具性，也克服了诗歌语言的不及物性、无根性。真正说来，梅格-庞蒂要发掘散文语言的诗意维度，从而在坚实的基础上进行创造，在具体处境中获得自由。他显然超越于形式主义与现实主义（realism）的二元姿态，在身体经验基础上构思自己的语言哲学，从而把现象学推进到了一个新的阶段。

我们必须明确语言的身体性（corporeality）。语言不是简单的工具，它不是把我们与事物相隔离的中介，而是把我们带入了与事物的直接关系中。按照梅洛-庞蒂的看法，一切表达的基础是知觉，而知觉本身已经是一种原始的表达，"任何知觉，任何以知觉为前提的行动，简而言之我们的身体的任何使用就已经是原始的表达……知觉把一种意义置入到不具有意义的东西之中，它于是远远没有被耗尽在它所诞生的那一时刻中，相反，它开放了一个领域，开启了一种秩序，确立了一种制度或一种传统"③。我的身体是表达现象的场所，或毋宁说是表达现象的现实性本身。各种感觉相互蕴含，或者说形成一种联觉，它们共同构成原初的表达，它们的表达价值确立了被知觉世界的前述谓的统一，并通过这种统一确立了言语表达和理智含义。显然，身体经验是更为原始的结构，口头语言不具

① 梅洛-庞蒂. 世界的散文. 北京：商务印书馆，2005：7.
② 同①8.
③ Merleau-Ponty. Phénoménologie de la Perception. Paris：Éditions Gallimard, 1997：110-111.

有对于身体姿态的优先地位，文字符号尤其只有派生的地位。简而言之，"正是身体在表现，正是身体在说话"①。

　　语言当然与意义联系在一起，但不存在有待于我们去表达的静态的客观意义，意义源于我们的在世行为或者活动。命名对象就是使对象存在或者改变它：神通过命名存在者而创造它们，巫术通过说出存在者而作用于它们。有人会问："如果语言不表达思想，那么它表达什么？"梅洛-庞蒂回答说："它表达主体在其含义世界中采取的立场，或毋宁说，语言就是采取立场本身。"② 我们必须在言语的概念意义之下发现实存意义，而这种实存意义并不仅仅被言语所表达，它栖息于言语之中且与之不可分离。严格地说，言语活动就是实存活动的一部分。所以，词与它引起的态度并没有什么不同，我们就像对一个人那样对词产生行为，"这些词一被给出，行为随即产生"③。我们似乎是在以言行事。不存在严格的约定符号，不存在关于纯粹而自明的思想的单纯标记，语言并不透明。但是，符号也不是自然的，原因在于知觉现象学强调的并不是生理意义上的身体。尽管梅洛-庞蒂并不否定作为制度的语言，但他更为关注实际运作中的言语，他要求回到活的语言。

　　语言在梅洛-庞蒂那里有着含混的定位。就文学表达而言，语言的"活的"使用同时超越于形式主义和"主题"文学④。也就是说，它既不沉溺于风格或纯粹形式，又不局限于思想的如实表象。当然，在结构分析的形式主义倾向尚未占据主流的情形下，他把批判的矛头主要指向语言充分表达思想这种类似主题文学的倾向，否认有绝对清楚明白的表达，理想语言根本就不存在。语言的理想状态意味着人与人之间的纯粹的精神沟通，或者说纯粹的思想交流，语言因此在交流中自行消失。梅洛-庞蒂把这种理想状态看作纯粹语言的幻象，即把语言透明地表象思想这一想法看作一种客观主义幻觉。这无疑把批判的矛头指向了分析哲学的人工语言构

---

　　①　Merleau-Ponty. Phénoménologie de la Perception. Paris：Éditions Gallimard，1997：230.

　　②　同①225.

　　③　同①272.

　　④　梅洛-庞蒂. 世界的散文. 北京：商务印书馆，2005：126.

想，同时也否认了胡塞尔早期的纯粹逻辑语言观。

（二）他人问题

梅洛-庞蒂让"活的身体"占据了早期现代哲学以及胡塞尔哲学被纯粹意识占据的地位，用身体意向性取代了意识意向性，以身体主体取代了意识主体，从而在身心交融的身体中扬弃了心身二元论。在谈论他人问题的时候，他人既是精神又是身体，我们不能把两者分开："他人因此不处于事物之中，他不处于他的身体之中，而且他不是我。我们不能将他置于任何地方，实际上我们既不能将他置于在己、也不能将他置于为己（这是自我）的任何地方。"① 由于强调心灵的肉身化（embodiment/incarnation）和身体的灵性化（animation），梅洛-庞蒂简化了胡塞尔在他人问题上的类比论证，并因此避免了由外在身体向内在意识过渡这一难题。胡塞尔通过现象学还原回到意识内部，他所说的先验自我则是所谓的单子。但他设定他人意识来保证认识的客观性。问题是，他人意识是我的意识之对象吗？他人的身体显然是我的认识对象，要么对我直接显现，要么向我间接共现，而他人意识或许可以间接共现，但永远不可能直接显现。它在他人身体的内部，因此我只能从我是生理心理的统一体类推出他人的身体之内有一个意识，就像鞋子成对出现一样。萨特认为类比论证存在着我的身体和他人的身体双重屏障，因此要通达他人的意识是不可能的。梅洛-庞蒂否定心身二分，也因此就避开了类推及其难题。

要理解梅洛-庞蒂关于他人问题的具体展开，"身体图式"（body schema）是一个非常重要的概念。依照他本人的观点，在儿童形成身体图式的同时，对他人的知觉也形成了。身体图式代表的是身体的整体结构，意味着身体器官之间的协调性和相互性。现在的问题是，应该把这种关系推广到身体间去。在我的右手触摸左手的情形中，前者是主动者、触摸者，后者是被动者、被触摸者，仿佛一个是主体，一个是客体。然而，真正说来，在这种触摸过程中会产生某种转换：左手实际上也在触摸，而右手则成了被触摸者。于是，两只手都成为主动—被动者，触摸—被触摸者，主体—客体。进而言之，我的右手握着左手与我的手握着别人的手并没有根

① 梅洛-庞蒂. 世界的散文. 北京：商务印书馆，2005：153-154.

本的不同，这是因为，当我握着他人之手时，我同样可以依据触摸—被触摸者的模式来进行领会："我的双手'共现'或者'共存'，因为它们是同一身体的两只手：他人作为这一共现的延伸而出现，他和我就像是单一的身体间性的器官。"① 这种共现、共存的说法，完全源自对胡塞尔的类比论证的创造性解读。

我的身体奠定了我所知觉到的对象的统一，然而他人的身体却不服从这一统一，因为它也要求为这种统一奠基。如此一来，对象就有了主体间性，即身体间性。换言之，梅洛-庞蒂用身体间性来取代胡塞尔的意识间性，以便保证对象的客观性和统一性。但我们如何能够绕开萨特颇感棘手的身体屏障呢？梅洛-庞蒂这样表示：在胡塞尔那里，"不存在为了一个精神构造一个精神，而是为了一个人构造一个人"，我们"通过可见的身体的独特的说服效果，设身处地由身体通向精神"②。这就把胡塞尔关于他人意识的问题，整个地转变成了他人身体的问题，将意识意向性转变成了一种全面意向性、一种身心统一的含混意向性。

梅洛-庞蒂实际上采取了某种回避困难的方式来解决他人问题，但他自己非常清楚，以身体知觉取代纯粹意识并不能摆脱胡塞尔单子意识面临的唯我论困境。比如说，我根据他人的行为、他人的面部表情、他人的双手动作知觉到他人的悲伤和愤怒，而不用借助痛苦或愤怒的内在经验；但是，最终说来，"他人的行为甚至他人的言语都不是他人"，因为"他人的悲伤和他的愤怒于他和于我从来都不具有完全相同的意义"，对他来说，"它们是经历到的处境"，对于我来说，"它们是共现的处境"③。所以，与萨特认为的单凭注视就足以证明他人存在，从而消除唯我论困境的主张不同，梅洛-庞蒂不得不承认：唯我论是一种存在的真理。于是，问题不是被克服了，而是被转移了，不需要证明他人的存在，关键在于如何对待我与他人的存在关系。应该强调自我与他人之间的相互性，从认识论立场转向存在论立场。这就把他人问题引向了两条线路：分别从"文化"

① 梅洛-庞蒂. 哲学赞词. 北京：商务印书馆，2000：153-154.

② 同①154-155.

③ Merleau-Ponty. Phénoménologie de la Perception. Paris：Éditions Gallimard，1997：409.

和"自然"的角度来展开身体间性。前者旨在表明身体间性的社会形态，涉及我与他人在文化世界中的共在问题；后者旨在为身体间性提供一种本体论基础，旨在表明人在文化世界中的共在最终源于人与自然的共生。

在中期哲学中，梅洛-庞蒂试图通过把知觉和身体意向性的直接性升华为文化世界中的交流和沟通来淡化以我的身体意向性为核心所具有的唯我论色彩。按照他的意思，文化世界（科学、艺术、哲学等）实为意义世界，而意义隐约地显露在我的各种经验的交汇处，显露在我的经验与别人的经验的交汇处。文化虽然没有脱离知觉基础，但它能够更为有效地证明人的社会性："我"必定受制于集体无意识，"我"不是文化的有意识的创造者，而是其无意识的传承者。我们生活在文化或文明世界中，实际上就是生活在由人的行为无意识地烙下印迹的世界中，我们周围的每一物体都散发出一种人性的气息。不管在科学、艺术还是在哲学中，虽说"我"都力图塑造他人而不是追随他人，但最终要求的却是实现普遍规范性与个体创造性的统一。

在晚期哲学中，梅洛-庞蒂试图寻找一切的存在论基础，借以淡化唯我论困境。从根本上说，整个世界都是身体，世界就是"肉"。也就是说，世界是与我的身体及别的身体具有相同性质的东西，因此构成身体间性的基质。"肉"无非要传达这样的意思：世界是"活"的。它当然是被知觉的东西，同时也是进行知觉的东西，它是物性和灵性的结合。我的两只手之间、两只眼睛之间、两只耳朵之间能够彼此协同地面对同一个世界，我的身体与别的身体也同样协同地面对一个共同世界，这是因为它们都属于"世界之肉"。如此一来，他人问题被取消了。

梅洛-庞蒂关于语言的定性大体上处在传统的表象语言观与结构—后结构主义的自足语言观之间。语言无论如何与身体经验联系在一起，是我现在的经验与过去的经验、我的经验与他人的经验之间的桥梁，是一座浮动的而非静态的桥梁。正因为如此，语言问题既与身体主体问题相关，也与他人问题相关。但这一切都意味着超然的、非历史的意识主体退位了，处境意识就是一种历史意识，身体主体问题、他人问题和语言问题于是全都可以被纳入历史问题之内。如此说来，梅洛-庞蒂围绕马克思主义与自由主义之争而展开的历史哲学完全可以在身体问题、他人问题和语言问题中获得体现，他和萨特的政治分歧大体上反映了他们在上述问题上的原则区别。

第四节　身体现象学的多维度拓展

梅洛-庞蒂于 1961 年去世，这具有非常明显的象征意义："3H"一代哲学家开始黯然退出法国哲学的中心舞台。在第二年，列维-斯特劳斯发表的《野性的思维》正式宣告了结构主义对实存主义的取代。然而，法国现象学并没有完全退出历史舞台，它虽然要经历一段相当暗淡的时期，但始终在顽强地展示其生命力。我们在本节中简单地介绍三位著名的法国现象学家。他们中的两位在"3H"时代已经有所表现，但在所谓的"3M"时代［即法国哲学界受马克思、尼采和弗洛伊德（Freud S，1856—1939）这三位怀疑大师绝对影响的时代］才完整地提出他们的主要思想：列维纳斯及其伦理现象学（现象学伦理学或伦理学现象学），利科及其解释现象学（现象学解释学或解释学现象学）。第三位是亨利，他在"3M"时代展开了他自己别具特色的身体现象学，在综合的时代则提出了所谓的物质现象学，我们在本节中先简单地评介其身体现象学思想。

一、列维纳斯与身体现象学的伦理维度

列维纳斯是一位出生在立陶宛，在那里接受中学教育，之后在法国接受大学教育、取得博士学位并加入法国籍的犹太哲学家。他不仅在引进德国现象学的过程中扮演了最重要的角色，而且形成了自己别具一格的他者现象学（phenomenology of the other），即一种以他人问题为主题的伦理现象学。在他人或他者问题上，列维纳斯从现象学出发，但又与其他现象学家形成了鲜明的对照。通过融通来自希腊文明和希伯来文明的双重灵感，通过批判反思现象学的他人学说以及某些结构—后结构主义的他者理论，列维纳斯形成了自己关于他人问题的独特看法，一种作为形而上学的伦理学观点：超越各种关于他人问题的相对他性主张，他把他者推进到现象学探究的中心位置并力主他人的绝对他性（absolute otherness）地位。他的

主要著作有：《胡塞尔现象学中的直观概念》《和胡塞尔、海德格尔一道发现实存》《从实存到实存者》《时间与他者》《整体与无限》《别于存在或存在事件之外》《来到观念中的神》等。

列维纳斯曾经到弗莱堡大学听过胡塞尔退休前的最后一学期课程和海德格尔就任教授后的第一学期课程；他促成胡塞尔在巴黎进行了关于"笛卡尔式的沉思"的著名学术演讲；他的博士学位论文以胡塞尔现象学为选题，通过答辩后，该论文作为法国第一部评介胡塞尔的专著出版。萨特从同学阿隆（Aron R，1905—1983）那里第一次知道了"现象学"的名字，通过激动地阅读完列维纳斯这部著作才真正知道了什么是现象学。列维纳斯也是法国第一篇系统评介海德格尔思想的论文的作者。列维纳斯对胡塞尔和海德格尔的评介带有明显的选择性和倾向性，主要表现为对胡塞尔哲学进行一种海德格尔式的解读，从而引领了法国现象学运动的实存论指向，导致意识现象学很自然地逐步过渡到身体现象学。他后来对两位老师的思想都产生了怀疑：他批判海德格尔的现象学存在论，连带批判他认为与之一致的胡塞尔的现象学认识论，进而批判整个存在论传统。他否定海德格尔对于存在的迷恋，认为他曾经的这位老师主张的是一种中性的、没有道德的存在论，与此相应，法国现象学家们主张的则是一种中性的、没有道德的实存论。

在列维纳斯眼里，胡塞尔的意识论现象学、海德格尔的存在论现象学、萨特和梅洛-庞蒂等人的实存论现象学都没有摆脱理性主义传统以理论哲学为导向的唯我论特征。他这样表示："把一切并入它的普遍性中，理性本身处在孤独之中。唯我论既不是一种谬论也不是一种诡辩：这乃是理性的结构本身。"① 理性代表的正是中性的、抽象的、无人称的存在。列维纳斯本人的建设性的工作发端于"3H"时代，但到了"3M"时代才得以深化，只是在"3M"时代之后的多元综合时代才产生重要的影响。在他自己的哲学中，身体、实存和存在依然是非常重要的概念，但他明确要求克服抽象化和中性化，要求定位存在或实存，也就是要从存在回到存在者，从实存回到实存者。在处境化的、身心统一的自我的基础上，以开

---

① Lévinas. Le Temps et l'Autre. Paris：PUF，1983：48.

放的姿态走向他人，走向社会。时间代表的不是内在孤独，而是外在超越。必须从超越的他性来审视内在的自身性，为他必定优先于为己。当然，列维纳斯并不因此就走到现象学之外了，他的目标是要确立一种"他者现象学"，要从实存论现象学的中性哲学过渡到他所说的道德哲学。

在列维纳斯的描述中，"没有存在者的存在"或者说"没有实存者的实存"（existence without existents）是一种"纯有"（there is, il y a），个体（不管我还是他）完全消融在无边的、抽象的整体存在中。海德格尔从正面看待纯有，视其为一种富足和充实状态。列维纳斯却批判性地把纯有理解为一种无人称、无意义的"它"。他对这一主题的思考源自童年记忆，真正说来与其集中营经历有关。儿童独自睡觉，大人们还在操持生计，儿童感觉到自己卧室的寂静"在沙沙作响"。这是一种"空即满"或"寂静即噪音"的既非有也非无、既非存在也非虚无的一般存在状态，是某种让人透不过气来的梦魇。

海德格尔哲学强调虚无或可能的存在，但最终肯定的却是实存的充实。列维纳斯写道："我们仍然可以从海德格尔那里找到这种从虚无向实存的转变。海德格尔式的虚无仍然有一种活动和存在：无在无着。它并不处于宁静中。在虚无的这种产生中，虚无肯定自身。"① 虚无化并不是一种否定，相反，它是对实存的绝对肯定。列维纳斯为此对疲惫、懒惰和努力进行了现象学分析，描述人是如何受制于纯有的。真正说来，海德格尔哲学表现为对"存在之恶"，即存在的不足的焦虑。但在列维纳斯的批评中，实存的悲剧并不在于存在的不足，而在于存在的太过充实。存在甚至充实到了没有出口的地步，成了无法逃避的命运，就连自杀也是无用的。

列维纳斯要求摆脱这种一般存在状态，回到存在者，这意味着处境化，意味着身体的重要性。在纯有状态中，人被消融在一般性中，不需要承担任何责任；回到存在者或实存者则意味着自我无法摆脱地回归自身，意味着自己承担自己，意味着针对自身而言的自由与责任："一个自由的

---

① 　Lévinas. Le Temps et l'Autre. Paris：PUF, 1983：28.

存在已经不再是自由的，因为它对它自身负责任。"① 这个负责的存在者是精神与身体的统一，而不是纯粹的意识。在他看来，"我不是作为一种精神、一种微笑或一阵吹来的风而实存着，我并不是没有责任"，于是应该从"物质性"，也就是从"自我与自身关系的具体事件"出发来"理解身体"，存在论关系"不是一些非肉身化的关联"，自我与自身的关系"不是精神对它自身的一种无损的反思"，它乃是"人的全部物质性"，换言之，"自我的自由及其物质性""合为一体"②。

这里的物质性概念当然有别于唯物主义的理解，但却承认了身体的地位，并因此维护了个体的自主、自足性。他在这里引出了"享用"（enjoyment）的概念。不管在海德格尔和胡塞尔那里还是在传统哲学那里，真正重要的概念是表象，这意味着对世界中的存在者采取一种客观的、认识的立场，也可以说是在思想中、观念中占有存在者。由于重视身体，我们与世界产生了实质性的关系，要么我享用来自自然的食物，要么被自然吞没。这当然是指人的"自然状态"，劳动和定居改变了这种状态，我们既享用劳动的果实，又愉悦或痛苦地享用劳动本身，从而避免了完全受制于自然的偶然性。享用并不排斥表象，相反，任何享用都包含表象。劳动让我们有了家，也因此可以更好地实存，但是，仅仅停留在这一步是不够的，我们还必须打开家门，迎接他人。

强调他人及其他性并不意味着取消主体或个体，因为唯有主体才能够承担起对他者的责任。他人并不是一个无论什么样的其他自我，而是具有绝对他性的自我："他人作为他人并不只是一个其他的自我。他是我所不是者：他是弱者而我是强者；他是穷人；他是'寡妇和孤儿'。"③ 这意味着主体间的关系不是相互的，我对他人负责，但并不因此要求他人对我负责。列维纳斯最初面临的是我的存在与他人的存在之间的关系问题，他想告诉我们的是：我存在，但我走出我的存在，并因此通向他人的存在。如此一来，他并没有否定存在，他只是关注存在的外在性而不是存在的内

---

① Lévinas. Le Temps et l'Autre. Paris：PUF，1983：36.

② 同①37－38.

③ Lévinas. De l'Existence à l'Existant. Paris：J. Vrin，1993：162.

在性。正因为如此，他在其著作中还借助存在论的词汇，但没有考虑到单向责任的片面性。在"3M"时代，他突出地强调所谓的"别于存在"（otherwise than being）或者"本质之外"（beyond essence）。不仅不谈存在，非存在也不被谈。他突出的是"进入存在的他者，别于存在，不是别样地存在，而是别于存在，也不是不再存在"①。这意味着在我与他人之间确立一种公正无私的（dés-inter-essée）关系。事实上，"公正无私"这个词就是由"走出""内在""存在"三个部分构成的。

　　传统哲学是存在论，同时也是一种权利哲学，始终维护自我的权利，自由先于正义。当然，列维纳斯并不是要让自我完全放弃存在及其权利。在他看来，"家"虽然代表了利己主义，但它同时也是走向他人的起点。事实上，家中的女人既代表了亲密关系，又意味着绝对他性，并因此导致了新的关系的出现，为走向超越提供了基础。动物可能完全受制于需求（need）或者说享用，人却会突破需求，走向欲求（desire）：一种形而上学的欲求。需求是因为欠缺，欲求则是由于满溢。我在需求中吞并实在，同化他者，为的是满足自己；而在欲求中，我不会吞并实在，也无所谓满足。欲求不是索取而是被索取，而且是永远无法满足的："形而上学欲求有一种不同的意向，它欲求一切能够单纯补全它的东西之外的东西。它就像善——被欲求者不能够填满它，而是掏空它。"② 如此一来，作为我的利己主义堡垒的家，同时也是与他人的形而上学关系之起点："我欢迎他人，为他打开我的房子，他出现在我的房子中。"③ 需要以"我"为转移，欲求则体现出"他"的中心地位。

　　列维纳斯的一个重要命题就是"形而上学先于存在论"④，而"形而上学在各种伦理关系中演示自己"⑤。存在论强调自我的自发性，把他者纳入同一中，承诺的是追求同一性的自由，不承认自我要受他者的约束。

---

① Lévinas. Autrement Qu'Être ou au-delà de l'Essence. Paris：Kluwer Academic，2006：13-14.

② Lévinas. Totalité et Infini. Paris：Kluwer Academic，2006：22.

③ 同②185.

④ 同②12.

⑤ 同②51.

他人的出现质疑这种自发性，这就导向了所谓的伦理。列维纳斯批判胡塞尔的意向性概念。认知指向的是同一而不是差异，而认知意向性关系就是与我们要同化和合并的东西之间、与我们要悬置其差异性或他性的东西之间、与使之变成内在的东西之间的关系。我们始终停留在我思的孤独中，没有也无法考虑到他人的他性和外在性，更不会承认其他东西的他性和外在性。认识就像一束光，凡是被它照亮了的事物，都在其光晕之下失去了自身的价值和意义。在认知关系中，所有的东西都变成了被占有者，或潜在地是被占有者。列维纳斯把他人表述为一种"无限"（infinity），而"无限"是不能够被整合到我思之中的，或者说无限是对立于整体（totality）的。这是他从笛卡尔把神视为无限这一想法中获得的灵感。问题的关键是承认他人的绝对他性，他人就是神，由此体现出了"我"的被动性。

唯有伦理主体才具有被动性。在这里，他人的面孔（face）成为关注的中心。面孔表明的是无限，它不是认知对象，而是某种象征。它不是某种无人格的中性的揭示，而是某种表达，某种伦理的表达。面孔具有两个方面的含义。一方面它是赤裸的、赤贫的、脆弱的，容易受到暴力的威胁，它发出的是悲鸣和呼救，向我们直接宣布了他人的可怜处境：面孔朝向我，这乃是它的赤裸本身。它通过它自身而在，绝对不诉诸任何遮掩。另一方面它是一种以柔克刚的力量，它是一种禁止我们去杀戮的力量，是一种要求、一种命令。他人的面孔是赤贫的、赤裸的，他请求我帮助他，他命令我帮助他。列维纳斯告诉我们，不要说我什么都没有，我是富有者，而别人是穷人。他人是我应该把一切都给予他、我应该对他完全负责的人。我作为主体，就是听从呼唤并寻找办法的人。

无论他人是呼救者（被钉在十字架上的耶稣基督）还是命令者（超越的神），主体都应该"倾听"并"回应"他，而不是"审视"或"注视"他。如此一来，视觉中心论失去了主导地位。作为话语的面孔同时表达了他人的可怜和高傲，也就是说，可怜者既向我们发出了提供帮助的呼唤，同时也在高处向我们发布了道德命令，我们无论如何要担负起责任来，必须以"我来了！"做出回应。有学者担心，他人可能会以暴力、仇恨和蔑视的形式出现。列维纳斯表示，尽管会出现这种情况，但他对面孔所做的分析——他人的主宰和他人的贫穷，我的服从和我的富足——乃是第一位的。他甚至认为，为了让点缀着大地的一点点人性不被埋藏起来，主体性的被动性是必要的。无论如何主体追求的不是自由而是责任，不是对自己负责而是对他人负责。在主体离心化的喧嚣中，列维纳斯仍然具有人道主义关怀，但这是一种为他人的人道主义。

二、利科与身体现象学的解释维度

利科是法国著名的现象学哲学家、解释学家。他的代表性专著有《意志哲学》《论解释》《隐喻的规则》《时间与叙事》《作为他者的自己本身》等，他的重要思想还体现在《历史与真理》《解释的冲突》《从文本到行动》等论文集中。利科早年深受黑格尔和胡塞尔的现象学、马塞尔和雅斯贝尔斯的实存主义以及索绪尔的结构语言学的影响，后来把兴趣转向海德格尔和伽达默尔的哲学解释学，他对英美分析哲学也进行了广泛的研究，同时还接受了宗教现象学以及精神分析学说的影响，最终为我们提供的是一种具有包容性的现象学解释学或者说解释学现象学。解释学无疑围绕语言问题展开。梅洛-庞蒂的语言现象学主要围绕身体经验或身体知觉的升华形式为我们揭示了言语表达在其物质性与观念性之间的张力，他不赞成意识现象学的语言表象理论，但并没有因此倒向结构语言学的语言自足性主张。利科尽管最终要求回到说话主体及其处境意识，但他更加弱化了语言的表象功能，进一步拓展了对于语言的自主性和自足性的研究，并因此较多地接受了某些来自结构主义和后结构主义的主张。

利科认为，现象学与解释学是互相依赖的，根本无法截然区分。哲学解释学应当具有普遍的意义，正因为如此，它不仅要有存在论基础，而且应该重视方法论和认识论。真正说来，应该将存在论、认识论和方法论统一起来，哲学人类学则是统一的纽带。他认为海德格尔越过认识论而直接建立存在论解释学的做法走了"捷径"，而他自己打算走一条"迂回的道路"。这条道路很好地代表了他在不同时期的不同关切，但万变不离其宗。他的学术起点是意志哲学（philosophy of will）或意志现象学（phenomenology of will），其旨趣与实存现象学或身体现象学大体上是一致的。

这一方面的代表作是作为其博士学位论文的《意志哲学》第一部分"自愿与非自愿",主要关注本己身体及其经验。时隔十年才发表的《意志哲学》第二部分"有限与有罪"主要涉及宇宙象征的解释学,《解释:论弗洛伊德》涉及梦象征的解释学,《活的隐喻》和《时间与叙事》三卷本不严格地说重点涉及诗意象征的解释学。这三类象征解释学分别重点针对宗教现象学、精神分析学和结构—后结构主义的相关工作,但往往在相互对照中展开评述,精神主义以及新黑格尔主义视域中的《精神现象学》在其间扮演着重要的角色。它们都没有真正撇开意志现象学对本己身体的强调。

利科的解释学主要是文本解释学(hermeneutics of the text),而文本解释学的背后支撑是自身解释学(hermeneutics of the self)。他在《作为他者的自己本身》中用自身解释学来总结其全部思想无疑表明了这一点。这种关于在自己与自己、自己与他人的他性关系中向自身回归的解释学姿态既具有存在论的意义,同时也意味着伦理和政治的关怀。他这样表示:"如果说梅洛-庞蒂创立的是'知觉现象学',那么我试图创建行动和情感的现象学,它探寻并通向政治哲学。"① 无论如何,利科的上述工作都没有摆脱现象学起点,同时把海德格尔的领会的存在论视为基础和归宿。虽然有象征解释学、文本解释学和自身解释学等名目,利科的哲学毕竟是现象学解释学或解释学现象学,它始终摆脱不了现象学的暗中主宰。按照他在 20 世纪 60 年代末期的一个说法,他的目标"是要通过人们所说的把解释学问题嫁接到现象学方法上去,来探索通向当代哲学的诸道路"②。而在 80 年代,他又总结性地用三个特点来刻画他所依靠的传统:"它处在一种反思哲学的路线上,它保持在胡塞尔的现象学的范围内,它希望作为这一现象学的一种解释学变种。"③

利科要实现反思哲学、胡塞尔式的现象学和海德格尔以来的哲学解释学的统一,尽管彼此之间不乏极度的张力。无论如何,经过现象学改造和

---

① 杜小真. 利科北大讲演录. 北京:北京大学出版社,2000:70.

② Ricoeur. Le Conflict des Interprétations. Paris:Éditions du Seuil,1969:7.

③ Ricoeur. Du Texte à Action. Paris:Éditions du Seuil,1986:25.

解释学转换，通过对黑格尔《精神现象学》进行精神主义的曲解，从笛卡尔至康德和费希特的早期现代反思哲学已经偏离了意识哲学和理论哲学的传统，转向了实存哲学和实践哲学。利科在身体问题上的立场与梅洛-庞蒂基本上是一致的，他们都强调了本己身体的优先性，从而确立了作为身心统一体的身体主体：既否定纯粹意识主体，又不至于像结构主义和后现代主义那样主张主体的终结。按照他自己的说法："伴随非自愿，身体及其一系列困难上场了。"①

利科描述自愿与非自愿的关系，实际上就是通达对我思的一种整合的经验，就是要否定笛卡尔意义上的纯粹我思和康德意义上的先验统觉，主张理性与非理性、意识与无意识、理智与情感、身体与心灵的统一。根据利科的解读，笛卡尔在《第一哲学沉思集》中"通过让心灵求助于反思、身体求助于几何学"造成了"知性二元论"，但在《心灵的激情》和《致伊丽莎白公主的信》中可以看出，在这位具有先验主义倾向的哲学家那里包含着"必须把心灵和身体设想成一个唯一的东西，同时把它们设想成两个东西"这一矛盾②。利科显然要求实现身心统一，这只能通过"整合的我思"而不是"分裂的我思"表现出来："我思的重新获得必须是整体的，我们正是在我思内部本身中必须找到它所滋养的身体与非自愿。我思的整合经验包含我欲求，我愿意，我体验，在更一般的方式上，作为身体的实存。一种共同的主体性奠基了自愿与非自愿结构的同质性。"③

三、亨利与身体现象学的生命维度

亨利是法国著名的哲学家，大体上介于法国第二代和第三代现象学家之间，他延续了身体现象学，同时又开启了物质现象学（material phenomenology）。萨特维护意识哲学，但显然拒绝胡塞尔以及传统哲学所说的

---

① Ricoeur. Philosophie de la Volonté 1：Le volontaire et l'involontaire. Paris：Éditions Points，2009：25.

② 同①26.

③ 同①27.

先验意识和先验自我；梅洛-庞蒂和利科因为主张身体哲学，更彻底地拒绝了先验意识和先验自我；亨利维护先验性，但他对这一主题进行了创造性的转换。在他那里，先验内在性（transcendental interiority）不再与先验意识而是与先验身体或先验情感联系在一起。他的代表著作有《显示的本质》《关于身体的哲学和现象学》《马克思》《心理分析的谱系学》《物质现象学》《肉身化：一种关于肉的哲学》等。亨利的整个哲学归属在"生命现象学"（phenomenology of life）的名下。当然，按照他自己的看法，其早期思想更多地可以说是一种身体现象学，其后期思想则可以归属在物质现象学的名下。《关于身体的哲学和现象学》和《肉身化：一种关于肉的哲学》是他在两个不同时期关于身体问题的集中论述，两者之间并没有形成完全的断裂。

我们在前面已经表明，尽管梅洛-庞蒂哲学存在着前期、中期和后期的差别，但大体上都可以用身体现象学来概括其总体倾向。尽管亨利称自己的哲学是一种生命现象学，但由于这里的生命是与身体而不是与纯粹意识联系在一起的，用身体现象学来指称也就没有任何问题。事实上，梅洛-庞蒂只是在知觉现象学的名义下探讨本己身体的问题，亨利则是法国哲学中第一个明确使用身体现象学这种说法的人。在他们那里，身体都不是与心灵主体相对立的客体，而是一种可以充为主体的身心统一体。作为后期现代西方哲学的重要代表人物，梅洛-庞蒂和亨利在身体观上显然有许多共同之处，其实质就在于否定早期现代意识哲学中的机械的、纯粹生理意义上的身体，并因此赋予身体以生命的活力。这种共同之处或许与他们都受到了精神论哲学家比朗的影响有关，他们都认为比朗从身体中看出的是"我能"，并以之取代笛卡尔式的"我思"。

亨利通过所谓的主观的身体来实现"意识与身体的辩证统一"①，这类似于梅洛-庞蒂想要通达融身心于一体的第三维度。亨利认同梅洛-庞蒂和马塞尔所说的"我就是我的身体"这一表述。在他看来，"我就是我的身体"是一种内在关系，一种原初的表达形式；"我有一个身体"则体现为一种外在的、派生的关系。他指出，"我就是我的身体"准确地表示

---

① Henry. Philosophie et Phénoménologie du Corps. Paris：PUF, 2003：4.

"我的身体的原初存在是一种先验的内在经验"，因此"这一身体的生命是自我的绝对生命的一种样式"；而"我有一个身体"表示"一个超越的身体既被显示给我、提供给我，又通过一种依存关系服从于绝对身体"①。

亨利试图表明他本人的现象学与历史的现象学以及早期现代意识哲学或存在哲学的差异。在他看来，胡塞尔追随笛卡尔和康德，声称追求的是内在性，但他们其实走向了对外在性或超越性的追求。海德格尔和梅洛-庞蒂等人因为强调在世界之中存在，则更无疑问地突出了外在性。事实上，后期现代西方哲学的一个重要突破就是否定意识哲学的内在性指向。比如梅洛-庞蒂就表示，"真理并不仅仅寓于'人的内部'，或毋宁说不存在人的内部，人是在世的"②。笛卡尔和康德等人所代表的意识哲学并没有真正坚持内在性指向，梅洛-庞蒂以及其他存在哲学家对意识哲学的这种批判于是成了无的放矢。在意识哲学中，认识论意义上的主体必然走向自身之外，并因此意味着超越性或外在性："人的主体性乃是世界的超越性。"③ 梅洛-庞蒂主张通过批判意识哲学的内在性要求而走向外在性，亨利却批判意识哲学没有真正维护内在性并最终走向了外在性，进而批判梅洛-庞蒂等人的存在哲学强化了这种外在性走向，认为对于后者而言，"外在性是存在的法则，它乃是存在本身"，而"内在性并不存在"④。

梅洛-庞蒂由于其感性姿态而突出了身体意向性，一种协调、整合人的诸行为的全面意向性，并因此对立于胡塞尔由于知性姿态而强调的意识意向性。然而，正是在意向性问题上，亨利和梅洛-庞蒂的分歧进一步加深了。亨利认定从胡塞尔到梅洛-庞蒂的经典现象学或历史现象学都是意向性的现象学，而他提出"未来现象学"是一种"非意向性的现象学"⑤。原因就在于，他否定外在性或超越性，而"一切意向性都确立在

---

① Henry. Philosophie et Phénoménologie du Corps. Paris：PUF，2003：271.

② Merleau-Ponty. Phénoménologie de la Perception. Paris：Éditions Gallimard，1997：v.

③ Henry. L'Essence de la Manifestation. Paris：PUF，2003：109.

④ Henry. De la Phénoménologie Ⅰ：Phénoménologie de la vie. Paris：PUF，2003：23-24.

⑤ 同④105.

超越性基础之上"①。他明确批评身体意向性理论，认为"身体本身的内在结构排除一切意向性关系"②。其实，亨利针对这两位经典现象学家的姿态是比较复杂的。一方面，他明确否定梅洛-庞蒂所关注的在世存在的实存性，像胡塞尔那样力主回到先验主体性；另一方面，这种先验主体性却与身体结合在一起，同时排除了意向性结构。

在胡塞尔那里，先验主体性与纯粹意识或我思相等同；在亨利那里，先验主体性则是一种先验情感性（transcendental affectivity），与主观的身体或绝对的身体联系在一起。亨利显然打算围绕先验概念来实现从意识现象学向身体现象学的转换。先验情感性体现为与身体密切相关的我能，而不是局限于纯粹意识的我思。亨利提倡情感性，但并不因此诉诸后天的、经验的东西。应该回到先验的内在情感而不是先验的纯粹意识，这既克服了胡塞尔的纯粹意识理论，又没有倒向梅洛-庞蒂具有外在化倾向的感性学说。梅洛-庞蒂只解决了身体主体与外在客体的关系问题，一旦回到身体与自身的关系，就不可避免地沿袭对象化、意向性模式，亨利则通过强调情感性或自我感动（auto-affection）为身体与自身的关系确立了一种内在性维度。

梅洛-庞蒂是在后期才开始使用"肉"这个术语的。亨利虽然在早期已经偶尔用到这一术语，但只是在后期才真正集中强调了其独特性。他们都试图消除"身体"一词因为与早期现代意识哲学的太多牵连可能带来把身体还原为物体（material body）的危险，因此借用"肉"这一概念来赋予身体以独特的内涵。两者的分别在于：对于梅洛-庞蒂来说，"肉"被视为一种最基础的元素，它不仅适用于人的身体，而且可以运用到包括社会现象和自然现象在内的一切领域；对于亨利来说，它虽然并非不能运用到宇宙万物中去，但更为典型地意味着人的内在生命。"肉"在梅洛-庞蒂的哲学中作为元素具有非实体的、野性的指向；亨利则更多地用它来表达人的自身生命，它突出文明、文化而不是野蛮，宗教在其中扮演了重

---

① Henry. De la Phénoménologie Ⅰ: Phénoménologie de la vie. Paris: PUF, 2003: 31.

② 同①32.

要的角色。他们都要求限定科学、前者认为科学导致程式化和抽象化，否定了人与世界的原初关系；后者则认为现代科学在很大程度上意味着毁灭性的野蛮状态。

从表面上看，由"肉"取代"身体"在亨利那里只不过是一种变通之计，仿佛只是为了减少身体因为与有形、与物体联系在一起而引起的麻烦和误解。也就是说，为了更好地区分人与万物，可以用"肉"取代"身体"，用它来专指人的身体具有的主体性、生命活力，来表明人的身体的独特性。他甚至认为"人的身体"这样的表达是有问题的，应该用"人的本己身体"取而代之。"肉"指的恰恰就是这种所谓的"本己身体"，它属于完全有别于物体、动物躯体以及人的生理身体的另一个领域。"肉"较之"身体"在内涵上有了更为明晰的限定，在外延上也更加明确。同时我们也注意到，无论是身体还是肉，它们都与外部物体有别，甚至差不多具有同样的意味，这无疑很好地体现出了亨利思想本有的连续性，也就是说从他的身体现象学过渡到关于肉的现象学并没有产生实质性的断裂。无论如何，生命是情感性的，它是一种"本己的肉"，是一种"快乐的实体"①。

---

① Henry. Phénoménologie Matérielle. Paris：PUF, 1990：56.

第十章 主体的终结：无家可归的人

现象学实存主义让位于结构主义，导致"3M"取代"3H"占据法国哲学思想舞台。"3M"时代的主要思潮是结构主义、后结构主义和后现代主义，它们之间的关系异常复杂，它们与现象学的界限也不是那么分明，更不用说它们在 20 世纪末共同渲染（意识）主体的终结了。列维纳斯的伦理学现象学和利科的解释学现象学延续了实存论现象学传统，同时又有巨大的突破。在"3M"时代，他们的学说没有能产生重大的影响，他们也没有能获得应有的地位和尊重。但 20 世纪 70 年代末期以来，他们开始在学术界赢得巨大的声誉，与后来的现象学家亨利以及马里翁一道，代表了现象学的复兴。只不过，现象学的复兴是与后结构主义和后现代主义杂然共存的。德国的哲学解释学和法兰克福学派在这一时期处于大致相同的氛围中。大陆哲学在这一时期广泛地向英美哲学渗透，而英美哲学对大陆哲学的影响也是非常明显的。英美的心智哲学关于意识问题的物理主义或唯物主义姿态，同样通向了（意识）主体的终结。20 世纪 60 年代以来的众多哲学都可以归属于当代哲学范畴，后现代主义是其最重要的形态。这一切表明，现代性或意识主体的历程结束了，取而代之的是当代性及其对主体的放逐。

第一节 后现代主义及其主要特征

当代性的一种主要的表达形式是后现代主义。真正说来，后现代主义不是一种统一的流派或思潮，而是自 20 世纪 50 年代末 60 年代初以来在西方流行的，随后在全世界范围内广泛传播并产生巨大影响的众多人文社会思潮的一个泛称。它渗透到哲学、文学、艺术、历史、心理学、精神分析学、社会学、政治学、国际政治等众多人文社会科学领域；它甚至在自然科学中也寻找到了基础，获得了共鸣，出现了所谓的后现代科学之类的说法，形成了地方性知识之类的关怀。一般来说，后现代主义与文学艺术界的联系尤其密切。但是，如果不从哲学角度并结合西方消费主义时代的社会背景来考虑，要真正理清后现代主义的基本特征是非常困难的。结构—后结构主义、解释学、现象学的新进展、新实用主义、后弗洛伊德主义（post-Freudianism）、后马克思主义（post-Marxism）、接受理论（reception theory）或读者反应理论（reader-response theory）、女性主义（feminism）、新历史主义（new historicism）、后殖民主义（post-colonialism）、后自由主义（post-liberalism）等思潮，都与后现代主义密切相关，甚至可以被归属于后现代主义之列。

　　后现代主义诞生于欧洲大陆，在美国思想文化界最具影响，并扩展到第三世界国家。它由德国哲学家尼采和海德格尔激发灵感，由法国哲学家利奥塔（Lyotard J-F，1924—1998）在同胞拉康（Lacan J，1901—1981）、福柯、德里达等人的影响下正式提出，最终由美国文学批评理论家詹明信（Jameson F，1934— ）和哲学家罗蒂等人推动才产生了世界范围的影响。它在欧洲学术界并没有获得广泛认同，在美国学术界则备受青睐。德国人是后现代主义的强有力的抵制者，法兰克福学派的最后的大师哈贝马斯（Habermas，1929— ）坚持认为后现代性是不可能的，因为现代性或启蒙理性的任务尚未完成。法国人对后现代主义也不是那么感兴趣，他们对名声在外的德里达等人没有多少好感。事实上，虽然被视为后现代主义的重要思想来源，福柯和德里达本人并不承认自己是后现代主义者。美国人以其固有的多元文化倾向和实用主义传统，对后现代主义情有独钟，以至于欧洲的后现代主义大师们总是在美国登上讲台，觅得知音。

　　到20世纪末，后现代主义在美国等西方国家的影响已经式微。不过，它在包括中国在内的第三世界国家里却引起了强烈的共鸣。就中国而言，后现代主义的热潮开始于20世纪80年代末90年代初，目前仍然有一定的影响，它尤其能够代表某些中国人的物质主义心态。根据詹明信的看法，后现代主义有如下主要特征：

第一，"深度的消失"，即一种"新的平庸感"①。后现代时期的文化或文学具有平面化的特点，呈现出表面化、缺乏内涵、没有深度的特色。现代主义作品似乎有解释不完的意义，它们的渊源似乎探索不尽，对它们的评论和注释也没完没了。但后现代主义作品则完全相反，它们一般拒绝任何解释，它们提供给人们的只是在时间上分离的阅读经验，无法在解释的意义上进行分析，只能不断地被重复，从而显得非常浅薄。后现代主义理论排斥思想领域的四种深度模式：黑格尔和马克思关于本质与现象、内在与外在的二元区分模式；弗洛伊德关于梦的表层与深层区分的心理分析模式；实存主义关于本真与非本真、异化与非异化相对立的模式；索绪尔关于符号的能指与所指的二元区分模式②。

第二，"历史的消失"，即"对历史的意识在后现代文化的普遍平庸和浅薄中已经消失了"③。整个当代社会体系开始渐渐丧失保留它本身的过去的能力，开始生存在一个永恒的当下和一个永恒的转变之中。现代主义对历史的感觉是一种对时间性或者说对往昔的怅然若失、痛苦回忆的感觉。这种深深的怀旧的个人情绪，在后现代主义中完全转变成一种新的、永远是现在时的异常欢快的和精神分裂的生活。在后现代主义者的心目中，历史上的过去消失了，历史上的未来和任何重大的历史变革的可能性也不存在，历史不过是纯粹的印象和幻影。或者说，在精神分裂症患者的头脑中只有纯粹的、孤立的现在，过去和未来的时间观念已经失踪了。结构主义的主要代表人物列维-斯特劳斯这样看待自己的结构人类学与萨特等人的历史辩证法的重大区别："萨特当然不是唯一把历史看作高于其他人文科学并形成了一种几乎神秘的历史概念的当代哲学家。人种学尊重历史，但不赋予它优于一切的价值。他把历史设想为一种对自己的工作的补充研究：历史在时间中，人种学在空间中，展开了人文科学这帧扇面。"④后现代主义作品让我们告别传统、历史、连续性，在非历史的当下时间体验中感受到各种幻象的拼凑，仿佛一切都彻底地被空间化了。显然，后现

---

① 詹明信. 晚期资本主义的文化逻辑. 北京：三联书店，1997：288.

② 同①289-290.

③ 同①290.

④ 列维-斯特劳斯. 野性的思维. 北京：商务印书馆，1987：281.

代主义用空间意识取代了现代主义的时间意识："如果说空间化在某种较高的意义上为我们提供了理解后现代主义的一把钥匙的话，那么理解现代主义的一个关键术语就是时间化。"①

第三，"情感的消失"或"主体的消亡"，即"不假外求、自信自足的资产阶级独立个体的结束"②。现实主义作品指向的是外部现实，它力图真实地再现客观世界。人们在现代主义作品中则普遍感受到的是"主观的观念"，这些作品转向人的内心世界，力图揭示人的焦虑和异化的感受，并探索人生价值及其意义，"这与对人的心理的新发现是紧密相关的，甚至可以看作是一种对主观的全新认识的产物"③。现代主义作品描述人的物化或异化处境，可以说"现代主义的一切伟大作品都以不同的方式表现了这种物化"④。但是，在进入后现代境况以后，主体的疏离和异化感消失了，人们完全认可了主体的分裂和瓦解，即个人风格、个人特征和情感表达由于物质主义或消费意识，由于机械再生产技术的流行而告终了。作为创作方法的拼凑几乎无所不在，完全主宰着一切文学艺术的实践。这种艺术手法，从世界文化博物馆中取材和吸收养料，把里面所藏的历史大杂烩，七拼八凑地炮制成所谓文化产品。波普艺术、身体写作甚至机器写作成了这个没有精神的时代的象征。

第二节　语言的扩张与主体离心化

一、从结构到解构

法国结构主义和后结构主义是前后相继、密切相关的两个思潮。我们既可以说后结构主义是结构主义的延续和结果，也可以说是其反叛和超越。换一个说法，后结构主义对结构主义进行了批评，但同时又是对结构主义的继承和发展，可以说它是结构主义自我反思的一个环节。结构主义

---

① 詹明信. 晚期资本主义的文化逻辑. 北京：三联书店，1997：289-290.
② 同①447.
③ 同①293-294.
④ 同①297.

作为实存主义的对立面出现在法国学术文化界。从 20 世纪 30 年代末到 60
年代初，在法国思想界盛行的是以萨特和梅洛-庞蒂为杰出代表的各种形
式的人本主义思潮。60 年代以来，结构主义开始瓦解实存主义的人类学
迷梦，迎接一个非人的时代。实存主义的实存领会强调个体及其主观性，
结构主义的结构分析则关注结构及其客观性。人类学家列维-斯特劳斯，
哲学家、思想史家福柯，精神分析学家拉康，新马克思主义者阿尔都塞
（Althusser L. P，1918—1990），文学理论家、符号学家巴尔特（Bartres R，
1915—1980）等人，在各自的研究领域内推进了结构主义对实存主义的取
代。结构主义是对索绪尔结构语言学影响下的俄国形式主义和捷克结构主
义思潮的深化和拓展，但它在法国的主导地位并没有持续多长时间，因为
在其内部很快就出现了严重分歧和分化，从而导致了后结构主义的产生。
没有结构就没有解构，但解构使我们更容易明白什么是结构。法国后结构
主义的代表人物德里达、福柯、拉康、巴尔特等人都经历了从结构主义到
后结构主义的转折，尽管他们自己不一定承认自己属于两者，甚至不承认
自己属于其中任何一个。

　　结构主义尤其是后结构主义是后现代主义的中坚力量，为后现代主义
提供了理论基础。我们完全可以把它们三者放在一起来论述。接受索绪尔
结构语言学思想的影响，结构主义者一般都认为，社会文化现象是一些由
内部关系和外部关系所构成的系统，但这些系统不是自然的关系系统，而
是具有符号性质的系统，我们可以对它们进行静态的结构分析，完全就像
可以对语言进行如此分析一样。比如，列维-斯特劳斯对土著部落的亲属
称谓关系的分析，拉康在能指链条中对无意识进行的结构分析，巴尔特对
符号学的建构，福柯对知识型和话语形成的分析，大体上借助的都是结构
语言学模式。后结构主义者同样关注社会文化现象的语言特征，但得出的
是完全不同的结论。后结构主义可以说是结构语言学模式的极端发挥。后
结构主义否定索绪尔有关语言内部结构与外部结构、共时态与历时态相对
立的立场，根本否定所谓的静态结构的存在。它探求的不是文化或文本的
结构，而是要求突破僵死的结构，从而开启了从确定到不确定的语言游戏
或话语游戏："文本的愉悦""结构的消融""语言的通胀""话语的增殖"
等等，都是这一游戏倾向的表达。

　　后结构主义倡导一种解构式的阅读策略。它不像结构主义那样注重理论框架的建构，进而在理论指导下进行文本批评。相反，它根据具体文本展开具体的批评，进行非常细致的分析，以至其相关成果琐碎到让人不堪卒读的地步。针对任何一个文本，不管是古希腊哲学家柏拉图的对话集，还是现当代法国诗人蓬热（Ponge F，1899—1988）的诗歌集，我们都可以从多个角度入手，可以读出多重含义。问题也不在单义或多义，而在于意义的不确定，在于意义的播撒（dissemination）。如果持续地把收获物作为种子播种下去，我们显然不知道最终结果。批评家或读者并不打算简单地或例行公事地领会文本的中心思想、核心主题，而是应该对文本进行改写和重构，并因此导致意义的播撒或延异。

　　阅读活动实际上是读和写的"双重活动"，或者说"读就是写"。读者在文本中可以读出自己的一些东西，可以引入其他人的东西，从而与原作者一块儿创作。美国解构主义文学理论批评家斯皮瓦克（Spivak G. C，1942— ）表示："解构出于这一愿望，通过支配文本而重新积极地利用文本，向文本指出它所不知道的东西。"① 无论如何，阅读带来的不是宁静和充实，不是意义的把握，而是理解的断裂和危机，是意义的不确定性。主旋律被复调所取代，多音齐鸣代替了单一而宏大的声音。传统阅读和解构阅读的区分在于，前者完全以意义的确定性为目标，后者则容易沉湎于字词游戏之中。

　　后结构主义以游戏的姿态对待一切传统，结构主义甚至被认为是传统的最后堡垒。后结构主义尤其主张突破结构主义的二元分析模式。索绪尔的结构语言学是由一系列二元对立构成的，语言与言语、内部与外部、声音与文字、所指与能指、共时与历时是对立的，前者相对于后者具有优势地位。结构主义者普遍地采取这一分析模式，在所研究的各种素材中寻求对立形式。比如列维-斯特劳斯对原始神话进行分析，关注其中包含的生与熟、湿与干、鲜与腐等经验性对立，并把它们视为自然与文化这一根本对立的具体表现形式。在后结构主义者看来，二元对立模式非常有用，适

---

① Derrida. Of Grammatology. Baltimore：The John Hopkins University Press，1978：lxxvii.

合于对任何文化现象进行分析。但这种分析方式过于简单化，带有明显的任意性。他们进而主张超越传统的非此即彼的二值逻辑，以两极之间的运动避免两极之间的正面冲突。传统的二元对立突出了静态差异，而后结构主义关注的是差异的展开或动态差异，比如在德里达那里，解构方法显然不再追求整体，但它"并不就是满足于不统一"，在"播撒的游戏"中，读者看到的并不是"两个矛盾的因素的共存"①。

后结构主义提出了"哲学终结论"，并引出了一系列关于终结的话题。作为一种跨学科的思潮，学科界限在它那里完全消失了，由此导致了作为科学之科学的哲学完全从中心地位偏离了。其实，现象学家海德格尔和梅洛-庞蒂早已经认可并推动了哲学的非哲学倾向，后结构主义只不过延续并强化了这一趋向。作为一种革命性的阅读方式，它针对的是跨界的文本，而不是界限分明的作品。文本指按语言规则结合而成的语句组合体，可以短至一句话，长至一本书，甚至是跨学科的诸多作品的汇集，它是无限开放的。各个学科的共同点在于其语言性，解构阅读针对的恰恰是语言特征。哲学文本与文学文本之间的传统界限尤其受到指责。在传统意义上，哲学与逻各斯、真理联系在一起，文学与修辞、情感联系在一起。哲学就是真理，文学为真理服务；哲学主宰和指导文学，文学俯首听命。哲学文本不应该像文学文本那样包含隐喻和诗意，它只依赖于理智直观和逻辑推理。在后结构主义批评家那里，哲学已经失去了这种尊位。哲学文本和文学文本一样是隐喻性的，哲学和文学也是相互渗透的。柏拉图要把诗人排斥在由哲学理念主宰的城邦之外，而后期现代哲学家尼采、柏格森和海德格尔等人却成了诗人哲学家。在福柯等当代哲学家那里，这种诗意和隐喻倾向更为明显，他们关注的是一种叙事诗学。

针对萨特围绕辩证理性而展开的主体中心论立场，列维-斯特劳斯从分析理性的角度表示："我相信人文科学的最终目的不是构成人而是分解人。"② 语言地位的提升导致了主体的逊位。语言是一种"非反思的整合

①　Derrida. Of Grammatology. Baltimore：The John Hopkins University Press，1978：lxxii.

②　列维-斯特劳斯. 野性的思维. 北京：商务印书馆，1987：281.

化过程"，并不存在一个"把它内在化的主体"，如果说有主体的话，那也是"说话的主体"，因为"向他揭示语言性质的同一明证也向他揭示：当他以前还不了解语言时语言就已经如是存在着，因为语言已经使自己被人们理解了；而且语言以后将仍然如是存在而无须为他所知，因为他的话语从来也不是，也将永远不会是语言法则有意识的整合化作用的结果"①。后结构主义继续发挥这种主体终结论或人已经死了的观点。在福柯看来，主体并不是一种主动的创造性的力量，相反，它是各种实践活动的产物，它不是规则的制定者，而是其服从者。福柯和巴尔特尤其直接宣布"作者死了"。在他们看来，文学不是关于人类理性或情感的科学，作家也不是思想、观念的生产者，作家不过具有写作的功能，他们推崇所谓的"零度写作"、"绝对写作"或"不及物写作"。在这种写作中，文学作品并不表达思想与情感，它们记录的只是走向自身封闭的、具有自身厚度的词的冒险历程：这意味着"词的野性的、傲慢的存在"，它们"越来越与关于观念的话语分离开来，把自己密封在一种根本的不及物中"②。正因为如此，"文学应成为语言的乌托邦"③。

二、福柯

米歇尔·福柯毕业于巴黎高等师范学校，接受了哲学、心理学、精神病学等专业训练，最终在索邦大学获得博士学位。他于 1970 年后任法兰西学院思想体系史教授，于 1984 年死于艾滋病。其主要著作有《古典时代的疯癫史》《诊所的诞生》《词与物：人文科学考古学》《知识考古学》《监视与惩罚》《性史》等。他在法兰西学院的许多讲课稿都已经被整理出版，连同汇集其论文、访谈和讲座的四大卷三千多页的《言与文》，让我们可以更全面地把握其深刻、敏锐而丰富的思想。其成熟思想的发展有三个重要的阶段：考古学（archaeology）、谱系学（genealogy）和伦理学。

---

① 列维-斯特劳斯. 野性的思维. 北京：商务印书馆，1987：288.
② Foucault. Les Mots et les Choses. Paris：Éditions Gallimard，1997：313.
③ 巴尔特. 写作的零度. 北京：中国人民大学出版社，2008：55.

福柯研究话语（discourse）、知识（knowledge）、主体（subject）、权力（power）诸问题，但它们其实是福柯式的现代性反思和当代性描述的不同角度。从根本上说，他要探讨的是语言学、心理学、政治学、医学、精神病学、经济学、生物学、伦理学、犯罪学等学科（知识及其话语）在使人成为它们研究和控制的对象的过程中所扮演的角色；简言之，即它们是如何构造现代性意义上的主体的。与此同时，话语分析（discourse analysis）把支配性主体变成了功能性主体，因此出现了主体之死，进而从伦理或审美的角度重塑主体的问题。

处在"3M"时代，在列维-斯特劳斯、拉康和阿尔都塞等结构主义思想家的影响下，福柯把结构语言学的分析模式应用于精神病学、犯罪学、性问题以及思想体系史的研究中，为人类思想提供了许多原创性的成果。他否认自己是结构主义者或后结构主义者，有不少学者也认可他的说法。然而，我们至少可以说他是结构主义的同路人，其思想的后来发展也可以与后结构主义共存。依据他的现代性反思，疯癫、疾病、犯罪以及性欲之类的经验最终都被纳入了认知的领域中，也因此被纳入了语言体系或话语形成（discursive formation）中，但不同时代有不同的认知范式，也有不同的话语形成方式。正因为如此，有必要在话语领域研究不同时代的知识型（episteme）及其非连续性转换。

在福柯思想的发端时期，话语（语言）在他的思考中还不具有自主自足的地位，他所关注的大体上是话语与社会、政治、制度等的关系。在这样的情形中，话语显然是某种受动的、被支配的从属力量。马克思有关经济决定论和阶级斗争的理论都对其思想有重要的影响，尽管他很少直接引用马克思的相关论述。在他的思想的后续发展中，伴随着考古学方法的成熟，话语的内部关系获得重点描述，话语问题也逐步成为首要的主题。一切关系都被纳入话语领域之内进行探讨，社会、政治、制度之类不过是构成话语体系的要素，而话语本身则成为积极的、主动的支配性力量，成为一种物质性的力量。在后期，他启用了一种旨在解释话语实践（discursive practice）与非话语实践之间或话语事件（discursive event）与非话语事件之间关系的谱系学方法。这一方法与考古学方法没有根本的冲突，但它强调了描述与解释、话语内部关系与外部关系的结合。话语于是被看作某种事件，它具有与外部事件同样的价值、力量和地位，话语的物质性因此得到了进一步的强调。

通常所说的考古学具有明显的时间指向和明确的历史意识。它所关注的是久远的过去，把历史遗物挖掘出来，让它们作为文献诉说人类"过去"的故事，即"从这些文献所说出的东西——有时是含蓄地说出的东西——出发，重建这些文献由之发源的、目前已经在文献后面消失久远的过去"①。这意味着实物的观念化或精神化，从而在我们与过去之间架起沟通的桥梁，唤醒沉睡的集体记忆。然而知识考古学具有非常不同的目标，它旨在"描述档案"，而不是"发现开端"或者"让过去的骸骨重见天日"②。通过像结构语言学那样关注静态结构，时间被冻结了，某一较长时间段内的知识状况得以获得整体描述。这种描述不指向知识与实在的关系，而是考虑知识内部的话语结构。通常的考古学工作让挖掘出来的"文物"成为会说话的"文献"，而福柯却要让"文献"变成沉默的"文物"。即使说话，也只是讲自己的故事，而不是充当历史记忆的表象。

福柯特别关注的是19世纪以来的现代知识和现代话语，因为它们延续到了他所处的时代。在他眼里，萨特与黑格尔以及马克思依然是同一代人。这是人文科学诞生的时代，或者说是广义的知识（savoir, knowledge）依据各种规范向狭义的知识或科学知识（connaissance, scientific knowledge）转变的时代，也是主体或人诞生的时代。在他看来，知识体现了"词"（words）与"物"（things）之间的复杂关系，人文知识尤其如此。这里的"词"指的是语言或话语，"物"则主要指各种层次的经验。然而，在它们共同作用从而形成知识的过程中，并不存在一个是表象者另一个是被表象者的截然二分。相反，两者都具有物质性，都是物质性的存在。

经验具有个别性，要上升为普遍知识，必定涉及如何被述说的问题，必须被纳入话语的秩序之中。知识考古学主要针对人文知识，因此尤其关注人文科学话语，即它试图考察人文知识之所以可能的话语条件：人文知

---

① Foucault. L'Archéologie du Savoir. Paris：Éditions Garlimard, 1989：14.

② Foucault. Dits et Écrits I（1954～1975）. Paris：Quatro/Gallimard, 2001：814.

识得以形成的基础是什么？它们是在什么样的秩序空间中形成的？它们具有什么样的话语前提？也就是说，知识考古学涉及知识的内部结构，关注各种作为物质性力量的内在要素的相互作用，而这一切都围绕知识的话语形成而展开，并因此需要进行话语分析或话语描述。福柯并不着眼于人们要用话语来有意识地表达些什么，相反，他旨在揭示话语实践中体现出来的"集体无意识"。考古学探索的就是知识中的这种无意识层次：一个时代的科学家或学者会无意识地运用某些相同的规则来处理分散在不同领域的"词"与"物"关系。这些规则并"没有呈现在科学家的意识中"，或者说"意识方面是表面的"，并且"差不多是纯粹的虚幻"，它们"从来没有获得清楚的表述"①。

具体说来，考古学方法旨在探讨对象形成的规则、陈述方式形成的规则、概念形成的规则和理论策略形成的构成。在某一时期内，不同学科看似毫无关联，但在其考古学层次上则有共同性：不同领域的科学家以共同的话语规则去处理"词"与"物"的关系，从而把经验上升为普遍知识。科学家们确定其研究对象，或者说，把某些经验纳入对象领域，也因此让它们进入认知领域，并理所当然地让它们进入话语实践领域。而这一切都取决于某些无意识的话语规则，或者说知识的形成首先要求的是遵循话语形成的规则。于是，我们看到的是经验在我们话语中的样式，并因此可以对它进行话语分析。我们不应当把重心放在客体方面或主体方面，而应当探究话语的运行规则。话语分析中的一个重要概念是"陈述"（statement），它与句子（sentence）、命题（proposition）、言语行为（speech act）具有不同的意义。陈述所组成的也不是"书"或"作品"之类传统的主观单位（subjective unit）。陈述的复杂性导致了话语形成本身的复杂性，并因此打破了"主观"单位的区分。所谓"作者之死"也就顺理成章了。

总而言之，人文科学或社会文化现象都具有某种深层结构：各种表层的人文现象都受深层结构的制约；这种制约是无意识的，不为人所觉察的，因而是非主体性的；深层结构的变化是突如其来的断裂性改变，是无

---

① Foucault. Dits et Écrits I（1954~1975）. Paris：Quatro/Gallimard，2001：877-878.

原因可寻的；考古学方法是一种强调非连续性、偶然性、断裂性和层次性的方法，它与强调连续性、因果性、必然性的传统历史方法是完全对立的。话语（知识、理性）考古是福柯在相当长的时间内进行的一项重要的研究工作，他一步一步地把话语从一种受动的、反映外部社会或历史的观念性力量转换成自主自足的物质性力量。在他看来，马克思和尼采都是历史断裂的推动者，但人们却试图让他们担负维护历史连续性的责任。然而，这是不可能的。

福柯于 1969 年发表的《知识考古学》意味着对其思想的考古学阶段的总结，意味着考古学方法的定型。但是，很快就出现了某种转变。在 1971 年发表的《尼采、谱系学、历史学》中，他开始推崇尼采式的谱系学方法，尽管还没有真正充分地展开。其实，在同一年发表的《话语的秩序》（即 1970 年 12 月份在法兰西学院所做的就职演讲）中，他在很大程度上还坚持了考古学的取向。应该说，在这段时间里，他的思想的确在酝酿着变化。只是到了 1975 年，伴随其力作《监视与惩罚》的发表，话语考古才不再具有核心地位。自此以后，他更多地致力于话语的谱系学探讨。尼采的《道德的谱系》对福柯产生了根本性的影响。对于这位怀疑大师来说，问题不在于发现真理，而在于考察人们的求真意志（will to truth）。福柯所说的谱系与中国的家谱是有区别的，我们无法从现在线性地推知过去，找到起源，因为任何知识或话语代表的都只是庞大网络上的一个节点，它是由四面八方的各种力量形成的，而那些形成的力量又各自有多方面的源泉。如此一来，我们不可能找到任何东西的起源，而只能看到永恒的运动及其不确定性。

福柯依然旨在对人文科学话语进行研究，但更多地探讨了话语的权力的、社会的和制度的机制。他在这一时期主要关心人文科学知识如何与社会控制技术不可避免地交织在一起：知识的构成依赖于权力机制，权力机制也需要各种各样的媒介。在《监视与惩罚》中，福柯非常详尽地说明：犯罪学实际上源自 19 世纪监狱的发展。就如同其他著作一样，福柯在这里展示的是经验、知识和权力之间复杂的微观物理学关系。福柯对于权力概念的关注是一以贯之的，虽然在前后期的具体理解之间有着某些重要的差别。

谱系学并没有取代考古学，为了揭示构成知识系列的话语规则，考古学仍然是必要的；但谱系学也有其特别之处：它透过与权力相关联而解释话语史的形成和变迁。这意味着，必须同时描述话语实践和非话语实践。话语有其自身的自足的构成规律，有其自身的历史，与此同时，它又处于与非话语实践或外部历史的复杂关系中，任何话语的形成都体现出复杂的权力机制。因此，话语在具有与其他外部因素同样的自主地位、能够施加其作用和影响、产生某些特定效果的同时，也可以从外部因素中获得解释。如此一来，福柯把描述和解释结合起来了。

现象学实存主义重点关注实存问题，带后结构主义倾向的福柯哲学则更关心知识问题。知识或文化在不同时代具有不一样的形态，其演变不是一种因果性的、必然性的和有规律的过程，而只有偶然的、突如其来的断裂性的变迁。所谓历史的进步只不过是虚构的"神话"。在福柯看来，西方现代思想文化历经了三种"知识型"变迁。所谓"知识型"，指的是隐藏于文化现象或知识背后的深层的无意识结构。西方现代文化或知识形态已经经历了如下三种知识型：

（1）在14—16世纪的文艺复兴时期，出现的是"相似"知识型。在这个时期的文化中，"相似原则"起着构造性作用，事物之间、词之间以及事物与词之间都根据"相似"被联系起来，从而被秩序化。在这一时期，语言不是一个独立的记号系统，它处在世界中，构成世界的一部分，它就像其他事物一样既隐藏又呈现。也即，语言参与到"相似"的链条中，它自己因此被当作自然界中的一种事物，与动物、植物、星辰并没有什么两样。正因为如此，文字符号具有优先地位。"词"与"物"占据着共同的空间，它们不可分割。起透明工具作用的"词"尚未从"物"中分离出来，也可以说"词"与"物"互相表象，专门起表象作用的"词"根本就没有存在的必要。科学、巫术和博学获得了同等地位，而这正是文艺复兴时期的一般知识状况。

（2）在17、18世纪的古典时期，"相似"知识型被"表象"知识型所取代。这个时期不是根据"相似原则"，而是根据"同一与差异原则"来看待事物的秩序，即以事物属性之间的同一与差异把事物联系起来，既关注事物之间的共同性，也关注事物之间的区别性。在方法上强调分析与分类，寻求的是完全确定的知识。在事物与语言的关系中，语言或符号开始作为表象的工具出现。福柯引述普遍唯理语法的看法就是："符号包括两个观念，一是表象事物的观念，一是被表象事物的观念，符号的本性就在于由第二种观念唤起第一种观念。"① 很显然，"词"与"物"都被纳入观念的秩序之中，并因此丧失了它们的物性。这个时期的博物学、财富分析和普遍唯理语法都服从"同一与差异原则"，追求的是符合秩序，并且观念的秩序优先于存在的秩序。任何东西，如果不能够被纳入秩序空间之中，就被视为根本不存在，比如像疯癫之类就因为不符合理性的秩序而被完全禁闭起来，疯子仿佛就不存在。在博物学中，不管事物是如何产生的，关键的是对它们进行静态的分类，把它们放入有序的表格空间中。在财富分析中，用不着考虑财富是如何产生的，主要考虑的是等价交换。在普遍唯理语法中，根本不用考虑语言的历史或多样性，而是要确立从农夫到哲学家都能够使用的语法规则，以便促成思想的有效沟通。

（3）在 19 世纪以来的现代时期，"表象"知识型被"起源"知识型所取代，后者的主宰地位一直延续到 20 世纪 60 年代初。人们不再以"同一与差异"为原则，而是以"本质""起源""结构"为原则，即通过结构与功能的类比，探讨事物的发生、发展，从时间和历史的维度把事物联系起来。这意味着，知识的一般领域是由有机结构，即由发挥功能的要素之间的内在联系构成的，受到关注的不是个别事物，而是整体性的有机结构之间的类比。语言不再只是起表象功能，同时还意味着解释学的维度，以及文学语言的自身维度。就知识而言，普遍知识的分化最为明显，现代学科分类开始奠基，人文科学开始形成。语文学、生物学、经济学为人文科学提供了知识基础，它们都涉及历史和时间，意味着人是有限的存在。在古典知识型中，普遍的秩序不需要秩序的维护者。在 19 世纪以来的现代知识型中，由于语言功能的分化，由于知识的分化，普遍秩序让位于历史的发生，于是需要人出来维护统一，或者说人文科学是多样的，但它们都围绕人而展开，都预设了人。知识（真理）的产生、权力的施加、主体的诞生是同一进程的不同体现。

---

① Foucault. Les Mots et les Choses. Paris：Éditions Gallimard，1997：78.

与强调语言的中心地位和关注知识型相联系，"人的消失"或"人的死亡"成了中心话题，这就是所谓的主体终结论。"人"的概念或"人类中心论"思想的产生与特定时期的"知识型"联系在一起。在文艺复兴时期，人不可能从相似的链条中或是作为知识的主体或是作为知识的客体出现。这显然有别于通常的看法，即福柯没有把文艺复兴与人文主义或人本主义联系在一起。在古典时期，作为"自然"物种的人被淹没在无边的秩序中，人性（human nature）还没有从自然（nature）中分离出来；"人"只是表象的主体，还不是表象的客体，因此作为主客统一体的或者说作为"被观察的观察者"的人还不存在，即"作为有厚度且第一位的存在、作为全部可能知识的困难客体和主宰性主体的人不占有任何位置"①。只是到了19世纪以来，"人"作为知识的主体同时变成了知识的客体，才出现了"被注视的观看者"意义上的现代"人"，以及把"人"置于世界中心地位的"人类中心论"，从而导致"人学"观念主宰着整个现代思想，人文科学在19世纪的诞生正是这种情况的反映。

福柯认为，自19世纪以来（我们可以说自康德提出"人是目的"和"人为自然立法"以来），人们就沉睡于"人学"的迷梦中了。然而，迷梦已经到了尽头，现代人的丧钟正开始敲响，一个更新的知识型的文化时期即将到来。福柯其实是从尼采的诗意哲学、弗洛伊德的精神分析学、现代文学艺术中得出这一结论的。"人"将不再处于创造的中心地位，不再站在宇宙的核心点上，不再是历史连续性的维护者。尼采宣布"神死了"，但人并没有因此获得主宰地位，事实上，人也已经死了："神之死不是人的出现而是人的消失。"② 我们面临的因此将是一个没有人的"空的空间"。福柯这样指出："有一件事无论如何是确定无疑的了。人的问题既不是人类知识中最古老的问题，也不是最持久的问题；人只是新近的一个发明。""我们完全可以打赌说，人会像海边沙上的一张面孔那样被抹去。"③ 这种倾向显然代表了对现象学过度强调的主体的反叛。他把主

---

① Foucault. Les Mots et les Choses. Paris：Éditions Gallimard，1997：321.

② Foucault. Dits et Écrits I（1954～1975）. Paris：Quatro/Gallimard，2001：570.

③ 同①398.

体看作一种功能，并且要求以伦理主体来替代这种知识主体（其实也是权力主体、道德主体）。

要么以话语考古学的方式，要么以话语谱系学的方式，福柯对现代性意义上的主体问题进行了全方位、多层次的探索与分析。真正说来，这一工作涉及三重重要的关系：主体与"言"的关系（话语分析与主体之死）、主体与"知"的关系（自身认识与主体之生）、主体与"行"的关系（自身关怀与主体的再生）。他关注启蒙理性针对现代人尤其是其身体的规训（discipline）策略，力求让身体摆脱观念化和客观化，从而完全回归自身。在他眼里，现代社会是一个规训社会。他是这样界定"规训"的："这些使身体运作的微妙控制成为可能的，使身体的种种力量永久服从的，并施于这些力量一种温驯而有用关系的方法就是我们所谓的规训"①。规训针对个体的身体，它造成这样一种效果：越有用，越顺从；越顺从，越有用。它既增加身体的力量，又控制这些同样的力量。或者说，"既增强服从者的力量，又增强使之服从者的力量与效率"②。于是在人的身体上体现了经济和政治的完美结合。

真正说来，知识和知识主体的诞生乃是理性的权力策略的一部分。福柯的任务就在于揭示身体经验在现代性进程中的命运，即探讨经验（如疯癫、疾病、犯罪、性欲、自身认同等）、知识（如精神病学、医学、犯罪学、性学、心理学等）和权力（如在精神病机构、刑法机构和其他涉及控制个人的机构中行使的权力之类）之间的关系，进而为身体回归自身提供一些替代性的选择。主体之死（主体离心化、主体功能化）表明的是，主体不再占据思想文化的中心舞台，因为人们更加关注语言或话语，主体只不过是话语的功能，不是人说话，而是语言借助人来表达它自己。主体之生指的是身体经验的精神化、观念化、道德化，严格地说是知识主体、权力主体或道德主体的诞生，这是特定时代的知识型借以维护统一的力量。主体的再生，指的是审美主体或伦理主体的建构，这是福柯本

---

① Foucault. Surveiller et Punir. Paris：Éditions Gallimard，1997：161.

② Foucault. Dits et Écrits Ⅱ（1976~1988）. Paris：Quatro/Gallimard，2001：186.

人的目标，旨在突破外在力量的约束，真正回归自身体验。主体之死代表的是某种方法论策略，真正重要的是揭示主体之生，尤其是主体的再生。

三、德里达

德里达是法国著名哲学家，出生于阿尔及利亚，19 岁回到法国，并在巴黎高等师范学校学习哲学。他早年深受黑格尔哲学的影响，同时对胡塞尔的现象学非常感兴趣，并曾自称是马克思主义者。他于 1956—1957 年到美国哈佛大学进修；在 20 世纪 60 年代是巴黎先锋派刊物《如是》杂志的核心人物；他先是在索邦大学作为利科等人的助手教授哲学（1960—1964），然后在阿尔都塞和伊波利特的大力推荐下，于 1964 年获得巴黎高等师范学校永久教职，20 年后调到巴黎高等社会科学研究学院任教；他先后在美国霍普金斯大学、耶鲁大学以及加州大学厄湾分校任客座教授；他的主要影响是在美国文学理论界，在法国始终未能获得教授职位。他的主要著作有《声音与现象》《书写与差异》《论文字学》《播撒》《哲学的边缘》《立场》《丧钟》《绘画的真理》《马克思的幽灵》等。其著作或是洋洋长卷，或是精致短篇，出版多达 100 余部，充分印证了他自己所说的"语言"在"文字时代"的"通胀"。

德里达认为，西方文化意味着逻各斯中心论，最典型的表现则是声音中心论（phonocentrism），而他本人的主要工作就是批判声音中心论，或者说通过文本阅读来解构它。逻各斯的本义是言谈，而它在实际使用中含义很广泛，尤其与逻辑联系在一起，谈论、说明、思想、理性、公理、判断、概念、定义都包含在内。德里达认为，不管是在前苏格拉底意义上还是在柏拉图哲学意义上，是在神的无限理智意义上还是在人类学意义上，是在前黑格尔主义意义上还是在后黑格尔主义意义上，真理的全部形而上学界定都与逻各斯的要求或在逻各斯血统中思考的理性的要求不可分割①。

逻各斯中心论从根本上代表的是一种强调声音在表达思想、意义方面

---

① Derrida. De la Grammatologie. Paris：Les Éditions de Minuit，2002：21.

的优先地位的西方思维方式。按照德里达的看法，这种逻各斯与音素的源初而根本的联系从未中断过。他解释说，声音更加直接地接近于思想，而文字不过是声音的一种模仿，因此就创造意义、接受意义、说出意义、汇集意义而言，声音都完全优先于文字①。德里达同意海德格尔的看法，认为逻各斯在古希腊语中的本义是言谈，正是在这个意义上，逻各斯中心论主要指的是言谈（言语、语音、声音）中心论。这是一种抬高口头语言（言语）、压制书面语言（文字）的传统。其实，逻各斯中心论至少隐含了三种彼此相关联的中心论：声音中心论、理性中心论、西方中心论。

　　传统形而上学主要表现为概念思维，其概念体系则是由一系列二元对立的范畴构成的：精神与物质、主体与客体、先验与经验、理性与非理性、真理与谬误、善与恶、简单与复杂、必然与偶然、形式与内容、本质与现象、所指与能指、言语与书写等。对立双方总是处于一种永恒的不平等地位：一方始终是主要的、优先的、主导的，另一方则永远是次要的、派生的、受压制的。以上种种二元对立，最终都可以归结为在场与不在场的二元对立。在场总是优先的、主导的，不在场则是次要的、受压制的。德里达认为：一切与基础、原则或中心相联系的名称都是指某种恒定的在场，如理念、始基、目的、现实、实体（本质、实存、主体）、真理、先验性、意识、神、人等。海德格尔在反对上述传统的在场形而上学（metaphysics of presence）方面起了重要作用，他批评了各种围绕着存在者而建构起来的在场形而上学。然而，他以此在的在场代替了存在者的在场，归根结底仍未彻底摆脱传统形而上学的束缚，依然是一个在场形而上学者。德里达是这样评述海德格尔哲学的："逻各斯中心论因此与作为在场的存在者的存在之规定是相一致的。在如此一种逻各斯中心论还没有完全缺席海德格尔思想的范围内，它或许仍然把这一思想维持在这一存在—神学（onto-theology）的时代中，维持在这一在场哲学（philosophy of presence）中。"②

　　从柏拉图到结构语言学创始人索绪尔，几乎所有的重要思想家都是声

---

① Derrida. De la Grammatologie. Paris：Les Éditions de Minuit, 2002：21.

② 同①23－24.

音中心论者。那么他们为什么要抬高言语（声音）、压制书写（文字）呢？这是因为在声音中心论者看来，言语是直接表象自我的体验或内在观念的，它们是一级（直接）能指，是活生生的、可靠的；而书写是言语的记录或摹写，它们是二级（间接）能指，是僵死的、不可靠的。声音中心论背后的理论根据实际上是在场形而上学。然而，在德里达看来，"在场"与"不在场"的二元对立（其他种种二元对立也是这样），并不像在场形而上学者所认为的那样，是一种绝对的、恒定不变的对立或差异，而是一种以彼此区分、相互推延为特征的对立或差异。换言之，应该强调差异的展开。说它们彼此区分，表明的是空间上的差别，说它们互相推延，则是时间上的差别。与此同时，它们之间又存在着过渡和转化。德里达为此专门制造了一个词"延异"（différance）。这意味着，空间上的区分、时间上的延误以及两者的彼此牵连构成某种非常复杂的运作，并因此造成了意义的不确定性。在德里达眼里，延异宣布了逻各斯中心论的死亡，没有任何东西是简单地在场或不在场的，我们发现的只有踪迹或差异的展开。

　　传统哲学的主流是柏拉图主义或理性主义。这其实是一种哲理视觉主义，围绕视觉展开，但强调的是理智直观，而不是视觉经验。在这一传统中，哲学与文学是二元对立的关系，哲学处于中心地位，文学则是从属的、边缘性的东西。这是因为哲学是理性的，文学是情感的；哲学是推理的，文学是隐喻的；哲学是智慧的，文学是消闲的。注重模仿的诗人和戏剧家在柏拉图的理想国中遭遇到的是被排斥的命运。然而，德里达注意到理性主义悖谬性地依赖于"日喻"。"日喻"是西方形而上学的奠基性神话，或者说理性成为一种用来解释和说明一切的神话。他意味深长地称之为"白色神话"——西方人的形而上学（哲学）。德里达写道："形而上学——集中反映西方文化的白色神话：白种人把自己的神话，印欧神话，他的逻各斯，即他的方言的神话当作是他仍然愿意称之为理性的东西的普遍形式。"① 然而，洁白而纯粹的西方神话，同时也是苍白的神话，因为根据德里达的解读，柏拉图哲学和古希腊哲学中的许多神话都源自东方，也因此一开始就受到了来自异质的力量的污染，早就不清不白了，也因此并不

---

① Derrida. Marges de la Philosophie. Paris: Les Éditions de Minuit, 2003: 254.

那么强大、坚固，反而显得非常苍白，同时也留下了许多有待填补的空白。德里达反对一切形式的二元对立，主张把文学从哲学的压制中解放出来。

以萨特和梅洛-庞蒂为代表的"3H"一代哲学家强调人、人的目的和价值；而由列维-斯特劳斯带动的"3M"一代哲学家主张以结构代替人，以结构的客观性代替人的主观性，并且明确宣布"人已经死了"。这是一场人本主义与反人本主义之争。然而，德里达通过游戏性地读解"3H"和"3M"，发现"人是目的"和"人的终结"在这些大师那里其实是彼此过渡、不断转化的。结构主义宣扬"人的死亡"，实存主义宣扬"人的目的"，它们其实只不过分别表达了法文"fin"（即英文 end）的两个含义之一：或是"死亡"或是"目的"。其实，在游戏中，两者会彼此过渡并产生无穷的意义，主体也因此只具有一种不确定的地位。

对逻各斯中心论或在场形而上学的批判，意味着宣布意识或意识主体的死亡。当然，德里达的上述思想并不基于理论建构，而是通过阅读著名哲学家或文学艺术家的某些文本来实现的。解构主要是一种阅读方式，一种阅读策略，它追求的不是确定性，而是意义的无穷的"播撒"。最终说来，德里达为我们展开的是无边的能指游戏，而意识主体甚至身体主体都被这一游戏吞没了。

四、利奥塔

利奥塔是法国著名的后现代主义哲学家，他先是接受了现象学的训练，后来又受到结构主义和后结构主义的影响。他的主要著作有《后现代状况：关于知识的报告》《非人：时间漫谈》《现象学》《力比多经济学》《海德格尔与犹太人》《争论》等。有别于福柯和德里达，利奥塔明确认可后现代社会的来临，并且力图向人们展示后现代社会中的知识状况，进而展示人在话语游戏网络中的非人处境。他在《后现代状况：关于知识的报告》一书的"引言"中开宗明义地写道："此书的研究对象是最发达社会中的知识状况。我们决定把这种状况命名为'后现代的'。"①

----

① Lyotard. La Condition Postmoderne. Paris：Les Éditions de Minuit, 2002：7.

真正说来，他试图揭示科学的知识（scientific knowledge）和叙事的知识（narrative knowledge）在信息化社会中完全不同的命运。他提出的基本假定是：随着社会进入后工业时代以及文化进入被称为后现代的时代，知识改变了地位①。

在现代性的意义上，知识的功能主义（functionalism）与批判主义（criticism）是共存的，或者说存在着彼此矛盾却不得不共处的两种知识：一种是实证主义的知识，它很容易被应用到各种关于人和物的技术中，很适合成为系统的不可缺少的生产力；另一种是批判的或反思的解释学知识，它直接或间接地考问各种价值和目标②。显而易见，知识并不等于科学，或者说科学的知识并不是知识的全部，它只是知识的一个子集。科学作为语言游戏要求的是指示性陈述并且排除其他陈述，但是，在人们使用"知识"一词的时候，并不局限于全部指示性陈述，因为这个词中还掺杂着做事能力、处世能力、倾听能力等意义，事实上，知识与习俗之间有着很多的相似性③。简单地说，科学以指示事物为目标，而叙事则关心价值及其意义；科学力求客观、精确，叙事则意味着主观、非精确。正因为如此，利奥塔反对最发达的社会不经考察就接受知识是工具的观念。

科学从一开始就与叙事相冲突，这是因为，依据科学的那些标准，大部分的叙事显得是寓言故事；问题在于，科学并不满足于陈述一些有用的规则，它还要寻求真实，因此它必须使自己的游戏规则合法化。也就是说它必须诉诸某些更高的原则来为其游戏规则提供保障，并因此把它们作为其合法性话语。这意味着要么求助于哲学理念，要么求助于政治理念。在自笛卡尔以来的西方社会中，这种合法性话语明确地诉之于诸如精神辩证法、意义阐释学、理性主体（或劳动主体）的解放、财富的增长等大叙事（grand narrative）④。简单地说，某些大叙事或元叙事（metanarrative）确认现代性意义上的科学知识是合法的。这其实意味着，科学就如同正义一样服务于、服从于"启蒙叙事"所追求的自由、平等、解放等理念，

---

① Lyotard. La Condition Postmoderne. Paris：Les Éditions de Minuit，2002：11.
② 同①29.
③ 同①36-37.
④ 同①7.

即"知识英雄为了高尚的伦理政治目的、为了宇宙安宁而工作"①。

然而，随着工业文明进程的加快，科学知识在文化世界中的地位越来越突出，科学与叙事之间的冲突加剧了：科学开始质疑并不断放弃启蒙理性所包含的大叙事或元叙事。这实际上是一种超越现代性的要求，或者说这导向了后现代性。利奥塔表示："我们可以把对元叙事的不信任看作是'后现代的'。"② 这种不信任是科学进步的结果，而科学进步又以这种不信任为前提。无论如何，形而上学哲学以及从属于它的大学体制出现了危机。叙事功能丧失了它的功能元素：伟大的英雄、伟大的冒险、伟大的航行和伟大的目标。不管是科学研究还是大学教育，都开始放弃伟大的目标及其伴随的一切，完全服从于具体的目标并诉诸具体的手段。正因为如此，科学自身具有的可操作性要求逐步取代了叙事的地位。不论在社会正义问题上，还是在科学真理问题上，权力的合法化都是优化系统性能，即优化效率。在我们的全部游戏中实施这一标准将带来某种或软或硬的恐怖：一切都应该成为可操作的，成为可通约的，否则就不得不消失③。

但是，这种以科学的操作性为标准的倾向必然导致困境。也就是说，这种最佳性能逻辑在许多方面都是不一致的，它尤其在社会经济领域制造了矛盾：它希望劳动更少，以便降低生产成本；同时又希望劳动更多，以便减轻社会对无业人口的负担④。面对这种情形，唯一的出路是重新考虑合法性标准。在利奥塔看来，操作标准是技术性的，它不适宜用来判断真理和正义；合法性也不像哈贝马斯设想的那样存在于通过对话而达成的共识中，因为这种共识违背了语言游戏的异质性。他的基本主张是：后现代知识与差异性、不可通约性联系在一起，它的根据不在专家的同源性（homology）中，而在发明家的误同性（paralogy）中⑤。如此一来，我们必须改变看待知识的态度。

---

① Lyotard. La Condition Postmoderne. Paris：Les Éditions de Minuit, 2002：7.
② 同①.
③ 同①8.
④ 同①8.
⑤ 同①9.

第一，科学知识的存在并不比叙事知识的存在更必然，也并非更偶然①。两者都是由整体的陈述构成的，它们都是游戏者在普遍规则的范围内使用的招数。每一种知识都有自己的特殊规则，那些被认为正确的招数不可能各处都相同。因此，我们不能从科学知识出发来判断叙事知识的存在和价值，反过来做也不行。我们既没有必要惋惜叙事知识的衰落，也不必以发展的眼光从叙事知识中引出科学知识。

第二，应该看到科学知识与叙事知识的关系"远不是那么和谐"②。叙事知识并不重视自身合法化的问题，它在传播过程中不借助辩论，也不提出证据，就使自己获得了信任。因此它不理解科学话语的问题，但又确实表现出一种宽容：它最初以为科学话语是叙事知识家族中的一个种类。反过来则不一样，科学知识考察叙事的有效性时发现，这些陈述从来没有经过论证，于是把它们看作一种寓言、神话、传说，认为应该使之接受科学文明的改造，从而得到发展。其结果是：科学不断蚕食叙事的领地，而后者步步退让，直至危机四伏。

第三，科学不可避免地会借用"一些公开或非公开的从属于叙事知识的程序"③。如果不求助于叙事知识，科学知识就无法知道也无法让人知道它是真正的知识。对科学来说，叙事是一种非知识，但如果没有叙事，科学将被迫自我假设，这样它将陷入它所指责的预先判断中。科学知识始终求助于合法化叙事的两大版本：一是政治，一是哲学。在现代社会中，大叙事或元叙事保证了知识的合法性，在后现代社会中，依靠大叙事或元叙事的做法被排除了，但小叙事或微观叙事（micronarrative）依然是富有想象力的发明创造特别喜欢采用的形式。

第四，后现代社会或信息社会是与语言的增殖联系在一起的，而"科学知识是一种话语"④。于是，知识只有被转译为信息才能进入新的渠道，成为可操作的，因此我们可以预料，一切构成知识的东西，如果不能

---

① Lyotard. La Condition Postmoderne. Paris：Les Éditions de Minuit, 2002：47.
② 同①48.
③ 同①49.
④ 同①11.

被转译，就会遭到遗弃，新的研究方向将服从潜在成果变为机器语言所需要的可译性条件。知识不再与能力、精神联系在一起，知识的供应者和使用者与知识的关系，越来越具有商品生产者和消费者与商品的关系所具有的形式：知识为了出售而被生产，为了在新的生产中增殖而被消费。各民族国家之间曾经为了控制领土而战，后来又为了控制原材料和廉价劳动力而战，它们在将来会为了控制信息而战。

第五，在当代社会和当代文化中，即在后工业社会和后现代文化中，知识合法性的问题是以不同的术语提出来的①。既然知识与语言联系在一起，知识的合法性就意味着语言游戏的合法性。不管是叙事的陈述还是科学的陈述都应该被看作语言游戏中使用的"招数"。于是，在后现代性意义上，语言游戏是社会为了存在而需要的最低限度的关系。我们在语言游戏的意义上承认了科学知识的新的合法化基础。我们首先应该承认各种语言游戏的差异，既存在着指示性游戏，又存在着规定性游戏。科学知识中主要包含的是指示性陈述，但在后现代视野中却凸显了一个关键的"事实"：甚至指示性陈述的讨论也需要一些规则。规则显然不是指示性陈述而是规定性陈述。与此同时，语言游戏中没有所谓的共识，或者说最多只有局部的共识，我们更多地要关注游戏的公正或正义。因此，一种"对正义的欲求和对未知的欲求"同样尊重的政治显露出来了②。

在这种后现代知识状况中，由于伟大的目标消失了，伟大的知识英雄也就不存在了。每个人都回归自我，但每个人都知道这一自我是微不足道的③。真正说来，意识主体消失了，因为微不足道的自我被纳入了比过去任何时候都更复杂、更多变的关系网中了。他"被置于不同性质的信息经过的一些位置上"，他"处在或是发送者，或是接受者，或是指称对象的位置上"④。网络其实就是一部"先锋派机器，它牵引着人类，使人类非人化"⑤。"非人化"的人或"非人"是摆脱了纯粹意识并因此成为机

① Lyotard. La Condition Postmoderne. Paris：Les Éditions de Minuit, 2002：63.
② 同①108.
③ 同①30.
④ 同①31.
⑤ 同①101-102.

器部件的人。针对笛卡尔式的我思，利奥塔提供的是一种唯物论主张。他不仅否定胡塞尔所说的纯粹意识的意向性，甚至也不承认梅洛-庞蒂所谓的身体意向性。原因在于，在他那里，身体不再充满灵性，它其实就是一部机器，甚至是机器中的一个部件。

第三节　物质现象学与主体的逊位

自 20 世纪 80 年代以来，法国哲学的发展表现出某种综合的趋势，其中最突出的则是现象学的复兴。梅洛-庞蒂的著作重新引起了人们的关注，他的许多重要文献陆续被整理出版。利科和列维纳斯在"3H"时代提出的、当时不受重视的一些思想开始产生影响。尤其重要的是，亨利提出了所谓的物质现象学，把它视为生命现象学的另一个名称。事实上，他有意或无意地为我们揭示了现象学发展的必然进程，即现象学的彻底化要求必然导致意识现象学经由身体现象学通向物质现象学。比亨利年轻的现象学家马里翁尽管没有用"物质现象学"这一名称，但其哲学更好地体现了物质现象学的实质和精髓。亨利始终维护主体的地位，尽管这是一种非意向性的身体主体或情感主体；马里翁则不仅让意识主体，而且让身体主体退出了哲学舞台。很显然，与前者违逆后现代状态中的主体终结大潮不同，后者通过重新解读历史现象学以及传统的主体形而上学顺应了这一趋势。尽管彼此之间存在着不少差异，但他们的哲学都可以归属到由身体现象学演变而来的物质现象学之列。

胡塞尔和海德格尔是亨利和马里翁思想的灵感源泉，梅洛-庞蒂、列维纳斯和利科等人的相关工作为他们提供了或积极或消极的引导，结构—后结构主义者德里达、福柯等人的有关思考也为他们提供了重要的参照。物质现象学认可了后现代主义的一些重要倾向，其中最重要的就是，人性维度越来越让位于物性维度。在人本身方面，在自然和文化的对比方面，都明显可以看出这一重要的趋势。无论如何，现象学彻底化让我们关注的是非意向性，是现象不依赖于任何主体的绝对给出或绝对显示。意识现象学突出的是观念性或观念化，身体现象学克服意识现象学对于观念性的迷恋，但并没有因此抛弃意识，没有放弃观念性。身体现象学注意到了观念性与物质性之间的张力，在它看来，身体离不开精神，一如精神离不开身体，身体性或精神性意味着观念性与物质性的统一。物质现象学全然放弃了观念化的追求，它看到的只有物质性。真正说来，在他们对于身体（不管是我的身体还是他人的身体）、语言、文化和自然的关注中，梅洛-庞蒂、列维纳斯和利科已经注意到了物质性维度，对于他们来说，观念性或理想性必须与物质性相结合。在上述现象学思考的启发下，亨利明确地提出了所谓的物质现象学，比较典型地代表了只关注物质性的现象学新趋势，而没有直接采纳物质现象学这一说法的马里翁甚至比他走得还要远。

正如我们在前面已经提到的，在亨利看来，不管是意识现象学还是身体现象学，都只是以另一种方式延续了早期现代哲学对于现象性做出的外在性解释。对象化思维或客观性思维不仅把所谓的外部事物当作对象，而且把内在的一切也都对象化了，从而突出了意识及其意向性，但意向性归根结底是超越性。亨利要求将世界或存在的现象学替换为生命的现象学①，以便克服距离或外在化。虽然没有对生命进行严格的界定，亨利还是对它做出了各种说明，比如他说："生命停留在它自身中"，它"没有外部"，它的存在的任何表面"都不会提供给一个理论的或感性的目光"，它"也不会把自己作为一个客体呈现给一个无论什么样的行动"，它"是一种根本内在性的维度"②，如此等等。

生命在本质上是不可见的，或者说不可见是生命的本质。生命意味着"自身给出"（auto-donation）、自身感动（auto-affection）、悲情（pathos）的直接性，它不依赖于任何外在于它的东西。生命亲历自身，生命不为自身之外的任何东西所触动。亨利这样描述说："在生命作为其悲情的自身感动、作为如此内在的来到自身中，一个自我（其现象学的物质性乃是这一悲情的物质性）诞生了。"③ 人的生命是自足的，这意味着物质性，整个宇宙也是如此。亨利宣称，"物质现象学的任务是宏大的"，在它那

---

① Henry. Incarnation：Une philosophie de la chair. Paris：Éditions du Seuil，2000：31.

② Henry. De la Phénoménologie Ⅰ：Phénoménologie de la vie. Paris：PUF，2003：47.

③ Henry. Phénoménologie Matérielle. Paris：PUF，1990：8.

里，"实在性的每一领域都构成一个新的分析对象"，这也"涉及人们所说的物质自然的东西"，这是"一个活的宇宙"①。

马里翁是 20 世纪 80 年代以来的法国现象学复兴时期的重要哲学家，被认为是一个后现代主义哲学家。他在南特大学、索邦大学和巴黎高等师范学校就读，是阿尔都塞、德里达等人的学生。他于 1980 年在索邦大学获得博士学位，在普瓦提埃大学、巴黎第十大学、巴黎第四大学（索邦）和芝加哥大学等多所大学任教，于 2008 年入选法兰西学术院。他的代表性著作是《还原与给出：论胡塞尔、海德格尔和现象学》《既给出：论一种给出现象学》《增多：饱和现象研究》现象学三部曲。它们集中体现了他对于给出（法文为 donation，英文为 givenness）或给出现象（给出＝现象）所做的哲学思考，并因此提出了一种所谓的给出现象学（phenomenology of givenness）：它重点描述和分析所谓的饱和现象（saturated phenomena）。他的重要著作还有《没有存在的神》《情爱现象学》以及他关于笛卡尔研究的一系列作品。

我们把马里翁的 donation 这一术语翻译为"给出"而不是"（被）给予"，以便传达他淡化给者（主体）、被给者（客体）和受者（受体）的传统区分的意图："给出"似乎是不及物的，"谁给""给什么""给谁"都不明确，也不必明确，重点在"给"本身；而"给予"含有"让对方有所得"的意思，"谁给""给什么""给谁"似乎是非常明确的，而"给"本身或如何"给"则似乎变得无关紧要了。现象学彻底化强调现象性本身，而现象性就是绝对给出或绝对显示，谁显示（谁给出）、显示给谁（给谁）都无关紧要。正是借助他的三部曲，马里翁吸收现象学和结构主义有关"给出"概念的某些重要资源，重新解读胡塞尔和海德格尔，完全颠覆了早期现代以来的意识哲学传统，成为物质现象学的典型代表。与此同时，他被认为是现象学神学转向的主要推动者。

在成为一个现象学家之前，马里翁以研究笛卡尔哲学著称，出版了多部专著，对其思想进行了非常细致而全面的研究。这种传统哲学研究的训练使他具有非常扎实的哲学史功底。正因为如此，他在现象学方面的工作

---

① Henry. Phénoménologie Matérielle. Paris：PUF, 1990：11.

也是通过创造性地读解笛卡尔、康德、胡塞尔和海德格尔等人的作品获得
体现的，这种情况容易掩饰其哲学的原创性和独特性。按照亨利的总结性
的说法，现象学取决于它明确地将之作为其基础来要求的四条原则，它们
分别围绕"显现""直观""回到事物本身""给出"而展开①。这四条原则
在胡塞尔那里都以某种形式得以表达，其他现象学家则分别突出了不同的
原则，它们既代表了现象学的历史，也影响着它的未来。给出现象学集中
体现的是第四原则，即马里翁本人所说的现象学最后原则："越还原，越
给出"。在他看来，必须优先解决"给出自己的东西和展现自己的东西之
间的关系"②，而展现自己（se montrer）或显示自己（se manifester）以给
出自己（se donner）为前提。

马里翁明确表示："那展现自己的东西首先给出自己——这就是我们
的独特的主题：我们已经尝试在整个这一工作进程中维持和组织这个主
题。我们没有维持任何隐含的或隐秘的其他论题。"③ 这些话概括性地表
达了现象学三部曲始终不变的主题和立场，它们既拒绝了现象学的形而上
学回归，也否定了现象学的神学转向。不管他与此前的现象学家有多么大
的区别，他始终忠诚于现象学事业。他表示："从一个本质的方面来说，
现象学在我们的世纪承担起了哲学的角色本身。事实上，在尼采走到了形
而上学的极限，并且实现了全部（甚至颠倒）的可能性之后，现象学已
经着手于一种新的开始，这远远胜过任何其他的理论创举。"④

萨特的意识现象学在主体（身体）、世界（自然）、语言（符号）和
他人（他者）等方面都明显地强调观念性维度。在前期梅洛-庞蒂、利科
和前期亨利的身体现象学中，它们的物质性和观念性维度获得了同等的重

---

① Henry. De la Phénoménologie Ⅰ：Phénoménologie de la vie. Paris：PUF，
2003：77－78.

② Marion. De Surcroit：Études sur les phénomènes saturés. Paris：PUF，2001：
vi.

③ Marion. Étant Donné：Essai d'une phénoménologie de la donation. Paris：PUF，
1998：10.

④ Marion. Réduction et Donation：Recherches sur Husserl，Heidegger et la
phénoménologie. Paris：PUF，1989：7.

视，他们强调的是两者在它们那里的辩证统一；而在后期梅洛-庞蒂、列维纳斯和后期亨利那里，它们的观念性方面不同程度地被弱化，物质性维度则越来越获得重视。结构—后结构主义在主体（身体）、世界（自然）、语言（符号）和他人（他者）问题上大体上有着相同的进展趋势，而其最突出的地方则是越来越强调身体和语言的物质性，这意味着主体的终结和话语的极度扩张，德里达和福柯最为典型地代表了这种情形。

马里翁明显出自实存论现象学传统，但在一定程度上也接受了福柯和德里达的影响，并因此从后者那里寻找资源，以便克服前者在主体问题上的困境，把主体哲学推进到了最后的限度，提出了所谓的"那不是主体的、在主体之后而来者"的 l'adonné（被给出的接受给出者）。通过批判地考察笛卡尔和康德所代表的形而上学传统，严谨地审视胡塞尔和海德格尔所代表的现象学主流，创新地吸收法国概念哲学以及梅洛-庞蒂之后的法国实存哲学的重要成就，法国 20 世纪 60 年代以来的、以肃清主体哲学最后残余为目标的物质现象学趋势在马里翁那里获得了典型的体现。

在笛卡尔和康德等早期现代意识哲学家那里，现象始终与主体的认识能力联系在一起，现象不过是认识现象和内在意识现象，它没有自身的维度，是相对于意识而言的。在意向性结构或意向活动与意向相关项的相关中，现象只有观念性而没有任何物质性，康德所说的在己之物被悬置了。胡塞尔延续意识哲学传统，导致给出自己的现象最终还是受制于意识，"现象从自己出发向一个自我的给出，在每一瞬间都有可能转向通过自我、从自我出发对现象的一种构造"①。在后胡塞尔现象学中，现象与身体意向性联系在一起，现象实际上是身体现象，尽管这在海德格尔那里并不那么严格，而在梅洛-庞蒂和利科那里是比较严格的。由于身体其实是身心统一体，统括了观念性与物质性，现象也因此在一定程度上具有了自身的维度，虽然还没有达到完全自主、自足的程度，但已经体现出了某种自身物质性。

---

① Marion. Étant Donné：Essai d'une phénoménologie de la donation. Paris：PUF, 1998：262.

在列维纳斯和亨利那里，现象的自身维度越来越突出，主体本身也以其自身物质性的形式出现，它既不是世界的创造者，也不是世界之意义的给予者，它融入世界之中，并因此越来越趋于被动性。到马里翁这里，"主体"让位于扮演完全被动接受者角色的"被给出的接受给出者"，而现象的自主自足性、自身物质性获得了最完美的体现。马里翁所说的"被给出的接受给出者"意味着"主体"的吊诡，或者说要求从"主体"转向"受体"（attributaire）。主体被加上了引号，客体同样如此，现象于是有了完全的自主和自足。马里翁最终突出的是所谓的悖谬或饱和现象对于主体的放逐。借用康德的原理分析论，结合现象学的既有成就，他从四个角度来看饱和现象：根据量是不可见的（不可预见的），根据质是不可承受的，根据关系是无条件的（摆脱了任何视域），根据样式是不可还原到自我（不可注视）的①。总之，现象具有不依赖于主体的自身物质性，主体只不过是一种功能，在被动接受过程中自己给出自己，完全就像宇宙中的任何其他事物一样。

第四节　物理主义与机器中的幽灵

20世纪英美科学哲学传统最初以语言分析为主导，经历了从人工语言哲学到日常语言哲学的重大转变，但最终出现了心智哲学转向。其实，语言哲学也涉及心智问题，而心智哲学并没有把语言问题抛到一边。问题的关键在于，不管是语言哲学还是心智哲学，都有其本体论基础，这在后者那里甚为明显，在前者那里则因拒斥形而上学或消解形而上学而多有掩饰。心智哲学研究心智或意识，关注的是心理事件、心理功能和心理属性的本性。心智哲学被认为接近于哲学事业的心脏，从柏拉图以降的每一位伟大的哲学家都对关于心智的性质及其与我们周围世界的关系的争论做出过贡献②。我们想了解知识及其限度，但这一切以了解认识者为前提，

---

① Marion. Étant Donné：Essai d'une phénoménologie de la donation. Paris：PUF，1998：303-304.

② Heil. Philosophy of Mind：A Guide and Anthology. Oxford：Oxford University Press，2004：1.

也就是说，需要考察认识者的心理实在的实存（existence of mental rea-lity）。真正说来，它要解决的仍然是笛卡尔提出的心身关系问题（the soul/mind-body problem）。

有学者这样表示："心智哲学富含一些引人注意的问题：意识问题，人格同一，身体死亡后的生存，意志自由，心理疾病，心智在行为中的角色，情绪的本性，人类心理学和动物心理学的比较，以及更多的东西。但这些问题的每一个最终都依赖于一个单一的、根本的问题，简单地说就是'心身问题'：什么是心智本身（mind per se），它与身体或者说物质一般的关系是什么？"① 在探讨心身关系问题的时候，往往会出现各种各样的答案。在当代心智哲学重点关注心智或意识的本性之前，通常有唯物主义、观念主义和二元论三个大类的标准答案，但每一类别又有多种表述形式。著名心智哲学家塞尔（Searle J, 1932— ）表示，传统心智哲学通常假定了二元论者和一元论者的区分：前者认为在世界中存在着心智和物体（身体）两种根本不同类型的现象，后者认为世界仅仅由一种材料（stuff）构成。二元论者又分为实体二元论者（substance dualist）和属性二元论者（property dua-list），前者认为心智和物体（身体）命名两种实体，后者则认为心理和物理以一种使相同的实体（比如一个人）同时拥有两种属性的方式命名两种不同属性或特征；一元论者又分成观念主义者和唯物主义者，前者认为一切东西最终都是心理的，后者认为一切东西最终都是物理的或物质的②。

然而，当代心智哲学几乎让观念主义退出了历史舞台，于是只剩下各种形式的唯物主义和二元论。按照丘奇兰德（Churchland P. M, 1942— ）的说法：一方面，存在着关于心智的各种唯物主义理论，它们声称我们所谓的心理状态或过程仅仅是复杂的物理系统，即大脑的精致状态和过程；另一方面，存在着关于心智的各种二元论理论，它们声称心理状态和过程不仅仅是单纯物理系统的状态和过程，而且构成了一种独特类型的现象，其本性是非物理的③。麦克金（McGinn C, 1950—）也提供了大体类似的

① Bunnin and Tsui-James. The Blackwell Companion to Philosophy. Oxford：Blackwell Pub., 2003：173.

② Searle. The Mystery of Consciousness. London：Granta Publications, 1998：135.

③ Churchland. Matter and Consciousness. Cambridge：The MIT Press, 1994：2.

说法：一方面，心智就其基本性质而言是不同于身体观念的形而上学表达，因此各种标签的二元论被提供出来；另一方面，存在着各种版本的一元论，它们认为只存在着物质及物质属性，心智是物质世界的一种特殊类型的安排方式①。

二元论被区分为实体二元论和属性二元论两种形式，有学者还区分出了一种较弱的形式，即述谓二元论（predicate dualism）。实体二元论主要是笛卡尔式的二元论。属性二元论则主要有副现象论（epiphenomenalism）的属性二元论和相互作用论（interactionism）的属性二元论两种形式，此外还有平行论和偶因论等形式。唯物主义的主要形式则有：行为主义（behaviorism）、类型同一理论（type identity theory）或类型物理主义（type physicalism）、标识同一理论（token identity theory）或标识物理主义（token physicalism）、功能主义（functionalism）和取消主义（eliminativism）。上述唯物主义分别被归入非还原的唯物主义（non-reductive materialism）或修正的唯物主义（revisionary materialism）、还原的唯物主义（reductive materialism）和取消的唯物主义。

真正占上风的是各种形式的唯物主义。塞尔这样写道："我认为我们文明中的多数人接受某种形式的二元论。他们认为他们同时拥有心智和身体，或者心灵和身体。但这断然不是哲学、心理学、人工智能、神经生物学和认知科学专业人员中间的流行观点。在这些领域工作的多数人接受某种形式的唯物主义，因为他们相信它是与我们当代的科学世界观唯一相符合的哲学。"② 其他学者也都不得不承认这一点。有学者说，分析哲学从总体上看是唯物主义和经验主义的③；另有学者断言，唯物主义如今在哲学家和科学家中是支配性的系统本体论，目前不存在与之相竞争的可供选择的现有本体论观点④。

---

① McGinn. The Character of Mind：An Introduction to the Philosophy of Mind. Oxford：Oxford University Press，1996：18.

② Searle. The Mystery of Consciousness. London：Granta Publications，1998：135-136.

③ Atkins. Self and Subjectivity. Oxford：Blackwell Pub. ，2005：2.

④ Moser and Trout. Contemporary Materialism：A Reader. London：Routledge，1995：ix.

　　塞尔本人试图逃避在一元论与二元论之间、在观念主义一元论与唯物主义一元论之间、在行为主义的唯物主义与物理主义的唯物主义之间做出选择，"要求努力摆脱这些陈旧范畴的束缚"①。但从其相关著述中可以看出，他没有否认意识的身体基础，没有脱离唯物主义最基本的倾向。比如，他表示，"'心身问题'的正确解决不在于否定心理现象的实在性，而在于正确地评价它们的生物学性质"②，"意识是一种自然的生物学现象"③。如果这不算一种唯物主义的看法，用自然主义来命名总是恰当的。事实上，他在《心智》中总结性地表示："我已经尝试对心智做出一种说明，它将把心理现象定位为自然世界的部分。我们对心智的全部方面——意识、意向性、自由意志、心理因果性、知觉、意向活动等等——的说明在它把心理现象当作自然的一部分的意义上是自然主义的。"④

　　唯物主义之所以占据支配地位，最根本的原因就在于，"心智的本性不单纯是一个哲学问题，而且是一个深刻的科学问题"⑤。在英美哲学中流行的信念是：意识可以被客观的、科学的描述完全地说明。众所周知，理性的、思辨的心理学在19世纪让位于实验心理学，20世纪对心智本性的探讨显然只能在科学的框架内展开，"当代哲学的最重要、最引起讨论的问题之一是心理学如何应当在科学的理论中获得描述"⑥。二元论之所以失去其重要地位，显然在于它们没有"科学根据"：它确实与我们的经验相吻合，也符合民间心理学（folk psychology），但它"不容易与科学就自然世界似乎要告诉我们的东西相符合"⑦。事实上，早在逻辑实证主义者那里，一种科学主义的取向就已经确立了解决心智问题的唯物主义基调。

①　塞尔. 心、脑与科学. 上海：上海译文出版社，1991：7.

②　Searle. Intentionality：An Essay in the Philosophy of Mind. Cambridge：Cambridge University Press, 1983：ix.

③　Searle. The Mystery of Consciousness. London：Granta Publications, 1998：xiv.

④　Searle. Mind. Oxford：Oxford University Press, 2004：207.

⑤　Churchland. Matter and Consciousness. Cambridge：The MIT Press, 1994：5.

⑥　Heil. Philosophy of Mind：A Guide and Anthology. Oxford：Oxford University Press, 2004：85.

⑦　同⑥80.

逻辑实证主义哲学家以及受其影响的相关哲学家要求以科学取代哲学，从而使传统哲学，尤其是意识哲学在逻辑分析中成为过时的东西。在他们眼里，任何现象最终都应该能够被加以科学的尤其是物理学的描述，换言之，他们对意识现象持一种行为主义立场，从而把意识或心智实体排除在他们的逻辑分析之外。在学院心理学中，行为主义主要采取一种"方法论的形式"；而在哲学中，哲学主要采取一种"形而上学形式"：主要是"分析的行为主义"，也可能是"还原的行为主义"，甚至是"取消的行为主义"①。著名哲学家普特南告诉我们，长期以来，二元论和唯物主义似乎穷尽了心理事件与物质大脑中的进程之间关系的选项，但它们并不能使所有的人都相信；正是在这种情况下，出现了逻辑行为主义（logical behaviourism）②。这种行为主义影响广泛，其基本立场是：各种心理状态仅仅是行为或行为倾向的样式，而行为仅仅意指身体运动，没有伴随的心理成分。虽然普特南不承认这种行为主义是一种唯物主义，但许多学者都把它列为唯物主义的一种形式。

哲学行为主义或逻辑行为主义坚持证实原则，强调经验观察，不管是外部现象还是所谓的心理状态都应该接受相同的标准。比如著名日常语言哲学家赖尔对"意志""情感""自我认识""想象""智能"等概念都进行了行为主义的还原，他告诉我们："当我们描述人们在运用某些心智品质时，我们并没有描述那些其外部活动和言论是其效果的神秘事件，我们描述的是那些外部活动和言论本身。"③ 然而，随着逻辑实证主义因逻辑实用主义者奎因驳难"经验主义的两个教条"而完全陷于失败，哲学行为主义也被抛弃了。但"什么是心智？"这一问题并没有因此被消除，而提出的答案依然是唯物主义的，即"心理状态是大脑状态，心智即大脑"④。这就是以澳大利亚唯物主义哲学家为主体提出的心脑同一理论

---

① Bunnin and Tsui-James. The Blackwell Companion to Philosophy. Oxford：Blackwell Pub., 2003：175.

② Heil. Philosophy of Mind：A Guide and Anthology. Oxford：Oxford University Press, 2004：96.

③ Ryle. The Concept of Mind. New York：Penguin Books, 1990：26.

④ 同②80.

（identical theory of body and mind）：行为者关于他们的心理状态的报告和大脑中的举动是相应的，即心理状态就是大脑状态，它们之间存在着严格的同一。在他们坚持"心理现象严格地与物理现象同一"时，这被称为"类型同一理论"①。这是一种还原论的一元论，它与二元论严格对立。后来还出现了弱化的标识同一理论：每一心理事件都与某种物理事件同一，尽管一个事件据以成为心理事件的那些属性自身不是物理属性。这是一种非还原的一元论。

然而，心脑同一论也面临着各种困境，并因此不得不让位于某种弱化的唯物主义形式，即那种把心与脑的关系视为软件与硬件关系的所谓的功能主义。自 20 世纪 80 年代中期以来，功能主义在心智哲学中占有了支配性的地位。其主要原因如下：第一，心理学和神经科学中的大多数严肃的研究者狂热地希望心智可以适应物质世界，这要求在最低程度上说明心理现象符合唯物主义；第二，心理学和计算机科学的进展提出了计算机中的符号处理与人的认知之间的对应；第三，在心身或心脑同一理论背后的动力鼓励这样一种心智概念，即它可以独立于拥有心智的存在的特殊物理特征而获得识别，具有不同类型的物理构成方式的动物能够拥有心智；第四，一个或许从亚里士多德而来的古老传统把心智不是看作实体类型，而是看作实体被组织的方式，这些方式独立于它们的特殊的物质体现而成为其所是②。虽然有些学者否认功能主义是一种唯物主义形式，但多数人把它归属于唯物主义阵营。

取消的唯物主义是类型同一理论的一个激进的替代方案，它"可以被表述为针对大脑状态和心理状态的一一对应关系为什么不能够被发现的诊断"；我们之所以"不能够发现这些关系"，是因为"这些心理状态是一种关于人类的错误理论中的理论实体"；如此一来，"没有理由假定这些所谓的实体相应于世界中的任何真正的东西"，而"意向性因此被理解为民间心理学的一种特征，错误理论中的理论构造"；由于"心智本身

① McGinn. The Character of Mind：An Introduction to the Philosophy of Mind. Oxford：Oxford University Press，1996：19.

② Heil. Philosophy of Mind：A Guide and Anthology. Oxford：Oxford University Press，2004：139.

是一种虚构"，我们就"没有必要去解释它如何与其客体联系在一起"，在这种情况下，"神经心理学不需要说明意向性，它尤其不打算对它给出因果说明"①。在取消论者看来，人工智能等科学成就表明，心理状态根本不存在，它不过是一种错误的假定。这显然是一种非还原的激进唯物主义。

塞尔虽然把自己探讨心智或意识的著作命名为"意识的神秘"，但他本人以及英美主流的心智哲学家其实都以某种或强或弱的唯物主义（物理主义、自然主义）来消解意识的神秘性，甚至根本否定意识的存在。心智哲学的主导倾向是唯物主义，是各种把意识与其物质基础联系在一起的、以最新科学成就为范式研究心理现象或心理事件的唯物主义。它们相信科学最终可以为我们提供意识现象的正确说明。这意味着，心智哲学重视意识现象或心理现象的研究，目标却是消除意识现象。换言之，在大多数心智哲学家眼里，作为幽灵的意识或意识主体在科学面前消失了。很显然，英美心智哲学与大陆的后结构主义以及物质现象学合谋，把意识主体赶出了哲学的中心舞台。

① Hammond, Howarth & Keat. Understanding Phenomenology. Oxford：Basil Blackwell Ltd. , 1991：280-281.

参考书目

艾耶尔. 语言、真理与逻辑. 上海：上海译文出版社，2006.

巴尔特. 写作的零度. 北京：中国人民大学出版社，2008.

北京大学哲学系外国哲学史教研室. 西方哲学原著选读：上卷. 北京：商务印书馆，1981.

笛卡尔. 第一哲学沉思集. 北京：商务印书馆，1986.

笛卡尔. 谈谈方法. 北京：商务印书馆，2000.

笛卡尔. 探求真理的指导原则. 北京：商务印书馆，1991.

笛卡尔. 哲学原理. 北京：商务印书馆，1959.

费希特. 论学者的使命 人的使命. 北京：商务印书馆，1997.

费希特. 全部知识学的基础. 北京：商务印书馆，1986.

伽达默尔. 诠释学 I：真理与方法. 北京：商务印书馆，2010.

海德格尔. 存在与时间. 北京：三联书店，2006.

海德格尔. 林中路. 上海：上海译文出版社，1997.

海德格尔. 尼采. 北京：商务印书馆，2003.

海德格尔. 现象学之基本问题. 上海：上海译文出版社，2008.

黑格尔. 法哲学原理. 北京：商务印书馆，1979.

黑格尔. 精神现象学. 北京：商务印书馆，1981.

黑格尔. 逻辑学：上卷. 北京：商务印书馆，1982.

黑格尔. 小逻辑. 北京：商务印书馆，1996.

黑格尔. 哲学科学全书纲要（1830 年版）. 北京：北京大学出版社，2010.

黑格尔. 哲学史讲演录：第四卷. 北京：商务印书馆，1981.

黑格尔. 哲学史讲演录：第一卷. 北京：商务印书馆，1983.

黑格尔. 自然哲学. 北京：商务印书馆，1986.

胡塞尔. 第一哲学：下卷. 北京：商务印书馆，2006.

胡塞尔选集. 上海：上海三联书店，1997.

胡塞尔. 逻辑研究：第二卷第一部分. 上海：上海译文出版社，1998.

胡塞尔. 逻辑研究：第一卷. 上海：上海译文出版社，1994.

胡塞尔. 哲学作为严格的科学. 北京：商务印书馆，1999.

霍布斯. 利维坦. 北京：商务印书馆，1986.

卡尔纳普. 世界的逻辑构造. 上海：上海译文出版社，1999.

康德. 纯粹理性批判. 北京：人民出版社，2004.

康德. 道德形而上学基础. 北京：中国社会科学出版社，2009.

康德. 历史理性批判文集. 北京：商务印书馆，1996.

康德. 逻辑学讲义. 北京：商务印书馆，1991.

康德. 判断力批判. 北京：商务印书馆，2002.

康德. 实践理性批判. 北京：人民出版社，2003.

康德. 未来形而上学导论. 北京：商务印书馆，1982.

康德. 法的形而上学原理. 北京：商务印书馆，2008.

孔德. 论实证精神. 北京：商务印书馆，1999.

蒯因. 从逻辑的观点看. 上海：上海译文出版社，1987.

拉·梅特里. 人是机器. 北京：商务印书馆，2006.

莱布尼茨. 人类理智新论. 北京：商务印书馆，1996.

利科. 利科北大讲演录. 北京：北京大学出版社，2000.

列维-斯特劳斯. 野性的思维. 北京：商务印书馆，1987.

卢梭. 论科学与艺术. 北京：商务印书馆，1997.

卢梭. 社会契约论. 北京：商务印书馆，2005.

罗素. 我的哲学的发展. 北京：商务印书馆，1985.

罗素. 我的自传：第一卷. 北京：商务印书馆，2002.

罗素. 我们关于外间世界的知识. 上海：上海译文出版社，1990.

罗素. 西方哲学史. 北京：商务印书馆，1982.

罗素. 哲学问题. 北京：商务印书馆，1999.

洛克. 人类理解论. 北京：商务印书馆，1983.

马克思恩格斯全集：第 2 卷. 北京：人民出版社，1957.

梅洛-庞蒂. 行为的结构. 北京：商务印书馆，2010.

梅洛-庞蒂. 世界的散文. 北京：商务印书馆，2005.

梅洛-庞蒂. 哲学赞词. 北京：商务印书馆，2000.

尼采. 悲剧的诞生. 北京：商务印书馆，2014.

尼采. 查拉斯图拉如是说. 北京：文化艺术出版社，1987.

尼采. 快乐的科学. 北京：中国和平出版社，1986.

尼采. 强力意志——重估一切价值的尝试. 北京：商务印书馆，1991.

尼采. 瞧！这个人——尼采自传. 北京：中国和平出版社，1986.

尼采. 希腊悲剧时代的哲学. 北京：商务印书馆，1996.

倪梁康. 胡塞尔现象学概念通释. 北京：三联书店，2007.

培根论说文集. 北京：商务印书馆，1983.

培根. 新工具. 北京：商务印书馆，1986.

萨特. 存在与虚无. 北京：三联书店，2010.

萨特. 存在主义是一种人道主义. 上海：上海译文出版社，1988.

塞尔. 心、脑与科学. 上海：上海译文出版社，1991.

施皮格伯格. 现象学运动. 北京：商务印书馆，1995.

叔本华文集：悲观论集. 西宁：青海人民出版社，1996.

叔本华. 作为意志和表象的世界. 北京：商务印书馆，1991.

斯宾诺莎. 笛卡尔哲学原理. 北京：商务印书馆，1991.

斯宾诺莎. 伦理学. 北京：商务印书馆，1991.

维特根斯坦. 逻辑哲学论. 北京：商务印书馆，1985.

维特根斯坦全集：第 1 卷. 石家庄：河北教育出版社，2003.

维特根斯坦全集：第 8 卷. 石家庄：河北教育出版社，2003.

文德尔班. 哲学史教程. 北京：商务印书馆，1997.

夏基松. 现代西方哲学教程新编. 北京：高等教育出版社，2003.

谢林. 先验唯心论体系. 北京：商务印书馆，1983.

休谟. 人类理解研究. 北京：商务印书馆，1981.

休谟. 道德原则研究. 北京：商务印书馆，2001.

休谟. 人性论. 北京：商务印书馆，1996.

亚里士多德. 范畴篇 解释篇. 北京：商务印书馆，2003.

亚里士多德全集：第 3 卷. 北京：中国人民大学出版社，1992.

杨大春. 20 世纪法国哲学的现象学之旅. 北京：社会科学文献出版社，2014.

杨大春. 感性的诗学：梅洛-庞蒂与法国哲学主流. 北京：人民出版社，2005.

杨大春. 身体的神秘. 北京：人民出版社，2013.

杨大春. 语言 身体 他者——当代法国哲学的三大主题. 北京：三联书店，2007.

詹明信. 晚期资本主义的文化逻辑. 北京：三联书店，1997.

Aristotle. Metaphysics. New York：Columbia University Press，1952.

Atkins. Self and Subjectivity. Oxford：Blackwell Pub.，2005.

Bacon. New Organon. Cambridge：Cambridge University Press，2000.

Bergson. Essai sur les Données Immédiates de la Conscience. Paris：PUF，2003.

Bergson. L'Evolution Creatrice. dans Œuvres. Paris：PUF，1984.

Berkeley. Principles of Human Knowledge and Three Dialogues. Oxford：Oxford University Press，1996.

Bunnin，Tsui-James. The Blackwell Companion to Philosophy. Oxford：Blackwell Pub.，2003.

Churchland. Matter and Consciousness. Cambridge：The MIT Press，1994.

Comte. Cours de Philosophie Positive：Tome Premier. Paris：J. B. Bailliére et Fils，1869.

Critchley. A Companion to Continental Philosophy. Oxford：Blackwell Pub.，1998.

Derrida. De la Grammatologie. Paris：Les Éditions de Minuit，2002.

Derrida. Marges de la Philosophie. Paris：Les Éditions de Minuit，2003.

Derrida. Of Grammatology. Baltimore: The John Hopkins University Press, 1978.

Descartes. Discours de la Méthode; Les Passions de l'Âme. Paris: Bookking International, 1995.

Descartes. Méditation Métaphysiques. Paris: Garnier-Flammarion, 1979.

Descartes. Meditations on First Philosophy. Oxford: Oxford University Press, 2008.

Descartes. The Philosophical Writings of Descartes: Vol. I. Cambridge: Cambridge University Press, 1985.

Descartes. The Philosophical Writings of Descartes: Vol. II. Cambridge: Cambridge University Press, 1985.

Descartes. The Philosophical Writings of Descartes: Vol. III. Cambridge: Cambridge University Press, 1991.

Foucault. Dits et Écrits I (1954~1975). Paris: Quatro/Gallimard, 2001.

Foucault. Dits et Écrits II (1976~1988). Paris: Quatro/Gallimard, 2001.

Foucault. L'Archéologie du Savoir. Paris: Éditions Gallimard, 1996.

Foucault. Les Mots et les Choses. Paris: Éditions Gallimard, 1997.

Foucault. Surveiller et Punir. Paris: Éditions Gallimard, 1997.

Foucault. The Archaeology of Knowledge. New York: Pantheon Books, 1972.

Foucault. The Order of Things. New York: Vintage Books, 1973.

Grondin. Le Tournant Herméneutique de la Phénoménologie. Paris: PUF, 2003.

Hammond, Howarth & Keat. Understanding Phenomenology. Oxford: Basil Blackwell Ltd., 1991.

Hegel. Phenomenology of Mind. London: George Allen & Unwin Ltd.; New York: MacMillan Company, 1931.

Hegel. The Logic of Hegel. Oxford: Oxford University Press, 1892.

Heidegger. Being and Time. Oxford: Basil Blackwell, 1962.

Heidegger. Être et Temps. Édition Numerique Hors-Commerce, 2005.

Heil. Philosophy of Mind: A Guide and Anthology. Oxford: Oxford University Press, 2004.

Henry. De la Phénoménologie Ⅰ: Phénoménologie de la vie. Paris: PUF, 2003.

Henry. Incarnation: Une philosophie de la chair. Paris: Éditions du Seuil, 2000.

Henry. L'Essence de la manifestation. Paris: PUF, 2003.

Henry. Phénoménologie Matérielle. Paris: PUF, 1990.

Henry. Philosophie et Phénoménologie du Corps. Paris: PUF, 2003.

Huisman. Histoire de la Philosophie Française. Paris: Éditions Perrin, 2002.

Hume. An Enquiry Concerning Human Understanding. Oxford: Oxford University Press, 2007.

Hume. A Treatise of Human Nature. New York: Penguin Books, 1984.

Husserl. Ideas: General Introduction to Pure Phenomenology. London: George Allen & Unwin Ltd. ; New York: The MacMillan Company, 1931.

Husserl. Logical Investigations: Vol. Ⅰ. London: Routledge, 2001.

Husserl. Logical Investigations: Vol. Ⅱ. London: Routledge, 2001.

Kant. Critique of Practical Reason. Indianapolis: Hackett Publishing Company, 2002.

Kant. Critique of Pure Reason. Cambridge: Cambridge University Press, 1998.

Kant. Critique of the Power of Judgment. Cambridge: Cambridge University Press, 2000.

Kant. Prolegomena to Any Future Metaphysics. Cambridge: Cambridge University Press, 2004.

Kenny. A New History of Western Philosophy (Vol. 3: The Rise of Modern Philosophy; Vol. 4: Philosophy in Modern World). London: Clarendon Press, 2004.

Leibniz. New Essays Concerning the Human Understanding. Whitefish:

Kessinger Publishing, 2003.

Lebnize. La Monalogie Avec Étude et Notes. Paris: Libraire Victor Lecoffre, 1900.

Lévinas. Autrement Qu'Être ou au-delà de l'Essence. Paris: Kluwer Academic, 2006.

Lévinas. De l'Existence à l'Existant. Paris: J. Vrin, 1993.

Lévinas. Ethique et Infini. Dialogues avec Philippe Nemo. Paris: Fayard, 2007.

Lévinas. Le Temps et l'Autre. Paris: PUF, 1983.

Lévinas. Totalité et Infini. Paris: Kluwer Academic, 2006.

Locke. An Essay Concerning Human Understanding. Oxford: Oxford University Press, 1979.

Locke. Two Treatises of Government. London: Thomas Hollis, 1764.

Lyons. Gilbert Ryle: An Introduction to His Philosophy. Hassocks: The Harvester Press Limited, 1980.

Lyotard. La Condition Postmoderne. Paris: Les Éditions de Minuit, 2002.

Malebranche. Treatise on Ethics. Dordrecht: Kluwer Academic Publishers, 1993.

Malebranche. Dialogues on Metaphysics and on Religion. Cambridge: Cambridge University Press, 1997.

Malebranche. The Search after Truth. Cambridge: Cambridge University Press, 1997.

Marion. De Surcroit: Études sur les phénomènes saturés. Paris: PUF, 2001.

Marion. Étant Donné: Essai d'une phénoménologie de la donation. Paris: PUF, 1998.

Marion. Réduction et Donation: Recherches sur Husserl, Heidegger et la phénoménologie. Paris: PUF, 1989.

McGinn. The Character of Mind: An Introduction to the Philosophy of Mind. Oxford: Oxford University Press, 1996.

Merleau-Ponty. Éloge de la Philosophie et Autres Essais. Paris: Éditions Gallimard, 1996.

Merleau-Ponty. La Prose du Monde. Paris: Éditions Gallimard, 1999.

Merleau-Ponty. La Structure du Comportement. Paris: PUF, 1990.

Merleau-Ponty. Le Visible et l'Invisible: Suivi de notes de travail. Paris: Éditions Gallimard, 1997.

Merleau-Ponty. Parcours Deux, 1951~1961. Paris: Éditions Verdier, 2000.

Merleau-Ponty. Phénoménologie de la Perception. Paris: Éditions Gallimard, 1997.

Merleau-Ponty. Union de l'Âme et du Corps chez Malebranche, Biran et Bergson. Paris: J. Vrin, 2002.

Moser, Trout. Contemporary Materialism: A Reader. London: Routledge, 1995.

Nietzsche. Thus Spake Zarathustra. New York: Boni and Liveright Inc., 1917.

Plato. Republic. Oxford: Oxford University Press, 1993.

Ricoeur. Du Texte à Action. Paris: Édition du Seuil, 1986.

Ricoeur. Le Conflict des Interprétations. Paris: Éditions du Seuil, 1969.

Ricoeur. Philosophie de la Volonté 1: Le Volontaire et l'involontaire. Paris: Éditions Points, 2009.

Russell. History of Western Philosophy. New York: Simon and Schuster, 1945.

Ryle. The Concept of Mind. New York: Penguin Books, 1990.

Sartre. Being and Nothingness. New York: Philosophical Library Inc., 1993.

Sartre. L'Être et le Néant. Paris: Éditions Gallimard, 1996.

Sartre. L'Existentialisme Est un Humanisme. Paris: Édition Gallimard, 1996.

Schopenhauer. The World as Will and Representation. New York: Dover Publication Inc., 1966.

Searle. Intentionality: An Essay in the Philosophy of Mind. Cambridge:

Cambridge University Press, 1983.

Searle. Mind. Oxford: Oxford University Press, 2004.

Searle. The Mystery of Consciousness. London: Granta Publications, 1998.

Spiegelberg. The Movement of Phenomenology: A Historical Introduction. Hague: Martinus Nijhoff, 1965.

Spinoza. Complete Works. Indianapolis: Hackett Publishing Company Inc. , 2002.

West. An Introduction to Continental Philosophy. Cambridge: Polity Press, 1996.

Wider. The Bodily Nature of Consciousness: Sartre and Contemporary Philosophy of Mind. Ithaca: Cornell University Press, 1997.

Windelband. A History of Philosophy: The Formation and Development of its Problems and Conceptions. New York: The MacMillan Company, 1901.

Wittgenstein. Philosophical Investigations. New York: MacMillan Company, 1964.

Wittgenstein. Tractus Logico-Philosophicus. London: Routledge & Kegan Paul Ltd. , 1955.

后　记

　　这是一部半教材性质的学术著作，是由我 25 年来讲授过的各类课程，如"西方哲学史""现代西方哲学""外国哲学""现当代西方哲学""当代外国哲学专题"等的讲课笔记整理和改写而成的。我向来认为自己的学识和能力不足以编写一部教材，同时也不打算让自己受制于教材的条条框框。因此，写一部相对通俗的、半教材性质的研究著作就成了一个比较好的选择。

　　这部著作大体上遵循了"西方哲学史"和"现代西方哲学"的顺序和框架，但完全根据我的思路来取舍内容：我依据主体问题这一线索，以点代面，对研究对象进行了比较灵动的整合，使这部著作具有非常强的问题意识，同时注重引导读者阅读某些最重要的原典。本书试图把自笛卡尔以来的西方哲学整合在"现当代西方哲学"名下，并因此突破了西方哲学和现代西方哲学的断然区分，也赋予了"现代"一词以不同的含义。依循哲学是时代精神之精华，我们探讨了西方哲学从早期现代到后期现代再到当代（后现代）的演进，并借此展示主体在现代性进程中的命运。本书适合哲学专业的学生和对哲学感兴趣的一般读者阅读，对于希望把握西方哲学发展的逻辑线索的哲学专业工作者也有一定的参考价值。

　　在这样一部通俗性研究著作的写作中，考虑到大多数读者只能阅读中文译著或英文原著这种情况，我们尽量引用相关哲学家的中文译著，适当引用英文原著，在不得已的情况下引用法文原著。考虑到全书在术语、风格和思路上的统一，在引用中文译本时，我依据英文或法文文本对译文做出了某些必要的改动；在引用英文文本时，也尽可能参照中文或法文文本；在引用法文文本时，则尽可能对照中文和英文文本。我在引述时并没有一一标出，故需要在这里做出一般性的说明，而且要特别感谢相关译者的工作。如果处理有误或存在不当引述，责任完全在我本人，敬请谅解。由于本著作是由多年来的讲稿整理而成的，其中借鉴了学界相关专家的不少成果，在此只能泛泛地表达感谢之意。

本书出版承蒙浙江大学董氏文史哲研究奖励基金资助，在此我要感谢基金会以及相关评审专家的大力支持。

感谢中国人民大学出版社的杨宗元编审以及责任编辑王鑫老师的大力支持和帮助，非常高兴拙著能够被纳入"守望者"系列出版。

杨大春

2018 年 6 月于杭州三墩

守望者书目

001　正义的前沿

[美] 玛莎·C. 纳斯鲍姆（Martha C. Nussbaum）　著

作者玛莎·C. 纳斯鲍姆，美国哲学家，人文与科学院院士，当前美国最杰出、最活跃的公共知识分子之一。现为芝加哥大学法学、伦理学佛罗因德（Ernst Freund）杰出贡献教授，同时受聘于该校 7 个院（系）。2003 年荣列英国《新政治家》杂志评出的"**我们时代的十二位伟大思想家**"之一；2012 年获西班牙阿斯图里亚斯王子奖，被称为"**当代哲学界最具创新力和最有影响力的声音之一**"。最具代表性的著作有：《善的脆弱性》《诗性正义》。

作为公平的正义真的无法解决吗？本书为我们呈现女性哲学家的正义探索之路。本书从处理三个长期被现存理论特别是罗尔斯理论所忽视的、亟待解决的社会正义问题入手，寻求一种可以更好地指引我们进行社会合作的社会正义理论。

002　寻求有尊严的生活——正义的能力理论

[美] 玛莎·C. 纳斯鲍姆（Martha C. Nussbaum）　著

诺贝尔经济学奖得主阿马蒂亚·森鼎力推荐。伦敦大学学院乔纳森·沃尔夫教授对本书评论如下："一项非凡的成就：文笔优美，通俗易懂。同阿马蒂亚·森教授一道，纳斯鲍姆是正义的'能力理论'的开创者之一。**这是自约翰·罗尔斯的作品以来，政治哲学领域最具原创性和影响力的发展。**这本书对纳斯鲍姆理论的首次全盘展示，不仅包括了其核心元素，也追溯了其理论根源并探讨了相关的政策意义。"

003　教育与公共价值的危机

[美] 亨利·A. 吉鲁（Henry A. Giroux）　著

亨利·A. 吉鲁（1943—　），著名社会批评家，美国批判教育学的创始理论家之一，先后在波士顿大学、迈阿密大学和宾夕法尼亚州立大学任教。2002年，吉鲁曾被英国劳特利奇出版社评为当代50位教育思想家之一。

本书荣获杰出学术著作称号，获得美国教学和课程协会的年度戴维斯图书奖，美国教育研究协会**2012年度批评家评选书目奖**。本书考察了美国社会的公共价值观转变以及背离民主走向市场的教育模式。本书鼓励教育家成为愿意投身于创建构成性学习文化的公共知识分子，培养人们捍卫作为普遍公共利益的公立教育和高等教育的能力，因为这些对民主社会的生存来说至关重要。

004 康德的自由学说

卢雪崑 著

卢雪崑，牟宗三先生嫡传弟子，1989年于钱穆先生创办的香港新亚研究所获哲学博士学位后留所任教。主要著作有《意志与自由——康德道德哲学研究》《实践主体与道德法则——康德实践哲学研究》《儒家的心性学与道德形上学》《通书太极图说义理疏解》。

本书对康德的自由学说进行了整体通贯的研究，认为康德的自由学说绝非如黑格尔以来众多康德专家曲解的那样，缺乏生存关注、贱视人的情感、只是纯然理念的彼岸与虚拟；康德全部批判工作可说是一个成功证立"意志自由"的周全论证整体，康德批判地建立的自由学说揭示了"自由作为人的存在的道德本性"，"自由之原则作为实存的原则"，以此为宗教学、德性学及政治历史哲学奠定彻底革新的基础。

005 康德的形而上学

卢雪崑 著

自康德的同时代人——包括黑格尔——对康德的批判哲学提出批判至今，种种责难都借着"持久的假象就是真理"而在学术界成为公论。本书着眼于康德所从事的研究的真正问题，逐一拆穿这些公论所包含的假象。

006 客居忆往

洪汉鼎 著

洪汉鼎，生于 1938 年，我国著名斯宾诺莎哲学、当代德国哲学和诠释学专家，现为北京市社会科学院哲学研究所研究员，山东大学中国诠释学研究中心名誉主任，杜塞尔多夫大学哲学院客座教授，成功大学文学院客座讲座教授。20 世纪 50 年代在北京大学受教于贺麟教授和洪谦教授，70 年代末在中国社会科学院哲学所担任贺麟教授助手，1992 年被评为享受国务院政府特殊津贴专家，2001 年后在台湾多所大学任教。德文专著有《斯宾诺莎与德国哲学》、《中国哲学基础》、《中国哲学辞典》（三卷本，中德文对照），中文专著有《斯宾诺莎哲学研究》、《诠释学——它的历史和当代发展》、《重新回到现象学的原点》、《当代西方哲学两大思潮》（上、下册）等，译著有《真理与方法》《批评的西方哲学史》《知识论导论》《诠释学真理？》等。

本书系洪汉鼎先生以答学生问的形式而写的学术自述性文字，全书共分为三个部分。第一部分是作者个人从年少时代至今的种种经历，包括无锡辅仁中学、北京大学求学、反右斗争中误划为右派、"文化大革命"中发配至大西北、改革开放后重回北京、德国进修深造、台湾十余年讲学等，整个经历充满悲欢离合，是幸与不幸、祸与福的交集；第二部分作者透过个人经历回忆了我国哲学界 20 世纪 90 年代之前的情况，其中有师门的作风、师友的关系、文人的特性、国际的交往，以及作者个人的哲学观点，不乏一些不为人知的哲坛趣事；第三部分是作者过去所写的回忆冯友兰、贺麟、洪谦、苗力田诸老师，以及拜访伽达默尔的文章的汇集。

007 西方思想的起源

聂敏里 著

聂敏里，中国人民大学哲学院教授，博士生导师，中国人民大学首批杰出人文学者，主要从事古希腊哲学的教学和研究，长期教授中国人民大学哲学院本科生的西方哲学史专业课程。出版学术专著《存在与实体——亚里士多德〈形而上学〉Z 卷研究（Z 1-9）》《实体与形式——亚里士多德〈形而上学〉Z 卷研究（Z 10-17）》，译著《20 世纪亚里士多德研究文选》《前苏格拉底哲学家——原文精选的批评史》，在学界享有广泛的声誉。《存在与实体》先后获得北京市第十三届哲学社会科学优秀成果奖二等奖、教育部第七届高等学校科学研究优秀成果奖（人文社会科学）三等奖，《实体与形式》入选 2015 年度"国家哲学社会科学成果文库"。

本书是从中国学者自己的思想视野出发对古希腊哲学的正本清源之作。它不着重于知识的梳理与介绍，而着重于思想的分析与检讨。上溯公元前 6 世纪的米利都学派，下迄公元 6 世纪的新柏拉图主义，上下 1 200余年的古希腊哲学，深入其思想内部，探寻其内在的本体论和认识论的思想根底与究竟，力求勾勒出西方思想最初的源流与脉络，指陈其思想深处的得失与转捩，阐明古希腊哲学对两千余年西方思想的奠基意义与形塑作用。

008 现象学：一部历史的和批评的导论

[爱尔兰] 德尔默·莫兰（Dermot Moran） 著

德尔默·莫兰为国际著名哲学史家，爱尔兰都柏林大学哲学教授（形上学和逻辑学），前哲学系主任，于 2003 年入选爱尔兰皇家科学院，并担任 2013 年雅典第 23 届国际哲学大会"学术规划委员会"主席。莫兰精通欧陆哲学、分析哲学、哲学史等，而专长于现象学和中世纪哲学。主要任教于爱尔兰，但前后在英、美、德、法等各国众多学校担任客座或访问教授，具有丰富的教学经验。莫兰于 2010 年在香港中文大学主持过现象学暑期研究班。

本书为莫兰的代表作。莫兰根据几十年来的出版资料，对现象学运动中的五位德语代表哲学家（布伦塔诺、胡塞尔、海德格尔、伽达默尔和阿伦特）和四位法语代表哲学家（莱维纳、萨特、梅洛庞蒂和德里达）的丰富学术思想，做了深入浅出的清晰论述。本书出版后次年即荣获巴拉德现象学杰出著作奖，并成为西方各大学有关现象学研习的教学参考书。

本书另一个特点是，除哲学家本人的思想背景和主要理论的论述之外，不仅对各相关理论提出批评性解读，而且附有关于哲学家在政治、社会、文化等方面的细节描述，也因此增加了本书的吸引力。

009　自身关系

[德] 迪特尔·亨利希（Dieter Henrich）　著

迪特尔·亨利希（1927—　），德国哲学家，1950年获得博士学位，导师是伽达默尔。1955—1956年在海德堡大学获得教授资格，1965年担任海德堡大学教授，1969年起成为国际哲学协会主席团成员，1970年担任国际黑格尔协会主席。海德堡科学院院士、哈佛大学终身客座教授、东京大学客座教授、慕尼黑大学教授、巴伐利亚科学院院士、亚勒大学客座教授、欧洲科学院院士以及美国艺术与科学院外籍院士。先后获得图宾根市颁发的荷尔德林奖、斯图加特市颁发的黑格尔奖等国际级奖项，是德国观念论传统的当代继承人。

迪特尔·亨利希以"自身意识"理论研究闻名于世，毫无疑问，本书是他在这方面研究最重要的著作之一。本书围绕"自身关系"这一主题重新诠释了德国观念论传统，讨论了三种形式的自身关系：道德意识的自身关系、意识中的自身关系和终极思想中的自身关系，展示了"自身关系"的多维结构与概念演进，形成了一个有机的整体。本书是哲学史研究与哲学研究相互结合的典范之作，无论是在哲学观念上还是在言说方式上都证明了传统哲学的当代有效性。

010　佛之主事们——殖民主义下的佛教研究

[美] 唐纳德·S. 洛佩兹（Donald S. Lopez, Jr.）　编

唐纳德·S. 洛佩兹，密歇根大学亚洲语言和文化系的佛学和藏学教授，美国当代最知名的佛教学者之一，其最著名的著作有《香格里拉的囚徒》（芝加哥大学出版社，1996）、《心经诠释》（芝加哥大学出版社，1998）、《疯子的中道》（芝加哥大学出版社，2007）、《佛教与科学》（芝加哥大学出版社，2010）等，还主编有《佛教诠释学》（夏威夷大学出版

社，1992）、《佛教研究关键词》（芝加哥大学出版社，2005）等，同时他还是普林斯顿大学出版社出版的"普林斯顿宗教读物"（Princeton Readings of Religion）丛书的总主编。

本书是西方佛教研究领域的第一部批评史，也是将殖民时代和后殖民时代的文化研究的深刻见解应用于佛教研究领域的第一部作品。在对 19 世纪早期佛教研究的起源作了一个概述后，本书将焦点放在斯坦因（A. Stein）、铃木大拙（D. T. Suzuki），以及荣格（C. G. Jung）等重要的"佛之主事者"上。他们创造并维系了这一学科的发展，从而对佛教在西方的传播起了重要的作用。

本书按年代顺序记录了在帝国意识形态的背景下，学院式佛教研究在美洲和欧洲的诞生和发展，为我们提供了佛教研究领域期盼已久的系谱，并为我们对佛教研究的长远再构想探明了道路。本书复活了很多重要而未经研究的社会、政治以及文化状况——一个多世纪以来是它们影响了佛教研究的发展过程，而且常常决定了人们对一系列复杂传统的理解。

011　10 个道德悖论

[以] 索尔·史密兰斯基（Saul Smilanky）　著

索尔·史密兰斯基是以色列海法大学（the University of Haifa）哲学系教授。他是广受赞誉的《自由意志与幻觉》（*Free Will and Illusion*, 2000）一书的作者，并在《南方哲学》（*Southern Journal of Philosophy*）、《澳大利亚哲学》（*Australian Journal of Philosophy*）、《实用》（*Utilitas*）等重要哲学期刊上发表了《两个关于正义与加重惩罚的明显的悖论》（"Two Apparent Paradoxes about Justice and the Severity of Punishment"）、《宁愿不出生》（"Preferring not to Have Been Born"）、《道德抱怨悖论》（"The Paradox of Beneficial Retirement"）等多篇论文。

从形而上学到逻辑学，悖论在哲学研究中的重要性可以从其丰富的文献上得到显现。但到目前为止，在伦理学中很少见到对悖论的批判性研究。在伦理学的前沿工作中，《10 个道德悖论》首次为道德悖论的中心地了有力的证据。它提出了 10 个不同的、原创的道德悖论，挑战了我们某些最为深刻的道德观点。这本具有创新性的书追问了道德悖论的存在究竟是有害的还是有益的，并且在更为广泛的意义上探讨了悖论能够在道德和生活上教给我们什么。

012　现代性与主体的命运

杨大春　著

　　杨大春，1965 年生，四川蓬安人，1992 年获哲学博士学位，1998 年破格晋升教授。目前为浙江大学二级教授、求是特聘教授。研究领域为现当代法国哲学。主持国家社科基金青年项目、一般项目、重点项目和重大招标项目各 1 项，入选国家哲学社会科学成果文库 1 项。代表作有《20 世纪法国哲学的现象学之旅》《语言 身体 他者：当代法国哲学的三大主题》《感性的诗学：梅洛-庞蒂与法国哲学主流》《文本的世界：从结构主义到后结构主义》《沉沦与拯救：克尔凯戈尔的精神哲学研究》等。著述多次获奖，如教育部高等学校科学研究优秀成果二等奖 1 项，浙江省哲学社会科学优秀成果一等奖 2 项，吴玉章人文社会科学优秀成果奖 1 项，《文史哲》"学术名篇奖" 1 项等。

　　哲学归根到底关注的是人的命运。根据逻辑与历史、时代精神与时代相一致的原则，本书区分出西方哲学发展的前现代（古代）、早期现代、后期现代和后现代（当代）四种形态，并重点探讨现代哲学的历程。导论是对主体问题的概述，其余章节围绕主体的确立、主体的危机、主体的解体和主体的终结来揭示意识主体在现代性及其转折进程中的命运。本书几乎囊括了自笛卡尔以来的主要西方哲学流派，既具有宏大的理论视野，又具有强烈的问题意识。